감수 _ 의학박사 전용준

아이템북스

# 추천사

아이를 기르다 보면 우리 부모님들이 마음을 졸일 때가 한두 번이 아닙니다. 낮에만 해도 귀엽게 옹알이를 하고 방긋방긋 웃어 대며 잘 놀던 아이가 한밤중에 갑자기 고열이 나거나 토하고 설사를 하며 괴로워할 때 새내기 부모님들은 어찌해야 할지 몰라 발만 동동 구르다가 마침내 아이와 함께 엉엉 울어 버리기도 합니다.

옛날 같으면 집안에 어른들이라도 계셔서 이럴 때 경험적으로 대처할 수 있었지만, 요즘처럼 핵가족화 된 현실에서는 부모님들이 그에 대해 적절히 대처하지 못하고, 집에서 간단하게 처방할 수 있는 증상임에도 불구하고 무작정 아이를 들쳐 업고 병원 응급실로 달려간다든가, 가볍게 생각하고 방치해 두었다가 병을 더욱 키우기도 합니다.

아이를 기르는 부모라면 적어도 아기의 몸에 있는 기관들이 어떠한 기능을 하고 있으며, 신체의 모든 기능이 정상적일 때 아기의 상태는 어떠한지 정도는 평소에 숙지해 둘 필요가 있습니다. 그런 부모라면 적어도 이처럼 당황하거나 아이의 병을 더욱 키우지 않고 침착하게 올바른 수순을 밟아 행동할 것이기 때문입니다. 전문적인 진단이나 치료는 의사가 해야 할 몫이지만, 아기 몸의 이상을 가장 먼저 발견하여 그에 대처하는 사람은 아이의 곁에 있는 부모님의 몫이라는 사실을 잊어서는 안 됩니다.

아기 몸의 이상을 쉽게 발견하기 위해서는 건강할 때의 상태에 대해 잘 알고 있어야 합니다. 그래서 일단 아기의 몸에서 이상을 발견하면 집에서 간단히 치료할 수 있는 질환인지, 의사에게 보여야 하는 질환인지를 파악하는 일이 무엇보다도 중요합니다.

이 책은 아이들이 걸릴 수 있는 모든 질병에 대해 다루지는 않았습니다. 희귀한 질병이나 특수 치료를 요하는 질병들에 관한 것은 생략하고, 아이를 기르는 엄마가 꼭 알아둬야 할 기초의학 지식들, 즉 부모님들이 궁금해하는 소아 예방접종과, 어린아이들이 자주 앓는 각종 소아 질환에 대한 증상과 치료 및 예방법, 엄마가 꼭 알아 두어야 할 이유식과 육아법, 아이에게 위급 상황이 닥쳤을 때 대처할 수 있는 응급조치, 잘못 알려진 의학상식 등을 쉽게 이해하고 응용할 수 있도록 삽화를 곁들여 짜임새 있고 충실하게 엮었습니다.

육아에는 엄마의 역할이 따로 있고 소아과 의사의 역할이 따로 있습니다. 따라서 엄마와 소아과 의사가 서로 각자의 역할에 충실하려고 노력할 때, 우리 아이들은 건강하고 올바르게 자랄 수 있습니다.

아이들의 건강에 가장 큰 영향을 끼치는 것은 의료인이나 의료정책이 아니라 바로 아이에 대한 부모의 관심이라는 사실을 한 시도 잊어서는 안 됩니다. 아이들에게는 태어나서 초등학교에 들어가기 전까지가 부모의 손길이 가장 필요한 시기입니다. 다시 말하면, 부모님들에게 아이에 대한 지식이 가장 많이 필요한 시기입니다.

그동안 부모님들로부터 들어 왔던 수많은 질문을 바탕으로 쓰인 이 한 권의 책이, 부모님이 아기의 가장 훌륭한 주치의가 되는 데 길잡이 역할을 해줄 수 있다면 더 이상 기쁠 것이 없겠습니다.

의학박사 전문의 田容俊

## 들어가는 말 _ 2

## 01. 소아 예방접종 _ 18

1. 예방접종이란? • 19
2. 예방접종, 왜 받아야 하나? • 19

1) 기본 예방접종 / 20　2) 선별 예방접종 / 22　3) 그 밖의 예방접종 / 25

3. 예방접종 시 금기사항 • 26
4. 예방접종 전 주의사항 • 27
5. 예방접종 후 주의사항 • 27

## 02. 어린이 감기 _ 30

1. 어린이들이 호흡기 질환에 잘 걸리는 이유 • 31
2. 감기의 증상은 무엇인가요? • 32
3. 감기와 비슷한 증상의 질환들 • 32
4. 감기 예방법에는 어떤 것들이 있나요? • 33
5. 감기 치료는 어떻게 하나요? • 38
6. 어린이 감기, 이럴 땐 위험 신호! • 44
7. 감기로 인한 합병증 • 46
8. 독감 예방주사, 미리 맞으세요 • 48

## 03. 폐렴 _ 49

1. 바이러스성 폐렴 • 50
2. 세균성 폐렴 • 51
3. 결핵균에 의한 폐렴 • 53
4. 마이코플라즈마 폐렴 • 53

CONTENTS

04. 편도선염 _ 55

1. 편도염의 원인과 증상 • 57
2. 편도선염은 어떻게 치료하나요? • 58
3. 편도선 수술 후 주의해야 할 점은 무엇인가요? • 61
4. 편도선염도 예방할 수 있나요? • 61

05. 소아 기관지염 _ 62

1. 기관지염의 원인은 무엇인가요? • 63
2. 기관지염에는 어떤 증상이 있나요? • 63
1) 소아 급성기관지염 / 63 2) 소아 만성기관지염 / 64 3) 소아 급성(모)세기관지염 / 64
3. 기관지염의 진단은 어떻게 하나요? • 65
4. 기관지염의 치료는 어떻게 하나요? • 66
5. 경과 및 예후는 어떤가요? • 66
6. 어떻게 하면 기관지염을 예방할 수 있나요? • 67

06. 소아 후두염 _ 68

1. 후두염의 원인은 무엇이며, 진단은 어떻게 하나요? • 69
2. 후두염의 증상은 무엇인가요? • 69
3. 후두염은 어떻게 치료하나요? • 70
4. 후두염 예방법은 없나요? • 71

07. 백일해 _ 72

1. 백일해의 원인은 무엇인가요? • 73
2. 백일해에 걸리면 어떤 증상이 나타나나요? • 73
3. 백일해의 진단 및 치료는 어떻게 하나요? • 74
4. 백일해의 경과 및 예후는 어떤가요? • 75
5. 백일해의 관리 및 예방은 어떻게 해야 하나요? • 75

## 08. 신종인플루엔자 _ 77

1. 신종인플루엔자의 증상은 무엇인가요? • 78
2. 신종인플루엔자는 어떻게 감염되나요? • 78
3. 신종인플루엔자 바이러스는 몸 밖에서 얼마나 살 수 있나요? • 79
4. 감염 후 얼마 만에 다른 사람에게 전파되나요? • 79
5. 신종인플루엔자의 잠복기는 얼마 동안인가요? • 80
6. 신종인플루엔자가 의심되면 어떻게 해야 하나요? • 80
7. 신종인플루엔자의 합병증으로는 어떤 것들이 있나요? • 81
8. 감염 예방법에는 어떤 것들이 있나요? • 81

## 09. 몸에서 열이 펄펄 나요 _ 83

1. 아이들은 연령별로 체온이 다른가요? • 84
2. 이럴 때 열이 나요 • 85
3. 열이 나면 이렇게 해보세요 • 89
4. 걱정하지 않아도 되는 발열 • 96
5. 이럴 때는 곧바로 병원으로 가세요 • 96

## 10. 아이 몸에 열꽃(돌발진)이 피었어요 _ 97

1. 돌발진의 원인과 증상은 무엇인가요? • 98
2. 돌발진의 진단과 치료는 어떻게 하나요? • 98

## 11. 소아의 설사 _ 100

1. 설사의 증상과 예방법 • 101
2. 설사의 원인과 치료 • 103
   1) 과식이나 찬 음식을 많이 먹었을 때 / 105
   2) 모유나 분유를 먹고 체했을 때 / 105
   3) 선천적으로 장이 약할 때 / 105
   4) 스트레스로 인한 소화불량 / 106
   5) 분유 알레르기에 의한 경우 / 106
   6) 바이러스나 세균 감염에 의한 경우 / 106
   7) 과민성장증후군에 의한 경우 / 106

CONTENTS

3. 아이가 설사를 하면 이렇게 해보세요 • 108

12. 푸른색 변 _ 112

아이가 푸른색 변을 보는 이유는 무엇인가요? • 113

13. 소아 변비 _ 116

1. 소아 변비는 왜 생기나요? • 117
2. 변비의 치료 및 예방법은 무엇인가요? • 122
3. 소아 변비에 대한 잘못된 상식 • 126

14. 소아 복통 _ 127

복통의 원인은 무엇인가요? • 128

1) '급성위염' 으로 인해 배가 아픈 경우 / 128
2) '급성충수염' 으로 인해 배가 아픈 경우 / 129
3) '변비' 로 인해 아픈 경우 / 129
4) '급성장폐쇄' 로 인해 배가 아픈 경우 / 129
5) '만성 반복성 복통' 으로 인해 배가 아픈 경우 / 130

15. 소아 장염 _ 134

1. 장염의 원인은 무엇인가요? • 135
2. 장염의 증상과 특징은 무엇인가요? • 136
3. 장염 치료는 어떻게 하나요? • 138
4. 무엇을 먹이면 좋을까요? • 141
5. 회복 시 유의해야 할 사항은 무엇인가요? • 142
6. 장염은 어떻게 예방해야 하나요? • 142

16. 소아 구토 _ 144

1. 아기는 어떨 때 구토를 하나요? • 145
2. 아이가 토하면 이런 증상을 의심할 수 있어요 • 146
3. 아이가 구토할 때는 이렇게 하세요 • 149

## 17. 소아 두통 _ 153

1. 두통의 원인과 예방 • 154
2. 이차 두통, 방치하면 위험해요 • 156
3. 두통의 진단은 이렇게 해요 • 157
4. 두통의 치료는 어떻게 하나요? • 158
5. 이럴 때는 뇌질환을 의심해야 해요 • 160

## 18. 소아 뇌수막염 _ 162

1. 뇌수막염의 원인은 무엇인가요? • 162
2. 뇌수막염의 증상은 무엇인가요? • 164
3. 뇌수막염 검사는 어떻게 하나요? • 164
4. 뇌수막염도 예방할 수 있나요? • 165
5. 뇌수막염 치료는 어떻게 하나요? • 166

## 19. 소아 눈 관리 _ 167

1. 눈 관리는 어릴 때부터 하세요 • 168
2. 미숙아 등은 출생 때부터 안과 검진을 받아야 해요 • 170
3. 소아 안과질환으로는 어떤 것들이 있나요? • 170
4. 눈 건강 생활수칙 • 178
5. 이것이 궁금해요 • 180
   1) 가성근시나 진성근시를 안경점에서도 알아볼 수 있나요? / 180
   2) 시력이 마이너스라는 말은 무엇인가요? / 182
   3) 시력이 좋으면 안경을 안 써도 되나요? / 182
   4) 안경은 몇 살부터 착용할 수 있나요? / 183
   5) 청소년도 라식을 할 수 있나요? / 183
   6) 자꾸 눈곱이 끼고 눈물이 흘러요 / 184
   7) 자주 눈을 비비고 눈을 깜박거리곤 해요 / 185

# CONTENTS


## 20. 사시(斜視) _ 187

1. 사시의 종류 • 189

1) 간헐성외사시 / 190 2) 조절성내사시 / 190 3) 감각외사시 / 191 4) 가성내사시 / 191

2. 사시의 판단은 어떻게 하나요? • 192
3. 사시의 원인은 무엇인가요? • 193
4. 사시를 방치하면 어떻게 되나요? • 194
5. 사시는 치료가 가능한가요? • 194

## 21. 코의 건강 _ 198

1. 코 질환이 있으면 뇌기능의 활성화를 막아요 • 199
2. 코가 건강해야 공부도 잘해요 • 200
3. 환절기에는 보온 보습을 철저히 하세요 • 201

## 22. 코의 질환 _ 203

1. 코막힘 • 204
2. 콧물 • 207
3. 부비동염(축농증) • 209
4. 소아 코골이 • 212

## 23. 소아 코피 _ 215

1. 어떨 때 코피를 흘리나요? • 215
2. 코피의 종류 • 217
3. 코피도 예방할 수 있나요? • 218
4. 코피가 날 때의 응급처지 • 218

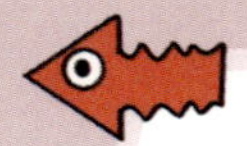

## 24. 소아 중이염 _ 222

1. 중이염은 어떤 질환인가요? • 222
2. 중이염의 원인과 증상은 무엇인가요? • 223
3. 중이염의 치료는 어떻게 하나요? • 226
4. 중이염의 예방법은 무엇인가요? • 229

## 25. 소아 난청 _ 231

1. 소아 난청의 원인과 종류 • 231
2. 조기검사와 조기치료가 필요한 이유 • 233
3. 소아 난청, 어떻게 검사하나요? • 234

## 26. 급성외이도염 _ 236

1. 급성외이도염은 왜 걸리나요? • 236
2. 급성외이도염의 예방은 어떻게 해야 하나요? • 237
3. 급성외이도염의 치료는 어떻게 하나요? • 238

## 27. 소아의 치아관리 _ 239

1. 출생기부터 아동기까지의 나이별 치아관리 • 239
2. 치아관리는 젖니 때부터 시작해야 해요 • 245
3. 젖니의 충치는 조기치료가 중요해요 • 246
4. 치아우식의 예방과 치료는 이렇게 해요 • 249
5. 식후엔 반드시 칫솔질을 시켜야 해요 • 253
6. 칫솔질 후엔 꼭 치실질을 해주세요 • 257

## 28. 치아를 다쳤을 때 _ 260

1. 치아가 부러졌을 때는 어떻게 해야 하나요? • 260
2. 치아가 빠졌을 때는 어떻게 해야 하나요? • 261

CONTENTS

3. 치아가 흔들릴 때는 어떻게 해야 하나요? • 263
4. 치아가 잇몸 속으로 밀려 올라가거나 내려와서 길어졌을 때는 어떻게 해야 하나요? • 263
5. 치아 외상 후 어둡게 변색될 때는 어떻게 해야 하나요? • 263

29. 치아 교정치료 _ 264
1. 이가 들쑥날쑥해요 • 266
2. 이와 이 사이가 벌어져 있어요 • 266
3. 아랫니가 윗니보다 앞으로 나왔어요 • 266
4. 송곳니가 매복되어 있어요 • 266
5. 젖니를 뺐는데 영구치가 안 나요 • 267
6. 주걱턱도 교정할 수 있나요? • 268
7. 충치로 인해 젖니가 미리 빠져 버렸어요 • 269

30. 소아의 알레르기 질환 _ 270
1. 알레르기의 원인은 무엇인가요? • 271
2. 알레르기 증상에는 어떤 것들이 있나요? • 273
3. 알레르기의 치료는 어떻게 하나요? • 274
4. 각종 알레르기 질환의 원인 및 증상과 치료 • 275
5. 소아 알레르기의 예방법 • 279
6. 알레르기 질환의 주범, 곰팡이 예방법 • 280

31. 수족구병(手足口病) _ 284
1. 수족구병의 원인과 증상은 무엇인가요? • 284
2. 수족구병에 걸리면 탈수현상을 조심하세요 • 286
3. 수족구병의 예방과 치료는 어떻게 하나요? • 286

32. 성장통 _ 289

1. 성장통의 원인과 증상은 무엇인가요? • 290
2. 성장통의 진단과 처방은 어떻게 하나요? • 291
3. 성장통도 예방할 수 있나요? • 291

33. 소아 야뇨증 _ 292

1. 야뇨증은 두 가지로 분류할 수 있어요 • 293
2. 야뇨증의 원인은 무엇이며, 진단은 어떻게 하나요? • 293
3. 야뇨증은 어떻게 치료하나요? • 295

34. 어린이 발달장애 _ 297

1. 언어장애 • 299
2. 말더듬 • 300
3. 발음장애 • 303
4. 주의력결핍-과잉운동장애(ADHD) • 305
5. 틱(Tic) 장애 • 315
6. 소아 자폐증 • 317
7. 뇌성마비 • 325

35. 소아 우울증 _ 334

1. 어린아이에게도 우울증이 있나요? • 335
2. 아이가 우울증에 걸린 걸 어떻게 알 수 있나요? • 336
3. 어린이 우울증의 원인은 무엇인가요? • 338
4. 우울증의 치료는 가능한가요? • 340
5. 자녀의 우울증을 막는 생활 습관 • 342

CONTENTS


36. 성조숙증 _ 345

1. 성조숙증의 원인은 무엇인가요? • 346
2. 성조숙증에는 어떤 증상이 있나요? • 346
3. 성조숙증을 치료하지 않으면 어떻게 되나요? • 347
4. 성조숙증 검사는 어떻게 하나요? • 348
5. 성조숙증도 치료할 수 있나요? • 348
6. 성조숙증의 예방은 어떻게 하나요? • 350
7. 이럴 땐 의사에게 보이도록 합니다 • 350

37. 소아 간질 _ 352

1. 간질의 원인은 무엇인가요? • 353
2. 간질의 증상에는 어떤 것들이 있나요? • 353
3. 간질의 진단은 어떻게 하나요? • 355
4. 간질은 불치병인가요? • 356
5. 간질과 유사한 증상들 • 357

38. 열성경련 _ 359

1. 열성경련의 원인은 무엇인가요? • 360
2. 열성경련의 증상은 무엇인가요? • 361
3. 열성경련의 진단은 어떻게 하나요? • 361
4. 열성경련의 예방과 치료는 어떻게 하나요? • 362
5. 열성경련 시의 응급처치에 대해 알고 싶어요 • 364

39. 유아 호흡정지발작 _ 367

1. 호흡정지발작에는 어떤 증상이 있나요? • 367
2. 호흡정지발작은 어떻게 치료하나요? • 368
3. 아이를 흔들어 대는 것은 절대 금물이에요 • 368

## 40. 소아 탈장과 음낭수종 _ 371

1. 서혜부 탈장 • 373
2. 배꼽 탈장 • 374
3. 음낭수종 • 375

## 41. 소아 결핵 _ 377

1. 결핵의 원인은 무엇인가요? • 378
2. 결핵의 증상은 무엇이며, 진단은 어떻게 하나요? • 378
3. 결핵의 치료와 관리는 어떻게 하나요? • 379
4. 결핵의 경과 및 예후는 어떤가요? • 381
5. 결핵의 합병증에는 어떤 것들이 있나요? • 381
6. 결핵의 예방법은 무엇인가요? • 382

## 42. 수두 _ 383

1. 수두의 증상은 무엇인가요? • 384
2. 수두의 치료는 어떻게 하나요? • 385
3. 수두는 어떻게 예방하나요? • 385

## 43. 구순구개열(口脣口蓋裂) _ 387

1. 구순구개열의 원인은 무엇인가요? • 388
2. 구순구개열의 치료는 어떻게 하나요? • 388
3. 수술 후의 경과는 어떠한가요? • 390
4. 2차 성형수술은 언제 해야 하나요? • 390
5. 언어치료 및 발음교정 수술도 필요해요 • 390
6. 구순구개열도 예방할 수 있나요? • 391

CONTENTS

44. 소아비만 _ 392
1. 소아비만의 기준은 무엇인가요? • 393
2. 소아비만의 원인은 무엇인가요? • 394
3. 소아비만은 왜 위험한가요? • 396
4. 소아비만의 예방과 치료는 어떻게 하나요? • 397

45. 육아와 이유식 _ 400
1. 이유식은 엄마가 직접 만들어 주세요 • 402
2. 이유식을 만들 때 엄마가 알아야 할 기본 원칙 • 403
3. 월령별로 조리 형태를 달리해야 해요 • 404
4. 첫 이유식은 쌀죽으로 시작하세요 • 405
5. 생후 6개월 이전의 아이에게 생우유는 안 좋아요 • 407
6. 영아에게 과일이나 야채를 먹일 때의 주의사항 • 407
7. 우유, 두 돌이 지나면 저지방으로 바꿔야 • 408
8. 증상 · 체질별 이유식 먹이기 • 409
9. 이유식, 이것이 궁금해요 • 412

46. 소아 일반 _ 416
1. 신생아의 건강관리 • 416
2. 아이에게 모유가 좋은 이유 • 420
3. 아이에게 비타민을 먹여야 하나요? • 422
4. 아기의 생장발육을 도와주는 손끝 마사지 • 423
5. 우리 아기, 돌이 지났는데도 걷지 않아요 • 428
6. 영유아의 놀이 활동 • 430
7. 우리 아기의 다리가 휘었어요! • 433
8. 아기의 대소변 가리기 • 436

9. 아이의 건강을 해치는 '배부른 간식' • 437
10. 잠 안 자는 우리 아이 어떻게 해요? • 439
11. 장거리 여행과 건강관리 • 440
12. 우리 아이가 '야경증'에 걸렸어요 • 442
13. '왼손잡이', 억지로 고치지 마세요 • 443
14. 가정의 생활습관이 우리 아이의 병을 키워요 • 445
15. 초등학교 입학 전 아이 건강 체크하기 • 447
16. 포경수술은 13세 전후가 적당해요 • 449
17. 실내 환경이 아이의 건강을 좌우해요 • 449

## 47. 어린이 안전사고 _ 451

1. 어린이 상처 • 452

■할퀸 상처의 처치 / 456 ■찰과상을 입었을 때 / 457 ■칼에 손가락을 베었을 때 / 458
■손가락이나 발가락이 싹둑 잘려 나갔을 때 / 459 ■못에 찔렸을 때 / 460
■칼이나 유리, 금속 파편 등에 찔렸을 때 / 460 ■책상 모서리에 찍혀서 눈가가 찢어졌을 때 / 462
■넘어져서 얼굴을 땅바닥에 긁혔을 때 / 462

2. 어린이 화상 • 462

■화재에 의한 화상 / 463 ■1, 2, 3도 화상 / 464
■화학물질에 의한 화상 / 465 ■햇볕에 의한 화상 / 466

3. 동물에 물렸을 때 • 467

■뱀에 물렸을 때 / 467 ■벌레에 물리거나 쏘였을 때 / 468

4. 눈의 사고 • 469

■화학물질이 눈에 들어갔을 때 / 469 ■눈에 이물질이 들어갔을 때 / 470
■눈동자, 눈자위를 다쳤을 때 / 471 ■눈을 심하게 얻어맞았을 때 / 471
■눈에 관통상을 입었을 때 / 471 ■갑자기 눈이 안 보일 때 / 471

CONTENTS

5. 몸 안에 이물질이 들어갔을 때 • 471

■귀에 이물질이 들어갔을 때 / 471 ■코에 이물질이 들어갔을 때 / 472
■이물질을 삼켰을 때 / 473 ■이물질이 목에 걸렸을 때 / 474

6. 기타 • 475

■일사병, 열사병에 걸렸을 때 / 475 ■물에 빠졌을 때 / 476
■생손톱이 벗겨졌을 때 / 478 ■문틈에 손가락이 끼어 다쳤을 때 / 478
■감전 사고를 당했을 때 / 478 ■외상에 의한 쇼크 증상 처치 / 480
■두부 손상 시 응급조치 요령 / 482 ■뼈의 골절 / 486
■골절 부위별 부목법 / 487 ■코뼈가 부러졌을 때 / 488
■외상(外傷)으로 인해 생긴 피부의 멍 / 489 ■약물(독물) 중독 및 과용 시 응급조치 / 489

48. 부모가 꼭 알아야 할 응급처치법 _ 491

1. 지혈법 • 491

1) 직접 압박법 / 491 2) 지혈점 압박법 / 492 3) 지혈대 사용법 / 493

2. 삼각건 및 붕대 감는 법 • 494

1) 삼각건을 활용한 '머리의 붕대' / 495 2) 삼각건을 활용한 '눈의 붕대' / 496
3) 삼각건을 활용한 '귀의 붕대' / 497 4) 삼각건을 활용한 '어깨의 붕대' / 497
5) 삼각건을 활용한 '팔의 붕대' / 498 6) 삼각건을 활용한 '발 싸매는 방법' / 498
7) 손바닥과 손목 감기 / 499 8) 팔꿈치(무릎), 발목에 붕대 감기 / 500

3. 4분의 기적 '심폐소생술' • 501

1) 심폐소생술의 기본 3요소 / 501 2) 심폐소생술을 시행하기 전에 해야 할 일 / 503
3) 아이의 심폐소생술은 이렇게 해요 / 505

4. 인공호흡법 • 507

1) 입 대 입의 인공호흡법 / 507 2) 입 대 코의 인공호흡법 / 509

5. 경기(발작) 시 응급조치 요령 • 509

# 01 소아 예방접종

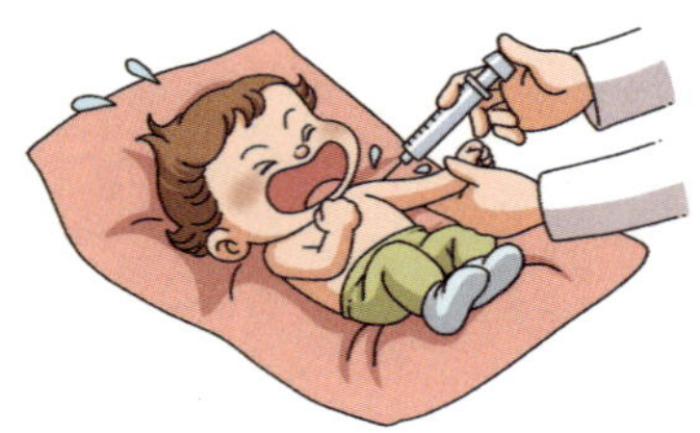

아이를 건강하게 키우려면 부모는 예방접종에 대한 기본지식을 갖춰야 합니다. 현대의 예방접종은 인간의 수명을 획기적으로 연장했을 뿐만 아니라 각종 질병을 예방하는 데 큰 공헌을 해오고 있습니다.

인간은 출생 순간부터 사망할 때까지 평생 예방접종을 받는다고 해도 과언이 아닙니다. 특히 소아기 예방접종은 선택이 아닌 필수사항입니다.

요즘 수두, 홍역, 독감 등 반갑지 않은 유행성 전염병 때문에 아이를 기르는 엄마 마음이 불안합니다. 더구나 이런 전염병들은 계절을 가리지 않고 찾아오기 때문에 더욱 주의해야 합니다. 병에 감염되지 않으려면 미리미리 예방접종을 하는 것이 최선의 방법입니다.

예방접종을 하는 목적은 아이들이 병에 걸리지 않도록 할 뿐만 아니라 전염병으로 인한 합병증을 예방하는 것이기 때문에 적절한 시기를 맞추는 것이 중요합니다. 이에 대한 자세한 정보와 설명은 병원이나 보건소 등에서 얻을 수 있지만 정해진 시기와 지켜야 할 사항들이 많아서 자칫 지나치기 쉽습니다. 소아 예방접종의 의미와 종류, 시기, 주의점 등에 대해 알아보도록 하겠습니다.

## 1. 예방접종이란?

예방접종이란 아이들에게 흔하거나, 또 일단 감염되면 치명적인 결과를 일으킬 수 있는 여러 균에 대해 미리 약화시킨 균이나 죽은 균을 몸에 주사해 아기가 균에 대한 항체를 갖게 함으로써 후에 진짜 균이 몸에 침투하였을 때 미리 있는 항체가 훨씬 많은 항체를 만들어 내어 균을 이겨 낼 수 있도록 하는 방법입니다. 이러한 방법 덕분에 과거에 소아마비나 백일해, 천연두와 같이 한 번 걸리면 죽을 수밖에 없다고 생각했던 무서운 병들을 이제는 거의 찾아볼 수 없게 되었습니다.

예방접종은 질병을 예방하는 데 그 목적이 있습니다. 생명에 직접적으로 영향을 주거나 심각한 후유증, 또는 광범위한 유행 가능성이 있는 위험한 병을 예방할 뿐만 아니라 최근에는 암이나 류머티즘성 질환에까지 확대되고 있습니다. 예방접종은 일반적으로 열이 없는 건강한 어린이에게 하도록 되어 있으나 37.5℃ 미만의 미열이 있거나 약한 감기 증상, 중이염, 가벼운 설사가 있어도 예방접종은 가능합니다.

예방접종 백신은 충분한 임상실험을 거쳐 제조되지만 때로는 심각한 부작용을 낳기도 합니다. 그러므로 전문의로부터 아이의 상태를 충분히 진찰받아 정상 컨디션일 때 예방접종을 받도록 하고, 접종 후 24~48시간 동안 아이의 상태를 잘 관찰토록 합니다.

## 2. 예방접종, 왜 받아야 하나?

신생아는 출생 후 3~6개월 정도는 엄마가 앓았던 병들을 예방할 수 있는 항체를 물려받아 건강을 유지할 수 있지만 이것이 소진되면 병을 앓게 됩니다. 또한 예방접종에 소홀하면 치료가 어렵거나 후유증 등을 초래하는 질병을 앓을 수 있으므로 예방접종은 반드시 필요합니다.

예방접종은 국가에서 무료로 지원하는 기본접종과 지원이 이뤄지지 않는 선별접종으로 구분되는데, 이를 각각 세분하면 다음과 같습니다.

### 1) 기본 예방접종

#### ❶ B형간염 예방접종

B형간염은 심한 간염을 일으키며 그 후유증으로 간경화 및 간암을 유발할 수 있는 무서운 병입니다. 우리나라 전 국민의 약 10% 정도가 B형간염 보균자입니다.

B형간염 보균자인 엄마에게서 태어난 아기는 출생 12시간 이내에 간염 접종을 하고, 그렇지 않은 경우에는 생후 2개월부터 접종을 시작하는 것이 바람직합니다. 이 경우 2차 접종은 1차 접종으로부터 1~2개월 후에 받으면 됩니다. 초등학교에 들어가면 단체생활이 시작되므로 항체 검사를 시행해 항체가 없으면 재접종을 해 주는 것이 좋고, 만약 간염 보균자라면 정기적인 검진을 통해 만성으로 진행되는 것을 막아야 합니다.

**주의사항**

간염 백신은 1개월 간격으로 3회 접종해야 하는데, 접종 후 반드시 항체가 생겼는지를 검사해야 합니다. 주사를 3회 맞고 3개월이 지난 후에도 항체가 생기지 않으면 다시 3회 접종한 후 항체 검사를 하도록 합니다.

### ❷ BCG 예방접종

결핵을 예방하기 위한 것으로, 우리나라의 경우 결핵 발병률이 다른 선진국들에 비해 매우 높은 편이므로 반드시 예방접종을 해야 합니다.

생후 1주 이내에는 면역 기능을 확신할 수 없어 부작용이 나타날 수 있고 4주 이후엔 결핵 환자와 접촉할 가능성이 높으므로 생후 1~4주 이내에 접종하도록 합니다.

경피용 BCG인 경우를 제외하고는 대개 왼쪽 어깨 위에 약간의 흉터가 남습니다. 만약 접종을 받지 못했거나 접종 여부가 애매한 경우 결핵 반응 검사인 투베르쿨린 검사를 실시해 음성으로 나오면 BCG 접종을 해야 합니다.

**주의사항**

BCG는 살아 있는 소의 결핵균을 몸속에 넣어 주는 것이므로 면역 기능이 떨어져 있는 아기에게 투여해서는 안 됩니다. 그 밖에도 심한 아토피성 피부염, 영양장애, 발열, 화상, 피부감염이 있을 때도 접종을 연기해야 합니다.

### ❸ DPT와 소아마비 예방접종

디프테리아(Diphtheria) · 백일해(Pertussis) · 파상풍(Tetanus)의 약자로, 이 세 가지 질병을 동시에 예방하기 위한 예방접종입니다. 생후 2, 4, 6개월 3회에 걸쳐 기본접종을 하고, 추가접종은 생후 15~18개월과 4~6세에 2회 실시하며, 그 이후에는 10년마다 성인용 Td를 접종합니다. 4~6세가 추가접종 시기이므로 취학 전 아동에서 접종 여부를 확인해야 합니다.

그리고 소아마비는 DPT와 함께 생후 2, 4, 6개월에 3회에 걸쳐 기본접종을 하고, 추가접종은 4~6세에 한 차례 하므로 DPT처럼 취학 전 아동에게는 반드시 접종 여부를 확인해야 합니다.

**주의사항**

경구 소아마비 접종 후, 약물이 소화되는 30분 동안은 음식물을 먹이면 안 됩니다.

### ❹ MMR 예방접종

MMR은 홍역(Measles) · 볼거리(Mumps) · 풍진(Rubella)을 동시에 예방하는 백신으로, 보통 12~15개월 사이에 기초접종을 하고 만 4~6세에 추가접종을 합니다. 추가접종을 해 주어야 나이가 들어서도 예방 효과가 지속됩니다. 결핵을 앓고 있는 경우에는 전문의와의 상담이 필요합니다.

**주의사항**

풍진은 태아의 기형을 발생시킬 위험이 있으므로 가임 여성은 접종 3개월 전후에 임신을 피해야 합니다.

### ❺ 일본뇌염 예방접종

매년 초여름만 되면 일본뇌염을 조심하라는 소리를 듣곤 합니다. 일본뇌염은 5~9세 아이들이 잘 걸립니다. 뇌염이 발병하면 고열, 두통, 구토, 경련 증세 등이 나타나며 심하면 혼수 상태에 빠지기도 하는 위험한 병이므로 미리 예방접종을 해두는 것이 좋습니다.

기본접종은 생후 1세에 1~2주 간격으로 2회에 걸쳐 시행하고, 1년 후에 1회 시행합니다. 6세와 12세는 추가접종하는 시기이므로 취학 전 아동이라면 추가접종여부를 꼭 확인해야 합니다.

**주의사항**

일본뇌염은 예방접종만으로 예방할 수 있는 질병이 아니므로 생활환경을 개선하여 모기가 침범하지 못하도록 하고, 모기가 많은 곳에서는 모기장 또는 살충제 등을 사용해 가급적 모기에 물리지 않도록 하는 것이 중요합니다.

## 2) 선별 예방접종

### ❶ 뇌수막염 예방접종

뇌수막염을 일으키는 수많은 균 중의 하나인 b형 헤모필루스 인플루엔자(Hib)만을 예방할 수 있는 것으로, 흔히 유행하는 무균성 뇌수막염은 이

백신으로 예방되지 않습니다. 헤모필루스 인플루엔자는 뇌수막염뿐 아니라 폐렴, 후두염, 관절염, 패혈증 등을 일으키는 균으로 주로 만 4세 이전의 아이에게 발병합니다.

뇌수막염은 드문 병이긴 하지만 일단 걸리면 매우 위험하므로 반드시 예방접종을 해두는 것이 안전합니다.

생후 2, 4, 6개월에 DPT 접종과 동시에 3회에 걸쳐 기초접종을 하고, 생후 12~15개월 사이에 추가접종을 하는 것이 일반적입니다. 만 5세가 넘었다면 맞히지 않아도 됩니다.

### ❷ 폐구균 예방접종

폐구균에 의해서 감염되는 질병을 예방하는 접종으로, 이 주사를 맞으면 뇌수막염, 패혈증, 중이염, 폐렴을 예방할 수 있습니다. 생후 2, 4, 6개월과 15개월에 추가로 접종합니다. 생후 59개월까지 접종하는 것이 일반적인 권장사항이지만, 고위험군의 경우 소아과의사의 판단 하에 만 9세까지 접종하는 경우도 있습니다.

### ❸ 수두 예방접종

수두는 누구나 평생에 한번은 걸리게 되는 흔한 질병으로 일주일 정도 피부에 물집이 잡히다가 저절로 낫습니다. 그러나 전염성이 매우 강하므로 수두에 걸렸을 때는 외출을 삼가야 합니다. 아기가 수두에 걸리면 매우 가려우므로 손톱을 짧게 깎아 주어 긁어서 상처가 생기지 않도록 합니다.

수두 예방접종은 돌이 지나야 가능하며, 1회 접종으로 90~95% 정도는 평생 예방 효과가 지속됩니다. 그리고 나머지 5~10%는 예방접종 후에도 수두에 걸릴 수 있는데, 이 경우에는 훨씬 가볍게 앓습니다. 수두 환자와 접촉한 지 2~3일 이내에 접종해도 효과가 있습니다. 기본접종에는 포함되지 않지만 한번 걸리면 무척 가려운 물집이 생기고 고열이 동반되는 질환으로, 긁거나 딱지를 떼면 흉터가 남을 수 있으므로 반드시 접종하도록 합니다.

### ④ 독감 예방접종

흔히 독감 예방접종을 '감기를 예방하는 접종'으로 잘못 알고 있는 경우가 많습니다. 독감은 넓은 의미로 보면 감기의 한 종류이긴 하지만, 정확히 말해서 독감이란 인플루엔자 바이러스에 의한 급성 호흡기 감염 상태를 뜻합니다. 감기에 비해 전염성이 훨씬 강하고 폐렴 등의 합병증도 더 잘 유발시키기 때문에 특히 노약자들은 반드시 예방접종을 받아야 합니다. 또한 호흡기 질환이 있는 아기에게도 꼭 필요합니다. 독감 예방접종은 생후 6개월이 지나야 할 수 있기 때문에 그 전에 독감에 걸리지 않도록 주의해야 합니다.

생후 6개월 후 유행 시기(대개 11월부터 다음해 2~3월까지)가 다가오기 전에 1차, 한 달 뒤에 2차 접종을 합니다. 그 후에는 매년 9월쯤 접종이 필요합니다.

**주의사항**

최근 일 년 동안 경기를 한 적이 있거나 달걀 알레르기나 고열 등이 있는 경우, 또는 아기에게 다른 질병이 있는 경우엔 접종하지 말아야 합니다.

### ⑤ A형간염 예방접종

우리나라는 간염 바이러스의 천국이라 불릴 정도로 발병률이 높습니다. 그러므로 B형간염 예방접종뿐 아니라 A형간염 예방접종도 해 주는 것이 좋습니다.

A형간염은 음식물을 통해서 전염되며, 개인 대 개인 접촉을 통해 가장 흔하게 전염됩니다. A형간염은 전염성이 매우 높은 바이러스성 질환으로 간을 공격하여 구토, 발열, 황달 증상 등 다양한 임상적 증상을 나타냅니다. 돌이 지난 아이는 접종이 가능하고, 1회 접종 후 6~12개월 사이에 추가접종을 해 주면 됩니다.

A형간염은 소아가 걸리게 되면 증상이 경미하지만, 성인이 걸리게 되면 매우 심한 간염 질환을 초래할 수 있기 때문에 최근에는 소아에게 A형간염 접종을 권유하는 추세입니다.

## 3) 그 밖의 예방접종

### ❶ 구균성 폐렴 예방접종

정상적인 아이라면 별 소용이 없으나 예방차원에서 접종하기도 합니다.

### ❷ 인플루엔자 예방접종

기본접종은 아니지만 천식이나 만성호흡기 질환을 자주 앓는 아이, 심장병이 있는 아이, 면역억제제 치료를 받고 있는 아이일 경우에는 반드시 접종해야 합니다.

### ❸ 장티푸스 예방접종

장티푸스 예방접종으로는 약을 먹이는 것과 주사를 맞히는 것이 있는데, 약마다 접종 가능 연령이 다르므로 소아과 의사와 상의하도록 합니다.

### ❹ 유행성 출혈열

특별한 이유가 없으면 소아에게는 접종하지 않아도 되지만 도서 벽지와 같이 들녘에 노출되기 쉬운 생활환경이라면 예방접종을 해 주는 것이 좋습니다.

### ❺ 콜레라 예방접종

가까운 보건소에서 접종할 수 있습니다.

## 3. 예방접종 시 금기 사항

예방접종 시 일반적인 금기 사항은 다음과 같습니다. 따라서 아이들에게 해당 사항이 있을 때는 예방접종을 피해야 합니다.

1) 급성기 또는 활동기 심혈관, 간장이나 신장 질환이 있을 때.
2) 급성 열성 질환(미열, 상기도 감염, 중이염이나 가벼운 설사가 있을 때는 접종 가능)이 있을 때.
3) 홍역이나 볼거리, 수두 감염 후 1개월 미만일 때.
4) 과거에 알레르기 반응이나 과민 반응을 일으켰던 백신 접종일 때.

5) 면역글로불린이나 혈청주사를 맞았거나 수혈을 받았을 때.
6) 스테로이드, 항암제, 방사선 치료를 받고 있을 때.
7) 예방접종 후 경련을 일으킨 경험이 있을 때.
8) 접종 전 1년 이내에 경련이 있었던 경우(열성 경련은 제외).
9) 면역 결핍성 질환이 있을 때.

## 4. 예방접종 전 주의사항

1) 접종은 가능하면 오전에 합니다.
2) 예방접종하러 갈 때에는 반드시 육아수첩을 지참하고, 가능하면 한 군데 병원에서 지속적인 관리를 받도록 합니다.
3) 병원 가기 전에는 몸에 열이 있는지 꼭 확인합니다.
4) 예방접종하는 날에는 목욕을 시키지 말아야 합니다.
5) 가능하면 부모가 직접 데려가도록 하고, 다른 사람에 맡길 때는 무슨 예방접종인지, 또 몇 차 접종인지를 정확하게 알려 주도록 합니다.
6) 예방접종을 하지 않는 아이는 병원에 데려가지 않도록 합니다.

## 5. 예방접종 후 주의사항

예방접종 후 주의해야 할 사항은 다음과 같습니다.

1) 접종 후에 접종 부위를 5분 이상 문질러 주어야만 약이 골고루 퍼져 국소 반응을 줄일 수 있습니다. 하지만 BCG의 경우 접종 부위를 문지르면 안 됩니다.
2) 접종 부위에 더러운 것이 묻지 않도록 주의합니다.
3) 접종하고 나서 10분 정도 아이의 상태를 관찰합니다.

4) 접종하고 나서 몸에 열이 나거나 경련을 일으키면 곧바로 소아과를 찾도록 합니다.

5) 예방접종 후에 알레르기 반응이나 신경학적 질환이 발생할 경우에는 반드시 전문의를 찾아야 합니다. 간헐적으로 발열과 오한, 두통, 복통, 근육통 등을 호소할 수 있습니다. 그 외 국소 반응으로 주사 부위에 발적이나 발열, 종창, 통증이 나타날 때엔 오염을 막고 얼음찜질을 하면 1~2일 후에 가라앉습니다.

6) 접종 당일과 다음날은 심한 운동이나 목욕을 시켜서는 안 됩니다.

7) 백신의 이상 반응으로는 대개 접종 부위가 국소적으로 붉게 부어오르는데, 사(死)백신 접종 후 수 시간 만에 나타납니다. 이런 증세는 대부분 1~2일 후에 가라앉으므로 너무 걱정하지 말고, 아기가 주사를 맞은 부위를 긁어서 2차 세균 감염이 되는 것을 막아 주면 됩니다.

8) 생(生)백신 접종 1~2주 후에 열이 나거나 근육통, 두통, 식욕 부진 등의 전신적 이상 반응이 나타나는 경우가 많습니다. 이런 증상이 나타나면 가까운 병원에 가서 다른 병이 동반되지는 않았는지 확인하고 증세를 완화해 주는 치료를 받도록 합니다.

9) 예방접종을 한 날에는 가능한 한 외출을 삼가고 집에서 아기를 관찰하는 것이 좋습니다. 아이가 고열이나 쇼크 등의 증세를 보이는지, 3시간 이상 계속해서 심하게 울지는 않은지, 접종 3일 이내에 경련을 일으키지는 않는지 등을 관찰하도록 합니다. 만일 이와 같은 이상 반응이 있을 시에는 다음번에 동일한 백신을 맞아야 할지 어떨지 담당의사와 상담해야 합니다. 하지만 이러한 이상 반응은 아주 드문 경우입니다.

## 예방접종 시 보건소를 이용하면 좋아요

Point

보건소에서 예방접종을 하면 홍역을 제외한 생후 18개월까지의 예방접종이 전액 무료이며, 접종 시약의 유효기간을 철저히 지킨다는 장점이 있습니다. 또한 혹시 부모가 접종 날짜를 잊어버리더라도 보건소에서 미리 연락해 주므로 접종 시기를 놓칠 염려가 없습니다.

따라서 생후 1주 이내에 실시하는 간염예방접종 시에 보건소에 등록해 두는 것이 좋습니다. 그리고 예방접종을 하고 나면 그 사항을 꼼꼼히 기록하고 잘 보관하는 것도 중요합니다. 이는 부작용 발생 시 원인을 찾는 단서가 될 뿐만 아니라, 이사를 가는 등의 이유로 병원을 옮기게 될 경우 불필요하게 백신을 또 맞힌다거나 주요 백신의 접종 시기를 놓치지 않기 위해서도 필요합니다.

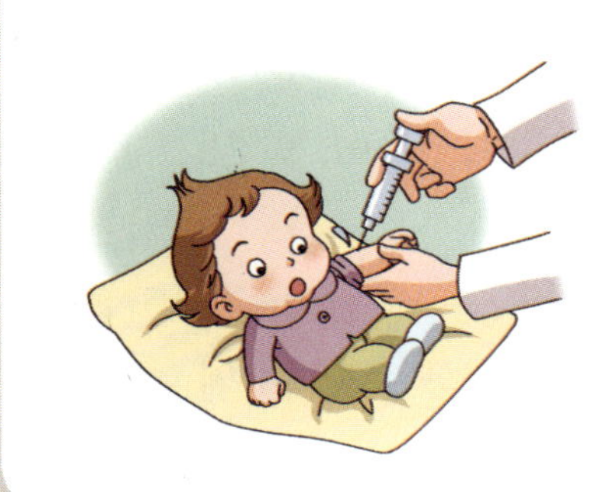

## 02 어린이 감기

감기는 아이들이 가장 흔히 걸리는 질환입니다.

많은 아이들이 환절기를 보내면서 감기로 인해 고생합니다. 일교차가 커짐에 따라 체내의 면역력이 저하되는 경우에는 증세가 더욱 심해질 수 있습니다.

흔히 말하는 감기라는 병명은 급성 비인두염, 즉 비강(코)과 인두(목)에 염증이 생긴 경우인데, 그 원인은 대부분이 바이러스이고, 간혹 세균이나 마이코플라즈마 등일 수도 있습니다.

지금까지 약 200종 이상의 바이러스가 감기의 원인이 될 수 있는 것으로 알려졌으며, 한 번 감기를 앓고 난 후에도 또 다른 바이러스에 의하여 재차 감기에 걸릴 수 있습니다.

소아는 일 년에 평균 5~8회 정도 감기에 걸리며, 2세 이하에서 가장 많이 발생하는데, 1주일 이내에 자연적으로 치유되는 것이 보통입니다.

발생 빈도는 원인균에 노출된 횟수에 비례하며 유아원이나 유치원에서는 유행성으로 발생하기도 합니다. 영양 상태가 좋지 않으면 더 잘 걸리고 합병증도 더 많이 발생합니다.

감기에 자주 걸리고 잘 낫지 않는 원인은 외부적인 문제라기보다는 신체 내부의 문제라고 볼 수 있습니다. 신체 방어력이 떨어지면 그만큼 더 자주 감기를 앓게 되는 것입니다.

아이들은 어른들에 비해 감기에 더 잘 걸리고 또 잘 낫지도 않습니다. 따라서 사전에 예방하는 것이 최선이며 감기에 걸렸을 때는 되도록 조기에 치료를 받는 것이 바람직합니다.

## 1. 어린이들이 호흡기 질환에 잘 걸리는 이유

어린이들이 호흡기 질환에 잘 걸리고 심하게 앓는 데는 몇 가지 이유가 있습니다.

첫번째로, 아이들은 매일 새로운 환경을 접하면서 자랍니다. 그러다 보니 그때마다 호흡기 질환을 일으키는 바이러스나 세균들과 같은 여러 가지 원인균을 처음으로 접하게 됩니다. 하지만 그것들을 이겨 낼 수 있는 면역력이 없기 때문에 병에 약한 것입니다.

반면에 어느 정도 큰 아이들이나 어른들의 경우에는 이미 원인균을 접한 경험이 있고 이것을 이겨 낼 수 있는 면역력이 생겼기 때문에 병에 걸리지 않거나 그다지 심하게 앓지 않고 지나치기도 합니다.

두 번째로, 어린이는 계속 성장 단계에 있어 아직 면역학적으로 미숙합니다. 즉 감염성 질환에 중요한 방어 역할을 하는 면역 물질이 적게 생성되어 호흡기 질환에 걸리기 쉽습니다.

마지막으로, 어린아이의 호흡기는 구조적으로 완전히 성장하지 않은 상태이기 때문에 호흡기 질환에 걸리면 증상이 심하게 나타납니다.

이와 같이 인체의 면역력은 어린이들이 감기와 같은 호흡기 질환에 얼마나 자주, 그리고 심하게 이환(罹患)되는지를 결정하는 중요한 요소입니다.

## 2. 감기의 증상은 무엇인가요?

일반적으로 감기의 진행은 갑자기 열이 오르면서 아이가 보채기 시작하고 재채기를 하는 과정으로 이어집니다. 또 수 시간 내에 콧물이 나오고 코가 막혀 호흡이 힘들어집니다. 나이가 어릴수록 주로 코로 숨을 쉬기 때문에 코가 막히면 호흡 곤란이 더욱 심해질 수 있고, 때로는 구토와 설사가 동반되는 경우도 있습니다. 열은 수 시간에서 3일 정도까지 계속될 수 있으나 단순한 감기로 그 이상 열이 지속되는 경우는 드뭅니다. 큰 아이들 중에는 미열에 코가 말라 가려워하거나 목 통증을 호소하는 경우가 있습니다.

또한 재채기, 콧물, 기침 외에도 근육통이나 두통이 있고 기운도 없으며, 입맛도 떨어지고 미열이 나기도 합니다. 콧물은 하루 만에 차츰 진해지고 결국 누런 황색으로 변합니다. 이러한 급성 증상이 대부분 2~4일간 지속됩니다.

## 3. 감기와 비슷한 증상의 질환들

환자를 진료하다 보면 '일주일이 멀다 하고 감기에 걸리는 아이'를 보게 됩니다. 물론 그런 아이를 데리고 온 엄마들은 감기라고 생각하지만 사실은 단순한 감기가 아닌 경우가 많습니다. 이 경우 대부분의 엄마들은 평소에 앓던 감기 증상과 비슷해 보이니까 감기인 줄로만 알고 방심하기 쉬운데 그러다가 낭패를 볼 수도 있습니다.

감기와 비슷한 증상을 나타내는 질환으로는 기관지천식, 모세기관지염, 알레르기성 비염, 만성부비동염, 기도 이물, 흡인성 폐렴, 결핵, 만성기관지염, 기도연화증, 기도기형, 기관지 확장증, 면역 기능 저하증, 영양 부족증, 뇌손상, 습관성 기침 등이 있습니다.

이런 질환들 중에서 특히 기관지천식이나 알레르기성 비염, 모세기관지염, 축농증은 매우 흔하게 나타나며 재발하는 경우가 많기 때문에 부모는 '아이가 일 년 내내 감기를 달고 산다' 고 생각하게 됩니다. 그러므로 감기와 비슷한 증상을 보이는 이들 질환에 대한 정확한 이해와 진단 및 치료가 중요합니다.

## 4. 감기 예방법에는 어떤 것들이 있나요?

### 1) 환절기엔 실내 온도와 체온 유지에 주의해야 해요

1년 내내 감기를 달고 사는 아이들은 주로 허약한 체질로 외부의 기후조건에 적응하는 인체의 면역 기능이 약합니다. 특히 환절기에는 기온 변화가 심하므로 실내 온도와 체온 유지에 주의해야 합니다. 실내 온도는 20℃, 습도는 50~60%가 적당합니다.

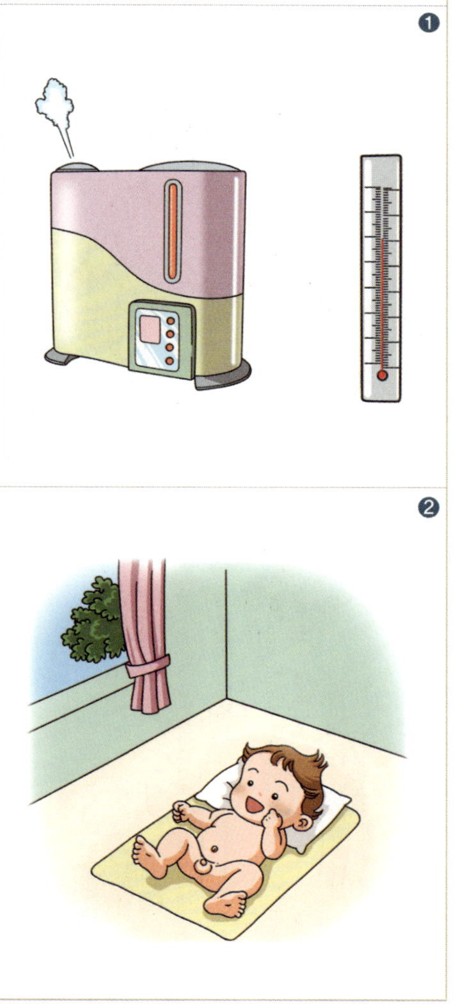

### 2) 외기욕으로 몸의 저항력을 키워 줍니다

신생아기만 지나면 조금씩 외기욕을 시킵니다. 외기욕을 시키면 아기 몸의 저항력이 길러져 선천적인 저항력이 떨어지는 생후 6개월 이후에도 감기에 잘 걸리지 않습니다. 외기욕은 너무 덥거나 추운 시간을 피해 하루에 1시간 정도 시키는 것이 좋습니다. 횟수와 시간은 조금씩 늘려도 좋습니다.

❸

### 3) 보리차를 자주 먹입니다

기관지 점막이 마르면 쉽게 바이러스가 침투할 수 있으므로 점막이 마르지 않도록 따뜻한 보리차를 자주 먹입니다. 이는 감기를 예방하는 가장 손쉬운 방법입니다.

❹

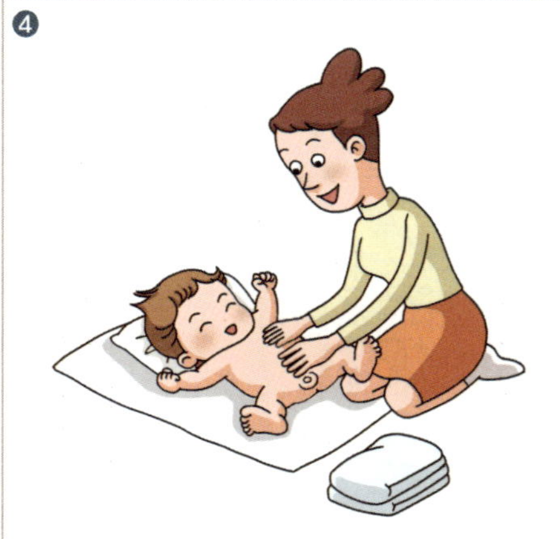

### 4) 마사지를 자주 해 줍니다

마사지 역시 감기 예방에 효과적인 방법입니다. 아기 피부를 문지르면 체온이 높아졌다가 멈추면 다시 내려갑니다. 이런 과정을 반복하면 아기가 체온의 변화에 쉽게 적응할 수 있게 되므로 감기에 잘 걸리지 않습니다. 마사지는 기저귀를 갈 때나 목욕을 마치고 나서 간단히 해 줍니다.

❺

### 5) 집안의 청결에 신경을 씁니다

감기 예방에는 일반적인 위생관리가 특히 중요합니다. 감기가 유행할 때는 사람이 많이 모이는 장소를 피하고, 외출 후 집에 돌아오면 반드시 손발을 깨끗이 씻고 소금물로 칫솔질해서 바이러스의 침입을 막도록 합니다. 생리식염수 등으로 코 안을 씻어 내는 것도 좋은 방법입니다.

특히 하루 종일 바깥에서 지내며 여

러 사람들과 접촉하는 아빠는 바이러스 덩어리라 할 수 있습니다. 따라서 집에 들어오는 즉시 깨끗이 씻고 아기를 돌보도록 합니다.

### 6) 실내 공기의 청결에 신경을 씁니다

실내 공기를 오염시키지 않도록 주의합니다. 환기를 자주 시켜 집 안에 곰팡이가 생기지 않도록 하고, 가능한 한 먼지떨이를 사용하지 말고 구석구석 물걸레질을 해서 먼지를 줄입니다. 특히 아빠는 실내에서 담배 피우는 일이 없도록 합니다.

### 7) 목욕 후에 물기를 깨끗이 닦아 줍니다

아이를 목욕시킬 때는 반드시 마지막에 따뜻한 물로 헹궈주고 재빨리 타월로 아기 몸을 감싸서 물기를 충분히 닦아 줍니다. 몸에 물기가 남아 있으면 체온이 떨어져서 감기에 걸리기 쉽습니다. 또한 땀을 흘린 것을 모르고 그대로 두면 땀이 식으면서 감기에 걸릴 수 있으므로 옷을 자주 갈아입히는 것이 좋습니다.

### 8) 애완동물의 털, 먼지 등을 없앱니다

아이에게 알레르기 질환이 있으면 털이 빠지는 애완동물을 길러서는 안 되며, 먼지도 조심해야 합니다. 청소할 때는 빗자루 대신 물걸레나 진공청소기를 사용

합니다. 진드기가 살기 쉬운 카펫이나 천으로 된 소파도 가급적 치우는 것이 좋습니다. 털이 있는 인형도 주의합니다.

### 9) 평소 비타민 섭취에 신경 씁니다

감기 예방을 위해서는 평소에 영양소를 골고루 섭취할 수 있도록 균형 잡힌 식사를 하는 것이 좋습니다. 야채나 과일 등을 통해 비타민 섭취에도 신경을 씁니다.

### 10) 햇볕을 쬐고 규칙적으로 운동을 시킵니다

날씨가 쌀쌀해지면 아이들이 집 안에서 보내는 시간이 많아지므로 적당한 시간을 택하여 햇볕을 쬐고 운동도 규칙적으로 적당히 시키는 것이 중요합니다. 또한 아이의 체온을 일정하게 유지시키고 방 안 습도를 적당히 맞추는 것도 감기 예방에 도움이 됩니다.

### 여름감기 예방법

여름감기는 겨울감기에 비해 기침은 덜하지만 눈과 피부가 건조해지고 설사나 장염이 동반되는 경우가 많습니다. 한번 걸리면 잘 낫지도 않는 여름감기 예방법을 알아봅니다.

- 여름감기 주원인은 에어컨과 선풍기입니다. 어린이의 경우 성인에 비해 체온조절 능력이 약하기 때문에 몸에 찬 기운이 닿으면 감기에 걸리기 쉽습니다. 따라서 냉방이 강한 곳에 가거나 차를 탈 때는 얇은 옷을 하나 더 준비해 가는 것이 좋습니다.

- 선선한 저녁나절에는 바깥에서 뛰놀게 하여 땀을 적당히 흘리게 하고, 복숭아나 포도처럼 영양이 풍부하면서도 성질이 비교적 따뜻한 제철 과일을 즙이나 주스로 만들어 먹이면 좋습니다.
- 물도 냉장고에서 바로 꺼내 벌컥벌컥 들이켜게 하지 말고 상온에 30분 정도 내놓았다가 천천히 마시도록 합니다. 감기 기운이 있다 싶으면 뜨거운 물 반 컵에 냉수 반 컵을 섞어 체온과 비슷한 온도로 만들어 마시면 혈액 순환도 잘 되고 노폐물도 없애 주어 좋습니다.
- 아무리 무더운 여름철이라도 냉방기는 잠이 들 시점에 한 시간 정도만 틀어 준 뒤 반드시 끄도록 합니다. 밤새 차가운 기운에 노출되면 체온이 떨어지고 호흡기 점막이 말라 여름감기에 걸리기 쉽기 때문입니다. 자기 전에 미지근한 물수건으로 온 몸을 마사지하듯이 닦아 주면 열기도 식고 피부도 건강해집니다.
- 자다가 땀을 흘릴 경우 땀이 식으면서 생기는 차가운 기운으로 인해 감기에 걸릴 수 있으므로 잠자는 중간중간에 자주 땀을 닦아 주고, 베개에 수건을 깔아 주어 축축해지지 않도록 합니다.

## 해열제는 이럴 때 먹이세요

최근 연구 결과에 따르면 감기에 걸리면 몸이 열을 발생시켜 바이러스의 발육을 억제하고 무력화하는 항체를 만들어 낸다고 합니다. 이때 해열제를 복용하면 감기의 자연치유를 위한 발열을 억제해 감기에 대한 방어력을 약화시킵니다. 만일 불필요하게 해열제를 복용하면 오히려 발열 기간이 더 길어질 수 있습니다.

부모들이 걱정하는 열로 인한 뇌의 손상은 체온이 41.7~42.2℃를 넘어선 경우에 나타날 수 있고, 뇌 자체의 조절 능력에 의해서 보통의 감기로 인해 41.5℃를 넘는 경우는 없으므로 걱정하지 않아도 됩니다.

아이에게 열이 좀 있다 해도 아이가 잘 놀고 상태가 좋으면 굳이 해열제를 먹이지 않아도 됩니다. 소아과학 교과서의 해열제 복용 기준은 다음과 같습니다.

- 40.5℃ 이상의 발열이 있을 때.
- 39.0℃ 이상의 열이 있으면서 아이가 두통, 근육통, 중이염 등으로 괴로워할 때.
- 선천성 심장질환이나 심한 열성경련 등으로 인해 미리 주치의가 해열제 복용을 허용했을 때.

## 5. 감기 치료는 어떻게 하나요?

감기를 치료하려면 우선 정확한 진단이 필요합니다. 감기를 달고 사는 아이들 중에는 진짜 감기를 앓고 있지 않은 경우도 많기 때문입니다. 따라서 아이가 정말 감기에 걸린 것인지, 또는 감기와 비슷한 증상을 나타내는 다른 병에 걸린 것이지를 파악하는 것이 '감기를 달고 사는 아이들' 을 치료하는 첫 단계입니다. 감기와 비슷한 증상을 보이는 병을 앓고 있다면 그 원인을 치료해야 합니다. 감기는 대부분 바이러스에 의하여 발생하므로 특별한 치료법은 없습니다. 일반적인 증상에 대한 대증요법을 실시하면 됩니다.

### 1) 가래가 심해요

가래는 호흡기의 정화 작용으로 생깁니다. 숨을 들이쉴 때 같이 들어온 먼지와 세균 등을 기도에서 액체로 된 분비물로 씻어 내는 것입니다. 또 기관에는 섬모라는 털이 많습니다. 이것이 항상 위쪽으로 운동하며 분비물에 의해 모인 불순물을 밖으로 쓸어 내는 역할을 합니다.

어린아이들은 기도가 완전히 성숙하지 않아서 호흡기 질환에 걸렸을 때 가래로 고생을 많이 합니다. 가래를 잘 뱉지 못하는데다 무의식중에 삼켜 버리는 경우가 많은데 삼켜도 큰 문제는 없습니다. 그러나 가래를 너무 많이 삼키면 소화 장애를 일으키거나 토하기도 합니다.

### 2) 기침이 심해요

기침은 체내의 나쁜 기운을 밖으로 내보내는 현상입니다. 하지만 아이가 기침을 심하게 하면 숨 쉬기도 곤란하고 젖이나 이유식 등을 토하기가 쉽습니다. 그럴 때는 아이를 눕히지 말고 상체를 세워서 호흡하기 편한 자세로 안아 줍니다. 그래도 기침이 멈추지 않으면 등을 손바닥으로 탁탁 가볍게 두드려 줍니다. 그러면 기관지 속에 있는 가래가 제거되어 기침이 어느 정도 가라앉습니다.

또 이유식이나 젖을 제대로 먹지 못하면 소화 · 흡수 능력도 떨어지므로 가능한 한 부드러운 죽 등의 유동식을 줍니다.

기침이 심할 때는 목과 가슴을 따뜻하게 해 줍니다. 목까지 올라오는 옷에 조끼 한 벌을 덧입히는 것이 좋습니다.

특히 잠을 재울 때에는 가슴에 타월 한 장을 올리고 그 위에 이불을 덮어 주는 것이 좋습니다. 목이나 가슴이 차가우면 기침이 더욱 심해지므로 보온을 유지하는 것이 중요합니다.

또 기침이 심해 아이가 잠을 제대로 자지 못할 때에는 윗몸이 약간 들리도록 요에 경사를 만들어 눕히면 도움이 됩니다. 방석이나 3cm 두께로 접은 타월을 아기의 상체가 닿는 요 밑에 넣어 줍니다.

**1살짜리 아이에게 종합감기약을 먹여도 되나요?**

약국에 나와 있는 종합감기약은 성인이나 큰 어린이에게는 크게 문제될 것이 없습니다. 하지만 어린아이에게는 필요 없는 성분이 함유되어 있을 수 있어 2세 미만 아이에게는 먹이지 않도록 합니다. 기침약을 먹이는 것도 바람직하지 않습니다. 기침 자체는 나쁜 물질을 입 밖으로 내뱉는 방어기제로 그 자체는 병이 아닙니다.

### 3) 콧물이 나와요

콧물이나 코막힘은 감기의 초기 증상입니다. 이는 건조한 곳에서 더욱 활발하게 활동하는 바이러스가 주원인이기 때문에 습도 조절을 해 주는 것이 중요합니다.

실내 습도를 적당히 유지하기 위해서는 온도 조절이 우선입니다. 실내 온도가 너무 높으면 아무리 가습을 해도 금세 건조해지기 때문입니다. 평소에 실내 습도를 적정하게 유지한다면 아기는 물론 어른도 감기를 예방할 수 있습니다. 적당한 실내 온도는 20~22℃, 습도는 50~60%입니다.

코가 막혀 아기가 답답해할 때는 실내에 젖은 수건이나 빨래를 널거나 가습기를 틀어서 집안의 습도를 50~60% 정도로 유지합니다. 이처럼 실내 습도가 적당하면 감기를 예방할 수 있을 뿐만 아니라 막힌 코의 콧물이 묽어지면서 밖으로 쉽게 흘러나오게 됩니다.

## 가습기 사용 시 주의사항

Point

가습기는 호흡기 질환의 치료에 아주 중요한 역할을 합니다. 그러나 이 가습기를 잘못 사용하면 안 쓰는 것만 못한 결과를 가져오므로 올바른 사용법을 익히는 것이 무엇보다도 중요합니다.

가습기를 사용할 때 주의해야 할 사항은 다음과 같습니다.

❶ 날마다 깨끗한 물로 갈아 주기.
❷ 날마다 깨끗이 청소하기.
❸ 물은 끓였다가 식혀서 사용하기.
❹ 방의 환기를 잘 시키기.

### 4) 목이 아프고 코가 막혔어요

목감기로 인해 목이 아프면 우선 큰 소리를 내지 않도록 주의시키고 실내 공기가 건조하지 않게 신경을 써야 합니다.

큰 아이일 경우에는 구강청결제로 양치를 하면 도움이 됩니다. 목이 많이 아플 때는 뜨거운 음식은 주지 않도록 합니다. 그리고 코가 막히면 입으로 호흡을 하게 돼 목도 아프게 되고, 입맛이 사라져 식욕마저 떨어지게 됩니다.

아이가 코가 많이 막혀 답답해 하면 생리식염수를 코에 넣어 주고, 시중에서 구입할 수 있는 코 흡입기를 이용하는 것도 좋습니다. 이때 가습기를 사용하면 도움이 됩니다. 가습기의 물은 항상 깨끗이 유지하여 물속에 세균이나 곰팡이가 살지 못하도록 합니다.

또한 뜨거운 물수건을 코와 이마 사이에 올려놓고 막힌 쪽이 위를 향하도록 누워 있으면 시원하게 코가 뻥 뚫립니다. 그리고 양파즙을 물에 타서 마시거나 유자차, 과일차를 뜨겁게 해서 마셔도 같은 효과를 볼 수 있습니다. 쑥을 가볍게 비벼 콧구멍에 잠깐 넣는 것도 코를 뚫리게 하는 데 도움이 됩니다.

### 5) 아이의 몸에서 열이 나요

아이가 감기에 걸려 열이 나는 것은 몸에 침투한 바이러스에 대한 방어현상입니다. 항체가 바이러스와 싸우느라 체온이 올라가는 것입니다. 하지만 체온이 38℃ 3분을 넘어선다면 해열제를 써야 합니다(생후 6~18개월 된 소아는 고열로 인해 경기를 일으킬 수 있습니다. 그러므로 이 경우에는 해열제 사용에 신중해야 합니다). 단, 어린아이에게는 해열제를 5일 이상 지속적으로 사용해서는 안 되며, 특히 아스피린의 경우 부작용이 우려되므로 어린이에게는 쓰지 않는 것이 좋습니다.

해열제를 써도 효과가 없으면 미지근한 물로 찜질을 해 줍니다(찬물이나 얼음찜질은 절대 금물입니다). 그래도 계속해서 열이 떨어지지 않을 경우에는 감기가 아닌 다른 질환을 의심해 봐야 합니다.

**감기에 목욕이 좋은가요?**

심하지 않은 감기에 걸렸을 때 가볍게 목욕을 시키는 것은 상관이 없습니다. 따뜻한 실내에서 따뜻한 물로 짧고 가볍게 시키고 바로 닦도록 합니다. 또 옷을 얼른 입히고 약간 놀아 주면서 몸에 열을 발생시킨 후에 잠을 재우는 것이 좋습니다. 다만 목욕을 시키는 과정에서 아기의 체력 손실이 있으므로 심한 목욕은 피하도록 합니다.

### 6) 구토나 오한이 나요

아이가 구토할 때는 음식을 먹이지 말고 물을 마시게 한 다음 이온음료를 먹이는 것이 좋습니다. 하루 내내 토하면 탈수가 일어나게 되는데, 이때는 링거를 맞아야 합니다. 기침으로 인해 구토를 할 때는 염려을 안 해도 되지만, 가만히 있을 때 구토를 한다면 문제가 있다고 봐야 합니다.

그리고 오한은 곧 열이 난다는 것을 알려 주는 신호이므로 얇은 시트로 몸을 덮어줍니다. 오한이 사라지면 몸에서 열이 나는데, 이때는 옷을 벗겨 주고 심할 때는 해열제를 씁니다.

Point

#### 기침감기 치료 도중에 구토할 때

아기가 감기를 앓으면서 토하는 경우는 흔합니다. 가래가 많아서 삼키는 데 어려움이 있어도 토할 수 있고, 코가 막혀서 숨을 쉬기 어려울 때도 잘 토하곤 합니다.

그러나 감기 치료를 하는 도중이나 약을 먹을 때 토하는 경우에는 약과 관련해 토할 가능성이 있습니다. 약의 냄새나 맛이 아기에게 부담스럽거나 약물의 양이 많을 때가 그런 경우입니다.

감기약의 부작용으로 인해 구토 증상을 보이는 경우도 있습니다. 콧물이나 가래를 삭이는 약들의 일부는 원래 작용 이외에 약간의 구토 증상을 유발합니다. 또 항생제 중에는 위에 심한 자극을 주는 것도 있고, 소염제나 해열제도 일부는 위에 자극을 줄 수 있습니다.

하지만 아기에게 사용하는 감기약의 경우 비교적 그러한 구토를 적도록 만들어졌고, 조제할 때도 항상 그러한 점을 고려하게 됩니다.

만약 아기가 구토를 하게 되면 우선 약을 소량씩 자주 먹이시는 것이 좋으며, 약이나 음식을 먹일 때에는 너무 젖꼭지나 수저를 입안 깊숙이 넣지 않는 것이 좋습니다. 혀 깊은 안쪽을 건드릴 경우 구역질을 일으킬 수 있기 때문입니다.
그리고 구토를 일으키는 약물이나 음식은 일단 중단하는 것이 좋습니다. 또한 많이 토하면 탈수가 될 수 있으므로 보리차나 엷게 탄 설탕물을 먹이는 것이 좋습니다. 그러나 토하는 빈도가 많고 토한물에 피가 섞이거나 뿜어내듯 토할 경우, 그리고 발열이나 처짐, 탈수 등이 있으면 약물이나 음식 때문이 아닐 수 있으므로 의사에게 보이는 것이 좋습니다.

## 6. 어린이 감기, 이럴 땐 위험 신호!

활동량은 많지만 면역력이 약한 어린이에게 있어서 감기는 흔히 생길 수 있는 질환입니다. 이처럼 감기가 어린이에게 흔한 질병이다 보니 대부분의 부모들은 가볍게 여기고 그냥 지나치기 쉬운데, 이 감기로 인해 면역력이 떨어진 상태에서 2차적으로 세균에 감염될 경우 폐렴이나 기관지염, 중이염, 축농증, 천식, 요로감염 등의 합병증에 걸리기가 쉽습니다. 따라서 아이에게 다음의 7가지 증상이 나타나면 단순한 감기가 아닐 수 있으므로 즉시 병원에 데려가야 합니다.

- 숨 쉬는 소리가 몹시 시끄러울 때, 즉 코를 벌렁거리며 숨을 쉬거나 숨 쉬기를 거북해 할 땐 폐렴을 의심해야 합니다.
- 입술이나 손톱이 파르스름해진다면 폐렴 또는 호흡 곤란으로 산소공

급이 원활하지 못해 청색증이 발생한 경우로 응급 상황일 수 있습니다.

- 맑은 콧물이 진해지며, 푸른색으로 변해 가면 축농증을 의심해 볼 수 있습니다.
- 기침이 1주일 이상 계속되면 세균 감염으로 인한 기관지염이나 폐렴의 가능성이 있습니다.
- 귀가 아프다고 하면 중이염을 의심해 봐야 합니다.
- 체온이 38.9℃가 넘을 때.
- 아이가 너무 많이 자려고 할 때나 몹시 보챈다면 패혈증이나 탈수증 등 좋지 않은 상태일 수 있습니다.

Point

## 지나친 항생제 남용은 면역력을 약화시켜요

면역력을 약화시키는 요인은 여러 가지가 있지만 아이에게 최대의 적은 항생제 남용입니다. 엄마는 아이가 감기에 걸리기만 하면 그다지 증상이 심하지 않은데도 병원이나 약국을 드나들면서 항생제를 곧잘 먹입니다.

항생제 남용으로 인해, 약물에 대한 내성이 강한 수퍼 박테리아를 출현케 한다는 사실은 이미 잘 알려진 사실입니다. 게다가 감기에 투여되는 약은 웬만한 세균은 다 잡을 수 있는 광범위 항생제들입니다.

이런 항생제들은 우리 몸에 유익한 세균들까지도 모두 죽입니다. 무엇보다 항생제 남용의 가장 큰 부작용은 위장 장애, 식욕 부진, 구토, 설사 등의 소화기 장애를 부른다는 점입니다. 이로써 소화기 기능이 약해진 아이는 항상 허약한 아이로 살아갈 수밖에 없습니다.

물론 감기로 인해 2차 감염, 즉 중이염이나 축농증 등의 질환으로 발전했을 때는 항생제를 쓸 수 있습니다. 하지만 이런 때에도 항생제를 꼭 써야 하는 경우는 생각보다 그리 많지 않습니다.

## 7. 감기로 인한 합병증

흔히 '감기는 만병의 근원' 이라고 합니다. 이 말은 '감기가 원인이 되어 다른 병에 걸릴 수도 있다' 는 뜻입니다. 감기는 쉽게 걸리기도 하고 적절히 관리하면 잘 낫기도 하지만, 소홀히 하면 호흡기 등 각종 기관이 완전하게 성장하지 못한 어린아이들의 경우 자칫하면 '감기 합병증' 으로 인해 고생할 수 있습니다.

어린아이의 호흡기는 구조와 기능이 완전하지 않습니다. 따라서 3세 이하 아기의 경우 감기만으로도 호흡 곤란 등의 심각한 증상이나 합병증이 나타날 수 있습니다. 바이러스에 의한 상부 기도의 감염은 정상적인 방어벽 역할을 하는 기도의 점막이나 상피세포를 손상시켜 2차적인 세균감염이나 합병증을 유발합니다.

감기의 합병증으로는 중이염이 가장 흔합니다. 또 경부 림프절염이나 부비동염, 인두 후부 및 편도 주위 농양, 눈 주위 감염이 있고, 알레르기 비염 또는 천식의 악화도 자주 나타납니다. 또한 같은 바이러스가 기관지나 폐에도 감염을 진행시켜 기관지염, 폐렴 등이 생길 수 있고, 2차 세균감염에 의한 세균성 폐렴이 발생할 수도 있으며, 기관지 천식이 있는 아이가 감기에 걸리면 기관지 천식 증상이 일어나거나 심해질 수도 있습니다.

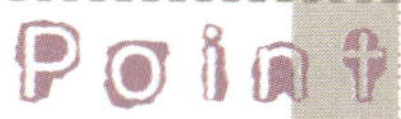

### 감기 후의 배앓이

한겨울에서부터 초봄에 이르기까지 감기 철이 지나고 나면 배가 아프다는 아이의 수가 늘어납니다. 아이는 배꼽 주위를 많이 아파하며 음식 먹기를 싫어하고 심할 경우 구토와 설사를 동반하기도 합니다. 기운이 없어 잘 놀지도 못하고 힘들어합니다.

평소에 식욕 부진이 있었던 아이라면 이 증상이 더욱 심한데, 이는 감기를 오래 앓으면서 소화 기능이 허약해진 탓입니다.

이런 때 흔히 부모들은 '감기 후에 아이의 체력을 보충해 줘야 한다'는 생각으로 아이에게 고기반찬과 찬 과일 등을 주는 경우가 있는데, 이 음식들은 가뜩이나 차고 기능이 떨어져 있는 아이의 소화기관을 더욱 힘들게 합니다. 게다가 아이들은 속이 불편하고 목이 말라 우유나 요구르트, 탄산음료, 아이스크림과 같이 차고 시원한 것만 찾아 증세를 더욱 악화시키게 됩니다.

이때는 아이에게 약간 진밥이나 죽, 그리고 따뜻한 차 종류와 쌀미음 등을 주는 것이 좋습니다. 그러면 목마른 것도 덜하고, 구토를 하는 아이라면 탈수도 막을 수 있어 좋습니다.

또한 소화 불량 증상이 감기처럼 오는 경우도 있습니다. 이때는 열감기처럼 몸에 열이 나면서 한기를 느껴 아이가 벌벌 떠는가 하면, 식은땀을 흘리면서 복통과 구토, 설사, 두통 등의 증상이 같이 옵니다. 찬바람을 쐬거나 습한 곳에 있을 경우 더웠다 추웠다를 반복하는 학질 같은 양상이 나타나기도 합니다. 심할 경우 헛소리같이 웅얼거리기도 합니다. 이때 설사 증상은 없고 반대로 변비 증세가 있어 변을 못 보고 배에 가스가 차면서 불쾌감을 느끼게 되는데, 보통 먹기 싫은 음식을 억지로 먹었다거나 육식을 하고 나서 소화가 안 된 채로 잠들면서 발생합니다.

열이 심하면 해열제를 먹이고 병원에 가도록 합니다. 이때도 찬물이나 찬 음료수 등은 증상을 더욱 악화시키게 되므로 먹이지 않도록 합니다.

이렇게 감기 뒤끝에 오는 소화력 저하는 시간이 흐르면 자연히 좋아집니다. 다만 조금이라도 빨리 아이가 편하기 위해선 처음부터 소화되기 쉬운 음식과 따끈한 차가 좋은데, 집에서 간단히 먹일 수 있는 생강차나 모과차, 매실차, 배즙 등을 먹이면 좋습니다. 특히 배즙은 간단하고 효과도 좋고 맛도 좋아서 유아에게 먹이기에 좋습니다. 배의 가운데 부분을 파내고 배 속을 긁어서 배즙을 만들고, 껍질이 5mm 정도 남을 때까지 긁은 뒤 꿀을 조금 섞어 약한 불에 은근히 끓였다가 식혀서 수시로 먹이면 효과적입니다.

## 8. 독감 예방주사, 미리 맞으세요

흔히 '독한 감기'로 불리는 독감은 감기와는 전혀 다른 질환입니다. 일반 감기는 100여 가지가 넘는 바이러스에 의해 발병되고, 독감의 경우에는 인플루엔자라는 바이러스에 의해 발병이 됩니다.

특히 독감은 합병증이 잘 발생해 병원에서 치료를 받아야 합니다. 독감 예방주사는 합병증을 예방하기 위해서입니다. 독감은 보통 11월 말에서 다음해 4월까지 발병하는데, 1~3월경에 가장 발생 빈도가 높습니다.

하지만 예방접종 후 어느 정도의 시간이 지나야만 항체가 발생하므로 10월 중순에서 11월까지는 예방주사를 맞아야 합니다. 독감 예방주사를 맞으면 독감 바이러스에 대항하는 항체가 2주 내에 생기기 시작하여 4주가 되면 최고치에 달하게 되고 6개월 정도의 예방효과가 있기 때문입니다.

독감 예방주사는 독감에 걸릴 경우 위험한 질환 즉 천식, 결핵, 심장병, 당뇨병, 혈액 질환, 면역 억제 요법을 받는 경우, 만성 신부전 등의 질병이 있을 경우에 맞도록 합니다. 또 65세 이상의 노인, 고위험 환자와 접촉하는 사람, 그 외 병약한 소아, 외국 여행 시에 접종합니다. 반면에 달걀 알레르기가 있는 사람, 생후 6개월 미만의 영아, 임신 초기인 사람, 열이 높은 사람, 예전에 독감 예방접종 후 길리안 바레 증후군(전신의 말초신경에 마비가 일어나는 질병)을 앓은 병력이 있는 사람 등은 예방주사를 맞지 말아야 합니다.

독감 예방주사를 맞는다고 해서 모두 독감이나 일반 감기에 걸리지 않는 것은 아닙니다. 따라서 평소에 충분한 휴식과 영양 섭취와 함께 꾸준히 운동을 하며, 위생에 철저하고 흡연을 삼가며, 물이나 주스 같은 음료를 충분히 마시는 것이 독감이나 일반 감기는 물론 다른 건강에도 좋습니다.

**주의사항**

독감 예방접종은 수많은 감기 중 독감(인플루엔자)만을 예방하므로 일반 감기는 예방할 수 없습니다.

## 03 폐렴

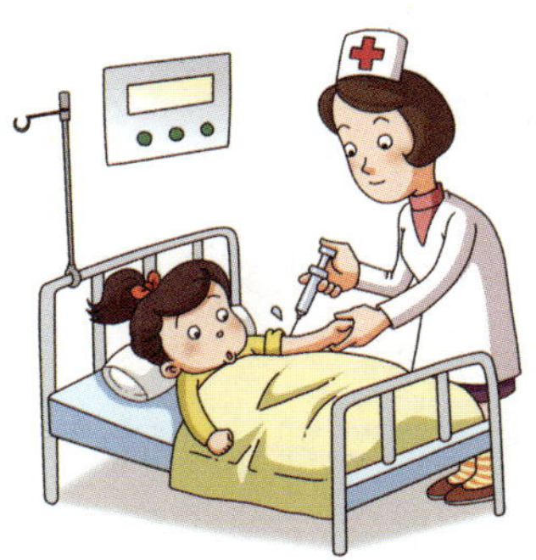

찬바람이 불기 시작하는 계절이 오면 어김없이 아이들에게 폐렴이 유행하게 됩니다. 폐렴은 말단 세기관지 이하 폐 조직에 염증이 생긴 것을 말하며 원인은 바이러스성, 세균성, 마이코플라즈마, 진균, 이물질, 알레르기, 약물, 방사선 등의 다양한 원인이 있습니다. 이러한 원인에 의하여 폐 조직에 염증이 생기게 되면 폐 기능에 장애를 주게 되므로 기침, 호흡 곤란, 호흡 소리의 이상, 고열 등의 증세를 보이게 됩니다.

폐렴의 원인 중 약 3분의 2 정도는 바이러스로 인한 것들입니다. 일반적으로 세균성 폐렴에 비해 바이러스 폐렴이 발열이나 오한 등의 증상 정도가 약하고 지속되는 기간도 짧습니다.

폐렴이 잘 걸리게 되는 위험군은 나이가 어린 신생아나 미숙아, 1~2살 미만의 영아들이며, 많은 아이들과 접촉하게 되는 아이들이 위험성이 더 높습니다. 그 외에도 선천성 심장 질환이나 폐질환이 있거나 영양 상태가 좋지 않을 때 걸릴 위험성이 더 높아집니다.

폐렴인지 여부는 외견상의 증상만으론 구별하기 어렵고 흉부 X선 촬영으로 확연하게 알 수 있고, 바이러스에 의한 감염인지 세균에 의한 감염인지는 혈액 검사를 통해 파악할 수 있습니다. 혈액 검사를 해 보면 세균성 폐렴은 백혈구와 백혈구 내의 염증세포가 크게 증가한 것으로 나타나는 반면에 바이러스 폐렴은 백혈구와 염증세포의 수에 큰 변화가 없습니다. 이와 함께 적혈구에 이물질이 달라붙어 아래로 침잠하는 적혈구의 밀도를 통해서도 구별할 수 있습니다.

일반적으로는 3~4일 정도의 병원 치료에도 불구하고 증상이 좋아지지 않는다면 세균성 폐렴을 의심해 볼 수 있습니다. 이때부터 나이와 상황에 따라 적절한 항생제가 투여되는데, 차츰 항생제 강도를 높여 가며 1~2주 정도 집중 치료해야 합니다. 세균성 폐렴에 걸린 아이들은 보채거나 잘 먹지 않기 때문에 주로 병원에 입원해 수액 요법과 정맥용 항생제 치료를 받는 것이 좋습니다.

## 1. 바이러스성 폐렴

신생아를 제외한 모든 연령층에서 가장 흔한 원인균이 되며 주로 2~3세의 어린이에게서 흔합니다. 다른 환자들과 직접 접촉을 하거나 침을 통하거나 공기를 통해 전염이 됩니다.

### 1) 증상은 무엇인가요?

처음에 감기처럼 시작해서 점점 심해집니다. 미열이 있는 경우가 많고 마르고 힘든 기침을 하며 기운이 없어집니다. 호흡이 빨라지기도 하고 갈비뼈 부위가 숨을 쉴 때마다 쏙쏙 들어가는 등 호흡 곤란 증상을 보이기도 합니다. 이런 환자들을 진찰해 보면 청진기를 통해서 호흡음 사이로 시끄러운 가래 소리와 폐렴과 관련된 수

포음과 탁음이 들리는 경우가 많으므로 진찰만으로도 진단이 가능한 경우가 많습니다.

그러나 간혹 청진기상의 호흡음은 정상인데 방사선 사진을 찍었을 때 이상을 보이는 경우가 있으므로 주의하여야 합니다.

### 2) 치료 및 예후

치료는 안정하고 보조적인 치료를 하는데, 환자의 증상에 따라 입원하여 수액 치료나 산소 공급, 호흡기 치료 등을 병행하기도 합니다. 바이러스 치료 약제는 일부 개발이 되어 있으나 각 약제에 따른 부작용이 있을 수 있으므로 환자에 따라 치료 여부를 결정합니다.

예후는 대부분 양호하여 거의 대부분 호전되지만 심한 경과를 보였던 경우에는 드물게 기관지확장증, 만성폐섬유증 등이 생길 수 있으며, 일부 환자에서는 전격성 폐렴으로 진행하여 치명적인 경과를 보이거나 중환자실의 치료를 받아야 하는 경우도 있습니다.

## 2. 세균성 폐렴

세균성 폐렴 중 폐구균 폐렴은 소아기 폐렴의 가장 흔한 원인으로 발병 원인의 80~90%를 차지하는 것으로 알려져 있으며 주로 늦겨울과 초봄에 발생합니다. 세균성 폐렴은 바이러스 폐렴보다 강도가 높은 폐렴으로, 잘 치료하지 않으면 2차적으로 세균 감염이 겹치면서 합병증을 앓을 수도 있습니다. 호흡

곤란 또는 늑막에 액체가 고이는 늑막삼출을 앓을 수 있고, 폐 외에 다른 장기로 세균이 전이될 수도 있습니다.

최근에는 세균성 폐렴에 대한 내성균이 많이 생겨난 상황입니다. 따라서 초기에 감기로 보이는 증상이 호전되지 않으면 X선 촬영 등으로 폐렴 여부를 확인하는 것이 좋습니다.

### 1) 어떤 증상이 있나요?

증상으로는 콧물이나 경한 기침 증세가 있은 지 며칠 후 갑자기 오한, 고열, 심한 기침이 동반됩니다. 일반적으로 호흡 장애가 심하여 호흡 수가 분당 60~100회 정도로 증가되는 경우가 많습니다.

기침은 마른기침이나 딱딱 끊어지는 양상의 기침을 하고, 숨소리가 크고 거칠며 쌕쌕거리는 소리를 내기도 합니다.

보통 36~72 시간 이내에 호흡 곤란이 절정에 달합니다. 일부 큰 아이들은 가슴이 아프다며 그쪽을 잘 움직이지 않으려고 하기도 하고 일부는 배가 아프다고 하기도 합니다.

### 2) 치료는 어떻게 하나요?

호흡 곤란이 있거나 고열이 심한 아이들은 일단 입원하여 치료할 것을 권합니다. 일단 입원하면 주사로써 항생제 치료를 합니다. 보통 7~9일간 치료를 하며, 상태에 따라 산소 공급이나 수액 요법 등을 시행합니다.

하지만 이런 폐렴으로도 사망하는 환자들이 있으므로 주의를 요하며, 심한 증상을 보이는 아기는 빨리 소아과를 방문하여 적절한 치료를 받아야 하고, 폐구균 백신이 개발되어 있으므로 가능하면 예방접종을 하는 것이 좋습니다.

## 3. 결핵균에 의한 폐렴

최근 결핵균이 다시 증가하면서 결핵에 의한 폐렴도 초등학생이나 청소년에게서 가끔 나타나곤 합니다. 그 동안 결핵 발생률이 계속 감소 추세를 보이면서 결핵에 대한 예방접종에 다소 소홀했던 것이 주 원인으로 꼽히고 있습니다. 여기에 청소년기에 한 무리한 체중 조절에 의한 영양 결핍, 입시 준비에 따른 피로감 누적 등으로 저하된 면역력도 한 원인이 될 수 있습니다.

결핵균에 의한 폐렴 역시 다른 폐렴처럼 X선 촬영 등 외관상으로는 구별이 곤란합니다. 따라서 혈액이나 가래 등 분비물 검사로 파악합니다.

### ● 증상과 치료

증상은 바이러스나 세균성보다 훨씬 강합니다. 결핵성 폐렴은 보통 일반 세균성 폐렴처럼 항생제에 반응하지 않는 발열이나 오한 등의 증상이 거의 2주 이상 지속됩니다. 이런 땐 빨리 검사를 통하여 항결핵제를 투여해야 합니다. 결핵성 폐렴은 드물기는 하지만 증상은 훨씬 강해 보통 2주 이상 입원한 뒤에도 매일 한 번씩, 적어도 6개월 이상의 장기간 약물 복용 등의 치료가 필요합니다.

## 4. 마이코플라즈마 폐렴

마이코플라즈마 폐렴은 전체 폐렴 중 10~30% 정도의 원인을 차지하며 5~7세의 아이들에게서 흔한데, 남녀의 차이는 없습니다. 침이나 가래 등

의 호흡 분비물을 통하여 전염이 되며 환자와 접촉한 후 평균 12~14일 정도 이내에 증상이 생길 수 있습니다.

### 1) 어떤 증상이 있나요?

심하고 오래가는 기침과 고열이 주가 됩니다. 초기에는 두통, 피로감, 발열, 콧물과 목이 아픈 증상이 있다가 목이 쉬고 기침이 나타납니다. 처음에는 마른기침을 하는데, 점차 진행되어 시작된 지 2주 동안에 악화되다가 후에는 가래가 섞인 기침을 하게 됩니다. 그리고 3~4주 후에는 기침을 비롯한 증상이 대부분 사라집니다.

마이코플라즈마 균은 천식 환자에서 쌕쌕거리는 소리를 일으키는 흔한 유발 인자이며, 30~40%의 환자에서 구토, 복통, 피부 발진이 동반되기도 합니다. 또한 뇌수막염, 뇌염, 소뇌실조증, 간염, 심근염, 관절염, 안면신경마비, 용혈성 빈혈 등의 합병증을 일으키기도 하므로 주의하여 치료를 받아야 합니다.

### 2) 치료는 어떻게 하나요?

아이들의 폐렴은 비교적 흔한 만큼 치료도 비교적 잘되는 편입니다. 하지만 최근에는 항생제 오남용이 많아져 이에 내성을 가진 세균에 의한 세균성 폐렴이 늘고 있고, 드물게 결핵균에 의한 폐렴도 발생하고 있어 부모들의 주의가 필요합니다.

치료는 경구용 항생제를 사용하며, 대부분 약물 치료에 잘 반응하여 치료가 잘됩니다. 그러나 아직 백신은 개발되어 있지 않습니다.

## 04 편도선염

목이 아픈 목감기의 경우 누구나 일 년에 한두 번씩은 걸리게 되지만, 단순한 목감기가 아닌 목 안의 편도선에 염증이 생기는 편도선염에 걸리게 되면 그 통증은 이루 말할 수 없습니다. 어쩌다 한번 급성편도선염에 걸리게 되는 경우 약물 치료만으로도 해결되지만, 한 달이 멀다 하고 자주 편도선염으로 고생하는 만성편도선염 환자들의 경우 반복되는 통증을 참지 못해 수술에 대한 문의를 많이 합니다.

편도는 보통 목젖의 양쪽에 있는 구개편도(목젖 양옆에 혹처럼 튀어나온 편도)를 말하지만, 이 외에도 목젖 위에 있어서 육안으로 보이지 않는 아데노이드라는 인두편도와 혀뿌리에 있는 설편도 및 이관편도 등이 있습니다. 우리가 입을 벌리면 곧바로 외부에 노출되는데, 이 때문에 목 안과 코 뒷부분에는 외부로부터 우리 몸을 방어하는 편도가 있는 것입니다.

편도는 코와 입을 통해 들어오는 세균 등을 방어하게 되는데 이로 인해 자주 감염됩니다. 편도의 기능은 현재까지 정확하게 밝혀지지는 않고 있으나 항체를 생성하여 감염에 대한 저항성을 유지하게 해 주는 역할 등을 하는 것으로 알려져 있습니다.

편도선염은 일반적으로 입을 벌렸을 때 쉽게 볼 수 있는 목젖 양옆에 혹처럼 튀어나온 구개편도에 발생하는 급성염증을 말하는데, 바이러스나 세균이 감기를 일으킬 때 발생되며, 주로 소아와 청소년에게서 많이 발생합니다.

일반적으로 편도선염이라 하면 급성편도선염을 의미하나 넓은 의미로는 만성편도선염과 소아편도 및 아데노이드 비대증도 포함됩니다. 이 가운데 급성편도선염이 발생 시 통증과 고열이 발생할 수 있으며, 이것이 오랫동안 반복되면 편도가 커지면서 만성편도선염이 됩니다. 이렇게 만성편도선염이 되면 수술로써 제거해야 하는데, 보통 편도 수술 시에는 구개편도만 제거하게 되므로 제거 후에도 면역저하 등의 문제는 일으키지 않습니다.

편도선염은 주로 4~10세 사이에 활발하다가 사춘기 이후가 되면 퇴화하는데, 3세 이하의 경우 편도가 감염균에 저항할 수 있는 면역 기능을 담당하지만, 3세가 넘으면 그 기능이 떨어져 제거 수술을 해도 면역 체계에 문제가 없습니다.

편도선 수술은 수술 후 음식 조절과 통증 조절 등 관리가 필요합니다. 그러나 수술 자체는 그다지 어렵지 않고 수술 후에 만족도가 매우 큰 수술 중의 하나입니다. 따라서 잦은 편도선염과 코골이, 소아 중이염 등이 있다면 이비인후과 전문의와 상담을 통해 적극적으로 치료하는 것이 좋습니다.

한 가지 알아둬야 할 것은, 목이 아프면 대부분의 사람들은 편도선염을 떠올리게 되는데, 목 안에는 편도 외에도 여러 구조로 되어 있으므로 목이 아프다 하여 모두가 편도선염은 아니라는 것입니다. 이 외에도 후두염이나 인두염이 있고 각각의 증상 및 치료에 다소간의 차이가 있으므로 구별할 필요가 있습니다.

인두와 편도선은 목 안에 인접해 있기 때문에 바이러스나 박테리아가 목 안에 감염되었을 때 인두에만 또는 편도선에만 따로따로 감염되는 것이 아니라 동시에 둘 다 전염되어 인두·편도선염이 생기는 것이 보통입니다. 실제로 인두염과 편도선염이 같은 바이러스나 박테리아에 동시 감염되어 있음에도 불구하고 인두염이나 편도선염으로만 진단하는 경우가 적지 않습니다.

일반적으로 인두염, 편도선염, 인두 · 편도선염 이 세 가지는 따로따로 생기는 것이 아니라 – 또 서로 다른 병처럼 부를 때도 많지만 – 대부분의 경우 같은 병일 때가 많습니다.

## 1. 편도염의 원인과 증상

편도선은 코와 입을 통해 들어오는 세균 등을 방어하는 역할을 하므로 세균 침범에 의한 자체 감염이 많이 발생할 수 있습니다. 또한 반복적으로 감기를 앓을 경우 편도는 비정상적으로 비대해져 여러 가지 문제를 일으킬 수 있습니다. 그 외에 기후 변동, 과로, 과음, 과식 등이 원인이 될 수 있고, 비강 및 축농증 수술 후에 발생하는 경우도 있습니다. 또한 세균에 의한 직접 감염에 의해 생기기도 합니다. 원인균으로는 연쇄상구균, 포도상구균, 폐렴구균 등이 있습니다.

그리고 증상으로는, 급성기의 경우 침을 삼킬 수 없을 정도로 목이 많이 아프며 열이 납니다. 몸이 춥고 떨리며 머리도 아프고 뼈마디가 쑤시는가 하면 간혹 귀의 통증이 함께 오기도 합니다. 이런 증상은 대개 일주일쯤 지나면 회복됩니다. 하지만 이것이 만성화되면 아이에게 일 년 내내 감기 증세가 나타나게 되며, 편도 또한 정상보다 더 커지게 되어 편도비대 증상이 나타나게 됩니다.

만성편도선염이란 급성이 자주 반복될 때를 의미합니다. 이 만성의 경우 급성 증상은 거의 없고 목의 이물감과 더불어 냄새가 나는 찌꺼기 가래가 나오기도 하는데, 이는 입 냄새의 원인이 됩니다. 따라서 충치가 없고 별다른 이유가 없는데도 입에서 원인 모를 냄새가 난다면 만성편도선염을 의심해 볼 필요가 있습니다.

만성인 경우 편도선 속의 세균이 전신으로 퍼져 심장, 관절, 콩팥 등에 영향을 주어 류머티즘성 관절염이나 신장염 등에 합병증을 일으킬 수도 있으므로 특히 소아의 경우 유의해야 합니다. 소아의 편도 및 아데노이드 비대증은 코막힘, 심한 코골이 및 수면 무호흡, 발성 장애 등의 증상이 있으며, 최근에는 이로 인한 삼출성 중이염이 합병증으로 많이 발생하고 있습니다.

비대한 아데노이드가 이관(耳管, 코로 이어지는 귓속의 관)을 막고 또한 감염원으로 작용해 중이염이 동반되고, 부비동의 뒤쪽 환기를 방해해서 축농증이 같이 오는 경우가 많습니다. 코 점막이 건조해짐으로써 자주 코피를 흘리기도 합니다. 또 드물게는 아이들의 발육 저하를 초래하기도 합니다. 숙면을 취해야 성장호르몬이 충분히 분비되는데, 무호흡증이 생기게 되면 성장호르몬 분비가 줄어들기 때문입니다. 만성적인 코막힘으로 인해 코로 숨 쉬기가 힘들어 항상 입을 벌리고 있으므로 심한 경우 얼굴의 변형이 올 수도 있습니다. 치아가 서로 맞지 않는 치아 부정교합(고르게 나지 않은 이) 등이 나타나기도 합니다.

## 2. 편도선염은 어떻게 치료하나요?

일반적 치료로는 안정과 충분한 수분 섭취와 부드러운 음식을 먹게 하고 진통제 등을 투여하여 인후의 불쾌감과 통증을 덜어 줍니다. 또한 구강청결제로 입안을 세척하고 약물을 입안에 뿌리기도 합니다. 이 경우 특별한 의미는 없으나 구강 및 인두를 깨끗이 하며 환자의 기분은 좋게 할 수 있습니다.

또 고열과 전신 권태가 48~72시간 지속되면 주로 항생제를 사용하곤 하는데, 증상이 없어진 후에도 24~48시간 계속해서 사용합니다. 급성편도염의 경우, 감기로 잘못 알고 일반 약국에서 감기약만 지어 먹다가 병을 더욱 악화시키는 경우가 있는데, 고열이 있고 음식을 삼킬 때 통증이 심하며 근육통과 전신 권태가 심하면 급성편도선염을 의심할 필요가 있습니다.

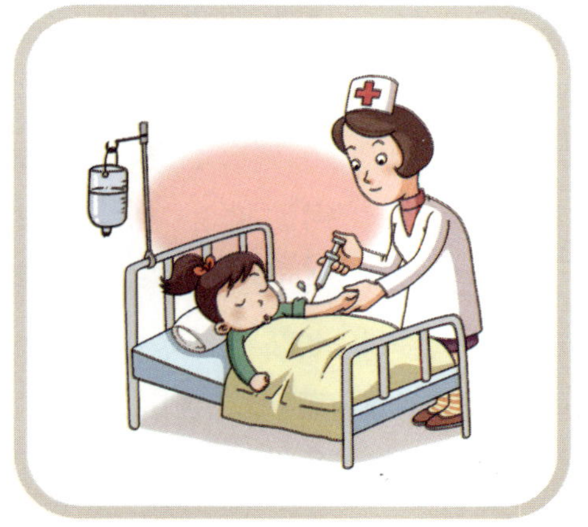

세균 감염에 의한 급성편도염은 대개 항생제 및 소염제 등을 이용해 치료할 수 있습니다. 편도선은 건강을 유지하는 데 꼭 필요한 기관이므로, 1년에 한두 번 정도 편도선염을 앓는다고 하여 수술할 필요까지는 없습니다. 그리고 아이가 성장함에 따라 편도의 크기가 감소할 수 있기 때문에 만 3~4세 이전에는 수술을 하지 않는 것이 원칙입니다.

하지만 소아의 경우, 편도의 비대로 말미암아 중이염이나 축농증 등의 합병증이 발생하거나 잘 낫지 않는 경우, 잦은 편도선염으로 인해 치열에 이상을 초래하거나 아이의 성장 발달에 지장을 줄 경우에는 수술이 필요합니다. 수술 시에는 소아의 경우 전신마취가 필요하며 3~4일간의 입원 치료가 필요합니다.

수술 후에는 연하곤란이나 발열, 귀의 통증 등이 일시적으로 발생할 수 있습니다. 목의 통증은 약 1~2주간 지속되며, 상처는 2~3주면 다 낫습니다. 그리고 수술 후에 간혹 출혈이 발생할 수도 있는데, 심한 출혈일 경우에는 전신마취 하에 지혈할 수도 있습니다.

수술을 하고 나면 대부분 반복적인 감염, 즉 편도선염, 소아의 부비동염, 중이염의 빈도가 줄어들고, 코골이나 구강호흡도 많이 호전됩니다. 평소에 음식을 잘 먹지 않던 아이들도 수술 후에는 잘 먹게 되어 대부분 체중이 늘어나게 됩니다.

## 이런 때는 수술을 해야 해요

세균의 감염에 의한 급성편도염 등은 항생제로 치료하지만 다음의 경우에는 편도 및 아데노이드 절제술이 권유됩니다.

1. 항생제 치료에도 불구하고 반복적인 감염이 있을 때.
2. 편도 주위의 농양.
3. 호흡이 힘들 정도로 심한 편도비후.
4. 반복되는 중이염 합병증.
5. 경부 임파선이 계속 커져 있을 때.
6. 관절염, 천식의 악화 등이 편도염과 연관 있을 때.

● 이런 때는 수술하지 마세요

1. 모든 종류의 급성염증, 특히 상기도의 급성염증이 있을 때.
2. 혈우병, 백혈병, 자반증 혹은 심한 빈혈이 있을 때.
3. 당뇨병이 있을 때.
4. 심장병 또는 신장염이 있을 때.

● 식이 요법, 이렇게 하면 효과가 있어요

1. 진한 소금물로 목 안을 씻어 낸다.
2. 사과를 즙내어 계속하여 마신다.
3. 생쑥이나 약쑥을 물에 불려 즙을 내어 마신다.
4. 말린 미역을 분말화하여 물에 타서 차처럼 마신다.
5. 알로에 잎을 즙내어 마시면 통증과 부기가 가라앉는다.

## 3. 편도선 수술 후 주의해야 할 점은 무엇인가요?

출혈로 인해 기도가 막히는 것을 예방하기 위하여 수술 후 처음 며칠 동안은 엎드린 상태로 수면을 취하게 하며, 혈압을 높일 정도의 심한 운동은 하지 않는 것이 좋습니다. 그리고 편도선 수술을 하고 나면 수술 부위가 아물면서 하얀 막으로 덮이게 되는데, 이는 정상적인 치유과정이므로 이 막을 손으로 떼지 않도록 합니다.

식사는 퇴원 후 약 1주간은 죽을 차게 해서 먹이도록 합니다. 잘 익은 생선류나 카스테라 등의 부드러운 음식은 먹을 수 있으나 김치 등과 같이 질긴 야채나 짜거나 매운 자극성 음식은 피하는 것이 좋고, 콜라나 주스 등의 청량음료도 삼가도록 합니다.

## 4. 편도선염도 예방할 수 있나요?

편도선염 예방을 위해서는 무리한 활동을 피하고 적절한 휴식과 함께 실내 온도와 습도의 조절, 과음과 과식 등을 피하는 것이 필수입니다. 또한 무엇보다도 평소에 구강 위생을 청결히 하고, 어른들의 경우 금연과 금주 및 규칙적인 운동, 영양 관리 및 잦은 수분 섭취를 통한 건강관리와 긍정적인 사회생활을 유지하여야 합니다.

# 05 소아 기관지염

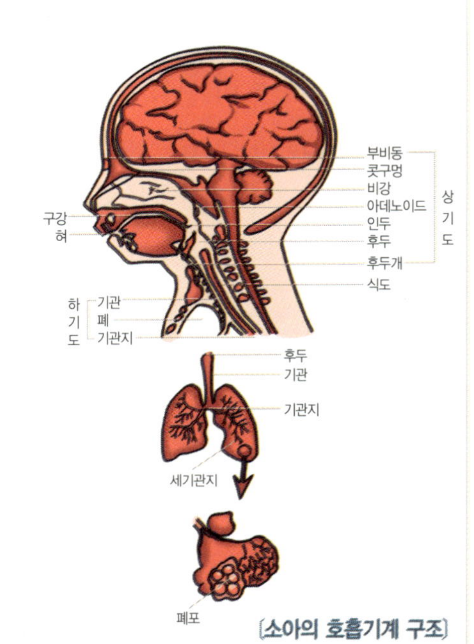

[소아의 호흡기계 구조]

기관지염은 소아과 의사가 외래에서 흔히 접할 수 있는 호흡기 질환 중의 하나이며 기관지에 염증이 생기는 질병으로 흔히 감기 후에 많이 발생합니다. 특히 건조하고 일교차가 심한 봄 · 가을, 그리고 호흡기 바이러스 감염이 흔한 겨울철에 빈발합니다.

처음에는 감기처럼 재채기나 기침 같은 증상이 보이기 때문에 부모들은 으레 감기라고 생각하기 쉽습니다. 하지만 계속 감기시럽만 먹이고 있다간 큰코다칠 수 있습니다. 가래나 기침을 억제하는 성분이 있는 감기약은 기도의 윗부분에 효과가 있을 뿐 기도의 아랫부분인 세기관지에는 잘 듣지 않기 때문입니다.

기관지염은 하부 호흡기계의 질환으로 급성기관지염과 만성기관지염이 있고, 발생의 시작과 진행은 약간 다르지만 (모)세기관지염 등이 있습니다. 소아의 경우, 급성기관지염이 흔하고 만성기관지염은 그리 흔하지는 않지만, 오래 기침을 하는 어린이는 천식(혹은 천식성 기관지염)이나 면역저하 등을 의심해 보아야 합니다.

소아의 기관지염은 하나의 질환이 따로 있는 것이 아니라 인후염이나 비염, 그 밖의 상기도 감염과 동반되어 연달아 생기는 경우가 대부분입니다.

급성(모)세기관지염은 영아가 입원하는 많은 원인이기도 합니다.

## 1. 기관지염의 원인은 무엇인가요?

급성기관지염의 원인은 주로 바이러스 감염으로 리노바이러스, RS(respiratory syncytial) 바이러스, 코로나바이러스, 아데노바이러스, 인플루엔자, 홍역 등의 호흡기 바이러스 감염입니다. 따라서 일정한 기간이 경과하면 저절로 낫는 경우가 많습니다.

이러한 바이러스의 출처는 주로 가족 구성원입니다. 가족 중에 가벼운 감기라도 앓고 있는 환자에 의해 생후 6개월 전후의 영아가 감염됩니다. 아이에게 모유 대신 우유를 수유하는 경우나 엄마가 흡연을 하는 경우에는 더 잘 생깁니다. 또한 급성기관지염이 자주 반복될 때에는 – 만성기관지염에서도 마찬가지이지만 – 호흡기 기형, 기도 내 이물질, 기관지확장증, 결핵, 알레르기, 천식, 면역결핍증, 편도선염, 부비동염(축농증) 등의 가능성을 살펴보아야 합니다. 대기오염 물질이 소아의 폐 기능을 손상시키기도 하지만, 특정 대기오염 물질과 질환의 관계를 입증하기는 어렵습니다.

## 2. 기관지염에는 어떤 증상이 있나요?

기관지염의 종류별 증상은 다음과 같습니다.

### 1) 소아 급성기관지염

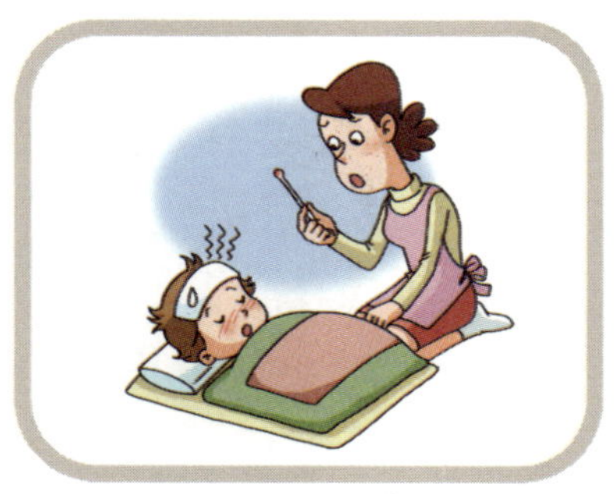

바이러스나 박테리아의 종류, 나이에 따라 증상이 다르지만 대부분에서 상기도 감염이 선행하기 때문에 초기에는 미열이나 콧물과 같은 인후염, 비염 증상이 있고, 이후 3~4일 정도 지나면 기침이 더욱

심해집니다. 처음에는 마른기침을 하고 점차적으로 가래가 있는 객담성 기침을 하다가 객담이 누렇게 변하면서 기침할 때 흉통이나 구토를 동반하게 됩니다. 대개 5~10일 사이에 점차 감소합니다. 갑자기 악화되면 아기가 탈수에 빠지거나 호흡이 힘들어지기도 합니다.

### 2) 소아 만성기관지염

급성기관지염을 제대로 치료하지 못해 오랫동안 지속되면 만성으로 됩니다. 기관지천식이나 알레르기성 비염 등으로 오랫동안 기침을 할 때 만성기관지염으로 오진하는 경우도 많습니다. 기침은 주로 객담성이고 만성적이며 밤에 심해지는 경향이 있습니다. 진찰 소견은 급성기관지염과 비슷하기 때문에 기침의 양상이나 그 동안의 병력 등이 도움이 됩니다.

### 3) 소아 급성(모)세기관지염

감기가 흔한 겨울과 초봄에 많은 이 급성기관지염은 주로 2세 이하의 영아에게 발병하여 콧물과 재채기 후에 열이 나며 발작적인 천명성 기침으로 이어집니다. 아이가 심하게 보채고 호흡이 빨라지며 숨이 차서 수유하기가 힘들어집니다. 이 때문에 아이가 잘 먹지 못하고 구토를 하는 경우도 있는데, 이런 시기는 보통 2~3일 가량 지나면서 약해집니다. 아주 심한 경우에는 호흡이 60~80회로 빨라지면서 산소 부족 증세와 청색증(얼굴이 새파래지는 증상)을 보이기도 하며, 숨을 쉴 때마다 가슴이나 코가 벌렁거리며 늑간의 함몰이 일어나기도 합니다. 고열이나 빈호흡으로 인한 수분 손실 또한 많습니다.

이처럼 호흡에 문제가 되는 것은 모세기관지가 좁은 18개월 이전의 아이들입니다. 때문에 18개월 이하의 아이가 감기 증상을 보이면 부모는 호흡을 면밀히 관찰할 필요가 있습니다. 숨을 쉴 때 쌕쌕거리는 소리가 들린다거나 코를 벌름거린다거나 갈비뼈 사이로 피부가 쑥 들어가는 것이 보일 때, 1분에 호흡이 50회 이상이면 기관지가 좁아져 호흡이 곤란한 것이므로 곧바로 병원에 가서 진찰을 받도록 합니다. 호흡 곤란이 심하면 입원 치료하여 산소를 공급해야 하고, 정맥 내로 수액을 보충해 주면 좋아집니다.

**의사의 진찰이 꼭 필요한 경우** Point

● 아이에게 다음의 증상이 나타나면 즉시 의사에게 보여야 합니다.

❶ 토하거나 액체로 된 음식물을 삼키지 못할 때.
❷ 1분에 40회 이상의 가쁜 호흡을 할 때.
❸ 숨 쉴 때 갈비뼈 사이로 피부가 들어갈 때.
❹ 힘들어서 앉아야만 숨을 쉴 수 있을 때.
❺ 얼굴이 새파래질 때.
❻ 몸이 심하게 처질 때.

## 3. 지관지염의 진단은 어떻게 하나요?

진단은 증상과 진찰만으로도 가능합니다. 하지만 기관지염이 반복적일 경우에는 그 원인을 주의 깊게 찾아봐야 합니다. 흉부 방사선 검사로는 초기의 폐렴과 구분이 안 될 수도 있습니다. 급성(모)세기관지염의 방사선 검사 소견은 공기가 팽창된 사진과, 폐에 흩어진 증가된 음영을 볼 수 있고 혈액 검사나 비인두 배양 검사에서 RS 바이러스를 검출할 수 있습니다. (모)세기관지염이 통상 3회 이상 반복되어 재발할 경우에는 기관지천식, 기도 내 이물, 울혈성 심부전증, 유기 물질 중독, 낭포성 섬유증, 폐색성 폐기종을 동반한 세균성 폐렴 등과 감별하여야 합니다.

## 4. 기관지염의 치료는 어떻게 하나요?

특히 기관지염은 감기의 합병증인 경우가 많은데, 기침을 감기의 한 증상으로 생각하고 내버려 두면 아이의 고통도 그만큼 커지고 치료도 더욱 힘들어지게 됩니다.

급성기관지염은 주로 바이러스가 원인입니다. 그러므로 사실상 별다른 특수 요법이 없으며 보조 요법이 주입니다. 기관지염 치료를 위해서는 충분한 휴식과 영양 섭취, 습도 조절이 가장 중요합니다. 특히 환기를 자주 시켜 집 안의 공기를 청결하게 하고, 쾌적한 분위기에서 충분히 아이를 쉬게 하는 것이 좋습니다. 습도를 적절하게 높이고 수분을 자주 공급해 주면 가래도 묽어져 훨씬 편해집니다. 흔히들 기침이나 가래 멎는 약을 시중에서 구입해 먹이기도 하는데, 기침이 심하면 바로 병원을 찾아 진료를 받는 것이 중요합니다. 급성기관지염을 제대로 치료하지 않으면 만성화될 수 있기 때문입니다.

항생제는 원칙적으로 사용하지 않아도 되지만, 때로는 세균 감염에 의해 급성기관지염이 발생되거나 악화될 수 있기 때문에 세균 감염 유무를 확인하는 노력이 필요하며, 세균 감염이 의심되면 적절한 항생제를 투여하도록 합니다.

## 5. 경과 및 예후는 어떤가요?

급성기관지염은 5~10일 정도 앓고 나면 점차적으로 좋아집니다. 모세기관지염은 기침이 심해지기 시작하면서 2~3일 가량이 가장 힘든 시기입니다. 이 시기에는 증상 자체도 심하지만 식욕 저하로 인한 탈수와 무호흡 발작이나 저산소증에 빠지는 경우가 있기 때문입니다.

이 질환으로 인해 사망하는 경우는 1% 이내입니다.

이 시기가 지나면 점차 좋아지지만 10여 일간에 걸쳐 차츰 좋아집니다. 세균성 합병증은 드뭅니다. 모세기관지염을 앓은 유아의 상당수가 소아기 전반에 걸쳐 기도의 과민성을 보이는 경우가 있어 자주 바이러스 감염이 생길 수 있습니다.

## 6. 어떻게 하면 기관지염을 예방할 수 있나요?

증상의 빈도를 줄이는 방편으로 호흡기점막 자극을 극소화하는 것도 도움이 됩니다. 즉 찬물이나 찬 음식을 삼가고, 사람들이 많이 모이는 장소나 먼지가 나는 곳을 피하고, 극한의 온도와 습도를 피하도록 합니다.

그리고 외출 후에는 손발을 깨끗이 씻고 칫솔질을 하는 등 개인위생을 철저히 하고, 충분한 휴식과 영양 공급을 잘해 주고, 아이가 크게 소리를 지른다거나 말을 많이 하지 않도록 권유하는 것이 좋습니다.

# 06 소아 후두염

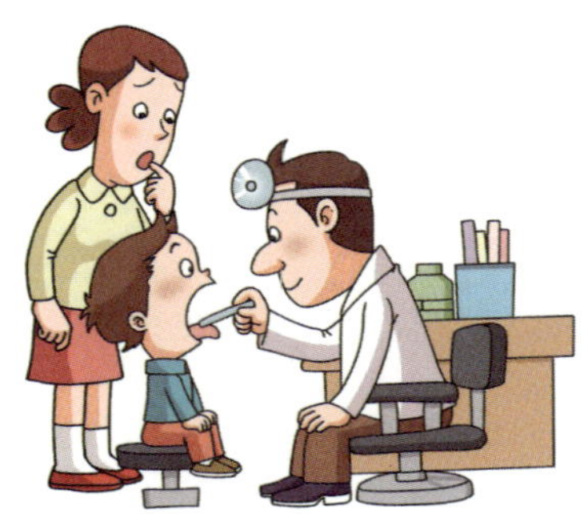

후두염은 바이러스, 세균, 곰팡이, 알레르기 등의 감염으로 인해 호흡기의 가장 좁은 부위인 성대의 후두 부위에 염증이 생기는 병입니다. 주로 5세 미만의 아이에게 잘 생기는 이 후두염은 대부분이 바이러스에 의한 감염입니다.

후두염은 상기도 호흡기 질환으로 통칭되는 감염성 질환으로 인두염, 후두염, 기관지염과 정확히 획을 그어 구분하기가 어렵습니다.

후두 질환은 감염 원인과 형태에 따라 감염성 질환과 비감염성 질환으로 구분됩니다. '감염성 질환' 으로는 급성후두염과 만성후두염 등 후두 그 자체에 질병이 있는 경우이고, 또한 후두 주변에 질병이 있어 후두에 영향을 주는 것으로 급 · 만성인두염과 편도염, 아데노이드 만성 질환과 세균 감염으로 인한 농양 등을 들 수 있고, '비감염성 질환' 으로는 후두암, 갑상선 질환 등이 있습니다.

급성후두염의 경우 워낙 갑자기 발생하고 급속히 진행되어 기도가 막힐 수 있기 때문에 증세가 다소 약하더라도 방심해서는 안 됩니다. 빠르게 진행할 경우 잘못하면 아이를 잃을 수도 있으므로 주의가 요구됩니다.

## 1. 후두염의 원인은 무엇이며, 진단은 어떻게 하나요?

병원체는 대부분이 감기 바이러스이며, 연쇄상구균과 폐렴균 등과 같은 세균에 의해서도 생길 수 있으며, 그 밖에 화학약품, 담배, 건조한 공기, 성대의 과용 등이 원인이 되기도 합니다. 예고 없이 갑작스레 시작되기도 하고 처음엔 주로 겨울철에 감기처럼 가벼운 증상을 보이다가 2~3일 정도 지나면 특징적인 증상이 나타나기도 합니다.

진단은 후두경을 통해서 보면 성대는 붉게 충혈되어 있고 부종이 있으며 피열근 부위에 충혈이나 종창이 있는 경우도 있습니다. 때로는 성대에 막이 형성되어 있는 경우가 있는데, 이때는 반드시 후두 디프테리아와의 감별을 요합니다.

## 2. 후두염의 증상은 무엇인가요?

주된 증상은 일반적으로 목이 칼칼하여 침이나 음식물을 삼킬 때 이물감과 함께 심한 통증이 따르고 쉰 목소리를 낸다는 것입니다. 물론 소리를 지른다거나 말을 많이 할 경우 이들 증상은 더욱 심해질 수 있습니다.

바이러스성 급성후두염을 초기에 치료하지 못할 경우 합병증에 의한 상기도 감염으로 진행되어 고열, 기침, 가래, 콧물, 코막힘, 호흡 곤란 등의 증상이 있을 수 있으며, 심한 경우 탈수증에 빠지고 청색증을 보일 때도 있습니다.

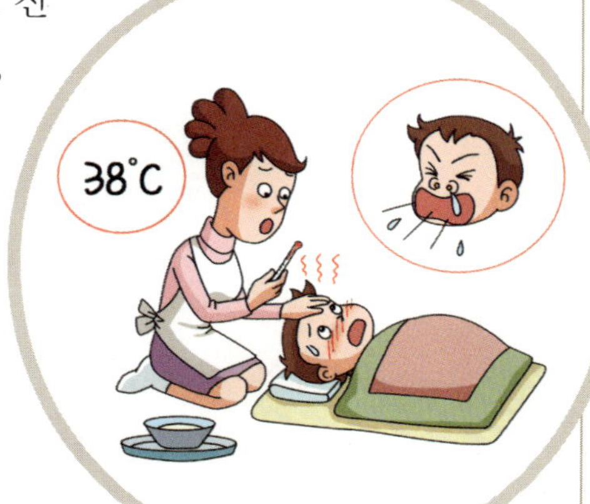


체온은 일반적으로 38℃이며, 초기에는 후두의 분비물 양이 적지만 점차적으로 그 양이 늘어나면서 때로는 혈액

이 묻어 나오는 경우도 있습니다.

후두염은 진행 과정에서 보통 편도선의 침범이 있고 이로 인하여 후두, 편도 및 편도 주위의 발적이나 종창이 생겨 통증과 발열을 동반하게 됩니다. 그리고 치료 중이라 하더라도 2~3일 간은 증세가 심해질 수 있으며, 특히 밤에 더욱 심해지는데, 보통 밤 11시경부터 새벽 3~4시 사이에 증세가 악화되어 부모와 소아과 의사를 당황케 하기도 합니다. 한 번 걸리고 나면 완치가 되더라도 2~3년 동안은 겨울에 재발하기가 쉽습니다.

## 3. 후두염은 어떻게 치료하나요?

증상이 그다지 심하지 않을 경우에는 일반적으로 특별한 치료를 요하지 않으나 발열이나 심한 기침, 통증 등이 있는 경우에는 전신적인 안정과 함께 성대를 쉬도록 하는 것이 중요합니다. 그리고 물을 많이 먹이고 찬 가습기를 충분히 틀어 주면 좋습니다.

그리고 낮에는 별로 심하지 않았는데 밤에 갑자기 호흡 곤란이 오면서 숨 쉴 때마다 갈비뼈 사이로 피부가 들쭉날쭉하는 경우도 있습니다. 이럴 땐 목욕탕에 뜨거운 물을 틀어 김을 자욱하게 한 뒤 아이를 안고 의자에 앉아 김을 쐬어 줍니다. 그러면 대개 10~20분 후에는 증상이 좋아지게 되는데, 그 후엔 밖으로 나와 찬 가습기를 펑펑 틀어 줍니다.

그래도 증세가 호전되지 않고 아이가 '쌕쌕' 하며 숨 쉬기를 힘들어하면 위험할 수 있으므로 곧바로 아이를 데리고 응급실로 가야 합니다.

일반적으로 후두염의 치료는 세균이나 바이러스성인 경우에는 병원체 규명을 위한 세균 배양 검사나 혈액 검사를 한 후 항생제나 항바이러스 치료제를 사용하고, 기타 증상에 따라 해열제, 국소 소염제 및 기타 약제를 선택적으로 사용합니다. 그리고 아주 심한 경우에는 기관지 절개술이나 인공보조호흡장치가 필요합니다. 병이 진행하는 급성기 때 위험할 수 있지만 고비만 무사히 넘긴다면 회복이 잘 되는 편입니다. 무엇보다도 발병 2~3일간의 치료가 중요합니다.

## 4. 후두염 예방법은 없나요?

예방을 위해서는 다음 사항들을 준수하는 것이 좋습니다.
바이러스성 상기도 감염이 유행할 때에는,

❶ 되도록 많은 사람이 모인 곳에는 가지 않습니다.
❷ 외출 후에는 반드시 손을 깨끗이 씻고 칫솔질을 합니다.
❸ 급 · 만성인두염은 조기에 치료합니다.
❹ 충분한 휴식과 수면, 알맞은 영양 섭취로 신체조절에 신경 씁니다.
❺ 보다 적극적인 예방을 위해 인플루엔자 예방접종을 맞히는 것이 좋습니다.

# 07 백일해

요즘에는 백신의 보급으로 인해 많이 줄어들었지만, 중국에서 '100일 동안의 기침병' 이라고 부르기도 하는 이 백일해는 신생아에게 자주 걸리며, 심하면 사망에까지 이르는 급성전염병입니다.

백일해는 백일해균에 의한 급성감염증으로 소아에게 세균성 호흡기 감염 가운데 전염력이 가장 강한 질환 중의 하나입니다. 처음에는 감기처럼 콧물, 재채기, 가벼운 기침 증세가 1~2주간 계속되다가 점점 심해져서 발작적인 기침을 일으키고, 심한 경우에는 호흡 장애를 유발하는 특성이 있습니다. 주로 1~5세 사이의 아이들에게서 가장 빈도가 높으며, 남아보다 여아에서 10~20% 정도 높게 나타납니다. 면역이 없는 경우에는 80~100%가 감염되며, 특히 5세 미만의 연령 군에서 발병률이 높게 나타납니다.

잠복기는 6~20일이며, 경련성인 기침과 기관지염을 동반하는 것이 특색입니다. 그러나 국내에서는 DTP 접종률이 매우 높게 유지되어 현재에는 발생이 거의 없는 상태입니다. 그러나 만약 DTP 접종률이 낮아지면 과거와 같이 백일해 소아 환자가 늘어날 수 있으므로 현재와 같은 높은 접종률을 유지하는 것이 매우 중요합니다. 여러 선진국에서 DTP 접종으로 인해 발생하는 부작용에 대한 관심도가 낮아져 예방접종률 역시 낮아짐으로써 현재 소규모의 산발적 발생이 지속되고 있습니다.

백일해를 한 번 앓고 나면 강력한 면역을 획득해서 재감염이 되지 않습니다. 백일해 환자는 발병 후 약 3주 동안 기침과 재채기로 대량의 백일해균을 전파시키므로 격리시켜야 합니다. 연령이 어릴수록 사망률이 높아서 1세 미만 영아에서 사망률이 가장 높습니다.

## 1. 백일해의 원인은 무엇인가요?

백일해 환자와의 직접 접촉이나 기침할 때 튀어나온 비말을 통한 호흡기 전파에 의해 감염됩니다. 타액, 상기도 분비액 속에 들어 있는 균은 오랫동안 전염력을 유지합니다.

## 2. 백일해에 걸리면 어떤 증상이 나타나나요?

백일해에서 볼 수 있는 독특한 증상은 기침을 하면서 숨을 제대로 들이쉬지 못하는 것입니다. 그래서 계속 숨을 내쉬면서 얼굴이 빨개지도록 경련성 기침을 하게 되는데, 기침을 심하게 하고 난 뒤에는 '흡~' 하는 소리를 내며 숨을 들이마십니다. 이런 증상은 약 3주 정도가 지나면 기침이 서서히 가라앉으면서 회복되기 시작합니다.

백일해 환자는 보통 6~8주에 걸쳐 다음과 같은 3단계의 임상 경과와 이에 따른 증상을 보입니다.

### 1) 카타르기

보통 1~2주간 지속되며, 콧물, 결막염, 눈물, 경미한 기침, 낮은 발열의 가벼운 상기도염 증세를 보이며 가장 전염력이 강한 시기입니다.

#### 2) 발작기

발작적으로 짧은 호기성 기침(숨을 내쉴 때에 다시 들이마시는 '흡~' 하는 소리가 나는 발작적인 기침. 어린 영아에서는 이런 특징적 기침보다는 기침을 하면서 새파랗게 질리는 청색증을 보일 때가 많습니다)이 3주 정도 지속되며, 기침 끝에 구토가 동반되고 끈끈한 점액성 가래가 나오기도 합니다. 심한 기침으로 인해 눈이 충혈되거나 얼굴 부위의 혈관이 터져서 점상 출혈이 보이는 경우도 많습니다.

#### 3) 회복기

기침의 정도와 횟수, 구토가 점차 감소되며, 약 1~2주간 지속됩니다. 그러나 회복기 이후에도 상기도 감염이 지속되면 발작성 기침이 다시 재발하는 수도 있으며, 폐렴, 기관지 확장, 폐기종, 결핵 악화 등의 호흡기 합병증과 비출혈, 각혈, 뇌출혈 등의 비호흡기 합병증이 올 수도 있습니다.

### 3. 백일해의 진단 및 치료는 어떻게 하나요?

임상적으로 발작적이고 호흡 곤란을 유발하는 기침이 있을 경우 진단이 가능합니다. 그러나 이러한 상태가 아닌 경한 기침이 오래 지속된다고 임상적으로 백일해로 진단하는 것은 잘못된 경우이고, 임상적으로 백일해와 비슷하지만 경과나 정도가 백일해에 비해 전반적으로 가벼운 유사 백일해가 있습니다.

이 밖에 환자와 접촉한 병력과 특징적인 기침 양상으로 추정 진단하며, 발작성 기침을 할 때 비인두에서 얻은 가검물을 배양하여 확진할 수 있습니다.

일반적인 치료 방법으로는, 일단 발병 후에 환자를 약 4주간 또는 기침이 멈출 때까지 격리시키고, 충분한 습도와 수분을 공급하여 가래가 묽게 잘 나오도록 해 주며, 식사는 조금씩 자주 먹이는 것이 좋습니다. 특히 음식을 토하다가 음식물이 기도로 들어가지 않도록 주의하고, 연기나 갑작스러운 온도 변화, 구토, 울음 등에 의해서도 발작적인 기침을 하게 되므로 이 점에 유의해야 합니다.

치료제로는 항생제를 사용하는데, 증세가 이미 진행되어 버리면 약의 효력이 떨어지므로 조기진단과 조기치료가 매우 중요합니다.

## 4. 백일해의 경과 및 예후는 어떤가요?

영유아에서는 호흡 곤란, 뇌출혈 등의 합병증이 유발되는 등의 나쁜 경과를 보이지만, 나이가 많은 소아에서는 대부분 좋은 경과를 보이고 예후가 좋습니다.

## 5. 백일해의 관리 및 예방은 어떻게 해야 하나요?

DTP 예방접종을 접종 스케줄대로 실시하는 것이 근본적인 예방입니다. 7세 미만이면서 최종 접종을 한 지 6개월이 지났으면 추가접종을 하고 에리트로마이신(erythromycin)을 투여합니다. 그리고 예방접종을 받지 않은 소아는 환자와의 접촉을 단절하고 에리트로마이신을 14일간 복용시킵니다.

이 외에 백일해 환자는 발병 후 약 4주일 동안 기침과 재채기를 통해 백일해균을 전파시키므로 환자 주위에 감수성이 있는 유아와 소아를 접근시켜서는 안 됩니다. 환자와 접촉하였을 때에는 예방적으로 항생제를 투여하는 방법도 있습니다.

## 이것이 궁금해요

● 백일해에 한 번 걸리면 면역력이 생기나요?

그렇습니다. 백일해를 한 번 앓고 나면 지속적인 면역력을 획득하게 됩니다.
그러나 재감염이 발생할 수 있습니다.

● 백일해는 주로 누가 걸리나요?

어떤 연령층에서도 걸릴 수 있으나 주로 1~5세 어린이에게서 많이 걸립니다.
특히 1세 이하는 50%를 차지합니다.

● 백일해에 걸리면 얼마 동안이나 균을 전파시키나요?

백일해균에 노출된 지 7일부터 기침을 하기 시작한 후 3주까지 다른 사람에게 균을 전파시킬 수 있으며, 항생제 치료를 시작하면 이 전염 기간이 5~7일로 감소될 수 있습니다.

● 백일해 환자는 격리시켜야 하나요?

그렇습니다. 백일해에 걸리면 기침과 재채기로 대량의 백일해균이 배출되어 주위에 감수성 있는 유아나 소아에게 전염시킬 수 있으므로 반드시 격리시켜야 합니다.

● 백일해를 예방하려면 어떻게 해야 하나요?

가장 효과적인 방법은 예방접종을 받는 것입니다. 그리고 백일해에 걸린 사람 주위에 가지 않는 것이 중요합니다.

# 08 신종인플루엔자

최근 신종인플루엔자의 출현으로 인해 전 세계가 비상에 걸려 있는 가운데 어린아이를 둔 부모들은 하루하루가 조마조마하기만 합니다.

신종인플루엔자 바이러스는 독감을 일으키는 병원체로 수십 년을 주기로 하여 새로운 형태로 변형되어 등장하곤 하는데, 최근에 유행하고 있는 독감 바이러스가 바로 돼지인플루엔자(swine influenza)에서 생긴 '새로운 형태의 H1N1 인플루엔자' 바이러스이기 때문에 '신종인플루엔자' 라고 부르고 있습니다.

신종인플루엔자는 얼마 전에 유행했던 조류독감과는 완전히 다른 새로운 종류의 인플루엔자로, 증상은 발열, 무력감, 식욕 부진, 기침, 콧물, 근육통, 심한 몸살, 목 통증 등 일반 계절성 인플루엔자와 비슷하며, 사람에 따라 설사와 구토 증상이 동반하면서 폐렴이나 폐부종 등으로 악화되어 최종 사망에까지 이르기도 합니다. 특히 임산부나 노약자, 만성 질환자 등은 일반인보다 취약하며, 조산 및 폐렴의 합병증을 초래할 수 있으므로 주의해야 합니다.

신종인플루엔자는 다른 계절성 독감이나 감기와 마찬가지로 찬바람이 불기 시작하면 더욱 위험합니다. 따라서 공기가 차가운 계절에는 면역성이 약한 어린아이는 물론 일반 어른들도 가벼운 감기라도 걸리지 않도록 주의하고, 면역력을 기를 수 있도록 건강한 생활습관을 갖는 것이 예방에 도움이 됩니다.

## 1. 신종인플루엔자의 증상은 무엇인가요?

계절 독감이나 일반 감기와 증상이 비슷하고 그 증상이 빨리 악화됩니다. 발열(37.8℃)과 콧물, 인후통, 근육통, 잦은 기침, 심한 몸살 등이 주요 증상이며, 사람에 따라 오심, 무력감, 식욕 부진, 설사와 구토 증상이 함께 나타나기도 합니다. 미국에서 발생한 신종인플루엔자 환자 642명을 대상으로 조사한 결과 발열 94%, 기침 92%, 그리고 인후통 66%로 나타났습니다.

## 2. 신종인플루엔자는 어떻게 감염되나요?

현재까지 조사한 결과 신종인플루엔자의 전파는 기존의 계절인플루엔자 바이러스의 전파 방법과 비슷한 것으로 알려져 있습니다. 감염된 사람이 기침이나 재채기를 할 때 입에서 배출되는 미세 물방울들이 1~2미터 정도 날아가 다른 사람의 호흡기를 통해 감염되기도 하고, 손에 묻어 있던 바이러스가 눈 · 코 · 입 등을 통해 호흡기로 들어가서 감염될 수도 있으며, 또한 신종인플루엔자 바이러스가 묻은 물체에 다른 사람의 손이 닿아 오염된 후 다시 호흡기로 들어가서 감염되기도 합니다.

## 3. 신종인플루엔자 바이러스는 몸 밖에서 얼마나 살 수 있나요?

딱딱하고 구멍이 없는 매끈한 표면에서는 72시간까지 생존할 수 있지만 감염 위험은 24시간까지만 지속되고, 옷이나 이불, 손수건, 책자 등과 같이 부드러운 물체의 표면에서는 12시간까지 생존이 가능하고 감염 위험은 15분 간까지만 가능하며, 사람의 손에서는 5분 이하로 생존이 가능한 것으로 알려져 있습니다. 물과 비누로 손을 씻으면 즉시 바이러스가 파괴되며, 알코올 성분의 손 세정제를 사용해도 30초 내에 바이러스가 파괴됩니다.

## 4. 감염 후 얼마 만에 다른 사람에게 전파되나요?

신종인플루엔자 A(H1N1)의 전염기는 아직 정확히 알려져 있지 않으나 추정된 전염기는 계절인플루엔자 감염에 근거하여, 신종플루에 감염된 사람은 보통 증상 발생 하루 전부터 증상이 소멸될 때까지(발생 후 7일까지) 전염력이 있을 것으로 보고 있습니다. 물론 증상이 7일 이상 지속될 경우에는 전염성도 지속되며, 어린이나 청소년의 경우 10일 이상의 전염기를 가지고 있는 것으로 보고 있습니다.

바이러스가 배출된다고 해서 모두가 전파력이 있는 것은 아닙니다. 바이러스 배출은 증상이 나타나기 하루 전부터 일어나지만, 전파는 주로 기침이나 발열 등의 증상이 나타나면서 일어납니다. 따라서 아이가 기침을 하는 경우에는 반드시 마스크를 착용시켜 다른 사람에게 전파되는 것을 최소화시켜야 합니다. 우리가 사용하는 보통 마스크로는 신종인플루엔자 전파를 최소화시킬 수는 있어도 완벽하게 막지는 못합니다.

## 5. 신종인플루엔자의 잠복기는 얼마 동안인가요?

잠복기란 병원체가 몸에 들어온 시점부터 처음 증상이 나타나기까지의 시간을 말합니다. 신종인플루엔자의 경우 잠복기는 대부분 2~3일에서부터 최장 7일(168시간)까지입니다. 자택 격리 기간이나 노출 후 발열 감시 기간을 만 7일로 정한 것도 바로 이런 이유 때문입니다.

## 6. 신종인플루엔자가 의심되면 어떻게 해야 하나요?

건강한 성인의 경우 대부분의 환자들은 단지 가벼운 증상만 있을 뿐 항바이러스제와 같은 특별한 치료 없이도 자연치유가 가능합니다. 기본적으로 식사 잘하고 면역성을 높이는 음식을 섭취하면서 충분한 휴식을 취하는 것이 좋습니다. 단 기관지염이나 천식 등의 질환을 앓고 있다거나 임산부, 59개월 이하의 소아, 65세 이상의 노인들의 경우에는 다른 합병증으로 진행할 수 있으므로 항바이러스제(타미플루) 투여나 입원 치료가 반드시 필요합니다.

그리고 신종인플루엔자가 의심되면 우선 거점 치료병원에 가서 의심 환자 여부를 판단 받아야 합니다. 그래서 일

단 의심 환자로 판단되면 검사를 시행하게 되는데, 본인이 의심스럽다고 해서 모두가 다 의심 환자는 아니며, 스스로 검사를 받고 싶다고 해서 다 검사를 받을 필요는 없습니다.

민간의료기관에서 진료를 받고 처방전을 받은 경우, 보건복지부가 지정한 거점 약국에서 약을 처방 받을 수 있습니다. 거점치료병원에서 진료를 받은 경우에는 외래에서도 치료제를 받을 수 있습니다.

## 7. 신종인플루엔자의 합병증으로는 어떤 것들이 있나요?

신종인플루엔자의 합병증에 대해서는 아직 자료가 불충분하여 정확한 것은 알 수 없지만, 예전 돼지인플루엔자 환자의 경우를 보면 가벼운 호흡기 질환에서부터 하기도 증상, 탈수, 폐렴, 급성호흡부전까지 증상을 보였으며, 종종 사망까지 일으킬 수 있습니다.

## 8. 감염 예방법에는 어떤 것들이 있나요?

신종인플루엔자의 예방법으로는 다음과 같은 것들로, 일반 감기의 경우와 다르지 않습니다.

1. 재채기나 기침이 나올 때는 화장지로 입과 코를 가리고 하고, 화장지를 버린 후에는 손을 깨끗이 씻어야 합니다.

❶

❷

❸

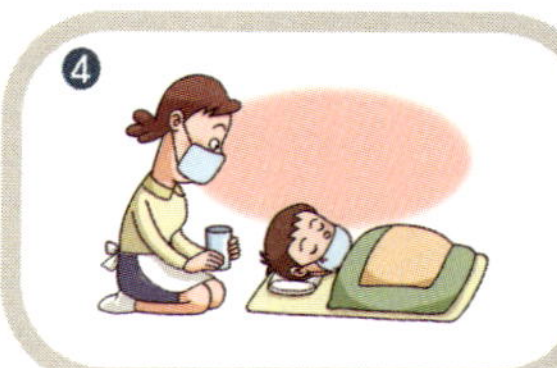

② 사람이 많이 모이는 곳에는 가지 않는 것이 좋습니다.

③ 흐르는 물에 비누로 손을 자주 깨끗이 씻고, 될 수 있는 대로 손으로 눈 · 코 · 입 등을 만지지 않는 것이 좋습니다.

④ 발열이나 호흡기 증상 등이 있는 사람과는 접촉을 삼가야 합니다. 불가피하게 접촉하거나 환자를 간호할 경우에는 반드시 마스크를 착용하도록 합니다.

⑤ 자주 창문을 열어 실내 공기를 환기시켜 줍니다.

⑥ 적절한 수면과 휴식, 고른 영양섭취, 운동 등으로 항상 건강한 상태를 유지해 줍니다.

⑦ 예방접종을 받도록 합니다.

**주의사항**

과거 계절 독감 접종 후 부작용이 있었거나 달걀 섭취 후 알레르기 반응이 나타난 적이 있으면 접종을 삼가야 합니다. 또 몸에 이상이 있을 때는 접종을 연기해 건강한 상태에서 접종을 받는 게 필요합니다.

## 09 몸에서 열이 펄펄 나요

아이들은 다양한 원인에 의하여 몸속의 발열 물질이 많이 분비됨으로써 열이 나게 되는데, 가장 흔한 원인은 바이러스나 세균 등에 의한 호흡기 감염이 가장 흔한 원인입니다.

병원에 오는 소아의 10~15%가 발열 때문에 올 정도로 발열은 어린이들에서 흔히 나타나는 일입니다. 열이 나면 힘들지만 발열은 질병으로부터 몸을 방어하기 위한 생리현상입니다. 사람에서도 증가된 체온은 미생물의 번식을 감소시키고 염증 반응을 증가시킵니다.

우리 인체에서 열은 질병을 알리는 데 중요한 역할을 합니다. 고열이 있으면 흔히 당황하게 되는데 사실 열 자체가 문제가 되는 것은 아닙니다. 최근에 나온 연구 결과에서도 발열이 인체 방어에 유리하게 작용하는 것으로 밝혀졌습니다. 인체가 열을 냄으로써 백혈구의 활동을 돕고 우리 몸에 침입한 병균을 쉽게 죽일 수 있도록 한다는 것입니다.

그러나 발열은 몸에 해를 끼치기도 합니다. 산소 소모량과 심박출량을 증가시키며 이산화탄소의 발생도 증가시킵니다. 심장병이나 만성빈혈이 있는 경우엔 심 기능 부전을 악화시키고, 선천성 대사 장애나 당뇨병의 경우엔 대사성 불안정성을 가져오고, 만성폐질환을 가진 경우엔 폐 기능 부전을 악화시키기도 하며, 생후 6개월부터 5세까지는 경련을 유발할 수 있습니다.

그러므로 열이 날 때는 몸 상태를 잘 살피는 것이 중요합니다. 가령, 몸의 어느 곳을 특히 아파하지 않는지, 의식이나 호흡 상태는 어떠한지, 구토와 설사가 나지는 않는지, 피부에 발진이 생기지 않았는지 등을 살피도록 합니다.

## 1. 아이들은 연령별로 체온이 다른가요?

사람의 체온은 환경이나 신체 활동에 따라 조금씩 변화가 있습니다. 이것은 열이 있을 때도 마찬가지입니다. 그러므로 특정한 시간에 측정한 체온만 가지고 상태를 일률적으로 평가해서는 안 됩니다. 열을 자주 재어 상태를 평가하는 것이 좋습니다. 일반적으로 오후에 더 열이 높거나 심해지고 이른 아침에는 비교적 정상에 가까운 체온을 보이는 경우가 많습니다.

온도 변화를 추적 관찰하기 위해서 체온은 반드시 체온계로 재어야 합니다. 어린이의 체온을 재는 방법은 여러 가지가 있습니다. 보통 젖먹이의 경우는 항문에서 재고, 좀 더 자라면 겨드랑이에서 잽니다. 체온계를 입 안에 넣어 재는 방법은 어린이에게 위험하므로 피하는 것이 좋습니다.

항문체온계는 끝이 둥글고 짧습니다. 그 끝에 물이나 오일을 발라 2~3㎝ 정도 부드럽게 밀어 넣고 다른 손으로는 항문을 막아 주고 2~3분 후에 체온계를 빼내어 검사하는 방법이 가장 정확합니다. 이는 입안이나 겨드랑이에서 잰 것보다 정확하고 0.2~0.3℃ 정도 높게 나타납니다. 겨드랑이에 넣고 잴 때는 팔을 들어 겨드랑이 중간에 끼우고 팔을 내려 몸에 꽉 붙인 다음 2~3분 후에 꺼내 온도를 보면 됩니다.

연령별로 본 정상체온은 다음과 같습니다.

• 신생아(생후 1개월) : 36.7~37.5℃,
• 영아(생후 1년) : 36.5~37.3℃.
• 유아(생후 3~5년) : 36.6~37.5℃,
• 학동기 어린이 : 36.5~36.7℃.

**38℃까지는 '비열', 38~39℃는 '중등열', 39~40℃ 이상은 '고열'로 봅니다.**

## 2. 이럴 때 열이 나요

아이들은 체온을 조절하는 기능이 어른보다 약하기 때문에 열이 잘 납니다. 체온은 아이들마다 다소 차이가 있지만 겨드랑이에서 체온을 재서 38℃ 이상이면 열이 있는 것으로 볼 수 있습니다. 열을 통해 몸의 이상이나 질병을 예상할 수 있습니다.

이유 없는 열(熱)은 없습니다. 발열은 신체 이상의 신호등입니다. 따라서 열이 나면 감염 질환부터 의심해야 옳습니다. 원인 모를 열이 날 때 그냥 지나치면 중요한 질병 신호를 무시하는 꼴입니다.

아이의 몸에 열이 날 때 원인에 대한 치료 없이 무조건 열만 떨어뜨린다고 해서 능사는 아닙니다. 열 자체가 문제가 아니라 열이 왜 나는지가 중요하고 열의 원인을 정확히 찾고 치료해야 합니다.

열이 날 때 의심해 볼 수 있는 질병들로는 다음과 같은 것들이 있습니다.

### 1) 감기

콧물, 기침, 구토, 재채기, 설사 등의 증상과 함께 발열이 있으면 대개 감기에 걸린 것으로 볼 수 있습니다. 아이들이 열 감기에 걸리면 고열이 3~4일 간 계속되고 울거나 보채면서 설사나 구토를 하기도 합니다.

### 2) 체하거나 스트레스가 있을 때

아이들은 또 체했거나 소화가 안 될 때, 정신적인 스트레스가 있을 때 열이 오를 수 있습니다. 이때 변비 증상이 동반되기도 하는데 관장을 시켜주면 열이 쉽게 내립니다. 별다른 이상은 없는데 계속 미열이 있을 때도 관장을 시키면 좋아지는 수가 있습니다.

### 3) 호흡기 감염

어린이 발열의 가장 큰 원인이며, 급성인두염이 제일 흔하고, 급성 중이염, 급성부비동염, 폐렴, 폐결핵 등이 있습니다.

### 4) 뇌염, 급성뇌증, 수막염

열이 40℃가 넘고 의식이 희미해지며 얼굴이 새파래지고 호흡이 가빠질 땐 뇌염, 급성뇌증, 수막염을 의심할 수 있습니다. 이 경우 아이는 구토나 경련이 있은 뒤 말을 더듬거릴 수도 있습니다. 이런 때는 지체 없이 병원으로 달려가야 합니다.

### 5) 소화기 감염

장티푸스 및 살모넬라균, 설사성 대장균, 세균성 이질균, 바이러스성 장염 등이 대표적이며, 초기에 장관 감염과 연관된 소견 없이 발열만 호소하는 경우가 있습니다. 급성 또는 만성간염의 경우에도 발열이 동반되는 경우가 흔합니다.

### 6) 장염, 중이염

아이가 열이 나면서 배가 아프고 설사를 하면 장염일 수 있고, 열이 나면서 귀가 아프다고 하면 중이염일 수 있습니다.

### 7) 요로감염증, 신우염, 방광염

감기 증상 없이 열이 계속되고 소변 횟수가 늘어난다면 요로 감염증이나 신우염, 방광염 등일 가능성이 높습니다. 이때는 소변을 보면서 통증을 느끼거나 혈뇨가 나오는 수가 있습니다.

### 8) 가와사키 병

섭씨 38℃ 이상 열이 계속되고 전신에 불규칙적인 발진이 생기고 목의 림프선이 부으며 눈이 충혈된 경우에는 가와사키 병을 의심해 볼 수 있습니다. 이 병은 심장혈관 장애를 일으킬 수 있으므로 재빨리 진찰을 받아야 합니다.

### 9) 중추신경계 감염

무균성 뇌수막염 등의 바이러스성 감염도 발열의 한 원인입니다. 또 이보다 발생률은 매우 낮지만 세균성 · 결핵성 뇌수막염도 발열 원인 중의 하나입니다. 이들은 두통, 심한 보챔, 경부 강직, 천문의 돌출, 감각 이상 등의 증상이 동반됩니다.

### 10) 심혈관계 감염

감염성 심내막염과 심근염이 발열의 원인이 될 수 있으며, 특히 발열에 의한 빠른 맥박보다 더욱 빠른 빈맥소견이 있는 경우에는 감염성 심근염을 의심해야 합니다.

### 11) 발진성 감염 질환

대부분 발열이 선행되고 이어서 발진이 발현되는데, 발진은 일반적으로 비특이적 소견이므로 전반적 임상 경과를 통하여 진단이 가능합니다. 홍역, 수두, 풍진 및 돌발진 등은 특징적인 발진 양상이 있어 검사 없이도 임상적으로 진단할 수 있습니다.

### 12) 전신성 감염

균혈증과 인플루엔자 바이러스, 장바이러스, 엡스타인 바이러스, 거대세포 바이러스 등에 의한 전신적 감염을 들 수 있습니다.

### 13) 국소 감염

뇌농양, 골수염, 폐농양, 후인두 농양, 신장 외측부의 농양, 충수돌기부의 농양 등이 있습니다. 이들에 의한 발열은 초기에는 감염 부위와 연관된 임상 소견이 노출되지 않아 지속적 진찰과 검사로써만 진단이 가능합니다.

### 14) 교원성 질환

원인 없이 장기간 발열되는 양상을 보입니다. 대표적인 질환은 류머티즘열, 혈청병, 전신홍반성 루푸스, 소아 류머티즘 관절염, 다발결절성 동맥염 등이 있습니다.

### 15) 혈액 종양성 질환

용혈성 빈혈, 수혈 면역 반응에 의하여 발열이 발생될 수 있으며, 백혈병, 악성 림프종, 신경모세포종 등의 질환도 발열이 있습니다.

### 16) 신경성 질환

두부 내 출혈, 뇌하수체 주변의 종양, 염증, 수술적 손상 등 뇌하수체에 손상이 있는 경우, 발작성 경련이 있는 경우에도 발열이 발생될 수 있습니다.

### 17) 탈수열

신생아의 출생 후 탈수에 의한 발열이 제일 대표적인 경우이고, 구토 및 설사 등에 의한 고농도 탈수의 경우에도 고열이 동반되며, 요붕증(오줌이 지나치게 많이 나오는 증상)에 의한 탈수열도 발생됩니다.

### 18) 약제 및 예방접종에 의한 발열

약제에 의한 발열은 의심되는 약제를 끊으면 48시간 이내에 발열이 소실됩니다. 예방접종 후 발열이 오는 경우도 흔히 관찰되는데, 이러한 발열도 48시간 내에 소실됩니다.

### 19) 기타 질환

위에 열거한 질환 외에도 많은 발열성 질환들이 있는데, 가와사키 병, 울혈성 심부전, 고온에 노출된 경우, 갑상선 기능 항진증, 부정맥 등에서도 발열이 발생됩니다.

## 3. 열이 나면 이렇게 해보세요

아이를 키우는 부모라면 한 번쯤 자녀의 발열로 인해 놀란 적이 있을 것입니다. 그것도 모두가 잠든 한밤중에 아이의 몸이 갑자기 불덩어리로 변하는 것만큼 부모의 간담을 서늘하게 하는 일도 없을 것입니다.

일단 아이에게 열이 생기면 먼저 전문의에게 데리고 가서 정확한 원인을 찾아낸 다음 적절한 치료를 받아야 합니다. 발열은 홍역 · 수두 · 볼거리 같은 전염병 외에도 감기 · 장염 등 대부분의 소아 질환에서 공통적으로 수반되는 증상이기 때문입니다.

하지만 체온이 갑자기 상승하는 경우에는 경련을 유발할 수 있기 때문에 되도록 빨리 열을 떨어뜨리는 일이 중요합니다. 아이들의 경우 열성경련(고열과 함께 몸을 떨거나 전신이 뻣뻣해짐. 자세한 내용은 359쪽 참조.)을 일으킬 수 있기 때문에 열이 약 38.3℃ 이상으로 올라가면 열을 떨어뜨리기 위한 조치를 취해야 합니다. 이때는 자연스럽게 열이 떨어지도록 하는 것이 좋으며, 급한 경우 해열제를 사용하는데, 그 부작용을 염두에 두고 남용하지 않도록 주의해야 합니다. 39℃ 이상의 열이 나면서 아이가 괴로워하거나 40.5℃ 이상의 열이 날 때, 그리고 심장 질환, 화상, 영양 부족 등이 있을 때는 해열제를 쓰되 부작용이 적은 약을 고르도록 하고, 되도록이면 시럽이나 좌약이 좋습니다.

아이의 몸에서 열이 나면 이렇게 해보세요.

### 1) 주위의 환경조절을 합니다

아이들은 나이가 어릴수록 외부 환경의 온도에 영향을 받기 쉽기 때문에 열이 있을 때는 옷이나 담요를 너무 싸 주지 말고 방 안의 온도를 서늘하게 하며 방 안의 환기도 충분히 해 주는 것이 좋습니다. 특히 열이 있을 때 아이들은 춥다고 하는 경향이 많은데, 이때 옷을 많이 입히거나 담요를 덮어 주는 경우가 많습니다. 그러나 이렇게 하면 열이 피부를 통해 발산되지 않아서 오히려 열이 더 오르게 되므로 조심해야 합니다. 그렇다고 옷을 다 벗겨놓게 되면 아이가 추위로 인하여 피부가 수축하여, 오히려 열이 더 오를 수 있으므로 너무 덥지 않게 헐렁한 옷으로 조금 선선하게 입히는 것이 좋습니다.

### 2) 미지근한 물수건으로 온 몸을 닦아 줍니다

미지근한 물로 피부를 닦아 주면 열이 피부를 통해 발산되므로 효과적입니다. 그러나 이마에만 물수건을 얹어 놓는 것은 효과가 없으며, 팔·다리·몸통 등 가능한 몸 전체를 닦아 주어야 합니다. 그러므로 열이 나는 아이를 목욕통에 앉히고 피부에 가볍게 물로 닦아 주는 방법이 좋습니다. 간혹 알코올을 수건에 묻혀서 닦아 주는 경우가 있는데 알코올이 피부로 흡수되면서 저혈당을 야기할 수 있고 대사성 산증을 증가시킬 수 있으므로 절대로 사용해서는 안 됩니다. 만약 40℃ 이상의 고체온이 있는 경우는 차가운 물을 사용하여 빨리 체온을 내려 주는 것이 중요합니다.

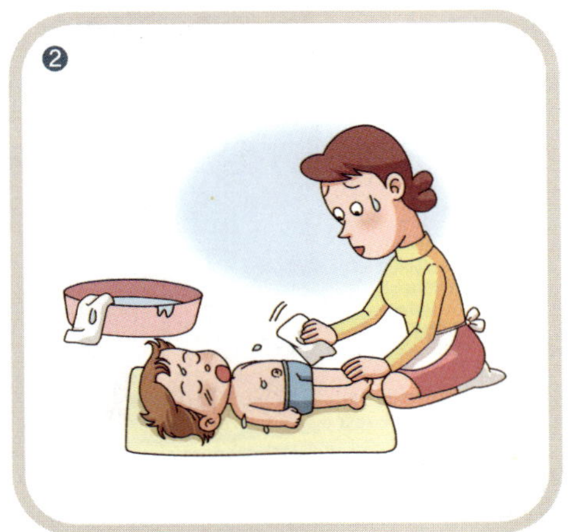

### 3) 찬 부분을 따뜻하게 해 줍니다

손가락 · 손 · 팔꿈치 · 가슴 · 배 · 등 · 둔부 · 허벅지 · 무릎 등을 차례로 만져 보고 혹시 찬 부분이 있으면 손바닥을 따뜻하게 한 뒤 그 부분을 감싸 주어 차가운 기운이 없어질 때까지 있으면 위로만 올라가던 열이 온 몸으로 퍼지면서 열이 내리는 경우가 있습니다. 손발이 차가울 때는 한동안 따뜻한 물에 담그는 것도 좋은 방법 중의 하나입니다.

### 4) 관장을 해 줍니다

아기는 별 이상이 없는 것 같은데 미열이 지속될 때에는 관장을 해보

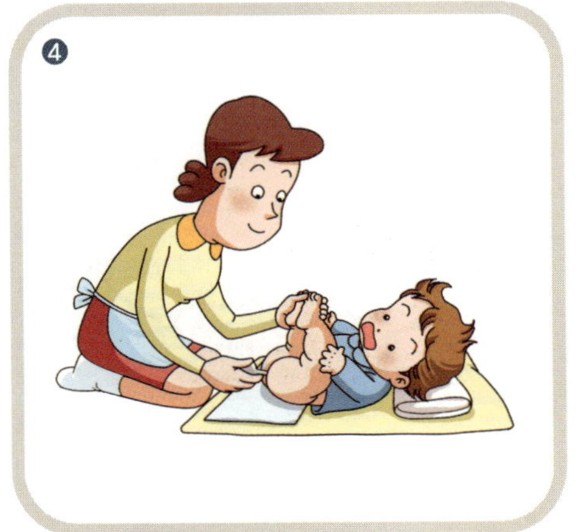

면 효과를 볼 수 있습니다. 아기의 몸 안에는 꽤 많은 분량의 변이 남아 있으므로 관장을 하면 꽤 많은 양의 변이 쏟아져 나옵니다. 관장을 하고 나면 대개 열이 내려가는데, 하루가 지났을 때까지 별 이상이 없으면 나은 것입니다.

### 5) 외출을 금합니다

열이 있을 때 바깥 찬바람을 쏘이면 좋지 않습니다. 설사 미열이라고 해도 바깥 출입은 하지 않는 것이 좋습니다. 따뜻한 방 안에서 놀게 하거나 잠을 재우고 방 안 공기를 자주 환기시켜 줍니다.

### 6) 몸을 따뜻하게 해 줍니다

예로부터 "감기에 걸리면 고춧가루 푼 콩나물국을 먹인 다음 이불 푹 뒤집어씌우고 땀을 뻘뻘 내면 낫는다"는 말이 있습니다. 이것은 열을 발산해 몸 속의 나쁜 기운을 밖으로 몰아낸다는 의미입니다. 즉 땀이 나면서 몸 속의 열이 퍼져 열이 내리는 것입니다.

특히 몸의 윗부분은 열이 있고 손발이나 배, 무릎 등이 찰 때는 따뜻한 것을 마시게 하고 따뜻한 방에서 이불을 덮어 주고 땀을 내면 의외로 열이 떨어집니다. 위로만 올라가던 열이 온 몸으로 고르게 퍼지고 땀으로 열이 발산되면서 열이 떨어지는 것입니다.

### 7) 충분한 수분 공급을 해 줍니다

계속되는 열로 인해 수분이 모자랄 수 있으므로 보리차, 과일즙 등을 먹여 충분한 수분 공급이 되도록 해야 합니다. 또 식사나 먹는 것에 신경을 쓰고 뜨거운 물에 목욕하는 것은 체력을 소모시키므로 삼가는 것이 좋습니다.

### 8) 소화가 잘 되는 음식을 먹입니다

열이 있을 때는 소화가 잘 되는 음식을 먹게 하고, 야채나 생선 등 기름기가 있는 것은 소화가 힘들고 열을 더 오르게 하므로 피하는 게 좋습니다.

### 9) 옷을 자주 갈아입힙니다

열로 인해 아이가 땀을 많이 흘리면 옷을 자주 갈아입혀야 합니다.

### 10) 해열제를 함부로 쓰지 않습니다

열이 더 오를까 봐 지레 겁을 먹고 해열제를 남용하는 경우가 많은데, 몸에 열이 나는 것은 몸이 병과 싸우는 과정이므로 서둘러서는 안 됩니다. 힘이 쭉 빠진 채 자려고만 하거나 39℃ 이상의 고열일 때만

약을 쓰는 것이 좋습니다.

해열제는 하루에 6시간 간격으로 먹여야 하며, 그래도 열이 떨어지지 않는 경우에는 4시간 간격으로 먹여도 좋습니다. 좌약은 열이 떨어지지 않으면 사용할 수 있으나, 먹는 해열제와 똑같은 것이므로 너무 자주 사용하는 것은 좋지 않습니다. 그리고 아스피린은 인플루엔자나 수두에 사용하면 치명적인 병이 생길 수 있으므로 아이가 열이 있을 때 무분별하게 사용하는 것은 좋지 않습니다.

따라서 어린아이가 있는 가정에서는 발열 시 응급 요법으로 이용할 식품 등이 어떤 것들이 있는지 미리 알아둘 필요가 있습니다. 혼자 견뎌 낼 수 있는 힘을 키워 주어야 면역력이 생깁니다.

## 열을 떨어뜨리는 음식들

❶ 금귤즙

열을 떨어뜨리는 데는 일명 '낑깡'으로 불리는 금귤즙이 효과적입니다. 금귤에 들어 있는 비타민 A와 C가 점막을 강화시키고 목의 통증을 부드럽게 완화시켜 저항력을 기르는 데 효과적이기 때문입니다. 금귤에 설탕과 물을 넣고 약간 조린 다음 걸쭉한 즙을 먹입니다.

❷ 메밀가루

메밀은 몸을 차게 하는 성질을 가지고 있기 때문에 열을 떨어뜨리는 데 효과적입니다. 특히 볼거리 등으로 귓불이 갑자기 붓고 아플 때 미지근한 물에 메밀가루를 풀어 이를 발라 주면 통증을 줄일 수 있습니다.

❸ 매실차

감기를 자주 앓는 아이가 있는 가정에서는 매실차를 준비했다가 필요할 때 먹이면 좋습니다. 무엇보다 매실에 풍부한 유기산이 열을 흡수하는 작용을 하여 해열 작용이 크기 때문입니다.

❹ 채소와 과일주스

미나리 · 배추 · 파슬리 · 순무 잎 · 양배추 · 쑥갓 · 오이 등 신선한 채소 한두 가지와 아이 입

맛에 맞는 과일을 섞은 주스를 물 대신에 수시로 마시게 합니다. 탈수 증상이 생기기 쉬운 열이 날 때 수분을 공급하는 데 효과적입니다.

⑤ 과일즙

복숭아 · 딸기 · 포도 · 귤 · 수박 · 배 등의 즙을 내어 자주 먹이면 서늘한 성분으로 인해 열이 내려가는 데 도움이 됩니다.

⑥ 고구마

은박지에 싸서 통째로 구워 먹이면 좋습니다.

⑦ 칡뿌리

예로부터 칡뿌리는 해열 작용이 뛰어난 식품으로 알려져 있습니다. 칡뿌리를 물에 잘 씻어 껍질을 벗긴 다음 적당한 길이로 잘라 햇볕에 잘 말렸다가 사용합니다.

⑧ 양파 된장찌개

양파를 넣고 끓인 된장찌개는 열을 내리는 데 효과적입니다.

열이 날 때는 육류를 먹이지 않는 것이 좋습니다. 고기는 소화가 빨라서 배 안에서 발효하여 더 열이 나게 하기 때문입니다.

### 11) 열이 떨어진 후에는 병원으로 가야 해요

열이 났다가 떨어질 때 보통 땀이 많이 나는데 이는 정상적인 반응이므로 크게 걱정하지 않아도 됩니다. 밤 사이에 열이 떨어졌다고 해서 방치하는 것보다는 다음날엔 꼭 소아과를 방문하여 진료를 받아야 합니다.

생후 3개월 미만인 경우에는 면역력이 낮아 중한 감염이 있을 수 있으므로 열이 나면 입원해서 원인에 대해 검사를 하면서 항생제 치료를 받는 것이 좋습니다.

## 4. 걱정하지 않아도 되는 발열

몸이 따끈하다고 느껴질 정도의 열이 오르는 것 같은데, 몸 상태는 괜찮아 보일 때가 많습니다. 영 · 유아의 경우 38℃ 정도면 열이 있다고 봐야 합니다. 밥도 잘 먹고 잠도 잘 자며 평상시와 똑같이 잘 논다면 특별히 약을 먹이거나 병원에 갈 필요가 없습니다. 이는 '변증열' 이라 하여 성장 발달 중에서 큰 변화가 있을 때 나타나는 정상적인 열로 흔히 '영리해지려고 나는 열' 이라고들 말합니다. 귀와 엉덩이가 찬 것이 감기와 구별됩니다. 이 열은 치료할 필요가 없습니다.

## 5. 이럴 때는 곧바로 병원으로 가세요

열이 오르락내리락하면서 다음과 같은 증세가 나타나면 다른 중한 병이 원인이 되어 열이 나는 것이므로 바로 병원에 가는 것이 좋습니다.

❶ 열이 있고 안색이 창백해지면서 몸이 축 처져 있는 듯이 보일 때.
❷ 열이 높으면서 안색이 창백해 보일 때.
❸ 얼굴이 붉으면서 눈에 초점이 없을 때.
❹ 경련을 일으키면서 의식을 잃을 때.
❺ 호흡이 곤란하고 입술이나 피부가 보랏빛으로 변할 때.
❻ 기침을 하면 가래에 피가 섞여 나오고 점액이나 피가 섞인 변을 볼 때.
❼ 높은 열이 1~2일 동안 지속될 때.

# IO 아이 몸에 열꽃(돌발진)이 피었어요

아이를 키우다 보면 갑자기 몸이 불덩이처럼 뜨거워 발만 동동 구르는 경험을 한 번쯤은 하게 됩니다. 병원 응급실은 소아과 환자가 60~70%를 차지하는데, 대부분 이런 증상으로 인해 병원을 찾아옵니다. 날씨가 따뜻해진 봄철엔 이런저런 바이러스가 득실거리기가 쉬운데, 특히 바이러스 감염으로 얼굴이나 온 몸에 울긋불긋한 '돌발진' 이 아이들을 괴롭혀 부모들의 혼을 빼놓곤 합니다.

이 돌발진은 갑작스럽게 체온이 37.9~40℃까지 올라가는 고열이 3~5일 동안 지속되다가 내리면서 발진이 나타나는 것을 말합니다. 열이 떨어지면서 돌연 발진이 생겨 '돌발진' 이라는 이름이 붙여졌는데, 발진의 모양이 빨간 장밋빛이어서 '장미진' 으로 불리기도 합니다.

가벼운 호흡기 증세(기침, 중이염 등)와 소화기 증세(구토, 설사)에 열성 경련을 동반하기도 하는 돌반진. 이 장에서는 이 돌반진의 원인과 증상, 진단과 치료에 대해 알아보기로 하겠습니다.

## 1. 돌발진의 원인과 증상은 무엇인가요?

돌발진은 몇 가지 바이러스에 의해 생기는 감염병입니다. 제6형 인헤르페스 바이러스(HHV-6)가 주된 원인이고, 일부 제7형 인헤르페스 바이러스(HHV-7)와 제16형 에코 바이러스(echo virus -16)에 의한 경우도 있습니다. 특히 HHV-6 감염은 영유아기 때 병원 소아 · 청소년과나 응급실을 찾는 중요한 원인입니다.

이들 바이러스는 사람이 유일한 숙주로, 침을 통해 전파되는 것으로 알려졌습니다. HHV-6 감염은 6~15개월 어린이에게 잘 걸립니다. HHV-7 감염은 HHV-6보다 나이가 더 많은 아이에게 오고 발열 정도가 높지 않은 차이가 있으나 임상적으로는 구별이 어렵습니다. 바이러스 잠복기는 5~10일 정도인데, 드물게 뇌염이나 수막염 등 신경계 합병증을 일으키거나 간염 등을 유발하기도 합니다.

돌반진의 형태는 압력을 가하면 창백해지는 반상 발진, 피부 위로 약간 도드라지는 구진상 발진, 이 둘이 섞여 있는 반구진상 발진이 있습니다.

몸의 발진은 수 시간에서 수일 동안 지속되며 주로 몸통 · 목 · 귀 뒤에 나타나고 얼굴과 다리에는 그다지 많지 않습니다. 가렵거나 물집 또는 농을 형성하지는 않고 뒤통수 밑이나 귀 뒤 림프절이 커지는 경우가 흔합니다.

## 2. 돌발진의 진단과 치료는 어떻게 하나요?

진단은 1차적으로 병력과 임상 양상으로 이뤄집니다. 진찰 시에 고열의 이유가 없는데도 수일 동안 열이 심하게 나다가 떨어지면서 발진이 나타나면 대개 돌발진으로 진단할 수 있습니다. 이 외 혈청학적 검사, 바이러스 배양, 항원 검사 등으로도 진단합니다.

돌발진 때는 유사한 발진을 동반하는 다른 질환과의 감별이 필요합니다.

감별해야 할 주요 질환은 홍역·풍진·성홍열 등이며, 이전에 항생제 등의 치료 경험이 있다면 약에 의한 발진과도 감별해야 합니다. 발열 시 다른 감염과의 감별을 위해 혈액 검사 등을 통해 백혈구 수치 변화나 염증 지수 증가 등의 검사를 시행합니다.

열성 경련을 보일 때는 뇌염이나 뇌수막염 등과의 감별을 위해 뇌척수액 검사가 필요한 경우도 있습니다. 증세에 따라 항생제 치료를 필요로 하는 세균성 감염이나 다른 병일 가능성도 있으므로 일단 소아·청소년과에서 정확한 진찰을 받는 것이 좋습니다. 또 아이를 미지근한 물로 마사지하고 해열제를 먹였는데도 고열이 계속되면 원인에 대한 정확한 진찰과 검사가 필요합니다.

돌발진은 바이러스가 원인이기 때문에 치료 경과를 단축하거나 예방법은 없습니다. 따라서 대증 요법 외에는 특별한 치료법이 없으며, 충분한 수분 섭취로써 탈수에 빠지지 않도록 하는 것이 중요합니다.

알아둬야 할 것은, 한동안 고열이 지속되면 열성 경련을 유발할 수 있으므로 해열제를 먹이면서 미지근한 물로 아이를 마사지해야 합니다. 열성 경련을 동반하면 소아과에서 자세한 진찰을 받고 아픈 기간 동안 치료가 필요합니다. 돌발진은 열성 경련 외의 합병증은 별로 없으며 예후는 양호합니다.

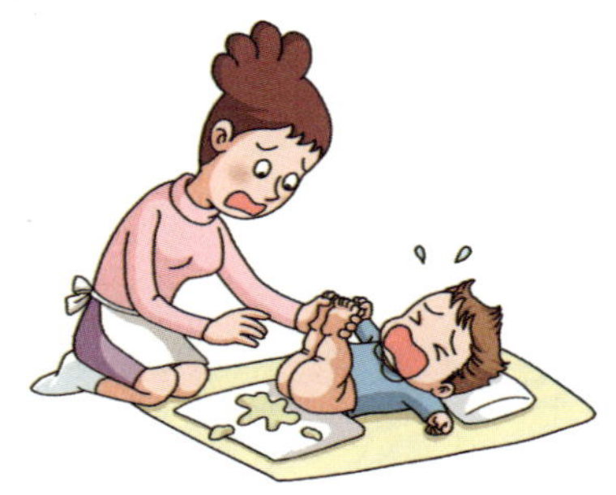

소아에서의 설사는 감기 다음으로 흔한 질환이며 아직도 개발도상국에서는 소아 사망의 주요한 원인으로 꼽히고 있습니다.

설사란, 모유 먹는 아기의 경우 평소 하루에 5~6회씩 배변하던 것보다 훨씬 더 많이 물기 많은 변을 본다든지, 분유 먹는 아기의 경우는 하루 3회 이상의 묽은 변을 배출하는 경우를 말합니다.

모유 먹는 영아 초기의 아기가 하루에도 여러 번씩 찔끔찔끔 배변하는 경우, 이것이 정상인지 설사병인지 감별하기가 어려운 경우도 있는데, 설사병일 때는 구토, 열, 식욕부진, 복통, 소변량의 감소와 같은 다른 증상들이 동반되는 수가 많습니다.

아이들의 설사 증세는 어른들의 경우보다 심하게 나타날 수 있습니다. 가벼울 때는 물기 많은 점액상의 변을 4~5회 보며 간혹 열이 나고 갈증이 나는 정도지만, 중증일 때는 정신을 잃고 경련을 일으키는 급성 증세를 보일 수 있으므로 주의해서 살펴야 합니다.

설사를 하면 대부분의 엄마들은 물만 먹이며 굶기거나 우유를 묽게 만들어 먹이거나 쌀미음만 먹이는데, 이는 잘못입니다. 환자의 영양 상태에 심각한 악영향을 초래, 만성설사와 영양부전의 악순환에 빠질 수도 있기 때문입니다.

급성 또는 만성설사를 앓는 아기의 부모들은 불안하고 예민해집니다. 온갖 노력에도 불구하고 점점 체력은 떨어지는데 명확한 치료 방법을 찾기란 그리 쉽지 않기 때문입니다. 그래서 급한 마음에 지사제를 먹이거나 미음만 먹이게 되는데, 이렇게 하면 설사 증상이 호전되기는 하지만 치료가 된 것은 아닙니다.

설사는 몸에 해로운 것을 몸 밖으로 내보내는 현상으로 대변의 수분 함량이 많아져서 변이 무르고 배변 횟수가 평상시보다 늘어나는 증상을 말합니다. 따라서 아이가 설사를 하더라도 평상시와 같이 잘 먹고 잘 논다면 일단 안심해도 되지만, 음식을 제대로 먹지 못하고 칭얼대는 급성설사일 경우에는 응급상황이 생길 소지가 있으므로 주의해서 살펴야 합니다. 먼저 설사를 일으키는 원인이 무엇인지 알아봐야 하고, 평소 묽은 변을 자주 보는 아이라면 설사인지 아닌지에 대한 구분이 필요합니다.

그리고 보름이 넘어가는 설사는 주의해야 합니다. 보름이 넘도록 미음만 주어서는 정상적인 영양 공급이 되지 않을 뿐더러, 이렇게 생긴 영양 장애는 더 심한 만성설사의 원인이 될 수 있습니다. 급속한 성장기에 있는 영유아에서 만성설사는 영양 장애를 일으킬 수 있는 대표적인 질환입니다. 부적절한 진단과 식이조절 등으로 쉽게 체중이 떨어지고, 이것 때문에 감염이 잦고 다시 설사를 하는 악순환이 유발될 수 있으므로 부모들의 각별한 주의가 필요합니다.

## 1. 설사의 증상과 예방법

소아 설사의 증상은 설사 이외에 특별한 증상이 없는 경우에서부터 탈수로 인해 생명이 위험한 경우에 이르기까지 정도가 다양합니다.

급성설사의 경우에는 소화 중인 음식뿐 아니라 소화액, 수분까지 배설하게 되어 탈수증이 발생하게 되고 전해질 불균형 등의 문제가 일어납니다. 성장기 어린이의 경우 식사 후 2~3회 혹은 4~5회 설사를 한다면 대개 소화기 허약아에 속합니다. 장기적으로 수분과 전해질의 균형이 깨지면서 흡수 장애를 초래하게 되어 지구력 저하, 피부 윤기 감소, 발육저하 등의 현상을 보입니다.

설사를 예방하려면 개인위생에 철저해야 합니다. 대체로 아기들이 놀 때 흘린 침을 손에 묻히고 그 손으로 이것저것을 만지게 되면 그것을 또 옆의 아기가 만지면서 바이러스가 전염됩니다.

따라서 아기들끼리 같은 숟가락으로 먹인다든가 이 아기가 빨던 우윳병을 저 아기가 빨지 않도록 하며, 물 컵이나 양치 컵도 분리하여 사용하고, 아기와 엄마는 손 씻기를 열심히 해야 하는데, 손을 씻을 때는 손가락 사이사이까지 비누로 깨끗이 씻어야 합니다.

관리가 충분히 되지 않는 약수나 지하수를 먹는 경우 오염을 피할 수 없어 장염의 원인이 되는 수가 생기므로 물은 꼭 끓여서 먹이도록 합니다.

Point

### 손은 이렇게 씻어요

많은 전염병은 손을 적절히 잘 씻는 것으로 예방할 수 있습니다. 따라서 손을 씻을 때는 어떻게 씻는 것이 이상적인지 바로 알아둘 필요가 있습니다. 학교에서 도착해서 점심을 먹기 전, 화장실에서 용무를 마친 후, 그리고 집에 와서 손을 바르게 씻게 하는 습관을 아이에게 들여주는 것은 전염병 예방을 위해 매우 중요합니다.

❶ 손을 닦을 때 비누로 손을 골고루 문지르고 손등, 손바닥, 손가락 사이, 손톱부위 등을 골고루 닦아야 합니다.

❷ 흐르는 물에 비눗기를 닦습니다. 적어도 10초 간 손을 닦아야

❶

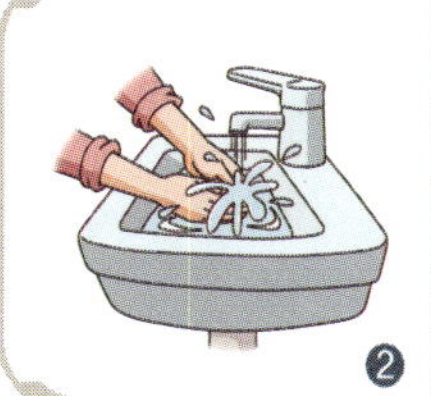

만 균과 더러움을 제거할 수 있습니다. 대변 본 후에는 30초를 닦습니다.

❸ 가능하면 휴지수건을 이용하여 손의 물기를 닦습니다.

❹ 물 잠그는 것도 닦은 휴지수건을 이용하면 완벽히 깨끗한 손을 만들 수 있습니다.

❺ 사용한 휴지수건을 휴지통에 버립니다.

## 2. 설사의 원인과 치료

설사는 감염성 설사와 비감염성 설사로 나뉩니다.

감염성 설사는 바이러스나 세균 · 기생충 · 원충 등이 일으키며, 비감염성 설사의 원인으로는 과식이나 과농도 우유, 또는 부적절한 이유식 등에 의해 발생하는 식이성 설사, 요로 감염이나 상기도 감염, 중이염과 같은 장 이외의 감염증 때 발생하는 설사, 항생제 사용에 의한 설사, 영양 불량 · 영양실조 때 나타나는 설사, 우유 알레르기, 알레르기성 위장염과 같은 알레르기성 설사, 면역 결핍성 질환이 있을 때 나타나는 설사, 또는 드물지만 중금속 · 유기인 섭취로 인한 설사의 경우를 들 수 있습니다.

소아 설사를 유발하는 가장 흔한 바이러스로는 로타, 아데노스, 아스트로, 칼리시가 있습니다. 이들 네 가지 바이러스에 감염돼 설사를 할 경우에는 심한 탈수현상과 함께 심지어는 쇼크까지 일으킬 수 있습니다.

이 가운데서도 가장 대표적인 것이 로타바이러스 장염* 으로, 이는 영아기 설사의 가장 주요한 원인이 됩니다. 설사로 입원한 소아 환자의 약 절반이 이 로타바이러스 장염으로 인한 환자이며, 우리나라에서도 매년 늦가을부터 겨울 사이에 이 바이러스 장염에 의한 설사가 전국적으로 유행하고 있습니다.

### 로타바이러스 장염

로타바이러스가 아기 몸에 들어오면 약 48~72시간의 잠복기를 거쳐 증상이 나타나기 시작합니다. 발병 3~4일 경에 전염성이 가장 높습니다. 처음에는 감기 비슷한 호흡기 증상과 함께 흔히 구토가 시작되고, 녹색, 황색 또는 쌀뜨물 같은 물 설사를 수일 간 하다가 대개 자연히 좋아집니다. 어떤 아기들에서는 고열이 동반되기도 하며, 설사보다는 구토가 더 주 증상으로 나타나기도 합니다. 살모넬라균, 이질균, 출혈성 대장균 등과 같은 세균성 장염의 경우에는 점액질이 많은 설사, 혈액 섞인 변이 나타나기가 쉽습니다.

신생아나 소아들에게 설사가 문제가 되는 이유는 수분 필요량이 어른에 비해 많고 저항력이 약하기 때문입니다. 설사란 한마디로 다량의 수분과 전해질이 대변으로 소실되는 걸 말합니다. 수분의 대부분은 소장에서 흡수됩니다. 그런데 이처럼 수분 흡수에 중요한 기능을 하는 소장이 바이러스 등에 감염되면 설사를 하게 되는 것입니다.

아이들은 급성소화불량으로 인한 설사에 자주 걸립니다. 또 우유나 음식에 세균에 감염되어 설사를 일으키는 바이러스성 장염도 잘 걸리는데, 생후 6개월에서 1년 6개월 사이의 유아에게서 자주 일어납니다.

그 밖에도 아이가 설사하는 원인을 살펴보면 다음과 같은 것들이 있습니다.

### 1) 과식이나 찬 음식을 많이 먹었을 때

과일 등 섬유질이 많은 식품, 소화가 잘 되지 않는 음식을 과식했을 때도 흔히 설사를 일으킵니다. 잘 때 이불을 걷어차고 배를 내놓고 잔다든지 찬 음식을 너무 많이 먹으면 몸이 냉해져서 설사를 하게 됩니다. 이때는 배를 따뜻하게 해주는 생강, 파, 꿀, 인삼, 찹쌀 같은 따뜻한 음식을 먹이는 것이 좋습니다.

### 2) 모유나 분유를 먹고 체했을 때

신생아들은 너무 진한 분유를 먹었거나 분유를 너무 급하게 먹었을 경우, 분유가 아이에게 맞지 않을 경우, 분유 탄 물이 오염되었을 경우, 그 물이 너무 찬 경우, 신생아가 울 때마다 젖을 물려 과식하는 경우에 체하기가 쉽습니다.

이런 이유로 인해 아이가 체하게 되면 미열이 있고 구토를 하는가 하면 자지러지게 울면서 하루에 여러 번씩 설사를 하게 됩니다. 변에서는 신 냄새나 썩은 냄새와 같은 악취가 나기도 하며, 심한 경우 소화가 안 된 알갱이와 함께 누런 점액질이 변에 섞여 나오기도 합니다. 이런 때 오래 방치하면 식욕부진이 생길 수 있으므로 곧바로 분유를 바꾸고 병원에 가서 진료를 받아야 합니다.

### 3) 선천적으로 장이 약할 때

선천적으로 위와 장이 약한 아이는 소화가 잘 되지 않아 설사를 하게 됩니다. 별다른 냄새가 나지 않는 묽은 변을 여러 번 보게 되는데, 단순히 설사만 한다면 그리 심한 것이 아니므로 충분한 휴식을 취하게 하면서 평소보다 수유량을 줄이도록 합니다.

하지만 코 같은 점액질이 변에 섞여 나오거나 하루 5회 이상 설사를 한다면 전문의를 찾아가 진료를 받아 보는 것이 좋습니다. 단순히 지사제를 먹이기보다는 아이의 장 기능을 도와주는 마사지를 해주고, 따뜻한 물수건이나 엄마 손을 배꼽 주변에 대 주면 도움이 됩니다.

### 4) 스트레스로 인한 소화불량

갑자기 화를 내었다거나 심한 스트레스를 받게 될 때 소화기에 영향을 주어 설사를 일으킬 수 있습니다. 따라서 별다른 이유 없이 설사가 잦다면 정신적인 면도 살펴볼 필요가 있습니다.

### 5) 분유 알레르기에 의한 경우

분유 단백질로 인해 알레르기 반응을 보이는 아이는 1백 명 가운데 7명 꼴로서 대부분 생후 6개월 이후의 아이들이 장염을 앓고 난 후 이차적으로 생기고, 유전적인 이유로 생후 4~6주경의 아이들에게서 나타나기도 합니다. 이때는 물 설사를 하거나 점액과 피가 섞인 설사를 하게 되는데, 심하면 구토를 하기도 합니다. 설사 외에 천식이나 피부습진, 두드러기 등도 나타날 수 있으며, 이때는 의사의 처방에 따라 특수 분유를 먹이도록 합니다.

### 6) 바이러스나 세균 감염에 의한 경우

바이러스나 세균 감염으로 인한 설사 가운데 가장 대표적인 것은 로타바이러스에 의한 감염입니다. 이는 산후조리원 등에서 단체생활을 하는 신생아나 늦가을부터 추운 겨울에 태어난 아이에게 많이 나타납니다. 구토와 함께 발열을 동반하며, 설사가 심할 경우 탈수증상을 보일 수 있으므로 주의해야 합니다. 백색의 설사로 쌀뜨물처럼 보이기도 하는데, 이러한 증상이 나타나면 곧바로 병원을 찾아 진료를 받아야 합니다.

### 7) 과민성장증후군에 의한 경우

때때로 배가 쥐어짜듯이 아프면서 점액이 섞인 변이 나오거나, 때때로 변비증상이 있고 토끼똥 같은 대변을 본다거나, 변비와 설사가 번갈아 온다거나, 배가 늘 차고 아프다거나, 가끔 복통이 오기도 하고 배에 가스가 차서 더부룩한 느낌이 든다거나, 배는 아프지는 않는데 가끔 묽은 변이나 설사를 한다는 등의 증상을 호소하는 사람들이 의외로 많습니다.

이는 모두 과민성장증후군으로 인해 나타나는 증상들인데, 스트레스가 많은 젊은 직장인들에게 많고, 식사 후나 술을 마신 뒤엔 증상이 더욱 심해지기도 합니다.

이런 과민성장증후군은 장의 운동기능 이상으로 여러 가지 증상이 나타나며, 병원에 가서 진찰해 보아도 뚜렷한 병이 발견되지 않는 것이 특징입니다.

이렇게 말하면 '어린아이가 무슨 과민성장증후군?' 하며 의문을 품는 엄마들도 있겠지만, 별다른 스트레스가 없어 보이는 아이들도 사실 알게 모르게 여러 가지로 스트레스를 받게 되어 과민성장증후군이 있는 경우가 의외로 많습니다. 특히 신경이 예민하고 평소 짜증을 잘 부리는 아이나 부모가 여러 가지 장의 이상 증상을 보일 때는 과민성장증후군일 가능성이 높습니다.

따라서 아이의 과민성장증후군을 치료하려면 우선 마음을 편안하게 하고 정신적인 스트레스가 없도록 해 줘야 합니다. 크게 위급하지 않다고 해서 방치하면 그로 인해 집중력이 떨어지고 체력이 약해질 수도 있으므로 하루 빨리 조치를 취하는 것이 좋습니다.

평소의 식생활과 생활습관도 바르게 고치면 치료 효과가 더욱 높아집니다. 너무 찬 음식을 먹이지 않는 것은 물론 속성상 찬 기운을 가진 식품보다는 더운 기운을 가진 식품을 많이 섭취케 하는 것이 좋습니다. 지나친 과식도 좋지 않습니다. 차가운 청량음료, 자극성 식품, 기름기 많은 식품도 피해야 합니다. 특히 배에 가스가 많이 찬다면 토란이나 콩, 파 종류를 피하도록 합니다.

변비가 심할 때는 섬유소가 많은 야채나 과일, 보리밥이나 현미밥이 좋고, 밤이나 고구마, 곶감, 수정과, 오미자차, 수정과, 인삼차 등은 피하는 것이 좋습니다. 수분도 충분히 섭취하도록 합니다.

설사가 심할 때는 밤이나 감, 찹쌀밥, 인삼차, 생강차, 닭고기 등 따뜻한 식품이 좋고, 찬 과일이나 성질이 찬 음식, 신맛이 많이 나는 주스 등은 피하도록 합니다. 성인의 경우 술과 담배, 커피는 장에 자극을 주므로 끊어야 합니다.

## 3. 아이가 설사를 하면 이렇게 해보세요

아이가 설사를 할 때 지사제를 사용하여 설사를 억지로 멎게 하면 해롭습니다. 설사는 해로운 것을 몸 밖으로 빨리 내보내기 위한 작용이기 때문입니다. 따라서 원인 치료 없이 설사를 막는 것은 치료가 아니며 심각한 질병이나 탈수현상을 발견하지 못하는 원인이 될 수 있습니다.

### 1) 탈수 방지와 식사조절에 신경 씁니다

설사의 치료 원칙은 탈수를 방지하고 콩팥 기능을 회복시켜 주는 데 있습니다. 구토나 설사를 하게 되면 복통으로 인해 음식을 잘 먹지 못하게 되고 수분과 전해질이 소실되면서 탈수가 진행됩니다.

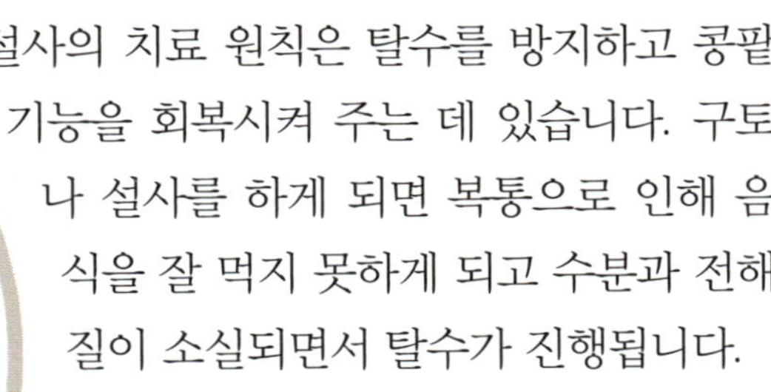

탈수가 진행되면 체내에 독성 성분이 축적되게 되고 전해질 성분에 불균형이 와서 신체의 각 부분에 악영향을 주거나

경련을 일으킬 수 있으며, 심하면 뇌, 콩팥, 심장, 간 등에 혈액이 잘 공급되지 않아서 장염 등의 합병증이 올 수도 있습니다. 따라서 아이가 설사를 하게 될 경우 설사 자체를 치료하는 것도 중요하지만 무엇보다 수분을 충분히 공급해서 탈수를 예방하고 치료하는 것이 중요합니다.

설사 증상을 보이면 적은 양이라도 자주 먹이는 것이 중요합니다. 소화하기 어렵거나 지방이 많은 음식, 찬 음식, 콜라 · 사이다 등의 탄산음료, 우유나 설탕이 많이 들어간 음식 등은 피하고, 영양이 충분한 음식 즉 푹 익힌 쌀로 된 죽이나 달걀국, 떡국, 칼국수 국물, 식빵, 비스킷, 스프, 감자, 깨끗한 물 등이 좋습니다.

구토 증상이 끝나면 모유를 먹는 아기는 그대로 모유를 먹이고, 분유를 먹는 아기에서는 그대로 분유를 먹이면 됩니다. 그리고 설사 증상이 없어져도 인스턴트식품이나 자극적인 음식, 소화하기 힘든 음식들은 피해야 합니다.

그리고 만일 하루에 10회 이상 설사를 하거나 구토 · 복통 · 발열 · 탈진이 심하면 전문의를 찾아가서 응급조치를 받아야 합니다.

### 2) 우유는 묽게 줍니다

설사가 심할 때는 보통 때의 3분의 2에서 2분의 1 정도로 우유를 묽게 하고, 설사가 오래 지속되면 영양부족이 되므로 의사의 지시를 받도록 합니다. 과거에는 아이가 설사를 하면 모유나 우유를 끊고 아무것도 먹이지 않았는데, 오히려 아이가 설사를 하면 즉시 모유나 우유를 주는 게 좋다는 게 최근에 밝혀졌습니다. 모유나 우유는 손상된 장 점막의 회복을 촉진시켜 설사 기간을 단축시켜 주기 때문입니다.

모유는 수유 시간을 짧게 하여 자주 먹이고, 우유도 조금씩 자주 먹여야 하며, 시판되고 있는 탄산이온음료나 과일주스 등은 당분 함량이 많아서 설사와 탈수를 악화시킬 수 있으므로 먹여서는 안 됩니다.

아이가 토할 때에도 너무 오랫동안 금식을 시키지 말고 보리차를 조금씩 자주 먹이는 것이 좋습니다. 수유 중간중간에도 보리차, 전해질용액을 계속해서 먹여야 합니다.

Point

### 설사할 때 이온 음료는 금물

간혹 어머니들이 설사하는 아이에게 이온음료를 많이 마시게 하는데 이는 삼가야 합니다. 현재 시판되고 있는 이온음료는 전해질 농도는 낮고 당질 농도는 너무 높기 때문에 오히려 설사를 더 심하게 할 수 있기 때문에 조심해야 합니다.

### 3) 분말 포도당을 물에 타 먹입니다

아이가 심하게 설사를 하면 약국에서 판매하는 분말로 된 먹는 포도당을 물에 타서 아기에게 먹이면 설사 치료에 도움을 줄 수 있습니다. 이것은 처방전이 없어도 구입할 수 있습니다.

### 4) 엉덩이는 잘 씻어 깨끗이 합니다

아이가 설사를 하고 나면 좌욕이나 샤워로 엉덩이를 깨끗이 씻은 다음 부드러운 거즈로 두드리듯 수분을 닦고 물기를 말려 줍니다.

그리고 특히 설사는 기저귀 피부병을 일으키기 쉬우므로 기저귀를 자주 갈아주도록 합니다.

Point

## 설사할 때는 이런 음식이 좋아요

찬 것을 많이 먹거나 해서 몸이 냉해져 오는 설사에는 부추를 넣고 된장국을 끓여 먹이거나 찹쌀을 살짝 볶아 죽을 쑤어 먹이면 좋습니다.

또 미나리 즙과 도토리가루, 표고버섯, 사과즙도 효과가 있습니다. 미나리즙은 신경성 설사나 구토 증상에 효과적이며, 사과즙은 변비에도 효과가 있고 설사로 인해 탈수증상을 보일 때에도 좋습니다. 마른 표고버섯을 물에 넣고 달여 먹이거나 아주 떫은 도토리의 속 알맹이를 말려 가루 낸 다음 하루에 1~2g씩 3번 먹여도 설사를 멎게 하는 데 도움이 됩니다.

# 12 푸른색 변

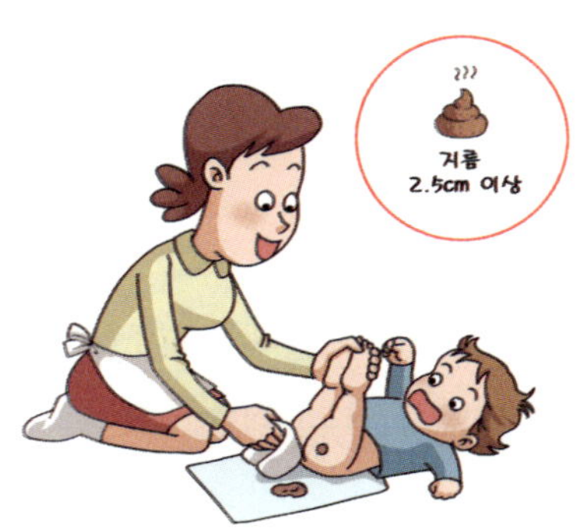


신생아는 출생 후 처음 하루 이틀 동안은 하루에 오줌 기저귀를 두세 번 적시게 되고 타르같이 검은 태변을 보게 됩니다. 그러나 3일째가 되면 녹색 변을 보게 되며, 5일째부터는 노란색 변을 보는 것이 보통입니다.

이날부터는 하루에 적어도 대변은 3~4회 이상(지름 2.5cm 이상), 소변은 6회 이상 보아야 합니다. 따라서 생후 5일 이후에도 대소변 횟수가 이보다 적다면 반드시 소아과 의사에게 진찰을 받고 아기의 체중을 측정해야 합니다.

그런데 문제는 생후 5일이 지났는데도 이따금씩 아이가 푸른색 변을 보기도 하는데, 그러면 옛날 어른들은 아이가 놀라서 그렇다고 말합니다. 그러나 그렇지 않습니다. 결론적으로 말하자면 거의 대부분은 정상입니다. 태변의 경우는 색깔이 문제가 아니라 24시간 내로 배변이 있었느냐 없었느냐가 중요합니다. 태변이 없으면 선천성 장 폐쇄가 의심되기 때문입니다.

아기의 변은 먹는 음식이나 몸의 상태, 그리고 기분에 따라서도 색깔의 변화가 나타나므로, 한마디로 꼭 짚어서 정상이니 비정상이니 하고 구분하기가 어렵습니다. 따라서 아이가 푸른 변을 보았다고 해서 반드시 체하거나 탈이 난 것이 아니므로 아기를 굶기거나 하는 일이 없도록 주의해야 합니다.

### ➡ 아이가 푸른색 변을 보는 이유는 무엇인가요?

아기가 음식물을 섭취하면 식도와 위를 지나 십이지장에 이르게 됩니다. 여기서 간에 분비되는 담즙(쓸개즙)과 섞이게 되는데, 그러면 담즙의 색상에 의해 푸른색을 띠게 됩니다. 그러다가 음식물이 소장과 대장을 거치면서 담즙은 대부분 흡수되어 버리므로 다시 변은 노란색을 띠게 됩니다. 그런데 아기가 흥분하거나 음식물 알레르기가 있을 경우 장의 운동이 빨라집니다. 그러면 담즙이 모두 흡수되지 못하고 대변에 섞여 나오게 되는데, 그러다 보니 이때의 변은 푸른색을 띠게 됩니다.

물론 바이러스나 세균성 장염이나 독성물질에 의한 위장 장애와 같이 위나 장에 염증이 생겼을 경우 담즙이 제대로 흡수되지 못해서 녹색 변을 보기도 합니다. 이럴 때는 소화가 안 되므로 심한 악취를 풍기는가 하면, 또 뱃속에 가스가 많이 발생하여 변과 함께 나오므로 '푸드득' 하고 요란한 소리를 내기도 합니다. 또 거품이 많이 섞여서 변이 부글부글하기도 합니다. 그 밖에도 음식물에 녹색이 많이 섞여 있으면 푸른색 변을 보기도 합니다.

이렇듯 아기가 푸른색 변을 누는 원인은 실로 다양합니다. 따라서 아기가 푸른색 변을 본다고 해서 모두 병적 상태는 아닙니다. 그러나 변에 물기가 많아지고 변에 피나 코같이 끈적끈적한 것이 섞여 나오거나 열이 나거나 보채거나 식욕이 감소한다면 치료가 필요합니다. 그러나 장염으로 인해 이런 증상들이 나타난다 하더라도 1~2주쯤이면 대부분 저절로 회복이 됩니다. 만일 1~2주가 지나도 증상이 회복되지 않고 오래 지속되면 그 원인을 찾아야 합니다.

또 생후 6주가 지나면 어떤 모유 수유아들은 배변 횟수가 줄어드는데,

체중 증가가 정상이라면 걱정하지 않아도 됩니다. 일반적으로 출생 후 신생아의 체중은 약 10% 정도 감소했다가 1주일쯤 되면 다시 출생 당시의 몸무게로 회복됩니다. 따라서 생후 3~4일째부터는 아기의 체중이 더 이상 감소되어서는 안 되며, 대부분의 경우 모유 수유를 하는 아기는 1주일에 평균 170g 정도 체중이 증가합니다.

그리고 아기가 다음의 증상을 보이면 탈수되어 있다는 신호이므로 지체하지 말고 곧 소아과 의사의 진찰을 받아야 합니다.

1. 아기가 나른해하고 무기력해 보일 때.
2. 엄지와 검지로 아기의 피부를 집었다 떼었을 때 집었던 자국이 그대로 남는 등 피부의 탄력성이 떨어졌을 때.
3. 입술과 혀와 눈이 말라보이거나 울음소리가 약할 때.
4. 대천문이 쑥 들어가거나 열이 나는 증상이 보일 때.

특히 아기들의 경우에는 몇 번 설사를 심하게 하거나 구토 등으로 인해 몇 시간만 모유를 섭취하지 못해도 목숨이 위태로울 정도로 심한 탈수증에 빠질 수 있으므로 늘 신경을 써야 합니다.

### 일회용 종이기저귀는 천기저귀만 못해요

아기 건강을 최우선으로 따지는 주부들이 점점 늘어나면서 최근에는 천기저귀 사용이 증가하고 있는 추세입니다. 이들은 "천기저귀 사용엔 그만큼의 노력이 따르지만, 종이기저귀가 아무리 좋아지더라도 순면 기저귀의 장점을 따라올 수 없다"고 주장합니다. 또 천기저귀는 조금만 바지런을 떨면 아이의 건강과 환경을 위해 가장 좋은 기저귀라고 전문가들은 조언합니다. 천기저귀가 종이기저귀보다 좋은 점을 들어 보면 다음과 같습니다.

❶ 피부발진을 없애고 아이 건강 회복이 탁월해요

천기저귀를 사용하면 아이의 건강뿐만 아니라 두뇌 발달에도 도움이 됩니다. 순면이 주는 부드러운 느낌이 지속적으로 전해지기 때문에 아이의 감각이 발달하고, 이는 곧바로 두뇌 발달로 이어지기 때문입니다.

❷ 대소변을 가리는 데도 천기저귀가 유리해요

종이기저귀는 소변을 봐도 아이가 느끼는 감각에 거의 변화가 없지만, 천기저귀는 소변을 보면 아이가 금방 감각의 변화를 느끼게 됩니다. 이는 소변을 보는 것에 대한 인식을 심어 주고, 이러한 인식이 바탕이 되어 대소변을 가리는 데 유리하게 작용합니다.

❸ 자연과 숲을 살려 줘요

우리나라에서 연간 사용되는 1회용 기저귀를 담으려면 종량제 봉투 7,700만 개가 필요하고, 이는 2.5톤 청소트럭 15만 3,908대에 실리는 분량입니다. 아기가 25개월간 1회용 기저귀를 사용할 경우 189.7kg의 목재와 109.5kg의 화석연료가 필요한 반면 천기저귀는 목재를 전혀 사용하지 않습니다. 이산화탄소 배출량은 1회용 기저귀의 경우 309.7kg이지만 천기저귀는 107.9kg으로 3분의 1 수준입니다. 폐기물 발생량도 1회용이 536.2kg으로 천기저귀(52.6kg)보다 10배 이상 많습니다.

따라서 훗날에 우리 아기들이 살게 될 우리나라의 환경을 생각해서라도 천기저귀를 주로 사용하면서 외출 등과 같은 불가피한 경우에만 1회용 기저귀를 보조적으로 사용할 것을 적극 권유합니다.

# 13 소아 변비

별 것 아닌 것 같으면서도 엄마들을 전전긍긍하게 만드는 것이 바로 아기들의 변비입니다. 의사소통도 잘 안 되는 아기가 1주일이 넘도록 대변을 보지 않거나 대변을 보다가 출혈이 생길 경우 엄마들의 초조함은 이루 말할 수 없습니다. 어른과 마찬가지로 아이 역시 변비는 괴롭기 짝이 없지만, 특별히 증상을 호소하지 않는 한 부모로선 알아채기가 어려울 때가 많습니다.

하지만 엄마가 조금만 주의를 기울여도 아이의 말 없는 신호를 알아챌 수가 있습니다. 아이가 선 자세로 이유 없이 다리를 꼬거나 구석에 앉아 발뒤꿈치로 엉덩이를 누르는 행위를 보일 때, 팬티에 항상 마른 대변이 묻어 있거나 이유 없이 보챌 때는 변비를 의심할 수 있습니다. 겨울엔 특히 운동량이 적고 수분 섭취도 줄어들 뿐 아니라 아이들이 춥다고 화장실 가기를 꺼려하기 때문에 소아변비 환자가 늘어납니다.

소아는 적어도 3~4세가 되어야 성인과 같은 배변 습관을 가지게 됩니다. 그런데 그 이전의 소아, 특히 1세 이전의 영아의 경우 연령에 따른 생리적 독특성과 분유, 이유식, 모유 등 먹는 음식에 따라서 하루 0~9회의 다양한 배변 습관을 보일 수 있기 때문에 변비 여부를 가리기란 그리 쉽지 않습니다. 그러나 일반적으로 소아변비란 변을 보는 횟수가 적으며, 변이 굵고 딱딱해 변을 보기 힘들고, 이와 함께 배변 시 통증을 동반하는 것으로 정의합니다. 대체로 일주일에 두 번 이하로 변을 보고 변이 밤톨 또는 염소똥 모양으로 되면서 양이 적고 변을 보는 데 고통이 따르면 치료가 필요한 상태입니다. 특히 배변 후 피가 묻어나거나 속옷에 대변을 묻히는 경우 상당히 진행된 변비로 추정해 볼 수 있습니다.

변을 보는 습관이나 음식 등 생활습관을 잘못 다스리게 될 경우 소아 변비가 올 수 있습니다. 그러나 신생아나 영아 초기부터 변을 잘 보지 못한다면 이는 습관 탓이라기보다는 다른 데서 원인을 찾아야 합니다.

일시적인 변비는 그다지 걱정할 것이 없지만 만성적으로 자주 변비 증상을 보인다면 문제가 됩니다. 변비로 인한 고통뿐만 아니라 대변이 장내에 오래 머물게 되면 혈액이 더러워져 순환에 영향을 주고 뇌의 활동도 느리게 되고 피부도 거칠어지며 두통이 생기기도 합니다.

만성변비는 기질적 원인보다 기능성 장애가 대부분입니다. 기질적인 원인은 5~10%에 불과합니다. 즉 선천성 거대 결장이나 선천성 항문직장기형, 선천성 갑상선기능 저하증, 항문 수술 또는 항문 외상으로 인한 항문협착 등이 만성변비 증세를 보일 수 있으나 이는 매우 드물며, 이유식 이후 혹은 배변 습관을 익히는 시기부터 시작되는 습관성 변비의 일종인 기능성 배변 장애가 95% 이상으로 대부분입니다. 따라서 아이가 변을 쉽게 보지 못한다면 대개는 습관성 변비이므로 크게 걱정할 필요는 없지만 간혹 병에 의한 변비일 수도 있으므로 우선은 이에 대한 정확한 진단을 받을 필요가 있습니다.

## 1. 소아 변비는 왜 생기나요?

장내에 변이 차서 직장이 확장되면 이를 직장의 감각수용체에서 인지합니다. 그러면 척추반사신경을 통해 반사적으로 내괄약근을 이완시키면 변이 아래로 내려오고 변의를 느끼게 됩니다.

그런데 어떤 문제로 인해 직장에 변이 억류되고 시간이 지남에 따라 변이 굳어지면서 직장 통로를 막게 되면 변을 보기가 무척 힘들어집니다. 그래서 아이의 경우 변을 볼 때의 통증을 피하기 위해 변을 참게 됩니다. 이렇게 배변을 기피할수록 대변은 점점 더 직장에 쌓이게 되어 다음 배변 때는 훨씬 더 심한 고통을 느끼게 됩니다.

이 같은 상황이 반복되면 직장에서 배변을 유도하는 신경이 무디어져 아이가 스스로 변을 보지 못하며 팬티에 찔끔찔끔 변을 흘리는 유분증마저 발생하게 됩니다.

이 같은 악순환으로 들어가기 전에 치료를 해야 효과적이지만, 부모의 무관심이나 부주의 탓에 많은 소아환자들이 치료시기를 놓치고 있는 형편입니다. 아이들이 변비에 걸리는 이유는 크게 다음의 세 가지로 나눌 수 있습니다.

**첫째,** 음식물 섭취에서 비롯되는 경우입니다.

먹는 양이 적거나 섬유질 섭취가 부족하면 쉽게 변비에 걸릴 수 있습니다. 먹는 양이 적으면 변의 양도 적어지고 그만큼 밀어내는 힘이 약해지기 때문입니다.

때문에 이유식을 막 시작한 아이들의 경우 음식 섭취량이 줄어들어 일시적인 변비 증상이 나타나기도 합니다. 그리고 갓난아기의 경우 모유보다는 분유를 먹는 경우에 변비에 더 잘 걸립니다. 모유를 먹이면 모유 안에 들어 있는 소화효소가 변을 부드럽게 만들어 주기 때문에 변비 걱정은 없는데, 분유만 먹일 경우에는 소화에 부담도 되고 변비를 동반합니다.

그러나 모유를 먹고 자라는 아기라 할지라도 젖을 먹는 양이 적을 경우에는 변비에 걸릴 수 있습니다. 분유를 먹고 자라는 아기들은 분유가 묽을 때 변비에 걸리는 수가 많습니다. 따라서 현재의 수유량이 정상적인지를 먼저 체크해 볼 필요가 있습니다.

Point

### 모유가 아기에게 좋은 10가지 이유

❶ 모유는 아기에게 최고의 음식입니다. 특히 6개월 이전의 아기들에게는 완전식품이라고 할 수 있어서 모유만으로도 충분한 영양이 공급됩니다.

❷ 모유는 돈을 들이지 않아 경제적이며 준비할 필요가 없고 항상 일정한 온도를 유지하고 있습니다. 매우 신선하여 상온에서 6시간, 냉장고에서 24시간, 냉동하면 1개월도 보관할 수 있습니다.

❸ 모유는 분유보다 소화가 잘되어 분유만 먹고 자란 아기들보다 소화 장애가 적습니다. 모유를 먹이면 변이 부드러워지기 때문에 변비에 잘 걸리지 않습니다.

❹ 모유에 함유된 비타민과 무기질 특히 철분은 흡수가 더 잘됩니다.

❺ 모유에는 아기 몸에 좋은 면역성분이 많아서 설사와 감기 등의 질병에 걸릴 확률이 낮습니다.

❻ 모유에는 대뇌 발달에 필요한 양질의 불포화지방산이 많이 들어 있어서 아이의 머리가 좋아집니다.

❼ 모유를 먹여 키우면 아기가 심리적으로 안정됩니다.

❽ 모유를 먹이면 출산한 엄마의 자궁수축이 원활해져 산후회복이 빨라지고, 배란이 억제되어 저절로 피임이 됩니다.

❾ 임신 중에는 모유를 생산하기 위해 엄마가 살이 찌는데, 이렇게 늘어난 살은 아이에게 모유를 먹여야만 잘 빠집니다. 또한 유방암도 예방이 됩니다.

❿ B형 간염 보균자도 모유를 먹이는 데 지장이 없습니다.

간혹 엄마들 중에는 아기에게 변비가 생기면 조제분유를 좀 더 묽게 해서 먹여야 한다고 생각하는 경우가 있는데 이는 잘못된 생각입니다. 설령 조제분유를 정상 농도로 해서 먹이고 있다 하더라도 엄마들이 아기의 개월 수에 비해 턱없이 부족한 양을 먹이는 경우가 적지 않습니다.

이처럼 아기의 소화력은 많이 향상되었는데 먹는 양이 턱없이 부족하게 될 경우, 대장 내에 변이 생성될 만큼의 충분한 찌꺼기가 남지 못하여 변비가 생기기도 합니다. 따라서 아이에게 변비가 있을 때는 조제분유를 묽게 해서 먹이려 하지 말고 정상 농도로 충분한 양을 잘 먹이고 있는지를 먼저 체크해 볼 필요가 있습니다.

또한 돌 이후의 아기들이 분유나 모유 대신 생우유를 먹게 되면서 변비에 걸리는 수가 많습니다. 섬유질이 적은 생우유를 많이 먹다 보면 자연히 다른 음식의 섭취량이 줄어들게 되면서 변비가 오는 것입니다. 따라서 아기에게 생우유를 많이 먹이지 말고, 일반 곡식과 채소류를 부드럽게 조리하여 아기가 잘 먹을 수 있도록 엄마가 신경을 써야 합니다.

그리고 특히 요즘 아이들은 서구화된 음식문화의 변화로 잡곡밥이나 야채보다는 빵, 햄버거, 피자, 육식 등을 즐겨 먹다 보니 대장 내의 환경이 열악해져 대장의 운동성이 떨어지고 배변기능이 무디어져 변비가 올 수 있습니다.

Point

## 유아에게 우유를 먹이면 변비에 잘 걸린다

아기에게 우유를 먹이면 변비가 생길 위험이 크다는 연구 결과가 나왔습니다.
이탈리아 팔레르모대 주세페 이아코노 박사는 미국 의학전문지 『뉴잉글랜드 저널 오브 메디신』 최신호에 "만성변비 증세가 있는 생후 11~72개월 된 유아 65명에게 우유 대신 두유를 먹이자 68%의 유아에게서 변비가 사라졌다"고 밝혔습니다. 이아코노 박사는 우유를 먹는 아기는 항문이 잘 찢어져 배변 때 아픔을 느끼는 변비가 발생한다고 합니다.
이 연구 결과에 대해 전문의들은 식이성 섬유의 섭취량을 늘리고 약을 먹여도 변비가 멎지 않는 아기에게는 우유를 끊는 방법을 고려해야 할 것이라고 말했습니다.

**둘째,** 정신적 스트레스나 잘못된 생활습관이 변비의 원인일 수 있습니다. 놀이에 열중하거나 컴퓨터 게임 등에 빠져 변을 자꾸 참게 되면 변을 보고 싶은 반응이 줄어들게 되어 변비가 생기게 되고, 부모님에게 심하게 야단을 맞는 등 정서적으로 시달리거나 변 보는 것을 싫어해 자꾸 참는 버릇이 생기다 보면 이로 인해 정상적인 배변이 안 되어 변비가 생기게 됩니다. 취학기 소아일 경우, 학교나 유치원 등 공동생활 공간의 화장실에 익숙치 못해 변을 참는 버릇이 생기면서 발생하기도 합니다. 또 동생이 태어남으로써 부모의 애정이 상대적으로 줄어들 때도 관심을 끌기 위한 한 방편으로 변비가 나타날 수 있습니다.

**셋째,** 소아 당뇨나 대장질환, 항문 이상 등과 같은 근본적인 신체질환으로 인해 변비가 나타날 수 있습니다.

## 2. 변비의 치료 및 예방법은 무엇인가요?

만성변비는 어른뿐만 아니라 아이에게도 흔한 소화기 질환으로, 각종 소화기 증상으로 병원을 찾는 소아 환자의 10% 정도가 변비 증상을 보입니다. 어린이 변비는 합병증으로 요로감염, 치질, 탈항, 대장염 등을 동반하며 심한 경우에는 영양분이 흡수되지 않아 성장지연을 일으킬 수 있어 치료가 필요합니다.

특정한 질병이 없이 변비가 생겼다면 이는 식습관적, 정서적, 심리적 등 여러 가지 원인에 의해 발생한 것이어서 전문의와 충분한 상담을 통해 원인을 찾아 해결해야 하는데, 이때 부모들의 협조가 무엇보다 중요합니다.

부모는 아이의 배변습관에 조급증을 내며 닦달하거나 과민반응을 보이는 것은 금물이며, 변의를 느낄 수 있도록 특히 아침을 먹인 후 변기에 앉게 하는 것도 좋은 방법입니다.

변비 치료는 짧게는 3개월에서부터 길게는 1년 이상 걸릴 수도 있습니다. 변비의 치료는 아이 스스로가 변을 볼 수 있도록 해주는 게 중요합니다. 우선 직장에 정체된 대변을 제거하고 약물, 배변 훈련, 식이요법을 적절히 사용하여 하루에 변을 2~3회 정도 묽게 보도록 유도합니다.

이때 화장실과 변기, 배변에 대한 공포도 함께 없애 줍니다. 화장실은 규칙적으로 하루에 2회 정도, 음식을 먹은 후에 가도록 유도하는 것이 좋습니다. 이는 식사 후에 생기는 장 대 장 반사를 이용하는 것으로, 이때가 대변을 볼 확률이 높기 때문입니다.

또한 약물치료 시, 약물의 장기 사용에 대한 부담감으로 인해 지나치게 빨리 투약을 중단하면 변비가 재발될 수 있으므로 주의해야 합니다. 그리고 약물치료가 끝났다 해도 수개월에서 수년 간은 올바른 배변 습관을 유지할 수 있도록 관찰해야 합니다.

변비를 예방 · 치료하기 위해서 가정에서 할 수 있는 방법으로는 식이요법과 운동요법, 그리고 마사지법이 있습니다.

### 1) 식이요법

아이에게 항상 규칙적인 식사를 하게 하고, 섬유질이 풍부한 곡식 · 야채 · 과일을 충분히 섭취시키며, 하루에 적어도 3컵 이상의 물을 마시게 하는 것이 좋습니다. 변비에 좋은 식품으로는 미나리, 당근, 우엉, 죽순, 팥, 버섯, 사과 등이 있습니다.

모유나 분유는 정해진 양만큼 충분히 먹입니다. 먹는 양이 너무 적거나 분유가 묽을 경우, 혹은 분유나 이유식이 너무 진할 때도 변비가 올 수 있습니다. 좀 자란 아이들은 생우유로 배를 채운다든지, 섬유질이 부족한 식사를 계속한다든지, 인스턴트식품이나 패스트푸드를 많이 먹게 되면 쉽게 변비가 오게 됩니다.

식사시간이나 생활이 불규칙하면 장의 리듬이 깨져 변비가 오게 됩니다. 따라서 식사시간은 물론 간식시간도 규칙적으로 정하는 것이 좋고, 아이에게 늦잠 자는 습관이 있다든지 잠자리에 들기 전에 간식을 먹는 등의 습관이 있다면 하루빨리 고쳐 주는 것이 좋습니다.

#### 변비 해소를 위한 민간요법

변비증세가 있을 때 식후에 사과를 쪄서 먹이면 도움이 됩니다. 사과의 꼭지를 도려내고 속을 좀 파낸 다음, 속에 꿀을 채우고 꼭지를 덮은 뒤 찜통에 찌면 됩니다. 결명자차, 구기자차도 변비 해소에 도움을 줍니다.

### 2) 운동요법

성격이 내성적이어서 밖에 나가 친구들과 잘 어울려 놀지 못하고 집안에 틀어박혀 티브이만 본다거나 컴퓨터에만 빠져 있게 될 경우 운동 부족으로 인해 장의 움직임이 둔화되는 이완성 변비가 생기기 쉽습니다. 따라서 매일 규칙적으로 체조나 운동을 하는 습관을 들여 주면 장운동이 원활해져 변비를 예방할 수 있습니다.

### 3) 마사지법

아이가 변비 때문에 고생할 때는 아이를 눕혀 놓고 다음의 순서에 따라 아이의 배를 마사지해 주면 치료에 도움이 됩니다.

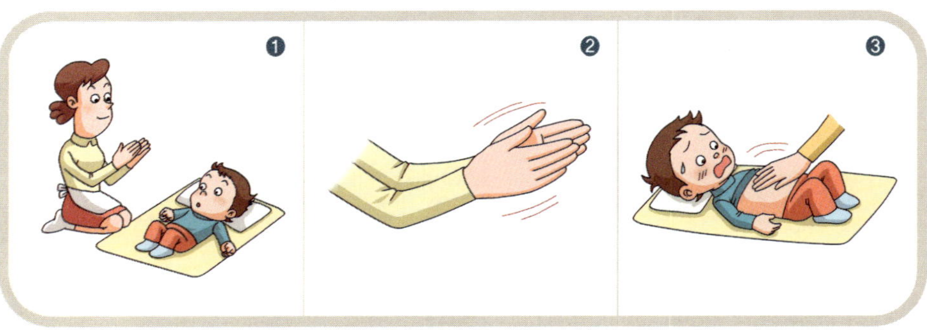

❶ 아이를 편안하게 눕혀 놓고 무릎을 세우게 합니다.

❷ 엄마의 양손을 비벼 따뜻하게 만듭니다.

❸ 따뜻한 손바닥으로 배꼽을 중심으로 대장의 모양을 따라 시계방향으로 큰 원을 그리며 문지르듯이 5분 정도 계속해서 마사지해 줍니다. (손바닥 전체가 아이의 피부에서 떨어지지 않도록 하고, 물결을 일으키듯이 손바닥을 움직여 줍니다.)

**권장사항**

이와 함께 아이에게 설탕물을 조금 먹이거나 면봉에 바셀린이나 베이비오일 등을 발라 항문 주위를 가볍게 누르듯 마사지해 주는 등의 간이치료도 권장할 만합니다.

변비로 인해 항문이 찢어져 피가 나면 아기의 엉덩이를 따끈한 물에 담그고 좌욕을 시켜 주는 것이 좋습니다. 1회 10분 이상씩 하루에 4~5번 정도 좌욕을 시켜 주면서 염증에 효과적인 약을 복용시킵니다.

상처가 다 치료된 후에도 아이가 무의식적으로 항문에 대한 걱정 때문에 대변을 안 보려고 하지 않도록 잘 설득하여 규칙적으로 변을 볼 수 있도록 배려해야겠습니다.

## 만성변비 치료의 4단계

만성변비는 오래 지속될수록 치료 기간도 길어지며 치료도 점점 힘들어지므로 초기에 적절한 치료를 받아야 합니다. 만성변비의 일반적 치료로는 대개 다음의 4단계로 이루어집니다.

1. 부모들이 변비에 대한 올바른 지식을 습득, 장기간의 치료 계획에 대해 신뢰를 가지는 것이 첫 단계입니다.
2. 경구약과 관장 등을 통해 직장에 있는 대변 덩어리를 완전히 제거해 줍니다.

**주의사항** 여기서 한 가지 주의할 점은, 직장에 변 덩어리가 남아 있는 상태에서 치료하면 큰 효과를 기대할 수 없습니다. 그리고 관장을 너무 자주 시켜 주다 보면 스스로 변을 보는 능력이 떨어져 나중에는 더 힘들어지게 됩니다. 따라서 변비의 정도가 심할 경우 소아과를 방문해 진찰 후에 변을 무르게 하는 약을 처방 받는 것도 도움이 됩니다.

3. 대변이 다시 축적되는 것을 방지합니다.
4. 무디어진 신경을 회복시켜 줌으로써 정상적인 배변 습관을 유지시켜 줍니다.

### 이럴 땐 병원치료를…

1. 변비가 3주 이상 지속될 때.
2. 변비로 인해 축 처진다든지 하여 정상적인 활동을 못 할 때.
3. 항문 내에 대변은 있으나 배출하지 못해 끙끙댈 때.
4. 항문 밖으로 묽은 변이 새어나올 때.
5. 항문이나 그 주위 피부가 찢어져 아파하거나 피가 나올 때.
6. 치질이 발생했을 때.

## 3. 소아 변비에 대한 잘못된 상식

### 1) 성인과 마찬가지로 채소를 많이 먹으면 좋아진다?

대개 4세 이내에서는 섬유소가 많은 음식이 소아 만성변비 치료에 거의 도움이 되지 않습니다. 특히 약물요법, 배변 훈련 등과 조화롭게 진행되지 않으면 치료 효과가 없습니다. 만성변비를 가진 소아의 어머니는 자신의 변비 조절 경험에 비추어 아이에게 지나치게 채소를 먹이려는 경향이 있는데 이는 매우 조심해야 합니다. 채소 자체가 소아 변비 치료에 주된 요건이 아닐 뿐 아니라, 오히려 심리적인 부담감을 가중시켜 변비를 악화시킬 수 있기 때문입니다.

### 2) 약물치료는 매우 위험하다?

그렇지 않습니다. 경험이 풍부한 소아 소화기 전문의의 조언과 함께 적절한 약물 사용은 오히려 필수적인 요건입니다. 그러나 장기간 안전하게 사용할 수 있는 약물들이 상당히 제한되어 있기 때문에 전문의와 상담이 필요합니다.

### 3) 나이가 들면 저절로 좋아진다?

그렇지 않습니다. 소아의 만성변비는 배변에 대한 지나친 공포로 인한 것이어서 소아기 성격 형성에 큰 영향을 끼칠 수 있습니다. 게다가 '유분증'까지 발생하게 될 경우, 아이는 자신감을 잃어 매사에 소극적인 생각을 가지는 등 소아 정신 건강에 심각한 상처를 남길 수 있습니다. 또한 만성변비로 인한 식욕 감퇴로 인해 성장에도 영향을 줄 수 있습니다.

# 14 소아 복통

아이들은 배가 아프다는 말을 자주 합니다. 자기 의사표현을 정확하게 할 수 없어서 배가 고프거나 머리나 가슴 등 다른 곳이 아파도, 또 어리광을 부리고 싶을 때에도 무조건 배가 아프다고 합니다.

이처럼 아이들의 경우 복통의 원인은 다양하지만 대개는 특별한 치료를 하지 않아도 시간이 지나면서 점차 좋아집니다. 하지만 소아 복통 중에는 간혹 빨리 손을 쓰지 않으면 위험한 경우도 있으므로 신경을 써야 합니다.

소아들이 겪는 일반적인 통증은 복통, 두통, 관절통 등이며 가장 많이 경험하게 되는 것이 복통입니다. 흔히 아이가 배가 아프다고 하면 그 가운데 위나 장의 이상으로 생각하기 쉬우나 다른 부위와 달리 복부에는 위장, 십이지장, 소장, 대장 외에도 복막, 췌장, 신장, 간, 담낭, 방광 등 여러 가지의 장기가 있으므로 쉽게 생각할 일이 아닙니다. 이런 장기로부터 복통이 생길 수도 있고, 그 외에도 가슴이나 생식기 쪽의 문제로 통증이 전달되어 연관통이 나타날 수도 있기 때문입니다.

복통은 형태에 따라서 급성에 의해 생기는 통증과 만성에 의해 생기는 통증으로 분류됩니다. 급성 복통은 갑자기 격렬하게 증상이 나타나는 것을 말하며, 진단과 치료를 잘못하면 다른 복잡한 합병증이 일어날 수도 있고, 심할 경우 생명이 위독해질 수도 있기 때문에 원인 질환을 신속하게 밝혀내 치료하지 않으면 안 됩니다.

## ● 복통의 원인은 무엇인가요?

소아 복통의 원인으로는 별다른 이상이 없는 기능성 복통인 경우가 가장 많습니다. 어린이나 청소년에게서 3개월에 3회 이상 반복적으로 발생되는 만성복통의 경우 70~90%가 별다른 이상 없이 일시적으로 나타나는 기능성 복통입니다. 식욕이 없고, 속이 메슥거리며, 얼굴빛이 창백해지고 두통이나 어지럼증과 함께 때로는 미열, 변비, 피로감 등이 오기도 합니다.

이 밖에 복통을 나타내는 특정 질환으로는 장염과 장 중첩증, 맹장염, 요로감염, 탈장, 변비, 위장관 알레르기, 복성 간질, 장내 기생충증 등에 의해서도 복통이 나타납니다.

### 1) '급성위염'으로 인해 배가 아픈 경우

아이스크림과 같은 빙과류나 찬 음식, 너무 뜨거운 음식, 맵고 짠 음식, 불규칙한 식사 즉 끼니를 거르거나 폭식, 익히지 않은 날음식, 카페인이 함유된 음료, 과도한 스트레스, 항생제 및 비(非)스테로이드성 소염제 등과 같은 약물, 쇼크, 화상, 패혈증, 심한 외상, 수술, 스트레스 등에 의해 위의 점막에 갑자기 염증이 생기는 것으로, 원인에 노출된 후 수 시간 내지 늦어도 24시간 이내에 상복부 통증이 갑자기 격렬하게 발생합니다. 이런 때는 흔히 심한 상복부 통증과 메스꺼움, 구토 등이 나타나게 됩니다. 드문 경우지만, 복통과 함께 출혈이 일어나서 생명이 위험해질 수도 있습니다.

치유 경과는 일반적으로 빨라 보통 2~3일이면 쉽게 호전됩니다. 급성위염의 치료는 식이요법이 가장 중요합니다. 자극이 심하지 않은 부드러운 식사를 하고 음료수나 자극성 음식물의 섭취를 피합니다. 격렬한 통증이나 토혈을 보일 때는 위에 궤양이 발생한 경우가 많으므로 의사의 진찰을 받아야 합니다.

### 2) '급성충수염'으로 인해 배가 아픈 경우

비교적 흔한 급성 소아 복통의 원인질환으로는 급성충수염을 꼽을 수 있습니다. 맹장염으로 알려진 이 병은 흔한 병이라서 진단이 어렵지 않을 것 같지만, 증상이 애매하거나 전형적인 통증 등이 나타나지 않을 때는 진단하기가 아주 까다로운 병입니다.

증상으로는 복통과 함께 열이 나고, 메스꺼움과 구토가 있으며, 혈액 검사를 해보면 백혈구가 증가하는 양상을 보입니다. 맹장염 초기에는 복통이 배꼽 주변이나 명치 부위에서 시작하여 오른쪽 하복부로 몰리는 특징이 있습니다.

맹장 부위 즉 우측 아래쪽 복부에 압통이 있거나 통증 부위를 눌렀다 뗄 때 통증이 심하면 맹장염을 의심할 수 있습니다. 배가 아프다며 몹시 울고 보채며 먹으려 하지 않는 증상으로 나타날 수 있고, 때로는 배가 아파서 다리를 구부렸다가 다시 펴지 못하는 경우도 있습니다.

이 맹장염은 조기에 진단하여 수술을 하면 크게 문제되지 않지만, 병이 더욱 진행되어 맹장이 터지게 되면 급성복막염으로 발전하게 됩니다.

### 3) '변비'로 인해 아픈 경우

잘 먹고 잘 자고 잘 놀던 아이가 갑자기 배가 아프다고 하면 부모는 당황하지 않을 수 없습니다. 이런 때 병원을 찾으면 변비 진단을 받는 경우가 많습니다. 실제로 아이들 급성복통의 절반가량이 변비가 원인입니다.

소아 급성복통은 배꼽 근처가 주기적으로 아픈 것이 주 증상이며, 주로 남자아이보다는 여자아이들에게서 많이 발생합니다.

(변비에 관한 보다 자세한 내용은 116쪽 참조.)

### 4) '급성장폐쇄'로 인해 배가 아픈 경우

급성장폐쇄 역시 소아 급성복통의 원인이 됩니다. 이 질환은 여러 가지 원인에 의해 소장 또는 대장이 막혀서 증상이 나타나는데, 통증 부위가 일정하지 않고 복부 전체가 쥐어짜는 듯이 아프며, 지속적인 통증이 아닌 5분이나 15분 간격으로 간헐적인 증상이 나타납니다.

소아에서의 장폐쇄는 대부분 급성장중첩증에 의해서 생깁니다. 위에 있는 장이 아래의 장 속으로 말려들어가서 응급치료를 받지 않을 경우 생명이 위험해질 수도 있습니다.

주로 생후 5~9개월인 영아에게 흔한데, 증상으로는 건강하게 잘 놀던 아기가 갑자기 심한 복통으로 인해 자지러지듯이 울면서 다리를 배 위로 끌어당기며 구토를 하게 됩니다. 이런 증상이 1~2분 간 계속되다가 5~15분 간 무증상이 있은 후 다시 발작이 반복되는데, 이는 급성장폐쇄의 특징이기도 합니다. 이런 증상과 함께 아이가 피 섞인 점액성 대변을 보거나 무증상 시기에 소시지 모양의 덩어리가 상복부나 우복부에서 만져지면 진단은 확실해집니다.

### 5) '만성 반복성 복통'으로 인해 배가 아픈 경우

만성복통은 급성복통과는 달리 위급한 병은 아니며 대부분 소화기 계통의 질환들로 수주에서 수개월 간 복통을 일으킵니다. 흔히 소아가 밥을 먹기 전후에 많이 나타나는 복통은 임상에서 가장 많이 볼 수 있는 증상입니다.

반복적인 복통이 지속될 때 처음에는 대수롭지 않게 여기다가 할 수 없이 병원을 찾게 되는 이 '만성 반복성 복통 증후군'은 초등학생 10명 중의 한두 명은 이 같은 증상이 있을 만큼 흔한 질환입니다.

청소년기에는 비궤양성 소화불량증 또는 과민성장증후군 등의 형태로 나타날 수 있는 이 질환은 보통 수개월에서 수년 간에 걸쳐 반복적으로 복통을 호소하는데, 통증이 없는 평상시에는 아무렇지도 않게 잘 지내므로, 그런 아이가 갑자기 배가 아프다고 하면 꾀병을 부리는 것으로 생각하기도 합니다.

이 질환은 대체적으로 성격이 소심하고 열등감을 느끼며 고지식할 정도로 성실하고 두뇌 회전이 빠른 아이에게서 많이 나타납니다. 또한 성격이 예민한 아이가 스트레스를 받거나 갑작스런 환경 변화에 쉽게 적응하지 못할 때 나타나기도 합니다. 이런 아이들의 주변을 살펴보면 가족 중에 기능성 소화 장애나 편두통이 있는 경우가 많습니다.

이 만성 반복성 복통은 크게 다음의 세 가지 형태로 나타납니다.

❶ 갑자기 얼굴을 찡그리며 배를 움켜쥐고 배꼽 주위의 통증을 호소하며, 동시에 두통을 호소합니다.
❷ 주로 식사 후에 명치끝이 아프다고 호소합니다.
❸ 사춘기 청소년이 과민성 대장 증상을 나타내는 경우로, 가끔 설사와 변비가 뒤섞여 나오고 배변 후에도 시원함을 느끼지 못합니다.

이 세 가지 형태 모두의 공통점은 증상이 이따금씩 반복적으로 나타나고, 일단 증상이 있을 때는 분명히 환자처럼 보이지만 그 시기가 지나고 나면 멀쩡하다는 것입니다.

이러한 만성 반복성 복통은 스트레스로 인해 발생하는 기능성 복통과 특정 질환의 원인으로 발생하는 복통으로 크게 나눌 수 있습니다. 특히 특정 질환의 원인으로 나타나는 복통의 경우 그 원인 질환에 대한 근본적인 치료가 필요하므로 위내시경 등 적극적인 검사가 필요합니다.

이런 만성 반복성 복통으로 인해 병원에 가서 이런저런 검사를 받아 보아도 병명이 나타나지 않는 경우가 있는데, 이런 때는 기능성 복통을 의심해 볼 수 있습니다. 이는 환경적인 스트레스가 장운동에 영향을 미쳐 복통이 발생하는 것으로, 자율신경에 기능적 장애가 있거나 위장관 과민증 등이 있을 경우 사소한 자극에 의해서도 심한 복통을 일으킬 수 있습니다. 복통의 특징은, 주로 4~15세에 발생하고, 통증이 배꼽 주위에 있으면서 지속 시간이 수분 이내이며, 복통으로 인해 밤에 잠을 깨는 일은 없습니다.

이 기능성 복통의 치료는 무엇보다도 통증에 대해 지나치게 신경을 쓰지 않도록 아이를 안심시키는 것이 중요합니다. 통증이 심하면 일시적으로 약물치료를 하기도 합니다.

그리고 특정질환으로 인한 만성 반복성 복통을 가진 아이들의 경우 약 10~15% 정도는 헬리코박터 감염, 만성변비, 소화성 궤양, 췌장질환, 담관질환, 요로감염, 위식도역류증, 세균성 또는 바이러스성 위장염, 염증성 대장질환, 복부종양 등의 특정질환이 있습니다. 따라서 가끔씩 호소하는 만성 반복성 복통이 최소한 3개월 이상 지속되었다면 소아과 전문의를 찾아가 아이의 몸에 특정질환이 숨어 있는지 알아보아야 합니다.

이처럼 복통의 원인은 다양하지만 대부분의 소아복통은 소화기와 관련되어 있고, 이러한 복통들은 어느 정도는 음식을 주의해서 섭취함으로써 예방할 수가 있습니다. 즉 오염된 음식이나 과식, 찬 음식 등은 피하는 것이 좋습니다. 배가 자주 아픈 소아의 경우, 물과 우유도 미지근하게 데워 먹이는 것이 좋고, 또 잠을 잘 때에도 배를 따뜻하게 해주는 것이 좋습니다.

소아들의 급성복통은 수술로 해결해야 되는 것이 많은 반면, 만성으로 반복되는 복통은 대부분 약물치료로도 잘 해결이 됩니다. 만약 만성으로 반복되는 지속적인 복통을 적절히 치료하지 않으면 식욕장애로 연결되어 결국 성장부진의 원인이 될 수도 있다는 점을 염두에 둘 필요가 있습니다.

## 이런 때는 병원에 가 보세요

아이가 배가 아프다고 할 때마다 병원을 찾을 수는 없지만, 다음의 경우에는 반드시 전문의를 찾아가 진찰을 받아야 합니다.

❶ 건강하던 1세 이전의 아기가 갑자기 자지라지게 울면서 다리를 배 위로 끌어당기고, 복통 발작이 1~2분 정도 계속된 후 5~15분쯤 멎었다가 다시 주기적으로 반복하면서 토마토케첩 같은 변을 볼 때.

❷ 복통을 호소하면서 초록빛을 띤 노란 물을 토할 때.

❸ 3시간 이상 지속적으로 복통을 호소하거나 배에 손을 못 대게 할 정도로 많이 아파할 때.

❹ 사고를 당하거나 배를 얻어맞은 후에 심한 복통을 호소할 때.

❺ 복통 부위가 사타구니나 고환 부근이거나 오른쪽 아랫부분일 때.

❻ 배를 수술한 적이 있는 아이가 복통을 호소할 때.

## 이런 때는 소아 내시경 검사를 받아 보세요

❶ 원인이 불명확한 구토증.

❷ 만성적인 상복부 통증.

❸ 야간취침 중에, 또는 새벽에 나타나는 복통.

❹ 위장관 출혈.

❺ 약물 복용에 의해 발생된 복통.

❻ 방사선 검사 상에서 이상 소견이 있는 경우.

❼ 동전, 반지 등의 이물질을 삼킨 경우.

❽ 뚜렷한 원인이 없는 상복부 불쾌감, 식욕부진, 체중 감소, 구역질.

❾ 원인 불명의 철 결핍성 빈혈.

# 15 소아 장염

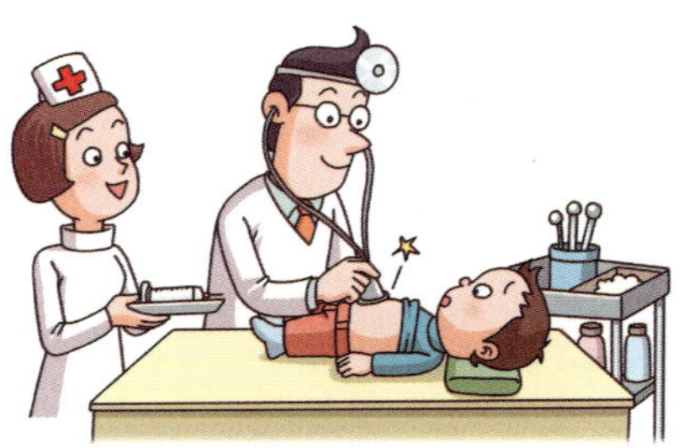

장염은 소아들에게 아주 흔한 질환으로 이로 인해 환아가 소아과 의사를 찾는 가장 흔한 이유 중의 하나입니다.

장염은 장에 바이러스나 세균이 들어와서 염증을 일으킴으로써 생기는 병입니다. 흔히 설사병이라 하면 장염과 비슷한 개념으로 보면 됩니다. 대부분이 바이러스성 장염이지만 간혹 세균성 장염이 의심되는 아기들도 있습니다.

놀이방이나 어린이집을 다니며 단체생활을 하는 아이들이 자주 장염에 걸립니다. 흔히 급성장염으로도 불리는 이 질병은 대개 설사, 구토, 열 등을 동반하게 됩니다. 대부분 5세 미만에서 흔히 경험하게 되는데, 연중 발생할 수 있으나 초가을에서 초봄까지 많이 발생하는 것이 특징입니다.

주로 변에 오염된 음료수나 음식, 손과 입을 통해 전파되고, 호흡기를 통해 공기로 전파되기도 합니다. 이 같은 바이러스 장염을 예방하기 위해서는 철저한 위생관리를 통한 바이러스 차단이 관건으로 부모들의 관심과 배려가 중요합니다.

특히 겨울철에는 소아에서 바이러스성 장염을 조심해야 합니다. 여름철 장염이 주로 세균에 의해 발생하는 것과 대조를 이룹니다.

## 1. 장염의 원인은 무엇인가요?

장염은 장에 염증을 일으키는 병으로 발병 원인에 따라 '바이러스성 장염'과 '세균성 장염'으로 나뉩니다. 상한 음식, 구강이나 손의 불결한 상태, 면역력 저하 등으로 바이러스나 세균 등이 장 속에 침입해 발생합니다. 몸의 기력이 부족하거나 기 순환이 원활치 않아도 잘 걸립니다. 따라서 평소 자녀의 체력이나 소화기가 약하다면 장염에 걸리지 않도록 특히 주의해야 합니다.

어린아이들에게 발병되는 장염은 대부분이 바이러스성 장염입니다. 장염을 일으키는 바이러스로는 로타바이러스, 아스트로바이러스, 아데노바이러스, 노왁바이러스 등이 알려져 있으나 이 중 로타바이러스가 80% 이상을 차지합니다. 때문에 흔히 바이러스성 장염이라고 하면 로타바이러스 장염을 가리키는 경우가 많습니다. 어린 아이들이 장염에 걸리는 이유는 주로 로타바이러스에 오염된 음식이나 음료수를 먹거나 또는 손을 통해 입으로 전염되기 때문입니다.

로타바이러스 장염은 대부분 2~3세 이하의 영·유아에서 발생하는데, 성인이나 신생아가 감염되는 경우도 있지만 다행히 이들 연령층에서는 모르고 지나치는 수가 많습니다. 영유아가 바이러스에 감염되면 하루 이틀의 잠복기를 거친 후 구토와 발열에 이어 곧 심한 설사를 하게 됩니다. 따라서 치료의 핵심은 설사로 인한 탈수증을 막는 것입니다.

로타바이러스 장염은 감기바이러스처럼 전염력이 매우 강하므로 평소에 손발을 잘 씻고 로타바이러스 장염에 걸린 아이와 함께 있는 것을 피해야 합니다. 특히 장염은 한 번 앓고 나면 재발률이 높아 각별한 주의가 필요한 질환인데,

놀이방이나 어린이집처럼 단체생활을 하는 아이의 경우 매우 조심해야 합니다.

## 2. 장염의 증상과 특징은 무엇인가요?

바이러스나 세균, 기생충 등을 포함한 다양한 종류의 장내 병원체 등에 의해 발생하게 되는 장염은 원인에 따라서 혈성 설사, 수양성 설사, 만성 설사, 무증상 감염, 구토, 발열, 복통 및 장외 증상 등이 있으며, 발병 초기에는 설사 없이 구토만 12~24시간 정도 지속되기도 하여 진단에 어려움을 겪을 때도 있습니다. 유아의 경우 구토 시에 주의할 점은 토할 때 고개를 옆으로 돌려 주어 토한 물질이 폐 등으로 넘어가지 않도록 주의해야 합니다.

장염은 주로 바이러스가 원인인 경우가 많고 결국 자율적으로 회복이 되기는 하지만, 심한 설사나 구토 등으로 인해 탈수가 되면 환아는 전해질 이상 등의 심각한 이상소견을 보이게 되고 심지어는 생명까지 위협받을 수 있는 상황이 올 수도 있습니다. 따라서 부모들의 세심한 주의와 관찰이 필요하며, 증상이 심한 경우에는 반드시 병원에 가서 의사의 진료를 받아야 합니다.

### 탈수 증세 감별법

설사하는 어린이가 탈수 상태에 있는지 여부는 의사가 아니라도 아기를 자세히 관찰하면 쉽게 알 수 있습니다. 탈수증이 심한 어린이의 경우 눈이 움푹 들어간 것같이 보이고, 혀를 손으로 만져 보면 물기가 없고 깔깔한 느낌이 듭니다.

이 밖에도 복부를 손으로 꼬집어 보면 마치 목욕탕에 오랫동안 있다가 나온 사람같이 꼬

잡은 자리가 금방 펴지지 않는 증상을 보이기도 합니다.

탈수가 심해지면 체내에 수분이 적어져 오줌을 누지 않고 맥박이 평소보다 빨리 뛰게 됩니다. 아직 머리의 대천문이 닫혀 있지 않은 한 살 근처의 어린이는 대천문이 깊이 함몰돼 있는 것을 볼 수 있습니다.

증상은 감염 후 2~3일 이내에 나타나기 시작합니다. 대부분 발병 초기에는 감기처럼 가벼운 상기도 감염 증세를 보이다가 점차 고열이 나면서 구토 증세가 2~3일간 지속됩니다. 먹은 음식은 물론 물까지도 모두 토해내고 미열에 복통까지 겹치게 되는데, 시간이 지나면서 설사를 동반하게 됩니다. 그러다가 하루나 이틀이 지나면 구토 증상은 호전되지만 설사는 대개 3~4일 정도 지속됩니다. 이때 설사는 혈액이나 점액질 성분이 많이 포함되지 않은 물 설사가 대부분인데, 드물게는 경련 등의 신경계 증상을 보이기도 합니다.

바이러스성 장염은 물이 많이 섞인 설사를 하는 것이 특징입니다. 심하면 하루에도 10회 이상의 물똥을 싸게 됩니다.

바이러스성 장염은 설사를 시작할 때 하루 정도 잠깐 열이 나기도 하지만 열이 없는 경우가 많습니다. 물론 세균성 장염과 달리 혈변을 보는 경우는 거의 없습니다. 설사가 있은 후 3~4일 간은 전염성이 가장 높은 시기이므로 가족에게 전염되지 않도록 조심해야 합니다.

그리고 이질, 살모넬라, 대장균 등 세균에 의한 장염은 통증도 심하고 코같이 끈끈한 점액이 섞인 대변을 소량씩 자주 보는 것이 특징입니다. 혈변을 보거나 열이 나기도 합니다. 따라서 설사에서 피가 나오면 일반적인 바이러스 설사가 아니라 세균성일 가능성이 높습니다. 드물기는 하지만 장이 꼬여서 피가 나오는 수도 있기 때문에 소아과 전문의에게 진찰을 받는 게 좋습니다.

장염에 걸린 아이들은 잘 먹지 못하게 되고 영양섭취가 제대로 이뤄지지 않아 당연히 기운이 없고 처지게 됩니다. 이와 함께 자주 복통을 호소하며 때로는 고열이 동반되기도 하는데, 이때 수분 소실로 인해 탈수증에 빠질 수도 있으므로 주의해야 합니다.

간혹 로타바이러스 장염 초기에 설사가 동반되지 않고 고열과 구토 증상만 있을 수 있어 열 감기나 뇌수막염으로 의심하기도 합니다.

**이런 때는 즉시 병원으로 가세요**

장바이러스성 질환은 다양한 임상증상이 나타납니다. 먹거나 자거나 노는 것에 문제가 있을 경우에는 즉각 병원에 가서 정확한 진단을 받고 치료해야 합니다. 심근염 등 긴급 상황일 경우 치료시기를 놓치면 위험하기 때문입니다.

특히 '열성경기가 함께 나타나거나 심한 기침 및 호흡곤란을 보일 때, 탈수가 의심될 때, 평소보다 심하게 아파 보일 때'는 소아과를 찾는 것이 바람직합니다. 또 뇌와 간 기능 장애를 일으키는 '라이증후군'이 있을 수 있으므로 해열제로 아스피린을 먹여서는 안 됩니다.

소변양에도 신경 써야 합니다. 소변양이 줄었다는 것은 탈수를 의심할 수 있습니다. 특히 음식을 안 먹기 시작하면 탈수와 저혈당이 같이 옵니다. 구토나 설사 증세가 있을 경우 기름진 음식이나 외부 조리품, 우유 등은 위에 부담을 주므로 피하는 것이 좋습니다.

## 3. 장염 치료는 어떻게 하나요?

장염 역시 다른 바이러스성 질환과 마찬가지로 완치할 수 있는 약은 없습니다. 따라서 로타바이러스 장염의 치료는 증상을 완화시키고, 구토와 설사를 많이 하면서 먹는 양이 줄어 탈수가 될 수 있으므로 이것을 막아 주는 치료를 하게 됩니다. 소아기 급성위장관염의 원인은 대부분 바이러스인 경우가 많고 결국 자율적으로 회복되긴 하지만 심한 설사 및 구토 등으로 인해 탈수가 되는데, 이때 탈수의 치료는 매우 중요합니다. 탈수에 대한 적절한 치료가 늦어지거나 없게 되면 아이들은 전해질 이상 등의 심각한 이상소견을 보일 수 있고 심지어는 생명까지 위협받는 상황이 올 수 있기 때문입니다.

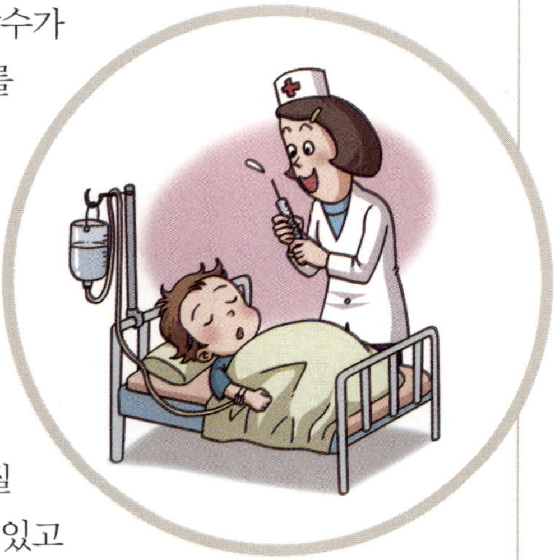

그런데 대부분의 아이들이 초기에 심하게 토하므로 먹이기도 어렵고, 힘들게 먹여도 바로 토하기 때문에 충분한 수분과 영양을 공급하기가 쉽지 않습니다. 탈수가 갑자기 심해지면 입원을 해서 치료하는 것이 좋습니다.

구토 증상이 있을 때는 부드러운 음식을 조금씩 자주 먹이는 것이 좋습니다. 그런데 만일 구토가 심해 음식을 전혀 먹지 못하고 소변 양도 줄어들었다면 구토가 없어질 때까지 수액 치료를 받아야 합니다.

바이러스 장염을 앓게 되면 장 점막이 손상을 입게 돼 먹은 음식에 대한 흡수력이 떨어져서 설사를 합니다. 이때 이온 음료나 과일 주스 등을 많이 먹이면 함유된 당분 때문에 설사가 더욱 심해질 수 있으므로 권유할 만한 방법은 아닙니다.

위장관염 치료의 주목적은 탈수의 정도를 판단해 수분 및 전해질 공급을 해주고 병원체의 전파를 막는 것입니다. 결국 탈수의 예방 및 치료를 위해서는 수분 섭취가 가장 중요한 것입니다.

외래에서 보면 설사하는 아이를 굶겨서 오는 예가 많은데, 물론 굶기면 설사 횟수는 줄일 수 있지만 설사 중 영양 공급의 제한은 염증이 있는 장

내의 점막 손상의 회복 및 영양 물질의 이동에서 다양하게 해를 주기 때문에 급성설사 시에도 가급적 금식을 피하고 적극적으로 먹이는 것이 매우 중요합니다.

설사가 심한 어린이에게는 탈수를 막기 위해 먹이던 분유나 모유 대신 6시간에서 8시간가량 어린이 설사용 전해질용액(포도당 전해질용액)을 먹여야 합니다.

그래야만 설사가 현저히 감소되면서 탈수로부터 벗어날 수 있습니다. 그 후에는 보통 때와 같이 다시 분유나 모유를 계속 먹이면 됩니다. 설사가 지속되는 경우에는 분유를 보통 때보다 희석해 먹여도 좋습니다. 설사용 전해질용액은 근처 소아과 병원에 가면 쉽게 구할 수 있습니다.

주의해야 할 것은 어린이의 바이러스성 장염에는 설사를 멈추게 하는 지사제를 쓰지 않는 것이 원칙입니다.

지사제는 이미 장에서 빠져 나온 물이 항문으로 나오지 못하게 하거나 변을 굳게 하는 것이므로 지사제를 쓸 경우 실제로는 설사 때문에 체내에 수분이 부족한 상태인데도 겉보기엔 설사가 없는 것처럼 보여 병의 경과를 잘못 판단할 수 있기 때문입니다.

급성설사 시엔 엄마들이 예전부터 먹여 왔던 쌀미음이 여러 가지 면에서 훨씬 더 효과적으로 증상을 줄여 줍니다. 쌀미음은 이온음료처럼 장내 삼투압을 높이지 않고 유당분해 효소 등에 영향을 받지 않으면서도 칼로리를 적절하게 공급해 줄 수 있으며, 맛이나 경제적인 면에서도 장점이 있습니다.

증상이 의심될 때에는 가까운 병원에서 의사의 진찰을 받고 탈수의 정도와 동반 질환의 유무를 확인한 다음, 상태에 따라 정맥주사를 통한 수액요법이나 '먹는 링거액' 이라고 부르는 경구용 수액요법을 포함한 대증적 치료를 받는 것이 좋습니다.

세균 질환에 항생제를 쓰는 것과 달리 대부분의 바이러스 질환은 특별한 치료제가 없습니다. 이 때문에 고열로 인한 탈수와 합병증 방지를 위해 해열제나 수분 공급 등의 보조적인 요법이 필요하며, 경과를 잘 살펴 더 큰 질환으로 악화되지 않도록 하는 것이 중요합니다.

### 장염 치료 후의 설사

Point

장염의 심한 정도에 따라 다르지만, 장염을 심하게 앓고 설사 기간도 길었을 경우에는 치료가 된 후에도 설사 변으로 인해 고생을 많이 하게 됩니다. 이렇게 장염 치료 후 설사 변이 있을 수 있는 것은 장염 자체는 치료가 되었다 하더라도 그것 때문에 생긴 장 점막의 손상이 회복되기 위해서는 시간이 걸리기 때문입니다. 또한 장점막이 손상이 되면서 음식을 소화시키는 효소들이 같이 씻기거나 없어지는 경우가 많아서 이들 효소들이 정상적인 수치까지 올라가려면 상당한 시간이 필요합니다.

## 4. 무엇을 먹이면 좋을까요?

일부 부모들은 아이가 급성장염으로 인해 여러 차례 토하고 설사를 하는 경우 아이들을 일부러 굶기기도 합니다. 그러나 이렇게 금식을 시키면 아이의 구토 및 설사의 횟수는 줄일 수 있으나 장기간 금식은 염증으로 손상된 장점막의 회복을 오히려 더디게 합니다.

그러므로 너무 오랜 금식을 피하고 가급적 소화를 잘 시킬 수 있는 음식을 적극적으로 먹이도록 노력하는 것이 중요합니다.

이때 주의해야 할 것은, 앞에서도 말했지만 어른들이 즐겨 먹는 청량음료나

시중에서 파는 이온음료는 성분이 다른 만큼 먹이지 말아야 합니다. 또한 가당 과일주스 등 설탕으로 맛을 낸 음료수 종류, 탄산음료, 찬 음료 등과 기름기가 많은 음식, 유당이 많은 유제품, 설탕 성분이 많이 함유된 음식물은 먹이지 않는 것이 좋습니다. 반면에 야채 미음, 닭고기 미음, 쌀미음, 기름기 적은 스프류, 소량의 무가당 과일주스, 깨끗한 물, 숭늉, 쌀을 포함하는 곡물을 주성분으로 하는 죽류, 야채류, 고기, 생선, 계란국, 계란찜, 바나나, 감자 등은 장염을 앓고 있는 환아 회복에 도움이 됩니다.

## 5. 회복 시 유의해야 할 사항은 무엇인가요?

장염이 치료됐다 하더라도 회복되는 과정에서 설사가 지속될 수 있습니다. 때문에 장염 치료 후 1~2주 간은 먹는 것을 조심해야 합니다. 장염을 앓고 난 뒤 가능하면 유제품을 삼가는 것이 좋습니다. 장이 약해져 있을 때에는 콩, 땅콩, 밀가루 음식 등도 좋지 않습니다. 그리고 섬유질이 많은 과일이나 채소는 소화가 잘 되지 않으므로 먹이지 않는 것이 좋습니다. 분유나 이유식을 진하게 먹이면 장염 후 설사가 멈추지 않을 수 있습니다.

## 6. 장염은 어떻게 예방해야 하나요?

최근에 예방백신이 개발돼 접종으로 발생 빈도를 줄일 수 있습니다. 하지만 예방효과는 좀 더 지켜봐야 합니다.

바이러스성 장염은 공기 중 전파를 통해서도 감염되지만 환자의 설사변을 통해 배출된 바이러스가 다른 사람의 손을 거쳐 입으로 바로 옮아가는 경우가 대부분입니다. 하지만 바이러스 자체는 물속이나 건조한 공기 속에서도 일정기간 생존이 가능하기 때문에 음식이나 수유 기구를 통한 전파 및 호흡기 전파도 가능합니다. 특히 상대습도가 50% 이하면 공기 중 바이러스 감염성이 강하므로 실내의 습도를 높여 주는 게 좋습니다.

따라서 아이를 돌보는 보호자는 손을 자주 씻고 환자를 격리시켜 접촉을 피해야 합니다. 특히 어린이 탁아시설에 설사병이 유행할 때에는 환자와 접촉하지 않도록 주의하여야 합니다. 이와 함께 오염된 식수 및 음식의 섭취는 피하도록 주의하는 등 개인위생에 특히 신경 써야 합니다.

장염 예방의 최선책은 청결임을 잊지 말아야 합니다. 결론적으로 소아기의 흔한 감염성 질환 중의 하나인 급성위장관염은 소독과 개인위생 철저 등으로 예방할 수 있으며, 발병 초기 진료를 통해 상태를 정확히 파악해 향후 치료 계획을 수립하는 게 바람직합니다.

급성
위장관염

또 일단 유사 증상을 보이면 감기로 속단하거나 자가진단을 하지 말고 가까운 소아과 병원을 찾아가서 정밀진단과 함께 치료를 받아야 합니다. 모든 병이 그러하듯이 자가진단은 금물이며, 초기 증상을 소홀하게 다뤘다가 증상이 악화되는 경우도 많음을 명심해야 합니다.

# 16 소아 구토

신생아는 우유를 먹다 트림을 하면서도 토하고 울다가도 토하고 기침을 하다가도 토하곤 합니다.

신생아의 경우, 위의 발달이 미숙하여 식도를 조이는 괄약근의 이상으로 위 안의 내용물이 식도를 타고 넘어오는 역류성 구토가 흔합니다. 이는 일종의 생리적인 현상으로 생후 1주 전후에 많이 나타나며 대부분 생후 6개월이 지나면 호전됩니다.

그러나 심하게 반복되면 드물지만 호흡기 자극이나 흡인을 일으켜 천식이나 식도염, 빈혈 등을 초래하거나 장염이나 위장장애, 뇌수막염, 중이염 등 각종 질환의 원인이 될 수도 있습니다. 따라서 1~2세가 지나도 구토 증상이 호전되지 않으면 병원에 가서 치료를 받을 필요가 있습니다. 강한 위산이 오랫동안 식도로 역류해 식도염과 식도궤양을 유발할 수 있기 때문입니다.

그럼 구토가 있을 때 생각할 수 있는 몇 가지 원인과 그에 따른 주의사항들을 알아보도록 하겠습니다.

## 1. 아기는 어떨 때 구토를 하나요?

아이에게 모유를 주는 경우, 엄마가 섭취한 음식에 따라 아이가 과민반응을 일으키면서 구토 증상이 있을 수 있고, 엄마의 정서 즉 엄마에게 심한 스트레스가 있다거나 우울증이 있을 때 아이에게 구토 증상이 나타날 수 있습니다. 그리고 아이에게 분유를 먹일 경우에는 우유알레르기가 원인일 수 있으며, 이때 우유가 문제라면 특수 분유를 먹여 증상을 완화시킬 수 있습니다. 그 외에 아이가 바이러스 감염 시에도 구토 증상이 있을 수 있습니다.

만약 수유 후에 왈칵 내뿜는 식으로 거의 매번 또는 횟수가 증가하는 경우에는 수술을 요하는 질환일 수 있습니다. 대표적 질환으로 위와 십이지장 사이에 존재하는 유문의 근육층이 두꺼워져 구토를 일으키는 '유문부협착증' 이란 게 있는데, 이는 생후 2~3주가 되면서부터 토하기 시작하여 그 증상이 점점 심해지며 체중도 늘지 않습니다. 그 외에 다른 장이 막혀 수술이 필요한 경우에도 구토 증상이 나타납니다.

아주 드문 경우로 선천성대사이상이나 신장질환, 중추신경계 이상으로 인한 구토가 있는데, 이때도 구토가 아주 심하게 나타나며 체중도 늘지 않습니다.

## 2. 아이가 토하면 이런 증상을 의심할 수 있어요

앞서 말한 바와 같이 아이가 구토를 하는 이유는 참으로 다양합니다. 다음과 같은 경우에 아이가 구토할 수 있으므로 아이가 구토할 때 참고하세요.

### 1) '위식도 역류' 일 수 있어요

가벼운 위식도 역류는 그다지 걱정하지 않아도 됩니다. 하지만 식도와 기도는 서로 붙어 있기 때문에 구토물이 호흡기를 자극하여 폐렴을 일으키거나 천식 또는 식도염, 빈혈을 유발할 수도 있으므로 주의해야 합니다. 따라서 수유 후에는 아기를 곧바로 눕히지 말고 몸을 세워 안아 트림을 시키는 것이 좋습니다. 분유를 좀 더 진하게 먹이거나 묽은 쌀미음을 분유에 섞어 주는 것도 좋은 방법입니다. 구토를 너무 자주 하거나 체중이 늘지 않으면 병원으로 가야 합니다.

### 2) '장염' 일 가능성이 있어요

장염은 구토와 함께 복통, 설사, 발열 등을 동반합니다. 설사는 피가 섞이지 않은 물 설사가 대부분입니다.

장염은 바이러스, 세균, 기생충 등의 감염으로 발생하는 질환으로 설사를 일으키는 로타바이러스 감염이 가장 많습니다. 장염은 전염성이 강하기 때문에 예방이 중요합니다. 따라서 장염에 걸린 아기의 변이 묻은 옷은 다른 세탁물과 분리하여 살균 소독을 해야 합니다. (장염에 대한 자세한 내용은 134쪽 참조.)

### 3) '유문협착증'일 가능성이 있어요

유문협착증이 있으면 생후 보름쯤부터 우유를 토하기 시작하는데, 처음에는 하루 몇 번 토하다가 나중에는 먹을 때마다 매번 토하곤 합니다. 체중이 늘며, 대변이 줄어 변비가 되고 소변의 양도 줄어듭니다.

정상적인 아이는 우유를 먹으면 위에서 십이지장(유문)을 거쳐 장으로 나가게 되지만, 유문협착증이 있는 아이는 십이지장의 근육이 두꺼워져 협착이 일어나면 위에서 장으로 우유가 빠져나가지 못하게 되어 결국 우유를 토해내게 됩니다.

유문협착증은 수술로써 쉽게 치료할 수 있으므로 크게 염려하지 않아도 됩니다. 수술하고 나서 4~6시간 뒤에는 곧 수유를 해도 될 정도입니다. 아이가 자꾸 토할 때는 그냥 방치하지 말고 주기적으로 소아과 의사의 진료를 받아 증상을 확인하는 것이 중요합니다.

### 4) '장중첩증'일 수 있어요

장중첩증은 대장과 소장 부위 창자가 서로 안으로 말려들어간 상태를 말합니다. 이로 인해 아이들은 복통을 호소하며 양다리를 배 쪽으로 웅크려 붙이는 경우가 많습니다. 장중첩증은 주로 유아들에게 많이 나타나지만 간혹 초등학생 정도의 큰 아이가 걸리는 경우도 있습니다.

평소 건강하던 아이가 1~2분 동안 자지러지듯이 울다가 5~10분 간 다시 멀쩡해지는 것을 주기적으로 반복한 후 토하는데, 토물에서 딸기잼 같은 혈성 또는 점액성 대변이 섞여 나옵니다.

이런 증상이 나타나면 즉시 병원을 가야 합니다. 24시간이 넘으면 말려 있는 창자가 썩어 들어가기 때문입니다. 항문을 통해 많은 양의 물을 주입하여 그 수압으로 말린 창자를 푸는 '바리움정복술' 로 85% 정도가 회복되지만 간혹 수술을 요하는 경우도 있습니다.

### 5) '뇌 질환' 일 수 있어요

뇌에 질환이 있어서 뇌압이 증가하게 되면 구토를 일으키게 됩니다. 머리를 다쳐 심하게 구토를 할 경우 일단 뇌가 손상되었을 가능성이 높습니다. 이때 경련을 하거나 목이 뻣뻣해지고, 대천문이 팽팽해지고 심하게 보채며, 심한 두통과 함께 고열이 나면서 토하면 뇌수막염을 의심해야 합니다.

뇌 질환이 의심될 때는 우선 환아를 안정시키는 것이 무엇보다 중요합니다. 따라서 우선 가능한 한 아이를 편안한 자세로 두어야 합니다. 이때 구토한다고 해서 구토를 멈추게 하는 장약을 먹여서는 안 됩니다. 장약을 먹여 구토가 멈추게 될 경우 가벼운 위장장애 정도로 생각하고 그냥 지나쳐 버릴 수도 있기 때문입니다.

### 6) '선천성 장폐색증' 일 가능성이 있어요

선천성 장폐색증은 장관 내의 물리적 혹은 기능적 폐색에 의해 장관 내용물의 이동이 원활하지 못하게 됩니다. 따라서 태어나면서부터 배가 불러오고 대변을 못 본다거나 토할 때 녹색 담즙이 섞여 나온다면 장폐색증부터 의심해야 합니다. 이 경우에는 황급히 병원을 찾아야 합니다. 자칫 잘못하면 막힌 장 부위를 잘라내는 수술을 받아야 할 수도 있기 때문입니다.

### 7) '위장장애' 일 수 있어요

토해낸 음식에 노란 위액이 섞여 있다거나 특별한 병이 없는데도 자꾸 토한다면 위장장애일 가능성이 있습니다. 이런 때는 토해내는 것이 오히려 속을 편안하게 해줍니다. 위장장애는 과식이 원인인 경우가 많습니다. 아이들의 위는 성인의 것과는 달리 곧고 수직으로 생겼기 때문에 조금만 음식을 많이 먹어도 여지없이 토하게 됩니다. 참고로, 아이들의 위는 열

살이 되어야만 성인의 위와 같은 모양을 갖추게 됩니다.

따라서 아이가 음식을 아무리 잘 먹는다 해도 한꺼번에 많은 음식을 먹이지 않도록 주의해야 합니다. 돌이 지난 아이라면 액체로 된 음식보다는 고체로 된 음식을 먹이는 것이 좋습니다. 같은 칼로리라도 액체 음식은 고체 음식보다 부피가 많아서 위에 부담이 되기 때문입니다.

그리고 장에 탈이 나서 아이가 구토할 때는 너무 억지로 먹이지 말고 쉬었다가 천천히 먹이는 것이 좋습니다. 장에 탈이 나게 되면 식욕이 저하되고 음식이 들어가도 위장관 운동이 평상시와 달리 비정상적이므로 토하게 됩니다. 따라서 이런 때는 집에서 죽이나 미음을 먹이고 경과를 관찰하며, 구토가 심하면 보리차 등을 자주 먹여 탈수를 피해야 합니다. 한 번에 먹이는 양을 줄이고 대신에 자주 먹이는 것이 좋습니다.

#### 8) '음식 알레르기'일 수 있어요

우유, 콩, 달걀 등 특정 음식을 먹을 때마다 구토를 유발한다면 음식 알레르기일 가능성이 높습니다. 우유에 포함된 락토 알부민이나 카데인은 알레르기를 일으키는 가장 흔한 원인입니다. 이때는 저알레르기 대체 우유를 먹이는 것이 좋습니다.

음식 알레르기로 인해 아이가 특정 음식을 먹고 나서 토하면 알레르기를 유발하는 그 음식을 피하는 수밖에는 별다른 방법이 없습니다. 보통 3세 정도가 되면 증상이 호전되므로 크게 염려하지 않아도 됩니다.

### 3. 아이가 구토할 때는 이렇게 하세요

구토가 심한 초기에는 아무것도 먹이기가 힘듭니다. 심지어는 토하지 말라고 처방해 준 약까지도 토하는 경우가 허다합니다. 이럴 때는 다음과 같은 방법을 써 보세요.

### 1) 먼저 입 안의 음식물을 제거하세요

구토 시에 이유가 무엇이든지 토한 음식물이 기도에 들어가지 않도록 주의해야 합니다. 아이를 세워서 앞으로 고개를 숙이게 하거나 고개를 옆으로 돌려 토한 것이 밖으로 흘러나오게 해야 합니다. 토하는 아이를 품에 안게 되면 입 안에 있던 음식물이 호흡과 함께 폐로 들어갈 위험이 있기 때문입니다. 또한 아이의 체중이 늘지 않거나 감소한 경우, 소변의 양이나 횟수가 현저히 준 경우에는 원인에 상관없이 바로 전문의를 찾도록 합니다.

### 2) 자주 트림을 시켜 주세요

토하기 시작할 때 조금씩 자주 수유를 하며 트림을 시키는 것이 가장 중요합니다. 수유 후 안아주거나 아이의 머리 쪽을 받쳐 30도 정도 세워 엎어 키우는 것이 도움이 되기도 합니다. 그러나 구토 증상이 있으면서 아이의 체중이 늘지 않을 때는 반드시 소아과 진료를 받도록 합니다.

### 3) 옷과 입 주위를 청결하게 해주세요

토한 내용물의 냄새 때문에 자꾸 토할 수 있으므로 토하고 난 후에는 아이의 입 안을 깨끗이 헹궈 주도록 합니다. 양치하듯이 아이의 입 안을 헹궈내면 됩니다. 젖먹이 아이의 경우 젖은 가제를 손가락에 감아 입 안을 깨끗이 닦아 주면 되는데, 이때 너무 입 안 깊이 손가락을 넣으면 오히려 구토를 일으키게 되므로 주의합니다.

### 4) 보리차를 한두 숟갈 먹여 보세요

토기가 가라앉으면 한 번 끓여서 식힌 보리차를 먹여 수분을 보충해 줍니다. 처음에는 한두 숟갈 정도 먹여 보고 괜찮으면 30분 간격으로 서서히 양을 늘려 갑니다. 보리차 대신 설탕을 탄 소금물을 주기도 하는데, 이 경우 농도를 맞추기 힘들므로 약국에서 '에레드롤' 이나 '페디라' 등과 같은 전해질 용액을 사다 먹이는 것도 좋습니다.

### 5) 등을 문질러 주면 아이가 위안을 받아요

토기가 있을 때 가볍게 등을 문질러 주어 아이에게 안정감을 주도록 합니다. 아이에게 위안을 주는 기분으로 엄마가 부드럽게 문질러 주면 아이는 위안을 받게 됩니다.

### 6) 관장을 해보세요

배가 탱탱하게 부르다거나 대변을 본 지 이틀이 지났다면 관장을 하도록 합니다. 그리고 설사인지 대변에 피가 섞여 있는지를 확인합니다. 대부분의 기능성 위장장애는 배변으로 해결되며, 하루 동안 찬 음식이나 우유, 밀가루 음식은 피하고 쌀로 된 음식과 전해질을 줍니다. 토기가 가라앉고 어느 정도 안정을 되찾으면 설사할 때 먹이는 분유를 먹여도 됩니다.

### 7) 수유 간격을 조절해 보세요

생후 1개월이 지나면 2시간 반 내지 3시간 이상 수유 간격을 둡니다. 우유가 소화되어 위장이 비워지기까지는 시간이 필요하므로 너무 자주 먹이면 아이가 토할 수 있습니다.

그리고 젖을 먹이고 나서는 등을 토닥토닥 두드려 주어 트림을 시키는 것이 좋습니다. 그래도 아이가 트림을 하지 않는다면 수유 후 20~30분 정도 세운 자세로 안아줍니다.

# 17 소아 두통

두통은 매우 흔한 증상으로 우리나라 인구의 80% 이상이 1년에 한 번 이상의 두통을 경험합니다. 이 중 7세를 전후해 전체 소아의 약 2.5%가 주기적으로 반복되는 두통을, 1.4%가 편두통을, 15세쯤 되면 54%가 시간을 두고 반복되는 두통을, 15%는 빈번한 두통을, 5.3%는 편두통을 경험합니다.

일반적으로 두통을 성인들만의 질환으로 생각하는 사람이 많은데 실은 그렇지 않습니다. 뇌에 어떤 병변이 생겨서 발생하는 두통이 아니더라도 보통 두통은 학동기 초기 때부터 이미 나타나기 시작합니다.

소아의 두통 역시 성인과 마찬가지로 여러 가지 증상이 있습니다. 성인의 경우에는 자신의 증상을 정확히 설명할 수가 있어서 그에 따라 적합한 치료를 할 수 있지만 아이들의 경우에는 그렇지를 못합니다. 아이들은 자신의 증상을 제대로 설명할 수 없어서 막연히 그냥 아프다고만 하기 때문에(소아의 경우 무조건 배 아프다고 하는 경우가 많습니다) 부모는 이를 꾀병으로 간과하여 자칫 위험한 요인을 방치하기도 합니다.

아이들의 편두통은 구토를 동반한 두통 발작이 자주 되풀이되고 전조증상을 동반하는 경우가 많다는 점에서 어른들의 편두통과 매우 비슷하지만 몇 가지 점에서 중요한 차이가 있습니다.

편두통의 경우 성인보다 두통의 지속 시간이 짧고, 위장 증상을 동반하는 경우가 많습니다. 또 성인 편두통의 경우에는 대부분 두통이 두부의 좌측이나 우측 가운데 어느 한쪽에만 나타나지만, 어린이의 경우에는 양쪽 또는 머리 앞, 뒷부분의 두통을 호소하는 경우도 있습니다.

또 두통이 별로 심하지 않은 경우가 많아 메스꺼움이나 구토, 복통 등이 더 뚜렷하게 나타나기도 합니다. 즉 두통 증상이 가볍다 보니 그냥 '배가 아프다' 라고만 말하는 수도 있습니다. 따라서 발작이 꾸준히 일어난다는 사실을 눈치 채지 못하면 단순 위장염으로 오진해 아이가 효과적인 치료를 받지 못할 수도 있습니다.

소아에게 나타나는 두통은 대부분 심각한 문제로 이어지는 경우는 별로 없습니다. 따라서 끼니거름이나 탈수 · 피로 · 흥분 등과 같이 유발인자가 명확할 때에는 유발인자를 제거하면 특별한 치료 없이 바로 좋아지는 경우가 많습니다. 그러나 아이들이 편두통을 앓고 있는지 여부를 조기에 알아내는 것이 중요합니다. 두통은 아이들이 학교에서 시간을 허비하게 되는 중요한 원인으로, 학업성취 면에 있어서 좋지 않은 영향을 미치게 되기 때문입니다. 이러한 두통은 치료와 예방이 가능합니다.

## 1. 두통의 원인과 예방

아이들의 편두통도 어른과 마찬가지로 여러 인자가 복합적으로 일어나며 유발인자도 비슷합니다. 보통 수면 부족이나 운동 부족, 끼니를 거르거나 불규칙하게 먹는 일, 학습이나 가족관계와 같은 심리적인 요인도 아이에게 중요한 유발인자가 될 수 있습니다. 따라서 심리적인 요인에 의한 두통의 경우 이런 유발인자가 될 수 있는 것들을 최소화하는 노력을 기울이고 심리적인 안정을 심어 주어야 합니다.

아이들에게 있어서 적절하지 못한 영양은 아마도 가장 큰 유발인자일 것입니다. 한창 성장할 시기에 있는 십대라면 더욱 그렇습니다. 따라서 엄마는 아이에게 영양학적으로 균형 잡힌 아침식사를 제공하고 아이가 학교에 가 있는 동안 식사와 간식을 제대로 하는지 신경을 써야 합니다.

또 변비도 두통의 원인이 될 수 있습니다. 따라서 섬유질이 풍부한 과일과 채소, 수분 섭취를 늘리면 두통에 도움이 됩니다.

수면 부족도 두통의 원인이 됩니다. 따라서 아이가 밤에 오랜 시간 게임에 빠지거나 텔레비전의 과도한 시청으로 인해 밤잠을 설치는 일이 없도록 해야 합니다. 두통을 악화시키는 음식인 토마토, 치즈, 초콜릿 등도 되도록 먹지 못하게 합니다.

위와 같이 주의했는데도 두통이 빈번하여 일상생활이 어려워지거나 학습에 지장을 주게 되면 반드시 전문의와 상담하여 예방약의 복용 여부를 의논해 보는 것이 필요합니다. 예방약은 보통 3~6개월 정도 복용하게 되는데, 이렇게 예방약을 복용하게 될 경우 소아에서는 아주 효과가 좋아서 몇 년 간은 편두통으로부터 자유로운 경우가 많습니다.

두통이 잦다고 해서 아이에게 무언가 다른 기질적 질환이 있는 경우는 별로 없습니다. 그러나 아이에게 다음과 같은 특징이 나타날 때에는 병원에 가서 의사의 도움을 받아야 합니다.

❶ 발작의 빈도 · 강도 · 지속 시간 등이 많이 늘었을 때.
❷ 학업성적이 부쩍 떨어졌거나 아이의 성격이 변했을 때.
❸ 또래보다 성장 발육이 현저히 늦을 때.

④ 머리에서 열이 심하게 날 때.
⑤ 두통 증상이 지속적이거나 더욱 심해질 때.
⑥ 이전에 없었던 새로운 증상이 나타났을 때.

## 2. 이차 두통, 방치하면 위험해요

소아두통은 크게 일차 두통과 이차 두통으로 나눌 수 있습니다. 일차 두통은 스트레스로 인해 머리가 아프다고 호소하는 것으로 긴장형 두통·편두통·군발두통 등이 이에 속합니다. 이 가운데 가장 흔한 두통은 긴장형 두통으로, 병원을 찾는 환자의 90%를 차지합니다. 이 긴장형 두통은 신체적 피로나 스트레스 등으로 인해 머리가 아픈 경우입니다. 목이 뻣뻣하고 이마를 띠로 조인 듯이 띵한 증세를 느낍니다.

또한 편두통의 경우에는 주기적으로 머리 한쪽 부분이 아프고 맥박이 뛰는 것처럼 욱신거리며 구토 증상이 있으면서 하루 이틀 정도 아픕니다. 성인의 경우 편두통은 남자보다 여자가 많지만, 소아의 경우에는 남녀가 비슷하게 나타납니다. 여자아이들은 주로 월경 전에 잘 발생하며 수분 축적이 일어나는 기간에 많이 나타납니다. 이 편두통은 가족력이 있습니다. 특히 모계 유전 성향이 있습니다. 따라서 평소에 엄마가 자주 편두통을 앓아 왔다면 아이도 편두통을 앓을 수 있습니다.

그리고 '군발두통'은 머리의 한쪽 부분만 아프고 비교적 짧게 통증을 느낍니다. 수일에서 수주 동안 하루에도 몇 차례씩 두통 증상이 나타나는데, 주로 눈 주변에서

심하게 나타납니다.

그리고 이차 두통은 신경계나 몸에 이상이 생겨서 발생하는 것으로, 두통의 원인을 찾을 수 있다는 점에서 일차 두통과 구별됩니다. 외상을 입었다거나 머리 · 목 · 눈 · 코 · 치아 · 입 등의 질환으로 인해 생기는 두통이 있으며, 혈관질환 · 종양 · 간질 발작 · 뇌염 때문에 생기는 질환과 혈액의 잘못된 투석이나 갑상선저하증 때문에 생기는 두통도 있는데, 이러한 구조적인 문제는 MRI나 CT 검사에서 발견되는 경우가 많습니다.

## 3. 두통의 진단은 이렇게 해요

소아두통에서 가장 중요한 것은 정확한 진단입니다. 그래서 일차 두통인지 이차 두통인지를 정확히 알아야만 그에 대한 적절한 치료를 할 수가 있습니다. 그런데 특히 두통의 경우 환자의 주관적 판단에 따라 치료를 하게 되므로 아이들에게서 증상을 제대로 듣기란 쉽지 않아 원인 질환을 정확히 진단하기란 힘이 듭니다. 검사를 해도 특별한 이상이 없다는 결과뿐이고 아이의 두통은 반복적으로 되풀이되다 보니 부모로선 여간 답답한 일이 아닙니다. 특히 아이들의 편두통은 무심히 지나치는 경우가 많은데, 편두통은 아이들이 겪는 두통의 5~10%에 이릅니다.

두통에 동반되는 증상들은 의사가 정확한 진단을 하는 데 도움이 됩니다. 열이 있으면 전신감염이나 수막염, 시각에 이상이 있으면 안과적 질환이나 편두통, 시신경 질환일 가능성이 많습니다. 그리고 긴장형 두통이나 바이러스성 질환, 거대 동맥염 등이 있으면 근육통이 나타나고, 편두통이나 급성 수막염 또는 거미막밑출혈(뇌 표면의 동맥이 손상되어 발생한 출혈)이 있으면 빛이 있는 밝은 곳을 싫어하고 어두운 곳을 좋아하는 증세가 나타나며, 군발두통이 있으면 한쪽 콧물이나 눈물을 흘리는 것이 특징적입니다.

지속적인 만성두통의 경우에 꼭 편두통만 있는 것은 아닙니다. 그 가운데서 많은 부분은 긴장성 두통이 차지하고 정신적 스트레스와 관련이 있습니다. 편두통이 주기적으로 간간이 아픈 것에 비해 긴장성 두통은 거의 매일 지속적으로 아프고, 특히 하루의 일과가 끝나는 오후가 되면 더 많이 아픕니다. 스트레스나 우울증으로 인해 아이들이 두통을 호소할 때 이런 아이들에게 그저 두통약이나 두통 예방약만 먹이는 것은 그다지 도움이 되지 못합니다. 그에 앞서 아이의 심리 테스트를 하고 상담과 함께 다른 불만 요소를 제거하는 것이 우선되어야 합니다.

그리고 '모야모야병'이라는 질병은 10만 명 당 몇 명꼴로 발생하는 아주 희귀한 병인데, 이 질병은 뇌혈관이 특별한 원인 없이 지속적으로 좁아지는 병입니다. 이 질병의 초기 증상은 아이가 과호흡을 하면 갑자기 손발에서 힘이 빠지거나 심한 두통 증상이 나타납니다. 예컨대, 아이가 숟가락으로 밥을 떠먹다가 갑자기 손에서 힘이 빠지면서 숟가락을 떨어뜨리는 증상이 나타나는가 하면, 부모님으로부터 야단을 맞고 심하게 울고 나서는 손발이 안 움직인다고 호소하는 경우가 있을 수 있습니다. 이런 일이 있을 때는 아이의 두통이 사라졌다고 하여 방심하지 말고 곧바로 병원에 가서 정확한 진단을 받는 것이 좋습니다.

### 4. 두통의 치료는 어떻게 하나요?

아이가 두통을 호소하면 우선 조용한 장소에서 잠시 휴식을 취하게 하면서 차가운 물수건을 머리에 대 주거나 띠로 이마를 묶어 두피의 혈관을 압박합니다. 그런 다음 병원에 가서 정확한 진단을 하여 두통의 원인을 찾아야 합니다.

특히 이차 두통의 경우 그 원인을 정확히 찾아 치료해야 하며, 일차 두통은 꾸준한 관리와 조절이 필요합니다. 그리고 편두통은 빛이나 소음에 예민하기 때문에 어둡고 조용한 방에 누워서 잠을 자게 하면 통증이 완화되기도 합니다.

하지만 근본적으로 악화 요인을 찾아서 제거하고 생활 습관의 교정이나 운동 등의 치료를 병행하는 것이 중요합니다. 머리가 아플 때마다 두통약을 복용할 경우 약물과용 두통을 일으킬 수도 있으므로 일주일에 2번 이상은 두통약을 먹지 않는 것이 좋습니다.

그리고 무엇보다도 중요한 것은 아이가 부모에게 두통을 호소하면 꾀병이라고 치부하여 그냥 지나치지 말고 그 통증을 인정하고 그 원인을 찾으려는 부모의 노력이 필요합니다.

이차 두통의 경우 그 원인질환을 찾아 치료하면 두통 증상도 함께 호전됩니다. 일차 두통의 경우에는 급성기 통증을 완화해 주는 치료가 주가 되며, 자주 발생하는 두통은 예방적인 치료를 병행합니다. 그러면 대개 2~3주일 정도면 호전을 보이고, 심한 경우에는 3~6개월 간의 치료가 진행됩니다. 그러나 편두통의 경우에는 완치되는 병이 아니므로 병을 관리해 줘야 합니다.

병에 대한 이해와 생활 습관, 약물치료 방법 등을 알면 병을 쉽게 극복할 수가 있습니다.

우선 아이에게 규칙적인 생활을 하도록 합니다. 수면 시간을 일정하게 하고, 하루 세 끼 식사를 정해진 시간에 꼭 찾아먹게 하고, 수분을 많이 섭취하도록 합니다. 그리고 카페인이 든 음료나 초콜릿, 유통기한이 다 된 햄 등은 피해야 합니다. 편안한 자세로 휴식을 취하면서 조용한 음악이나 자연의 소리를 들으면서 20~30분 정도 쉬는 것도 도움이 되고, 또 긴장된 가벼운 스트레칭을 하여 근육을 풀어 주는 것도 도움이 됩니다.

대부분의 일차 두통은 갑자기 아프다가도 시간이 지나면 다시 멀쩡해져서 흔히 '꾀병' 으로 오해받는 경우가 많은데, 무엇보다도 환아에 대한 부모의 이해와 배려가 좋은 치료제이고, 특히 스트레스로 인한 긴장형 두통의 경우 사춘기를 이해하려는 부모의 노력이 중요합니다.

## 5. 이럴 때는 뇌질환을 의심해야 해요

두통의 원인 가운데서 가장 심각하게 받아들여야 할 것은 뇌종양과 같은 뇌질환에 의한 두통입니다. 물론 뇌종양에 의한 발생 빈도는 두통을 호소하는 아이 가운데 채 1%도 되지 않습니다. 하지만 아래와 같은 증상이 있을 때에는 MRI(자기공명영상법)나 CT(컴퓨터단층촬영) 등의 정밀 검사가 필요합니다.

❶ 만 5세 이전에 심한 두통 증상이 발생했을 경우.
❷ 두통의 강도나 빈도가 점차적으로 심해졌을 경우.
❸ 두통과 함께 발열, 구토, 목 부위가 굳어지는 경우.
❹ 두통과 구토가 특히 아침에 유난히 심할 경우.
❺ 두통이 항상 일정한 부위에서

발생할 경우.

⑥ 아침에 대변을 보려고 변기에 앉아 힘을 주는데 갑자기 두통이 심하게 오면서 구토가 유발되는 경우.

⑦ 진통제를 먹어도 두통이 계속될 때.

⑧ 두통과 함께 경련이 발생할 때.

⑨ 자다가 일어나서 머리가 아프다며 우는 경우.

그러나 소아의 두통에 대해 너무 심각하게 생각할 필요는 없습니다. 사실은 전체 두통을 호소하는 소아 중 뇌병변이 있는 경우는 100명 중 1명도 안 됩니다. 대부분의 소아들은 두통에 대해서 타고난 기질을 가진 아이들이 많고, 그 중의 상당수에서 부모님 중에 두통을 자주 호소하시는 분이 있는 가족력을 갖고 있습니다.

## 18 소아 뇌수막염

여름철에 유행하는 뇌수막염은 감기와 증상이 비슷해 부모들의 각별한 주의가 필요합니다. 4~14세 아동들에게 주로 발병하는 뇌수막염은 바이러스, 세균, 결핵균, 곰팡이 등에 의해 뇌를 둘러싸고 있는 수막에 염증이 생기는 질환입니다. 비교적 흔한 질환이지만 단체 야외활동이 많고, 장 바이러스의 활동이 활발해지는 여름철에 특히 많이 발생합니다.

따라서 뇌수막염이 유행하는 시기에는 아기의 행동이 느려지거나 열이 나는지, 깨워도 잘 일어나지 않는지, 잘 먹지 않고 토하는지 등을 관찰해 볼 필요가 있습니다.

### 1. 뇌수막염의 원인은 무엇인가요?

뇌수막염은 일반적으로 사람과 사람을 통해 전파되는데, 원인에 따라 '바이러스성 뇌수막염' 과 '세균성 뇌수막염' 으로 구분됩니다. 가장 흔한 것은 바이러스에 의한 무균성 뇌수막염으로, 이 가운데 약 80%는 장 바이러스 감염에 의해 발생합니다. 이 장 바이러스는 수족구병과 헤르판자이나와 뇌수막염을 일으키는 장본인으로 4~6일 간의 잠복기를 거쳐 증상이 나타나기 시작합니다.

그리고 세균성으론 폐염구균, 뇌수막구균, 헤모필루스 인플루엔자균 등이 대표적입니다. 그 증상은 다양한데, 첫째는 계속되는 발열입니다. 이 질환 역시 염증이므로 열과 함께 그 조직이 붓게 되어 뇌압이 올라가게 됩니다. 그러므로 두통과 구토가 초래되며, 경부 강직을 포함한 의식장애는 심한 경우에서 볼 수 있으나 흔히 나타나지 않습니다.

이 외에도 단순포진 바이러스와 수두, 볼거리 등도 뇌수막염을 일으킬 수 있습니다. 기온이 올라가면 장 바이러스가 증식하기 좋은 환경이 되기 때문에 뇌수막염을 비롯한 여러 종류의 질환이 급증하는데, 아이들뿐만 아니라 성인일지라도 면역력이 낮은 상태라면 뇌수막염이 발병할 수 있습니다.

### 뇌수막염도 전염되나요?

그렇습니다. 주로 뇌수막염에 감염된 사람의 가래침이나 코, 대변 등의 분비물을 통해 전염될 수 있습니다. 하지만 무균성의 경우, 전염력은 보통 감기보다 약한 편으로 알려져 있습니다. 따라서 건강한 상대방과의 신체 접촉, 즉 '키스' 정도는 허락해도 무방합니다. 문제는 면역력이 약한 상황에서 장시간 방치될 경우, 아무리 무균성이라 할지라도 뇌를 침범하는 뇌염으로 진행될 수가 있습니다.

## 2. 뇌수막염의 증상은 무엇인가요?

여름철에 열이 나고 구토를 하며 두통이 올 때는 뇌수막염을 의심해야 합니다. 뇌수막염은 원인에 따라 증상이 다양하게 나타납니다. 건강한 성인의 경우에는 주로 2~3주 안에 저절로 낫는 경우가 많고, 평소 건강하다면 바이러스가 침투해도 증상 없이 지나갈 수 있습니다.

증상은 보통 열감기와 비슷해서 자신이 뇌수막염에 걸렸는지조차 모르고 지나치는 경우도 많은데, 주요 증상은 고열과 함께 두통과 구토를 일으키며 목이 뻣뻣해지기도 합니다. 3개월 미만의 영유아는 보채고 복통이나 설사 등의 증상도 나타납니다.

이처럼 복통이나 설사 등 소화기 증상이 동반되는 경우는 장 바이러스 감염이 원인인 경우가 많습니다. 일반적으로 바이러스성 증상이 세균이나 결핵에 의한 감염보다 약하지만, 단순포진 바이러스에 의한 것은 뇌 실질에 염증이 동반돼 심각한 결과가 나타나기도 하는데, 병이 진행되면 체온이 상승하면서 행동 이상, 의식장애, 경련 등의 신경계 증상을 유발하기도 합니다. 또한 의식이 혼미하거나 경련을 동반하기도 합니다. 두통은 대개 앞머리 쪽을 많이 호소하지만 전체적인 두통도 드물지 않습니다.

뇌수막염은 뇌막에만 국한돼 큰 탈 없이 자연적으로 회복되기도 하지만, 심한 뇌염을 동반하여 사망 및 후유증도 일어날 수 있습니다.

## 3. 뇌수막염 검사는 어떻게 하나요?

진단을 위해서는 염증세포 유무와 정확한 원인 규명을 위해 뇌척수액 검사가 반드시 필요합니다. 보통 부모들이 많이 걱정하는 부분으로 바이러스 균종을 밝히거나 배양 검사를 하여 세균에 의한 감염 여부를 진단할 수 있습니다. 검사 이후 약간의 허리 통증을 호소할 수 있지만 2~3일 정도 지나면 괜찮아지므로 크게 걱정하지 않아도 됩니다.

검사를 하면 치료에 중요한 정보를 얻을 수 있기 때문에 뇌수막염이 의심되면 신속하게 검사를 받아 보는 것이 좋습니다. 검사 방법은 환자 허리의 척추 사이에 작은 바늘을 찔러 뇌척수액을 추출하여 백혈구 수, 단백질 및 당 농도, 배양 검사 등을 통해 뇌수막염의 여부, 또는 바이러스성인지 세균성인지를 구별할 수 있습니다.

## 4. 뇌수막염도 예방할 수 있나요?

그럼, 뇌수막염의 주요 원인인 바이러스를 예방할 수 있는 방법은 없을까? 근본적으로는 없습니다. 하지만 대부분의 바이러스나 세균이 손을 거쳐 입과 코를 통해 병을 일으키게 된다는 점을 감안할 때 개인위생을 철저히 하는 것이 가장 효과적인 예방법이라 할 수 있습니다. 외출 후에는 손발을 깨끗이 씻고 칫솔질을 해야 하며, 물은 끓여서 마시고 음식은 익혀서 먹도록 합니다. 또한 대부분 사람이 자연숙주이므로 사람이 많이 모이는 곳은 삼가는 것이 좋습니다. 보육원 같은 시설에서는 표백제를 묽게 해서 깨끗이 청소를 하는 것이 바이러스가 퍼지는 것을 예방할 수 있습니다.

그리고 예방접종은 생후 2개월부터 가능한데, 이는 이때부터 12세 사이의 연령에서 뇌수막염을 일으키는 빈도가 가장 높은 헤모필루스 인플루엔자에 대한 예방접종이며, 가장 큰 원인을 차지하는 바이러스 감염에 대해서는 특별한 예방법이 없습니다. 따라서 평소 개인위생을 철저히 하는 것이 가장 중요합니다. 만성 중이염

이 있는 성인은 뇌수막염으로 발전할 가능성이 크므로 특히 조심해야 합니다.

또한 평소에 면역력이 떨어졌다면 충분한 영양을 섭취하고 수면 등의 휴식이 필요합니다. 피곤하지 않도록 충분한 휴식을 취하면서 영양가 있는 식사로 면역력이 떨어지지 않도록 하는 것이 좋습니다.

## 5. 뇌수막염 치료는 어떻게 하나요?

뇌수막염은 잠복기를 거친 뒤 보통 1주일 정도 앓게 되는데, 대부분은 자연적으로 회복되는 경우가 많습니다. 하지만 바이러스가 간혹 뇌를 침범해 심한 신경계 후유증 및 사망을 초래할 수도 있습니다. 드물게 세균에 의한 뇌수막염은 바이러스성에 비해 급격하게 발병하고 증상의 경과가 심해 적절한 항생제 치료를 해도 후유증을 남기는 수가 있습니다.

바이러스가 원인인 경우 특별한 조치 없이도 대증요법으로 자연 회복되지만 의식이 혼미하거나 경련이 동반될 때, 뇌압이 상승한 징후를 보일 경우는 응급상황이기 때문에 빨리 전문의의 진찰을 받아야 합니다. 세균성 수막염의 경우 무엇보다도 신속한 진단과 치료가 중요하며 적절한 항생제 투여도 필요합니다.

치료 시기가 늦어짐으로써 발생할 수 있는 합병증을 막기 위해 척수액 검사 후 배양 검사에서 세균이 자라지 않는다는 것이 확인되기 전까지는 항생제 치료를 병행합니다. 세균에 의한 경우는 항생제, 결핵균에 의한 경우는 항결핵제가 필요하지만, 무균성은 단순포진에 의한 경우를 제외하고는 특별한 치료제가 없기 때문에 보존적 치료를 시행합니다.

# 19 소아 눈 관리

모든 신체기관 역시 나름대로 중요한 역할을 수행하지만 그 중에서도 가장 중요한 것은 아마 눈이 아닌가 싶습니다. 눈은 외부 세계를 인식하고 새로운 정보를 배우는 데 필수적인 감각기관이기 때문입니다. 그래서 '몸이 천 냥이면 눈이 구백 냥' 이란 말도 생겨났습니다.

그런데 이처럼 중요한 감각기관인 어린이들의 눈이 근래 들어 혹사당하고 있습니다. 유치원에 들어가기 전부터 글을 익혀서 책을 읽는 아이들이 많습니다. 초등학교 고학년만 돼도 저녁 무렵까지 학원을 전전합니다. 여기에 인터넷 게임, TV 시청까지 아이들의 눈은 그야말로 쉴 틈이 없습니다.

이런 현실에서 어린이들의 눈이 모두 정상일 것이라고 생각하는 것은 전적으로 부모의 착각입니다. 갈수록 어린이들의 시력이 나빠지고 있는 가운데 눈에 이상이 없을 것이라고 무관심하다간 영원한 시력 장애나 각종 안질환에 시달릴 우려가 큽니다.

아이의 시력은 어릴 때부터 관리하는 것이 중요합니다. 인간의 눈은 태어나면서부터 시력이 고착돼 있지 않고 출생 이후 여러 외부 요인에 자극을 받아 발달하게 됩니다. 이런 발달 과정에서 정기적인 검진을 통해 제대로 시력이 성장하고 있는지를 챙겨야 합니다. 자녀들의 눈 건강을 위해 부모들이 꼭 알아야 할 상식들을 알아봅니다.

## 1. 눈 관리는 어릴 때부터 하세요

갓 태어난 아기의 시력은 물체를 어렴풋이 감지하는 정도밖에 안 됩니다. 하지만 출생 후 열흘 정도 지나면 움직이는 물체를 따라 볼 수 있고 가까운 거리의 물체도 볼 수 있게 됩니다. 생후 2개월이 되면 물체를 전체적으로 파악할 수 있게 되고, 3개월이 지나면 다른 사람과 눈을 맞추고 색깔도 구분할 수 있게 됩니다. 그리고 만 1세가 되면 0.2의 시력이 되고, 만 3세가 되면 0.6~0.7 이상의 시력이 되며, 만 5~6세가 되면 거의 성인의 시력인 1.0에 도달합니다.

이후에는 더 이상의 시력 발달이 이뤄지기 힘들기 때문에 조기 시력 검사와 그에 따른 적절한 치료가 매우 중요합니다. 따라서 아이의 눈에 아무런 이상이 없다고 생각되더라도 생후 3개월, 6개월, 1세, 3세 때에는 안과를 방문해 전문가의 정확한 검진을 받아 보는 것이 좋습니다.

아이가 너무 어려서 의사소통이 잘 되지 않고 숫자를 읽지 못해도 안과에서는 시력 검사가 가능하기 때문입니다. 그리고 정상적으로 태어난 소아는 3세에서 5세가 되면 그림으로 대략의 시력 측정이 가능합니다. 이때 자동 굴절 검사를 통해 소아의 굴절 상태를 확인하고 향후의 진행 상태를 예측할 수 있습니다.

그럼, 이처럼 어릴 때부터 안과 검사를 해야 하는 이유는 뭘까요? 소아에게는 근시, 원시, 난시, 각막 이상, 백내장, 망막 이상, 사시 등 숨어 있는 질환이 있기 때문입니다. 이런 숨은 안과 질환 때문에 정상적인 눈 자극이 안 돼 시력이 발달하지 못하고 약시에 빠지는 경우가 있습니다.

일단 약시가 되면 안경으로 교정이 어렵고, 치료시기를 놓치면 수술로도 고칠 수 없습니다. 이것이 조기검진이 필요한 이유입니다.

그리고 성장기에는 시력이 계속 변하기 때문에 사춘기 전까지는 6개월에 한 번씩 안과 검진을 받아 보는 것이 좋습니다. 아이들의 시력은 뇌 발달과 관련이 있습니다. 각종 시각 정보들이 감각 및 뇌를 자극해 발달시키기 때문입니다.

이런 시기에 시력에 문제가 생기게 되면 정상적인 눈의 기능은 물론 학습장애 등 2차적인 문제까지 발생합니다. 시력이 발달할 수 있는 나이의 한계는 대부분 8~9세 정도입니다. 약시의 경우에도 10세 정도까지 치료를 시도하지만 그때는 이미 치료 효과가 떨어집니다.

## 굴절 검사란 무엇인가요?

굴절 검사는 안과 전문의에 의해 시행될 수 있는 검사로, 시력이 나쁜 원인인 눈의 굴절 상태(근시, 원시, 난시)를 알아내는 검사입니다.

이는 시력 검사보다 훨씬 더 중요한 객관적인 검사입니다. 예를 들어, 안경을 쓰고 싶어 안 보인다고 말하는 아이들이 간혹 있는데, 안과에서는 굴절 검사로 이를 가려낼 수 있습니다. 따라서 일반적인 시력 검사만으로 충분하지 않고 안과에서 6개월마다 굴절 검사를 받아야만 정확한 눈의 기능 상태를 알 수 있습니다.

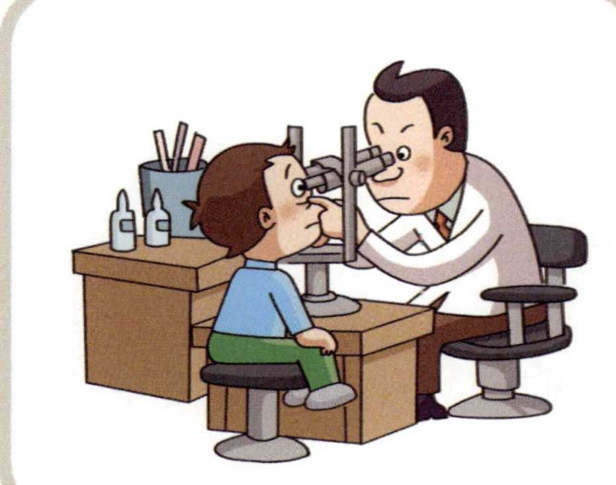

## 2. 미숙아 등은 출생 때부터 안과 검진을 받아야 해요

정상적으로 출생한 소아는 약 3세쯤이면 안과에 가서 시력 검사를 받아 보는 게 좋습니다. 하지만 전신적으로 이상이 있는 아이는 태어날 때부터 안과 검진을 받아야 합니다. 전신 이상과 관련돼 나타나는 선천성 백내장, 선천성 녹내장, 망막 이상 등이 생길 수 있기 때문입니다.

특히 조산으로 태어난 소아는 눈에 많은 문제점이 발생할 수 있습니다. 이 중 대표적인 질환이 '미숙아망막증' 입니다. 미숙아망막증은 조기에 발견되면 적어도 실명은 막을 수 있습니다. 미숙아망막증이 없더라도 미숙아로 태어나면 향후에 백내장, 녹내장, 시력 저하 등의 눈 질환이 자주 나타나게 되므로 정기적인 안과 검진이 필수적입니다.

### 대한안과학회가 권하는 눈 건강 수칙 7계명

1. 늦어도 3세에 안과 검사.
2. 1년에 두 번씩 정기적 안과 검사.
3. 적당한 조명과 바른 독서 습관.
4. 정확한 안경 처방과 착용.
5. 청결한 개인위생.
6. 균형 있는 식사와 적당한 운동.
7. 부모의 지속적인 관심.

## 3. 소아 안과질환으로는 어떤 것들이 있나요?

요즘 어린이들이 TV나 컴퓨터 등 눈 건강에 좋지 않은 유해 환경에 처해지면서 시력이 크게 떨어지고 각종 안질환이 늘어나고 있습니다. 최근 서울 시내 초등학생을 대상으로 조사해 본 결과 절반 정도가 시력 이상 등 눈 건강에 문제가 있는 것으로 나타났습니다. 시력저하의 원인으로는 대개 근시, 원시, 난시 등의 굴절 이상으로, 이 가운데 우리나라에서는 근시가 가장 흔합니다. 그럼, 각종 시력저하의 원인이 되는 질환들에 대해 알아보도록 하겠습니다.

### 1) 근시와 원시

초 · 중 · 고생 시력 저하의 가장 흔한 질환은 근시로, 근시와 원시 가운데 근시가 90% 이상으로 압도적입니다.

이 근시는 굴절 이상에 의한 시력 저하입니다. 가까운 사물은 잘 보이지만 멀리 떨어져 있는 물체는 흐릿하게 보입니다.

굴절 이상을 이해하기 위해서는 카메라의 속성을 떠올리면 쉽게 이해할 수 있습니다. 카메라의 렌즈는 조리개를 통해 들어오는 빛을 필름에 모아주는 역할을 합니다.

근시는 이 카메라의 필름에 해당하는 부위인 망막에 정확한 상이 맺히지 않고 망막 앞쪽에 상이 맺혀 사물이 흐리게 보이는 것입니다. 이렇게 상이 앞쪽에 맺히므로 오목렌즈를 사용해 빛을 좀 더 뒤쪽에 맺히도록 도와주는 게 안경입니다. 반대로 원시는 망막의 뒤쪽에 빛이 모아져 맺히기 때문에 가까이 있는 사물은 잘 보이지 않고 멀리 있는 사물은 아주 선명하게 잘 보입니다. 그러나 근시나 원시 모두 다른 안과질환만 없다면 대부분 안경 교정만으로도 정상시력만큼 또렷하게 사물을 볼 수 있습니다.

우리나라의 한 조사 기관에 의하면, 전 국민의 42.5%(1999년)가 안경 또는 콘택트렌즈를 착용하며, 초등학교 5학년생의 근시 비율은 남자 30%, 여자 44%로 매년 늘어나고 있는 추세라고 합니다.

이처럼 근시가 늘어나고 있는 이유는 뭘까요? 우선 오랜 시간 동안 TV 시청과 컴퓨터 사용 등 환경적 요인 때문에 근시가 늘고 있다는 주장이 설득력을 지닙니다. 그러나 유전적 요인도 간과할 수 없습니다. 대개 부모가 심한 근시인 경우 자식들도 근시가 되는 경우가 많다는 것이 이를 증명해 줍니다.

근시는 대부분의 경우 눈의 성장이 멈추는 시기인 15세까지 진행됩니다. 따라서 어릴 때 근시가 생길 경우 눈이 점차 나빠져 고도근시(-6.0)가 될 가능성이 높습니다.

자녀에게 근시가 있을 때 부모들은 대개 특별한 치료법을 생각하지만 현재 의학으로는 딱히 이렇다 할 방법이 없습니다. 이를 교정하려면 우선 안경을 착용하는 수밖에 없습니다. 안경을 끼면 눈이 더욱 나빠진다고 생각하는 사람이 많지만 이는 잘못된 상식입니다.

물론 안경 이외에도 콘택트렌즈가 있습니다. 뛰노는 아이에게 있어서 안경은 위험할 수 있으므로 부모들은 콘택트렌즈를 선호하지만, 이 콘택트렌즈의 경우 세척과 소독 등 관리가 번거로워서 어린아이들이 사용하기에는 좀 무리가 따릅니다. 이런 수칙을 무시하고 잘못 사용할 경우 오히려 돌이킬 수 없는 시력 손상을 일으킬 수도 있습니다. 또 콘택트렌즈가 근시의 악화를 방지하는 효과가 있는 것으로 알려져 있지만 이도 전혀 근거가 없습니다.

Point

### 밖에서 노는 시간이 많으면 근시가 예방된다?

호주 시드니 대학의 캐스린 로즈 박사는 '가까운 거리와 먼 거리에서 눈을 사용하는 활동이 근시에 미치는 영향'을 조사하기 위해 6살 아이 1천 765명과 12살 아이 2천 367명을 대상으로 실시된 '시드니 근시 조사' 결과, 12살 그룹은 밖에 나가 노는 시간이 근시와 상당히 연관이 있는 것으로 나타났다고 밝혔습니다.

두 그룹은 매일 밖에서 보내는 시간이 평균 2.3시간으로 비슷했지만, 근시 발생 비율이 6

살 그룹은 1.5%에 불과한 반면, 12살 그룹은 12.8%로 상당히 높았습니다.
12살 그룹을 보다 세밀히 분석한 결과, 밖에서 보내는 시간이 하루 2.8시간 이상인 아이들은 집 안에서 보내는 시간이 많은 아이들에 비해 근시 발생률이 현저히 낮았습니다.
특히 밖에서 보내는 시간이 하루 1.6시간 미만이고 눈을 가까운 거리에서 사용하는 작업 시간이 하루 3.1시간 이상인 아이들은 밖에서 보내는 시간이 가장 많고 눈을 근거리에서 사용하는 시간이 가장 적은 아이들에 비해 근시가 될 위험이 2~3배 높은 것으로 나타났습니다. 로즈 박사는 "이처럼 밖에서 보내는 시간이 많으면 근시를 막는 데 도움이 되는 이유는 정확히 알 수 없지만, 밖에서는 집 안에 비해 빛에 노출되는 양이 많기 때문으로 생각된다"고 말했습니다. 그는 또 "빛에 노출되면 그에 대한 반응으로 망막에서 도파민이 방출되며, 도파민은 안구의 성장을 억제하는 것으로 동물 실험 결과 밝혀지고 있다"고 지적했습니다.

### 2) 난시

난시는 눈꺼풀이 눈동자를 눌러 초점을 흐리게 하는 경우가 많아 생기기도 하지만, 사실은 근시와 마찬가지로 유전적인 요인이 많이 작용하는 것으로 알려져 있습니다. 난시는 사물이 또렷이 보이지 않기 때문에 가까이 보려는 경향이 있고, 이로 인해 근시가 될 가능성도 적지 않습니다. 이 난시 또한 치료를 위해서는 안경을 착용하는 수 밖에는 없지만, 약시 등이 되지 않기 위해서는 역시 조기발견과 조기치료가 우선입니다.

❷

### 3) 약시

약시란 어린 시절에 시력이 발달되지 않아 한쪽 눈의 시력이 좋지 않은 것을 말합니다. 즉 눈의 생김새나 구조에는 전혀 이상이 없는데, 안경으로 교정해도 정상시력이 나오지 않는 경우를 말

❸

합니다. 일반적으로 양쪽 눈의 교정시력이 시력표 상으로 2단계 이상 차이가 날 때, 혹은 양쪽 눈의 교정시력이 0.7 이상 나오지 않을 때, 이를 약시라고 합니다. 예컨대, 오른쪽 눈의 시력은 좋은데 왼쪽 눈의 시력이 좋지 않은 짝눈일 경우 오른쪽 눈만 사용하게 되면 왼쪽 눈은 상대적으로 발달이 안 되기 때문에 약시가 되기 쉽습니다.

또 사시로 인해 양쪽 눈의 중심부에 서로 같은 상을 맺을 수 없게 된다든지 혹은 양쪽 눈에 심한 원시가 있다거나 양쪽 눈의 시력 차이가 심해서 양쪽 눈의 망막 위에 정확한 상이 맺혀질 수 없게 되면 사시성 약시나 굴절성 약시가 발생할 수 있습니다.

그 외에도 눈병 등의 안질환으로 인해 어린아이가 오랜 기간 안대 등으로 한쪽 눈을 가리게 되면 가린 쪽 눈에 약시가 발생할 수 있고, 아주 어릴 때부터 양쪽 눈에 난시나 원시, 근시 등의 굴절 이상이 심한데도 교정하지 않고 그대로 방치함으로써 생기는 경우도 있습니다.

약시 치료에 가장 많이 사용하는 방법은 가림치료입니다. 가림치료란 시력이 좋은 쪽 눈을 안대 등으로 가리고, 시력이 나쁜 쪽 눈을 많이 사용하게 함으로써 시력을 발달시키는 것입니다. 가림치료 시 외관상의 문제로 인해 친구들로부터 놀림을 받게 될 것을 우려하여 안쪽에서는 밖이 보이지 않으나 바깥쪽에서는 눈의 윤곽이 보이는 특수 렌즈로 만들어진 안경을 사용하여 가림치료를 할 수도 있고, 그 외에 특수 안약치료제를 이용하여 시력이 좋은 쪽 눈에 안약을 하루 한 번씩 넣어 사물이 흐리게 보이도록 하여 시력이 나쁜 쪽 눈을 많이 사용하도록 하는 방법도 있습니다.

이런 방법으로 치료하다 보면 10세 정도까지는 좋아졌다 나빠졌다 변화를 갖게 되므로 주기적인 시력 검사를 통해 양쪽 눈이 동시에 사용되는지를 확인해야 합니다.

또한 부모들은 아이가 TV나 책을 너무 가까이에서 보려고 한다든지, 햇빛이 있는 야외에서 한쪽 눈을 감는다든지, 물체를 볼 때 눈을 찡그리며 본다든지, 혹은 고개를 한쪽으로 기울이며 바라본다든지, 상대방과 대화할 때 상대방과 눈을 잘 맞추지 못한다든지, 평소에 잘 넘어지고 밤눈이 유난히 어둡다고 하는 등의 소견이 보일 때는 곧바로 안과를 찾아가서 조기발견과 조기치료를 해야 합니다.

치료 성공의 가장 중요한 요인은 무엇보다도 어느 시기에 발견되어 얼마나 빨리 치료했느냐 하는 것입니다. 약시는 조기치료 시에 효과가 크기 때문입니다. 보통 8세에서 10세 이후에는 시각 세포가 고착돼 한쪽 눈을 가리는 가림치료를 해도 더 이상 약시를 치료할 수 없게 됩니다. 따라서 소아에게 별 이상이 없어도 3세 또는 늦어도 5세 이전에 안과 검진을 받고 향후 6개월 간격으로 계속 검사를 받는 게 좋습니다.

### 4) 사시

한쪽 눈동자는 정면을 향하고 다른 한쪽은 다른 곳을 보고 있어 시선이 일치하지 않는 사시의 경우도 시력 발달을 방해하므로 안과 검진이 필요합니다. 사시의 종류는 다양하며 그 종류에 따라 치료 방법도 달라집니다.(사시에 대한 자세한 내용은 187쪽 참조)

### 5) 부등시(짝눈)

어린이 시력에서 가장 문제가 되는 것은 바로 흔히 짝눈으로 불리는 '부등시' 입니다. 한쪽 눈이 다른 한쪽 눈에 비해 심한 원시 · 근시 · 난시 상태를 보이는 이 부등시는 진단하기가 쉽지 않기 때문입니다.

어린이들은 보통 잘 보이는 눈으로 생활하기 때문에 짝눈에 대한 불편을 별로 못 느낍니다. 이 때문에 진단이 늦어져서 교정 시기를 놓칠 가능성이 큽니다. 그리고 이런 경우 안경을 착용한 후에도 시력 회복이 이뤄지지 않을 수 있습니다. 일단 아이에게 근시가 생기면 중 · 고교 시절까지 계속 진행되는 것이 보통입니다. 따라서 안경을 착용한 후라도 6개월에 한 번씩은 정기적으로 안과를 방문하여 시력 검사를 받고 필요하면 안경을 교체해 줘야 합니다.

부등시는 양쪽 눈의 시력 차이가 2디옵터 이상 나는 상태를 말합니다. 부등시의 원인은 명확히 밝혀져 있지 않으나 유전적인 소인이 관련돼 있는 것으로 보고되고 있습니다.

부등시의 가장 대표적인 증세는 두통입니다. 어릴 때는 잘 모르지만 성인이 되면서 눈의 피로와 두통 등의 증상이 나타나기 시작합니다. 눈에 맞지 않는 안경을 쓰게 될 경우 더욱 심한 두통과 어지러움증을 호소하기도 합니다. 이는 두 눈으로 들어오는 상의 크기와 빛이 꺾여 들어오는 방향이 서로 달라 피곤이 가중되기 때문입니다.

이럴 때는 한쪽 눈만 렌즈를 착용하든가 두 눈을 낮은 도수로 맞춰 차이가 덜 나도록 해주는 것이 효과적입니다. 그러나 초등학생 이하의 어린이들은 심한 경우를 제외하고는 두 눈이 차이나는 안경을 써도 크게 어지러워하지 않으므로, 조절마비굴절 검사와 같은 정밀 검사 후 안경을 각각의 눈에 맞게 정확히 처방하는 것이 좋습니다.

짝눈인 아이들은 한 눈에 맺히는 상이 명확하지 않기 때문에 정확한 안경 교정이 이뤄지지 않으면 그 눈의 시력이 정상적으로 발달되지 않아 부등시성 약시가 생기기 쉽습니다.

부등시성 약시의 치료에는 잘 보이는 눈을 안대로 가려서 치료하는 '가림치료' 와 약을 이용해 일시적으로 잘 보이는 눈의 시력을 떨어뜨리는 '처벌치료' 가 있습니다. 교정하지 않은 상태로 두면 재발이 잦으므로 적어도 만 10살이 넘을 때까지는 지속적 관찰이 필요합니다.

### 6) 안검하수

눈의 건강을 지키기 위해서는 눈 자체뿐 아니라 눈 주변의 눈꺼풀이나 눈물샘의 이상까지도 '눈 성형' 등을 통해 제때 제대로 치료해 줘야 합니다. 가장 흔히 발생하는 눈꺼풀 이상은 윗눈꺼풀 전체가 처지는 '안검하수' 입니다. 안검하수가 되면 위쪽 시야가 가리게 되는데, 특히 어린이의 경우에는 약시의 원인이 될 수 있으므로 빨리 조치를 취해 줘야 합니다.

안검하수는 크게 선천성과 후천성으로 나뉩니다. 선천성은 눈꺼풀을 들어 올려 주는 근육이 섬유화되어 발육이 제대로 되지 않습니다. 따라서 시력 발달 장애가 발견되면 문제의 근육을 잘라 주고 눈꺼풀을 올려 주는 수술을 받아야 합니다.

시력 발달에 문제가 없으면 3~4세 이후에 수술을 해도 됩니다. 이 수술은 눈꺼풀을 올려 주는 수술을 받기 때문에 어린 환자가 잠잘 때 눈을 살짝 뜨고 있는 상태가 되어 각막에 상처가 생길 수 있으므로 이에 대한 예방과 정기적인 검사를 받아야 합니다.

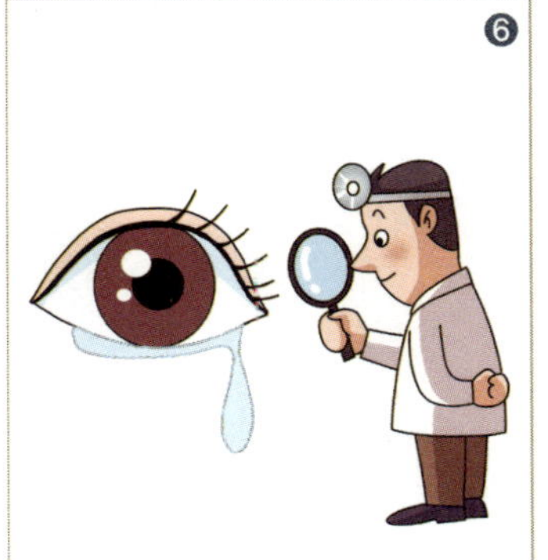


### 7) 안정내반(속눈썹말림증)

속눈썹이 눈동자를 자꾸 찔러 대는 바람에 계속해서 눈물이 나고 눈이 부시며 결막이 충혈되는 '안점내반' 은 눈에 눈물이 자주 고이거나 흘리는 경우, 그리고 눈곱이 자주 끼는 경우에 의심해 봐야 합니다. 정상 신생아에서도 흔히 볼 수 있는 질환으로 생후 6개월 이내에는 마사지 방법으로 치유될 수 있으나 그 이후까지 호전되지 않으면 전문의와 상의한 후 수술적 치료 방법을 생각해 봐야 합니다.

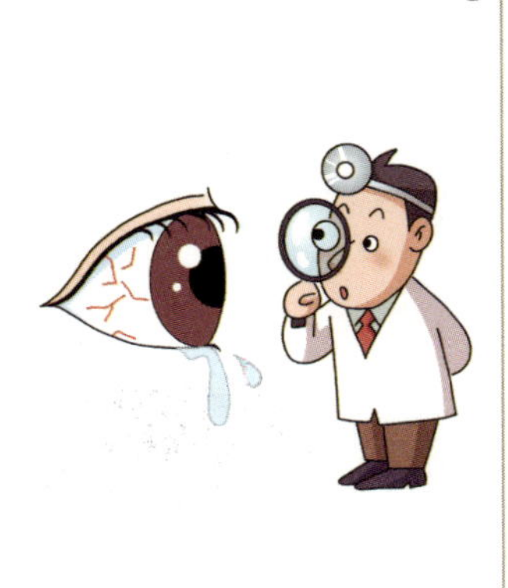

❽

### 8) 안구진탕(눈떨림증)

선천적으로 눈이 한 곳을 주시할 때 계속 떨리는 안구진탕은 심한 난시가 동반되므로 안경 교정 등 원인에 따른 치료가 필요하며, 고개를 심하게 돌려서 보는 경우에는 수술적인 치료가 필요합니다.

강조하건대, 어린이들의 시력 이상은 조기발견, 조기치료가 관건입니다. 따라서 만 6세 이전에 안과 검진을 받아서 문제가 있을 시에 빨리 치료를 받는 것이 중요하고, 약시 등은 초등학생만 되더라도 치료율이 낮다는 것을 명심해야 합니다.

## 4. 눈 건강 생활수칙

**성장기의 어린이는 다음과 같은 사항에 유의해야 합니다.**

❶ 우선 편식을 하지 말고 고른 영양소를 다양하게 섭취해야 합니다. 특히 비타민 A와 C를 잘 보충해 줍니다. 불포화지방산이 많이 함유된 등 푸른 생선이나 녹황색 채소도 좋습니다. 쇠간을 잘 요리해서 먹이면 도움이 됩니다. 정제된 전분이 많이 포함된 패스트푸드의 섭취는 줄입니다.

❷ 독서를 하거나 TV를 시청할 때, 컴퓨터 모니터를 볼 때 올바른 자세를 갖도록 하는 것이 중요합니다. 눕거나 엎드리지 말고 올바른 자세에서 책상에 앉아 책을 읽는 습관을 길러 줍니다. 특히 흔들리는 차 안에서 책을 읽지 않도록 합니다. 그러면 정확한 상이 망막에 맺히는 데 어려움을 초래하게 되어 더욱 가까이서 책을 보게 되므로 근시를 악화시키게 됩니다. 책과 눈의 거리는 30~40㎝가 적당하며 방안 조명과 함께 간접조명을 설치하는 것이 좋습니다. 실내조명은 1,000룩스 정도로 유지하고 빛은 그림자가 드리우지 않도록 하는 것이 좋습니다. 형광등은 눈부심이 있기 때문에 눈이 쉽게 피로해집니다. 따라서 책상 위의 스탠드램프는 편안한 빛의 백열등이나 삼파장 형광램프가 좋습니다. 스탠드 위치는 책상의 왼쪽 앞이 적절합니다.

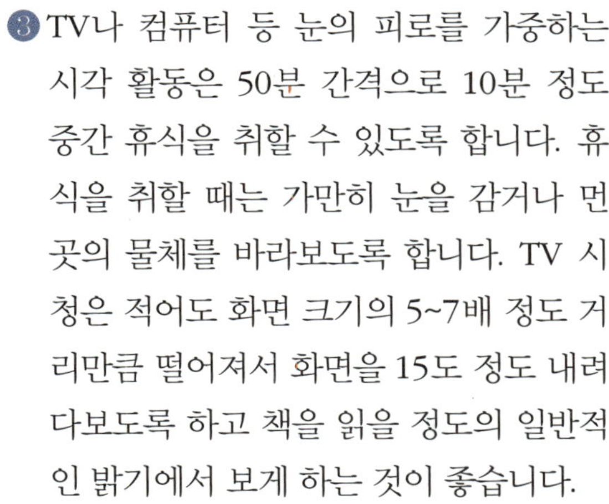

❸ TV나 컴퓨터 등 눈의 피로를 가중하는 시각 활동은 50분 간격으로 10분 정도 중간 휴식을 취할 수 있도록 합니다. 휴식을 취할 때는 가만히 눈을 감거나 먼 곳의 물체를 바라보도록 합니다. TV 시청은 적어도 화면 크기의 5~7배 정도 거리만큼 떨어져서 화면을 15도 정도 내려다보도록 하고 책을 읽을 정도의 일반적인 밝기에서 보게 하는 것이 좋습니다.

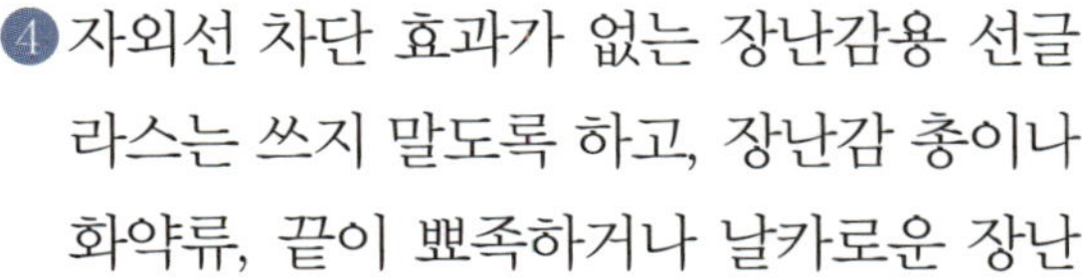

❹ 자외선 차단 효과가 없는 장난감용 선글라스는 쓰지 말도록 하고, 장난감 총이나 화약류, 끝이 뾰족하거나 날카로운 장난

감 등은 가지고 놀지 않도록 지도합니다.

⑤ 평소에 안경 관리도 중요합니다. 안경은 최대한 눈에 밀착시켜야 하고 안경다리와 코받침 등이 뒤틀리거나 늘어나지 않도록 조심합니다. 렌즈와 눈동자의 중심이 어긋나게 되면 눈이 피로를 느끼고, 심하면 시력이 저하될 수도 있습니다. 그리고 흐려진 안경렌즈는 근시 진행을 촉진시킬 수 있으므로 자주 닦아야 합니다. 활동적인 아이들의 경우, 깨지기 쉬운 유리 렌즈보다는 플라스틱 렌즈가 안전합니다.

## 5. 이것이 궁금해요

### 1) 가성근시나 진성근시를 안경점에서도 알아볼 수 있나요?

최근 들어 초등학교 학생들에게 가성근시가 자주 나타납니다. 가성근시는 안구의 수정체를 조절하는 근육이 마비되어 일시적으로 나타나는 근시를 말합니다. 가성근시가 생기면 2~3개월 내에 바로잡아 줘야 하는데, 이때 아이가 먼 곳을 잘 보지 못한다고 해서 무턱대고 안경을 맞춰 주게 되면 진성근시가 될 수 있으므로 주의해야 합니다.

그리고 눈의 전후의 길이가 길어지거나 각막 이상에 의해 생기는 진성근시는 정확한 도수의 안경을 골라 곧바로 쓰는 것이 좋습니다. 시력이 나쁜 상태에서 안경을 쓰지 않으면 망막에 물체의 상이 맺히지 못해 나중에 약시나 사시가 생길 수 있기 때문입니다.

진성근시와 가성근시는 안과에서 '조절마비제' 라는 약물을 투여함으로써 간단히 구분할 수 있지만, 일반 안경점에서는 약물 검사를 할 수 없으므로 정확한 처방을 할 수 없습니다.

따라서 학교나 안경점에서의 시력 검사를 통해 안경을 쓰도록 하라는 말을 들었다면, 먼저 안과 전문의를 찾아가서 진성근시인지 가성근시인지 감별진단을 받아 보는 것이 좋습니다. 가성근시의 경우 안경을 씀으로써 오히려 시력저하로 이어질 수 있기 때문에 소아 안과 전문의의 정확한 진단에 의한 안경 처방이 반드시 필요합니다.

가성근시는 약물요법과 함께 규칙적인 식생활을 하면 시력회복이 가능합니다. 초등학교 상급생과 중학생에게서 가장 많이 나타나는 이 가성근시 역시 조기진단과 조기치료가 중요합니다.

### 가성근시란?

카메라에 오토포커스 기능이 있듯이 우리 눈에는 모양체 근육이 수정체의 두께를 조절하여 원근 거리를 자동으로 볼 수 있도록 해줍니다. 가까운 물체를 볼 때는 모양체 근육이 수축하여 수정체를 두껍게 만들고 먼 거리 물체를 볼 때는 모양체 근육이 이완하여 수정체를 얇게 만들어서 순간적으로 초점을 잡아 줍니다.

그런데 컴퓨터 작업이나 독서 등과 같이 장시간 동안 근거리 작업만 수개월에서 수년 간 지속한다면 눈 안의 모양체 근육도 항상 수축하는 데만 익숙해지는 경련 상태가 됩니다. 그런 상태가 되다 보니 먼 곳을 바라볼 때 모양체 근육이 잘 이완되지 않아 마치 근시처럼 먼 곳의 사물을 잘 볼 수 없게 됩니다.

이처럼 과도한 근거리 작업으로 인해 모양체 근육이 경련을 일으켜 일시적인 근시 상태로 되는 것을 일컬어 가성근시라고 합니다.

이러한 가성근시는 자동 굴절 검사로는 찾아낼 수 없으므로 반드시 안과 전문의로부터 굴절 검사를 받도록 합니다.

### 2) 시력이 마이너스라는 말은 무엇인가요?

흔히 시력을 말할 때 '눈이 너무 나빠서 마이너스'란 말을 하게 되는데, 이는 정확한 표현이 아닙니다. 단위를 혼동한 탓입니다.

'마이너스 디옵터(diopter)'라면 이는 시력 그 자체가 아니라 안경, 즉 오목렌즈의 도수입니다. 근시 렌즈는 '−', 원시 렌즈는 '+'의 기호를 붙여 구별하자는 약속일 따름입니다. 그렇다면 시력은 어떻게 표시하는 것이 정확할까요? 보통 5m 거리에서 1.5㎜ 간격의 차이를 인지하는 능력을 1.0으로 정의합니다. 시력이 나쁜 0.1이라면 5m 거리 시력표의 0.1 시표에 표기된 다소 큰 숫자를 분별할 수 있는 능력입니다. 더 나쁘다면 0.09, 0.05식으로 내려가지 마이너스라고 하지는 않습니다.

한때 해외 토픽에 시력이 6.0으로 측정된 이탈리아인이 소개된 적이 있습니다. 이는 유전적으로나 환경적으로 아주 특수한 경우에 해당합니다. 일반적으로 1.0 이상의 시력이면 정상의 좋은 시력입니다.

### 3) 시력이 좋으면 안경을 안 써도 되나요?

그렇지 않습니다. 원거리 시력이 1.0인 정상 시력이라도 안경을 꼭 써야 하는 경우가 얼마든지 있습니다. 가령 눈의 피로나 두통을 호소하는 원시 환자의 경우, 원거리 시력표 검사상 시력은 1.2~1.5가 나와도 근거리 작업 시 눈의 피로가 극심하므로, 안과에서 굴절 검사를 통해 원시 안경을 처방받아 사용하면 눈이 편해지고 두통이 해소될 수 있습니다. 먼 곳이 잘 안 보이는 근시보다 이렇게 숨어 있는 원시 환자들이 고통을 받고 있는 경우가 많습니다.

### 4) 안경은 몇 살부터 착용할 수 있나요?

안경은 적어도 초등학교 1학년 이후에나 착용할 수 있다고 믿고 있는 부모들이 많습니다. 하지만 이는 잘못된 생각입니다. 아무리 갓난아이라 할지라도 눈이 심하게 나쁘다면 안경을 착용시켜야 됩니다. 왜냐하면, 우리 눈의 발육 시기가 출생 시부터 만 5~6세까지이므로 이 시기에 심한 굴절 이상을 안경으로 교정해 주지 않으면 나중에 6세 이후에 안경을 써도 정상 교정시력으로 발달하지 않아 약시를 초래할 수 있기 때문입니다. 약시는 일종의 장애로서 나중에 운전면허, 취직 등 일상생활에 어려움을 겪을 수 있는 중요한 문제가 될 수 있습니다.

물론 굴절 이상이 경한 상태에서는 안경을 늦게 착용시켜도 시기능 발육에 지장을 주지 않지만, 심한 경우에는 안경을 발육기 이전에 착용시키지 않으면 약시가 될 수 있습니다. 특히 한쪽 눈이 좋고 다른 쪽 눈만 심하게 나쁜 경우, 늦게 발견되어 약시를 초래하는 경우가 많습니다.

### 5) 청소년도 라식을 할 수 있나요?

라식은 각막 절삭 레이저술(Laser In Situ Keratomileusis)의 영문 약자(LASIK)로 근시 교정 수술입니다. 주로 젊은 여성층이나 운동선수, 경찰, 소방관 등을 중심으로 많이 애용되는 이 라식 수술은 비교적 간단합니다. 미세 각막절삭기로 아주 정밀하게 각막을 깎아 주는 수술로, 수술의 성공 여부에 따라 다르지만 보통 0.6에서 1.0까지 시력을 복구할 수 있습니다.

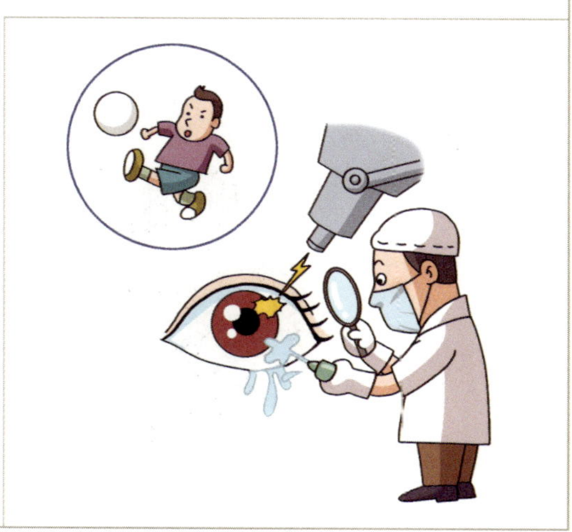

그러나 18세 미만의 청소년은 이 라식 수술을 할 수 없습니다. 눈을 비롯하여 신체가 완전히 성장하지 않았기 때문입니다. 근시는 보통 15~16세까지 빠르게 진행되다가 차츰 느려져서 25세쯤이 되면 멈춥니다. 성인이라 해도 각막의 두께나 백내장 등 안질환 여부에 따라 수술이 불가능할 수도 있습니다. 수술비용이 고가인 것도 단점입니다. 일각에서는 라식의 보급이 아직 오래되지 않아 그 부작용이 완전히 검증되지 않았다는 점도 지적합니다.

### 6) 자꾸 눈곱이 끼고 눈물이 흘러요

아기에게 눈물이 많이 나면 가장 먼저 비루관(누도관) 폐쇄증을 의심할 수 있습니다. 흔히 말하는 '눈물 구멍' 이 막힌 경우입니다.

그러나 대개의 경우 눈곱이 많이 끼면서 눈물이 흘러내리는 증상은 선천성 질환을 의심하기보다는 여러 가지 염증에 의한 경우가 더 많습니다. 결막염 등이 심해져서 일시적으로 눈물과 함께 눈곱 등 기타 분비물이 증가하는 것으로, 아기들의 경우 외부에서의 여러 가지 병균 침입에 의한 저항력이 약하므로 이 같은 증상이 생겼을 때는 적절한 약의 투여 및 치료가 필요하며, 결막염이 나으면 증상도 같이 사라지는 것이 대부분입니다.

정상적으로 눈물은 위 눈꺼풀 바깥 부분의 눈물샘에서 생성되어 안구를 적셔 준 다음 눈물소관이라는 작은 관을 통해 코로 들어가서 배출되지만, 이 진성 누도관 폐쇄증의 경우, 눈물이 밖으로 흘러나오기 때문에 일상생활에 큰 불편을 초래합니다.

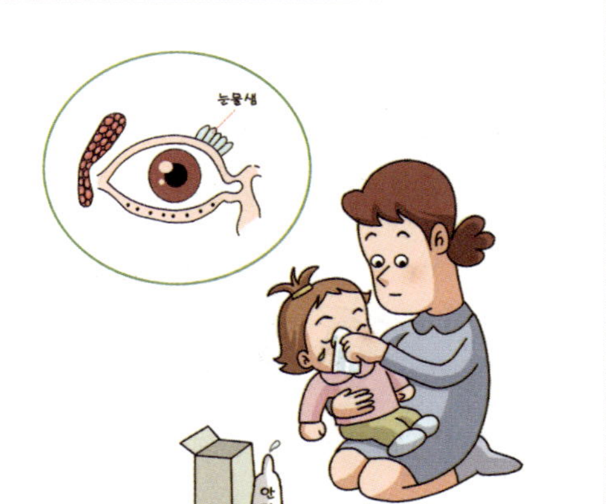


이런 누도관 폐쇄 증상이 의심되면 우선 주사기로 생리식염수를 누도관으로 흘려보내 검사를 하게 됩니다. 이때 나타나는 결과로 여러 가지를 알 수 있으며, 아주 경미한 증상이었을 경우에는 이 자체만으로도 치료 효과를 볼 수도 있습니다. 그리고 중등도 이상이라고 진단되면 다음 단계로 누도관 탐침법을 시행합니다. 이때 얇은 막 정도가 막혀 있었다면 치료가 가능합니다. 또한 중증일 땐 실리콘 튜브로 수술을 합니다. 그러나 이 탐침법만으로도 치료가 안 될 정도로 폐쇄되었을 경우에는 가는 실리콘 튜브를 눈물 구멍에 넣는 수술을 받아야 합니다.

### 7) 자주 눈을 비비고 눈을 깜박거리곤 해요

3세 이상의 아이가 이런 행동을 보이면 곧바로 안과를 방문해 보는 것이 좋습니다. 속눈썹이 눈동자를 찌르는 덧눈꺼풀일 가능성이 크기 때문입니다. 속눈썹 주변에 피부 주름과 눈 둘레 근육이 지나치게 많아 이것이 눈꺼풀 테 위로 겹쳐지면서 발생하는데, 주로 양쪽 눈 아래 눈꺼풀에 잘 생깁니다. 이런 현상은 비교적 동양 어린이들에게 흔하고 1세까지의 유아 중 27~52%에서 나타나는데, 정도가 심하지 않은 덧눈꺼풀은 얼굴이 성장하면서 자연히 호전되기도 합니다.

이 덧눈꺼풀이 있으면 아이가 눈을 자주 깜박거리거나 비비게 됩니다. 또 눈물이나 눈곱이 잘 생기며 밝은 곳에 가면 눈을 뜨기가 어려워 찡그리곤 합니다. 특히 책을 읽는 등 아래를 내려다 볼 때 아래 속눈썹이 눈동자를 심하게 찔러 눈이 따가울 수 있습니다. 속눈썹이 계속해서 눈동자를 찔러 대면 각막에 상처가 생기게 되고 심한 경우에는 각막에 흉터가 남아 시력저하를 유발합니다. 이렇게 되면 자연히 정상 어린이에 비해 난시가 될 가능성이 크고 시력에 영향을 주기도 합니다.

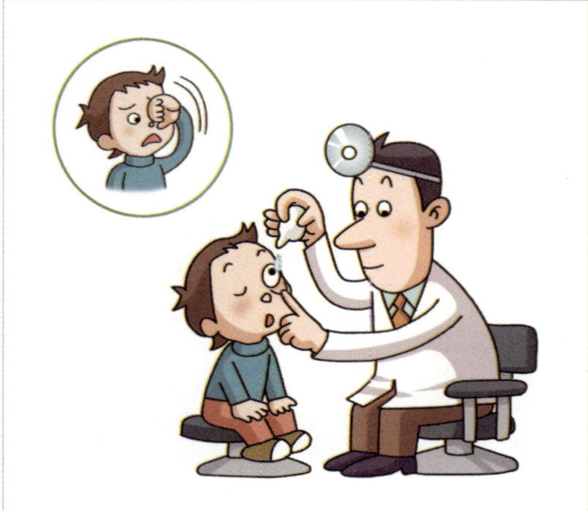

덧눈꺼풀이라 해서 모두 수술 치료를 요하는 것은 아닙니다. 3세 이하의 아이는 속눈썹이 부드러워 각막에 심한 상처를 주는 경우가 드뭅니다. 따라서 별다른 치료가 없어도 성장하면서 자연적으로 호전되는 경우가 많습니다. 3세 이상이라도 속눈썹이 많이 닿지 않고 각막 손상이 약하면 인공눈물 안약을 점안하면서 경과를 지켜볼 수도 있습니다.

그러나 문제는 3~4세가 지나도 덧눈꺼풀 정도가 심했을 때입니다. 이런 때는 자연적인 호전을 기대하기가 어려우므로 교정수술을 받는 것이 좋습니다. 병원을 찾지 않고 집에서 아이의 속눈썹을 가위로 자르거나 뽑는 등의 행동은 반드시 피해야 합니다. 속눈썹은 자르거나 뽑아도 한 달이 지나면 또다시 자라게 되므로 근본적 치료가 될 수 없습니다.

수술은 속눈썹 바로 밑 피부와 눈 둘레 근육을 최소한으로 절제하고 속눈썹이 눈 바깥쪽으로 향하게 한 뒤 피부 봉합을 합니다. 위쪽 속눈썹이 찌르는 경우에는 쌍꺼풀을 만들어 자연스럽게 눈썹이 밖으로 향하게 해 줍니다.

수술 시간은 1시간 정도이며, 어린이는 수술 시에 전신마취가 필요하므로 종합병원이나 대학병원에 가도록 합니다. 수술 후엔 증상이 거의 호전되나 시간이 지나 간혹 재발하는 경우도 있습니다.

# 20 사시(斜視)

사시는 선천적 또는 후천적으로 눈을 움직이는 근육에 이상이 있을 때 생기는 현상으로 우리나라 신생아의 3~5%가 '사팔뜨기'로 일컫는 사시를 갖고 태어나며, 소아의 약 2%가 사시 증세를 보이고 있습니다.

사시는 두 눈의 시선이 동일점으로 모아지지 않는 상태를 말합니다. 이 경우 두 눈으로 보는 물체가 달라 혼동을 일으키거나 복시(複視)가 되며 시력이 발달하지 못해 약시가 되기 쉽습니다. 사시는 항상 나타나기도 하고 피로할 때만 나타나기도 합니다.

사람의 눈에는 한쪽에 6개씩 모두 12개의 근육이 있습니다. 이 12개의 근육이 두 눈의 전후좌우 및 회전운동을 조절하는 것입니다. 그런데 만일 이들 근육 가운데서 하나라도 이상이 생기면 안구를 움직이는 근육의 힘이 불균형을 이뤄 한쪽 눈이 다른 곳을 응시하게 됩니다.

사시는 적절한 치료시기를 놓치면 치료 기간도 길어지고 수술 결과도 좋지 않을 수 있습니다. 그리고 사시를 방치할 경우 안구의 중심 시력 발달이 억제되어 약시로 진행될 뿐더러 심한 경우 시(視) 기능마저 잃을 수가 있습니다.

대부분의 사시는 가끔씩 눈이 돌아가는 간헐성 사시입니다. 이 간헐성

사시는 눈이 돌아갈 때마다 초점을 잃고 멍해지거나 눈을 깜빡거리게 됩니다. 눈에 힘을 주거나 집중하면 눈이 돌아가는 것을 일시적으로 막을 수는 있지만, 억지로 계속 똑바로 보려고 하면 눈이나 머리가 아프고 눈에 충혈이 지속되는 경우가 많습니다.

생후 4개월이 되면 물체를 쳐다볼 때 두 눈이 똑바로 정렬되면서 원근감과 입체감을 느낄 수 있게 됩니다. 다만 생후 3~4개월 이전에는 두 눈을 사용해 사물을 보는 기능이 발달되지 않아서 눈이 안쪽 혹은 바깥쪽으로 몰릴 수 있는데, 이런 경우 대부분은 백일 이후에 두 눈이 저절로 똑바르게 됩니다. 하지만 백일 이후에도 그러한 현상이 지속되거나 새로이 생긴 사시는 결코 저절로 좋아지지 않습니다. 따라서 이때가 지나서도 눈의 움직임이 이상하거나 양안의 시선이 한 곳에 모아지지 않으면 사시를 의심해 볼 필요가 있습니다.

사시가 의심되면 우선 시력 검사를 정확히 해야 합니다. 원시가 있는 경우에 조절성 내사시가 생길 수 있는데, 이럴 때는 안경으로 교정해 주어야 합니다. 안경으로 교정할 수 없는 사시는 수술로써 교정해야 합니다.

사시를 오래 방치할 경우 아이는 물체가 둘로 보이는 것을 피하기 위해 자꾸만 머리를 한쪽으로 두기 때문에 고개를 똑바로 두지 못하는 '이상두위' 증상이 나타납니다.

사시는 조기에 발견하지 않으면 필연적으로 '약시'를 동반하고 입체감 등 보는 기능에도 장애를 일으킬 수 있습니다. 따라서 사시는 최소한 두 살 이전에 교정하는 것이 바람직합니다.

Point

### 약시란 무엇인가요?

약시는 근시나 원시 등의 시력 이상이 없는데 성장기에 시력 발달이 잘 이뤄지지 않아 안경으로 교정해 주더라도 정상 시력이 나오지 않는 경우를 말합니다. 사시나 굴절 이상, 눈의 혼탁 등이 시력 불균형을 초래하며, 이러한 불균형으로 인해 무의식적으로 보이지 않는 쪽의 눈을 사용하지 않아 약시가 됩니다.

특히 약시는 안경이나 콘택트렌즈를 껴도 시력이 0.6을 넘지 않으며 평생 시력 회복이 안 되는 안과질환입니다. 어른들의 경우 사시가 생겨도 이미 뇌가 발달해 있어서 어지럼증만 느낄 정도지만, 어린아이들의 경우는 사시가 생긴 지 얼마 안 돼도 약시로 진행됩니다.

사시로 인한 약시는 4~5세 이전에 치료하면 시력을 회복할 수 있지만, 8~9세 이후에는 시력 발달을 기대하기가 어렵습니다. 생후 6개월쯤에 약시나 사시를 발견하여 치료하면 정상적인 시력 발달이 가능합니다. 그러나 시력 발달이 일단 끝난 다음에는 이상을 발견한다 해도 치료할 방법이 없습니다.

약시는 나쁜 쪽 눈의 시력 발달을 자극하는 '가림 치료' 나 나쁜 쪽 눈을 많이 사용케 하는 '처벌 치료' 가 있습니다.

시력 이상은 몸에 특별한 징후가 드러나지 않고 아이 스스로가 시력 이상을 호소하지도 않기 때문에 부모가 알아차리기에 쉽지가 않습니다. 따라서 6개월에 한 번 정도는 안과에 가서 정기검진을 받아 보는 것이 좋습니다. 사시는 조기치료할수록 치료 효과가 좋고, 약시를 방지할 수 있으며, 의료보험이 적용돼 환자 부담도 줄어듭니다.

( '약시' 에 대한 좀 더 자세한 내용은 173쪽 참조.)

## 1. 사시의 종류

어린이에게 가장 흔한 것은 눈동자가 안쪽으로 몰리는 내사시입니다. 눈 안쪽의 눈꺼풀 피부가 안구 안쪽의 흰자위를 가려 마치 눈이 안쪽으로 돌아간 것처럼 보이는 가성 내사시도 많습니다. 바깥쪽으로 몰리는 외사시는 발생 빈도가 낮지만 나이가 들수록 점차 증가합니다. 정상적인 시 기능을 갖고 있어 내사시에 비해 치료 효과가 좋은 편입니다. 위쪽으로 몰리는 상사시도 있습니다. 우리나라의 경우 가끔씩 한쪽 눈이 귀 쪽으로 돌아가는 간헐성외사시가 가장 많습니다.

사시는 보통 생후 6개월이 지나면 육안으로 판단할 수 있지만, 증상이 간헐적으로 나타나거나 경미한 경우도 있으므로 세심한 주의가 필요합니다.

### 1) 간헐성외사시

'간헐성외사시' 는 발병률이 높은 데 반해 눈동자가 항상 바깥쪽으로 돌아가 있는 게 아니라서 조기발견이 쉽지 않습니다.

주로 잠들기 전후, 울고 난 뒤, 심신이 피곤할 때, 멍하니 먼 곳을 바라볼 때 일시적으로 나타납니다. 그리고 밝은 빛 아래에서 한쪽 눈을 감는 경우가 대부분입니다.

가끔 사물이 두 개로 보이거나 어디를 보고 있는지 모를 정도로 멍한 모습을 나타내기도 합니다. 이를 근본적으로 치료하려면 수술을 해야 합니다. 일찍 발견해도 4세 이후에 수술하는 것이 보편적 경향입니다.

눈이 나쁜 경우에는 안경을 끼면 좋아집니다. 당장 수술하지 않는다면 한쪽 눈을 짧은 시간 동안 가림으로써 사시를 줄일 수 있습니다.

### 2) 조절성내사시

심한 선천성 원시인 '조절성내사시' 는 흐려진 물체를 보기 위해 수정체가 과도한 운동을 하면서 눈동자를 안쪽으로 모으는 것입니다. 생후 6개월 이내에 발견되는 영아내사시는 발견 즉시 치료를 받아야 하며 2세가 되기 전에 수술을 받아야 합니다.

한쪽 또는 양쪽 눈이 교대로 심하게 안쪽으로 몰리며, 눈이 몰리는 정도가 항상 비슷합니다. 눈이 흔들리거나 교대로 위로 올라가는 현상이 나타나기도 합니다. 이는 주로 2세 이후에 나타나며 원시로 인해 발생합니다. 원시가 있으면 사물에 초점을 맞추기 위해 눈에 과도한 힘을 주게 되는데, 그러다 보니 자연적으로 눈이 안쪽으로 몰리게 됩니다.

조절마비 굴절 검사를 거쳐 원시 교정용 안경을 쓰면 정상으로 돌아오는데, 안경을 벗으면 다시 사시가 나타나지만 나이가 들면서 좋아지는 경향이 있습니다.

### 3) 감각외사시

또 '감각외사시'는 한쪽 눈의 시력이 나쁠 때 생깁니다. 어릴 때 안과 질환을 앓았거나 한쪽 눈이 원시나 난시인데 제때 치료하지 않아서 생긴 약시입니다.

오래된 백내장, 망막박리, 외상으로 인한 시력 상실 등이 원인이 됩니다. 우선 시력이 나빠진 원인을 치료해야 하며, 사시가 눈에 띨 정도로 심하다면 수술이 필요합니다.

### 4) 가성내사시

그리고 '외견상 사시' 또는 '가성내사시'란 것도 있습니다. 낮은 콧등과 넓은 미간의 아이들은 발육이 끝나지 않았기 때문에 종종 눈 안쪽의 피부가 흰자위를 가리게 되어 사시로 착각되는 경우가 있습니다.

이런 때는 콧등의 피부를 잡아당겨서 눈 안쪽으로 흰자위가 보이면 안심해도 좋습니다.

## 2. 사시의 판단은 어떻게 하나요?

사시의 진단은 그리 쉽지 않습니다. 눈이 한쪽으로 몰려 있다고 안과에 데려오는 아이들의 절반 이상은 '가성내사시' 인 경우가 많습니다. 코와 눈 사이, 즉 눈 안쪽의 피부가 흰자위를 많이 가려 눈동자가 안쪽으로 몰린 것처럼 보일 뿐 실제로는 정상입니다. 이런 경우에는 자라면서 자연적으로 회복됩니다. 다음과 같은 경우에는 일단 사시가 의심되므로 안과를 방문하는 것이 좋습니다.

1) 정면 30㎝ 앞에 불빛을 보게 한 후 불빛이 두 눈 동공의 중심에서 모두 반사되는지를 먼저 관찰합니다. 한쪽 눈은 중심에서 불빛이 반사되지만 다른 쪽 눈은 동공의 중심에서 벗어나 빛이 반사되면 사시로 의심해야 합니다.

2) 아이에게 멀리 떨어져서 한 점을 보게 한 후 눈을 좌우 교대로 가렸을 때 어느 한쪽 눈이 움직이면 사시가 있는 것이고 움직이지 않으면 정상입니다.

3) 양쪽 눈이 코를 중심으로 좌우대칭인지, 한쪽 눈의 코 쪽 흰자위가 반대쪽 눈의 흰자위보다 적게 보이거나 많이 보이는가를 관찰해 좌우가 비대칭이면 사시입니다. 특히 우리나라 소아 사시 환자 중 가장 많은 간헐성외사시의 경우 평소에는 눈의 위치가 정상으로 있다가 간혹 한 번씩 잠깐 동안 눈이 바깥으로 돌아가므로, 한 번이라도 두 흰자위의 좌우 비대칭이 발견되면 사시를 의심해야 합니다.

4) 이 밖에도 다음과 같은 경우에는 일단 눈의 이상을 의심해 보고 즉시 안과를 방문해 정밀 검사를 받아야 합니다.

❶ 평소에 아이가 눈을 자주 비벼 대거나 깜빡일 때.
❷ 먼 곳이나 텔레비전을 볼 때 눈을 찌푸리거나 고개를 한쪽으로 많이 기울일 때.
❸ 일정한 곳을 주시하지 못하고 고정이 안 될 때.
❹ 눈이나 눈 주위에 염증이 자주 생길 때.
❺ 특별한 원인 없이 머리가 자주 아프다거나 어지러울 때.
❻ 책이나 물건을 눈 가까이 당겨서 보거나 텔레비전을 항상 가까이서만 보려고 할 때.
❼ 먼 곳에 있는 사물을 잘 알아보지 못할 때.
❽ 부모에게 심한 시력장애가 있을 때.

먼저 굴절 검사를 시행하여 근시나 난시, 원시가 있으면 안경을 착용해야 하며, 사시라는 진단이 나오면 그에 알맞은 치료를 받아야 합니다.

## 3. 사시의 원인은 무엇인가요?

사시는 눈을 움직이는 근육의 균형이 잘 맞지 않을 때 나타납니다. 두 눈의 시력 차이가 커서 좋은 시력의 눈으로만 사물을 바라볼 때 시력이 약한 쪽의 눈 근육이 제대로 발달하지 못해 생기기도 합니다.

하지만 정확한 원인은 아직 밝혀지지 않고 있습니다. 유전적 요인이나 안구의 운동을 조절하는 외안근(外眼筋)의 불균형이 원인으로 추정됩니다. 사시는 남녀 발생 비율이 비슷합니다. 외안근은 머리에서 지배하므로 뇌성마비나

다운증후군, 뇌수종, 뇌종양이 있어도 사시가 나타날 수 있습니다. 백내장 등으로 인한 시력감퇴도 원인이 될 수 있습니다.

## 4. 사시를 방치하면 어떻게 되나요?

소아 사시 환자의 경우 흔히 약시가 발생할 수 있습니다. 정면을 보는 눈은 계속 사용하기 때문에 시력이 정상적으로 발달하지만 다른 방향을 보고 있는 눈은 사용하지 않게 되어 시력 발달이 되지 않아서 약시가 되는 경우가 많습니다. 이러한 약시는 시력이 발달하는 나이인 6세 이전에 치료를 시작해야 치료가 가능하며, 치료 시작 시기가 어릴수록 치료의 성공률이 높습니다.

그리고 두 눈을 이용한 입체 시기능은 생후 6개월, 그리고 시력 발달은 6세쯤 되면 성인 수준이 되기 시작해 9세가 되면 완성됩니다. 어릴 때 생긴 사시를 시기능이 완성되는 9세 이후까지 방치하면 시력이 떨어지고 양쪽 눈의 시기능이나 입체 시기능이 떨어집니다. 이런 경우 9세 이후에 치료를 해도 시력이 돌아오지 않기 때문에 성인이 되어 직업 선택에도 제한받을 수 있습니다. 9~10세 이후에 수술하면 양쪽 눈의 시기능은 회복되지 않고 두 눈의 위치만 똑바르게 하는 성형수술이 될 수밖에 없습니다. 사시수술이 9세까지만 건강보험에 적용되는 것도 이 때문입니다.

## 5. 사시는 치료가 가능한가요?

사람의 눈이 정상 시력인 1.0에 도달하는 시기는 6~7세 무렵입니다. 눈이 정상 시력으로 발달하기 위해서는 계속해서 눈에 자극을 받아야 하는데, 사시인 경우에는 두 눈으로 보이는 물체가 서로 다르다 보니 복시를 일으키게 되고, 그런 혼란을 피하기 위해 대뇌에서 억제작용을 하다 보니 약시가 발생하게 되는 것입니다.

사시를 가지고 있는 어린이의 경우, 시력장애 외에도 성격이 소심해져 내성적으로 변하는 한편 사람을 똑바로 바라보지 못하는 등 심리적으로도 좋지 않은 영향을 받습니다. 그러므로 평소에 자녀의 눈을 살펴서 사시의 조기발견과 치료에 관심을 가져야 합니다.

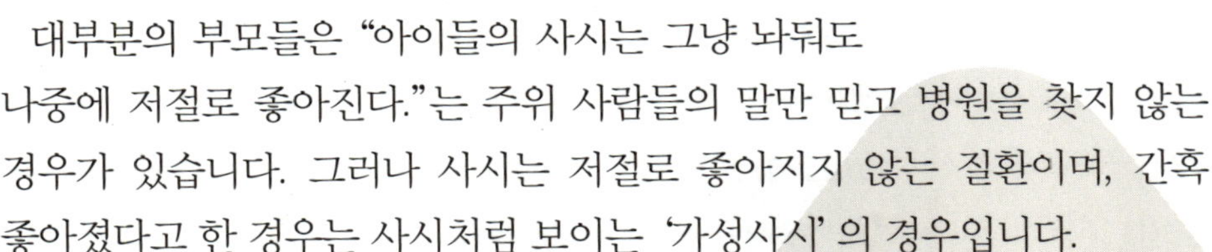

대부분의 부모들은 "아이들의 사시는 그냥 놔둬도 나중에 저절로 좋아진다."는 주위 사람들의 말만 믿고 병원을 찾지 않는 경우가 있습니다. 그러나 사시는 저절로 좋아지지 않는 질환이며, 간혹 좋아졌다고 한 경우는 사시처럼 보이는 '가성사시'의 경우입니다.

사시는 수술하지 않고도 치료가 가능합니다. 사시 치료의 목적은 약시를 방지해 양안 시력을 증진시키고 안구의 위치를 정상으로 교정해 두 눈을 같이 사용할 수 있도록 하는 데 있습니다. 우선 정도가 약한 간헐성외사시는 돌아가지 않는 눈을 막아(차안법) 사시 눈의 시력을 올리면 치료가 가능합니다. 모든 사시에 약시가 동반되는 것은 아니지만, 약시가 있는 경우에는 이 방법이 효과적입니다.

그리고 조절내사시(시력이 원시의 형태를 가지고 있어 생기는 사시로 보통 1세 이후에 나타납니다)의 경우는 돋보기로 교정하면 눈이 바로 됩니다. 만약 수술을 원하지 않을 경우에는 보톡스 주사 치료도 가능합니다. 간헐성외사시로 인한 피로현상이 있을 때, 정도가 심하지 않은 일반 사시 등에 효과가 있습니다.

사시는 빨리 교정할수록 좋습니다. 사시를 그대로 방치할 경우 시력 발달에 장애가 생길 가능성이 많기 때문입니다. 따라서 사시가 의심되면 서둘러서 검사를 받아야만 약시도 막을 수 있고 사시 교정도 정확히 할 수 있습니다.

사시 치료의 일반적인 원칙은 다음과 같습니다.

### 1) 안경 착용

먼저 굴절 검사를 해서 근시나 난시, 원시가 있으면 안경을 쓰게 합니다. 조절내사시와 같이 안경 착용만으로도 사시가 교정되는 경우가 있습니다.

### 2) 약시 치료

시력을 교정한 상태에서 양쪽 눈의 시력 차이가 많이 나는 경우에는 수술 전에 약시 치료를 합니다. 사시가 있는 경우에 발생하는 약시는 눈을 사용하지 않아서 발생하는 경우가 많습니다. 약시 치료는 건강한 눈을 가려 줌으로써 약시가 있는 눈만으로 물체를 보게 해서 시력을 높여 주는 방법입니다. 약시 치료는 나이가 어릴수록 치료 효과가 좋고, 치료 기간도 짧습니다. 하지만 나이가 많을수록 치료에 대한 거부감 등의 이유로 치료가 어려워집니다.

### 3) 수술 치료

사시 치료는 종류에 따라 약물치료나 안경 착용 등 수술하지 않고도 가능한 것이 있지만 대부분은 수술로 해결됩니다. 유아나 어린이의 수술 시기는 빠를수록 효과가 높게 나타납니다. 생후 6개월 내에 생기는 유아 사시인 경우에는 2세 이전에 수술을 하는 것이 좋습니다. 다른 종류의 사시도 가능한 한 조기 수술을 해주는 게 원칙입니다.

두 살쯤에 발견되는 '조절성내사시'는 늦어도 5~6세 전에 수술을 해야 합니다. 그 이유는 시력 발달이 대부분 6세에 끝나므로 그 전에 수술해 줘야만 약시를 막을 수 있기 때문입니다. 수술 시기가 늦어질수록 약시 교정이 어려워지며, 약시 상태에서 사시 수술을 하면 다시 사시가 되기 쉽습니다.

사시 수술은 한쪽 또는 양쪽 눈에 할 수도 있습니다. 한쪽 눈만 수술하는 경우에는 사시안이나 건강한 눈 중 어느 쪽 눈을 수술해도 같은 효과를 얻을 수 있습니다. 사시 수술은 돌아간 눈의 위치를 바로 정렬하는 것이기 때문에 시력과는 관계가 없습니다.

수술은 시선의 방향을 일치시켜 주기 위해 외안근의 일부를 떼어내고 앞으로 당겨 부착하는 절제술이 주로 사용됩니다. 이는 안전하고 간단한 수술입니다. 최근엔 인공물질을 외안근 절단면 사이에 이식하는 수술법이 개발되어 상사시 교정에 사용되고 있습니다. 수술은 전신마취를 하고 시행합니다. 수술 다음날 퇴원이 가능하며, 1~2주에 한 번 정도 외래 치료가 필요합니다.

#### 4) 수술 후의 치료

눈이 돌아간 정도가 심할 경우에는 한 번의 수술만으로는 완전 교정이 어려울 수 있습니다. 한 번의 수술로써 교정이 잘되었다 할지라도 수개월이나 수년 후에 재발되는 경우도 있습니다. 따라서 수술 후에도 안과 전문의에게 정기적인 진찰을 받아야 하며, 상태에 따라 2차 수술이 필요한 경우도 있습니다. 수술 후 1~2주 동안은 눈에 물이 들어가게 한다거나 눈을 비비지 않도록 조심해야 합니다.

사시 수술의 주요 척도는 사시의 진행 정도와 환자의 나이, 사시의 각도 등입니다. 사시의 각도는 전문적으로는 '프리즘 디옵터' 라는 단위를 사용하는데, 생후 6개월 이내에 나타나는 30프리즘 디옵터(한쪽 눈이 1m 전방에 있는 물체를 보고 있을 때 다른 편 눈은 그 물체에서 30㎝ 옆으로 벗어난 곳을 보고 있다는 뜻) 이상의 선천성 사시는 늦어도 2세 이전에 수술을 해주는 것이 좋습니다. 20~50%에서 약시가 나타나 시력 손실이 생길 수 있기 때문입니다.

# 코의 건강

코는 공기를 흡입해 각 조직에 산소를 공급함으로써 뇌기능과 성장・발육에 도움을 주며, 외부의 자극, 변화, 또 스트레스에 대한 첫 번째 방어선 역할을 맡고 있어 우리를 살아 숨쉬게 하는 핵심부가 됩니다. 이와 함께 냄새 정보를 대뇌피질의 후각 중추로 전달합니다. 코가 병이 나서 냄새를 제대로 맡지 못하게 되면 감정적으로도 상당히 메마르게 됩니다.

우리 몸의 뇌세포는 당분과 산소를 지속적으로 공급받을 때 비로소 최고의 상태를 유지할 수 있습니다. 당분은 우리가 먹는 음식물이 분해되면서 흡수되는 과정에서 얻을 수 있으며, 산소는 코를 통하여 폐로 들어와 폐포에서 혈액에 합류하여 뇌에 공급됩니다.

호흡기로서의 기능은 바깥공기를 폐로 들어가기에 가장 적합한 상태로 만들어 주는 것입니다. 폐는 너무 건조하거나 차가운 공기가 들어오면 정상적인 기능을 발휘할 수 없습니다. 따라서 코는 공기 온도를 폐에 가장 적합한 31~37℃로 만들어 줍니다. 이는 바깥 온도가 높고 낮음과 상관이 없습니다. 또한 코는 바깥 습도와 관계없이 항상 75~79%의 습도를 유지시켜 주는 기능도 갖고 있습니다.

하지만 차갑고 건조한 공기가 지속적으로 통과하게 되면 코는 과로할 수밖에 없습니다. 그러면 코 안이 따갑고 건조하게 됩니다. 따라서 겨울철에는 적당한 가습과 수분 섭취가 건강유지에 필수적입니다. 물을 많이 마셔야 코가 계속 가습할 수 있는 수분이 제공됩니다.

또한 코는 뇌의 '과열'을 막아 주는 냉방장치 역할을 합니다. 뇌가 활동을 많이 하면 그만큼 우리 몸은 에너지를 많이 소모하게 됩니다. 하지만 뇌는 에너지를 많이 축적할 수 없기 때문에 그때그때 산소가 공급되어야만 그 기능을 제대로 유지할 수 있게 됩니다. 그런데 산소나 당분 공급이 원활히 이뤄지지 않으면 뇌는 금세 피로감을 느껴 그 기능이 떨어지게 됩니다. 몸에 힘이 빠지고 눈이 침침해져 사물이 잘 안 보이고 머리가 멍해집니다. 뇌가 과열되었기 때문에 일어나는 현상입니다. 맑은 산소는 이런 현상을 없애 주고 뇌를 식혀 줍니다. 오랫동안 공부하다가 잠시 밖에 나와 맑은 공기를 들이마시고 기지개를 켜면 머리가 맑아지는 것도 바로 이런 이유에서입니다.

## 1. 코 질환이 있으면 뇌기능의 활성화를 막아요

아이가 밀폐된 공간에서 공부할 경우 뇌에 산소가 잘 공급되지 않습니다. 때문에 그런 곳에서 공부하게 되면 졸음이 몰려오게 되고 기억력이 감소되어 공부의 효율성이 떨어지게 됩니다. 이러한 상태가 지속되면 집중력이 저하되고 두통 증세가 일어나며, 심지어는 자율신경 실조증으로 인한 과민성 대장증상까지도 나타날 수 있습니다.

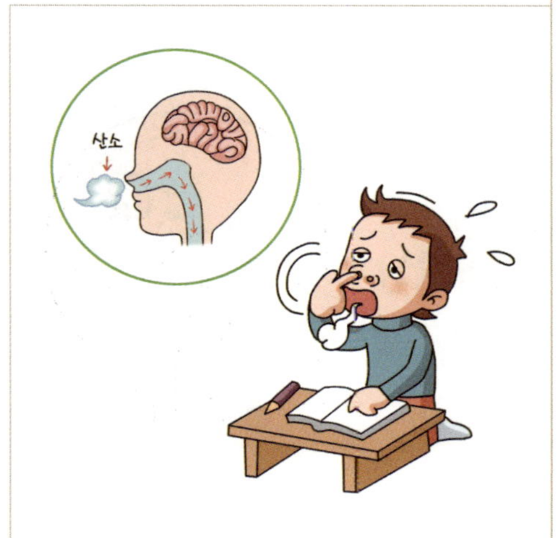


우리 몸의 산소 공급을 맡고 있는

코에 비염이나 축농증과 같은 코 질환이 생기면 훌쩍거리는 코를 닦거나 막힌 코가 답답하여 습관적으로 코를 후비는 습관이 생기게 되고, 이는 집중력을 떨어뜨리는 원인이 되기도 합니다.

## 2. 코가 건강해야 공부도 잘해요

냄새를 맡으면 그 신호가 우리의 감정과 본능을 조절하는 '변연계'에 곧바로 전달되어 자극을 주게 됩니다. 결국 후각은 우리의 감정을 자극하여 풍부한 EQ를 가지게 만듭니다. 따라서 사춘기에 코 질환으로 인해 고생을 하게 되면 인격 형성에 장애를 가져올 수 있습니다.

또 변연계의 바로 옆쪽에는 학습과 기억을 담당하는 해마 부위가 있는데, 이 변연계의 자극은 곧바로 해마의 자극으로 이어져 학습 능력을 향상시켜 주는 효과를 얻을 수 있습니다. 후각이 발달한 사람이 감정도 풍부하고 창의력도 발달하게 되는 이유가 바로 여기에 있습니다.

건강한 코를 가지게 되면 바른 인격 형성에 도움을 주고 학습 능력을 향상시킵니다. 또 성인이 되면 사랑하는 마음과 작은 감동에도 행복할 수 있으며, 서로의 교류를 통해 사회에 독립적인 개체로 살아갈 수 있도록 해줄 수 있습니다. 부모들은 아이가 비염이나 축농증과 같은 코 질환을 앓고 있는데도 아이들의 공부를 핑계로 치료를 차일피일 미루곤 합니다.

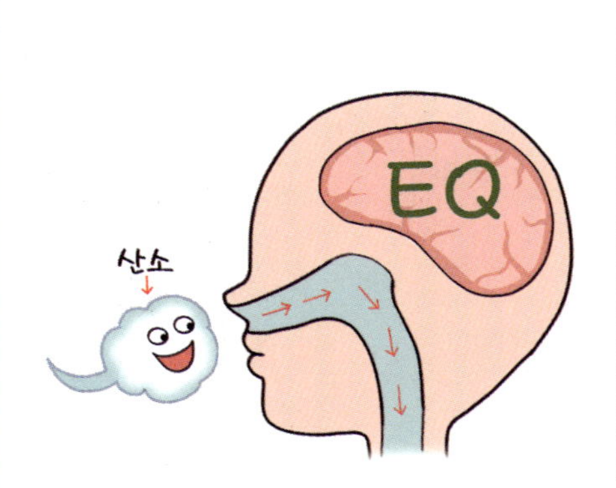


하지만 신체의 상태가 최상이면 단기간의 공부로도 보다 나은 효과를 거둘 수 있다는 사실을 염두에 둔다면 아이들의 코 건강은 간과할 수 없는 중요한 사항이 아닐 수 없습니다.

## 3. 환절기에는 보온 보습을 철저히 하세요

환절기에 아이들의 코를 관리하기 위해서는 평소 코의 질환을 가지고 있지 않다 하더라도 보온과 보습에 신경을 써야 합니다. 간혹 부모들이 아이와 함께 외출할 때는 날이 따뜻하다가 저녁에 집으로 돌아올 때는 기온이 떨어지면서 아이가 갑자기 콧물을 흘리고 기침을 하는 경우가 있습니다. 날이 예전보다 따뜻해져서 좀 얇게 입히다 보니 이런 일이 발생한 것입니다. 따라서 환절기에 외출할 때는 낮에 입는 가벼운 옷과 저녁에 걸칠 수 있는 가벼운 외투를 꼭 챙겨 보온에 신경을 써야 합니다.

또한 봄이 되면 대기가 건조해지므로 아이들이 있는 집안에서는 반드시 가습기를 틀어 놓아야 합니다. 가습기는 날마다 물을 새것으로 갈아주고 한 번 끓였다가 식힌 물을 쓰도록 합니다. 가습기를 사용할 때 아이들 머리 쪽으로 찬 가습이 나오도록 하는 것은 좋지 않습니다. 그러면 밤사이에 아이의 체온이 떨어져 더욱 증상이 악화될 수 있으므로 가습기를 약간 멀리 떨어뜨려 놓고 따뜻한 가습으로 틀어 주는 것이 좋습니다.

아이들의 기본적인 청결 유지에도 관심을 가져야 합니다. 바람이나 황사가 있는 날에는 꼭 마스크를 씌워서 내보내야 하며, 외출에서 돌아왔을 때는 반드시 손을 씻기고 식염수로 입안을 한 번씩 가글해 주는 것이 좋습니다.

특히 평소 감기나 비염으로 고생 중인 아이의 경우에는 계절이 바뀌면서 더욱 증상이 심해지는 경우가 많습니다. 또 일교차가 심해지면 코막힘과 누런 코, 가래가 목 뒤로 넘어가는 증상으로 인해 고생하는 아이가 많은데, 이런 경우에는 아이에게 가능한 한 따뜻한 물을 자주 먹이는 것이 좋으

며, 충분한 휴식을 취할 수 있도록 해주는 것이 좋습니다.

여러 번 코감기를 앓고 다시 재발해서 코 증상과 더불어 귀에 염증이 동반되는 경우도 아이들에게서 자주 볼 수 있습니다. 그러나 아이들은 귀가 아프다고 표현하지 않는 경우가 종종 있습니다. 따라서 아이들이 평소보다 텔레비전을 더 가까이서 본다거나 불러도 잘 듣지 못하는 경우가 반복된다면 반드시 진찰을 받아야 합니다. 또 귀에 염증이 동반되거나 과거에 중이염을 앓았던 아이가 콧물을 자주 흘려서 코를 풀게 될 때는 반드시 한쪽 코를 막고 한쪽씩 번갈아 가면서 풀어야 합니다.

아이들이 재채기와 맑은 콧물을 흘리면서 눈이 가렵다고 하면 알레르기성 비염을 의심할 수 있습니다. 평소에 밥 먹기를 좋아하지 않고 편식이 심하거나 손과 발, 배가 차서 설사를 하는 경우도 있습니다. 이런 때는 적당한 보온 보습과 올바른 식습관을 바로 잡아 주어야만 빠른 치유를 기대할 수 있습니다.

아침에 계속해서 재채기를 해대면서 맑은 콧물이 심하게 흐를 경우에는 저녁 때 잠자리에 들기 전에 발을 따뜻한 수건으로 마사지해 준 뒤 얇은 면양말을 신겨 재우는 것도 증상 완화에 도움이 됩니다.

눈 주위와 코 주변이 가려워서 습관적으로 비벼 대거나 찡그리는 아이들도 자주 볼 수 있습니다. 이런 경우에는 눈에 인공 눈물을 한두 방울 넣어 주고 나서 비닐봉지에 얼음을 담아 눈 주위를 가볍게 문질러 주면 좋습니다.

코가 불편한 아이들의 공통된 것 중의 하나가 항상 찬 음료를 자주 찾는다는 것입니다. 본래 열이 많은 아이들의 경우 코가 불편하면 답답하고 갈증을 많이 느끼게 되어서 그렇지만, 아이들이 찾는 대로 찬 청량음료를 계속해서 먹이게 되면 아이들의 갈증은 갈증대로 남아 있고 코 증상은 더욱 악화되는 결과를 가져오게 됩니다. 따라서 아이가 찬 음료를 찾는다 해도 잘 설득시켜 가능한 한 따뜻한 물을 먹이도록 하는 것이 좋습니다.

# 22 코의 질환

어린이 콧병은 초등학교 이하의 환자가 전체 환자의 65% 가량을 차지합니다. 대략 콧병 환자의 3분의 2 정도가 어린이 콧병으로 고생하고 있는 것입니다.

그렇다면 왜 이처럼 어린이들이 콧병에 잘 걸리는 것일까요? 아무래도 어린이는 성인에 비해 신체적으로 면역기능이 약하고 유해한 환경에 민감할 수밖에 없기 때문입니다. 참고로, 고교생이나 성인의 콧병은 어린 시절의 치료 부족이나 후유증으로 나타나는 경우가 많습니다.

비염을 제때 치료하지 않고 방치하면 축농증이나 중이염으로 이어질 가능성이 많습니다. 아이들의 경우는 더욱 심각한 상황이 될 수도 있습니다. 비염이나 축농증이 생기게 되면 비강 내의 공기 통로가 부어서 항상 코막힘을 동반하게 되며, 기도가 좁아져 뇌로 올라가는 산소량이 줄어들게 됩니다. 이로써 뇌기능이 저하되면 기억력과 집중력이 함께 떨어지게 되고 성격이 산만해지거나 신경질적으로 변하며 만성적인 두통에 시달리게 됩니다.

코 질환 때문에 고생했던 아이들이 치료를 받고 나서 코 고는 증상이 사라졌다는 말을 부모들로부터 듣곤 합니다. 코 질환이 있는 아이들의 경우 상당수가 코를 곱니다. 그리고 독일 수면의학 총회 자료에 따르면, 코를 고는 어린이의 학업 성적은 그렇지 않은 어린이에 비해 절반 내지 3분의 1로 떨어지고, 코를 고는 어린이 중 일부는 숙면을 취하지 못해 수면장애와 영양장애 등에 시달리기도 한다고 합니다.

그리고 심지어는 비염이 아이들의 얼굴형을 바꿔 놓기도 합니다. 비염으로 인해 코가 막힌 아이들은 입으로 숨을 쉬는데, 그 상황이 반복되면 치아교합이 불균형을 이루어 얼굴 형태가 자연스럽지 못하게 변하는 것입니다. 그리고 외모의 변화로 인해 친구들로부터 놀림을 받다 보면 정서불안에 시달리거나 소심한 성격으로 변하기도 하고, 사람을 보면 자신도 모르게 피하게 되며, 그로 인해 스스로 고립을 초래하기도 합니다.

그리고 급성비염이나 축농증을 일으킨 고름이나 그 속에 포함된 박테리아가 이관(耳管)을 통해 귀 쪽으로 옮겨가게 되면 중이염이 되는데, 만성적인 코 질환을 가진 어린이의 경우라면 증상이 있고 없고의 차이일 뿐 중이염을 동반하고 있는 경우가 많습니다.

중이염은 성인이 되면서 빈도가 줄어들게 되지만 어린 시절에 제대로 치료하지 않으면 그 후유증이 성인이 되어서도 지속될 수 있기 때문에 반드시 치료해야 합니다. 그러나 이러한 중이염은 근본적으로 코가 치료되지 않으면 언제든지 다시 나타날 수 있으므로 코 치료가 더욱 필요하게 됩니다.

## 1. 코막힘

실내가 건조해지는 겨울철, 특히 일정한 온도와 습도가 유지되는 아파트는 집 먼지 진드기 서식에 가장 좋은 조건이므로 이로 인해 만성적으로 코가 막혀 밤잠을 설치는 아이들이 많습니다. 그럼 지금부터 코막힘의 원인과 치료에 대해 알아보도록 하겠습니다.

### 1) 코막힘의 원인과 치료

코막힘이 있을 때 의심할 수 있는 병의 종류는 어른과 어린아이에게서 약간씩 다릅니다. 유 · 소아의 경우 코막힘의 원인은 '아데노이드 비대증'이나 부비동염(축농증)을 포함한 코 질환이 있을 때 나타납니다. 아데노이드는 코와 목이 만나는 부분에 있는 림프 조직입니다. 이것의 부피가 여러 가지 원인에 의해 커지면 코 뒤쪽을 막아 코막힘이 생기고 잘 때 코를 골게 됩니다.

또한 편도 비대증이 동반된 경우에도 심한 코막힘이나 코골이 증상이 나타납니다. 이 경우 증상이 약하면 자라면서 아데노이드가 퇴화되지만 정도가 심하면 부비동염이나 중이염 · 무호흡증 · 인두염 등을 유발하며 얼굴 모양의 변형을 가져오기도 하므로 반드시 수술을 받아야 합니다.

부비동염으로 인한 코막힘은 기관지 천식으로 발전할 수도 있습니다. 특히 어린이 코막힘은 의사의 병력 청취나 검사가 제대로 이뤄지지 않아 상태를 악화시키는 경우가 있으므로 간과해서는 안 됩니다.

축농증이나 중이염 같은 병을 유발하면 수술로 제거하기도 합니다. 또 지속적으로 한쪽 코에서 냄새가 심한 누런 콧물과 코막힘이 있고 통증이 동반되면 콧속 종양을 의심할 수도 있습니다.

만성 코막힘은 대개 하나가 막히는 일측성과 양쪽이 막히는 양측성으로 구분되는데, 일측성은 주로 콧속 이물질이 원인입니다. 어린이가 가지고 놀던 작은 구슬 모양의 장난감을 콧속에 집어넣고 나서 한참 지난 뒤에 코막힘과 누런색 콧물을 흘리는 경우도 있습니다. 또 선천적으로 두 쪽 콧구멍이 막혀 생기는 경우도 있는데, 이는 수술로써 뚫어 줘야 합니다.

소아는 부비동염과 비염이 동반되는 수가 많습니다. 알레르기성 비염은 코에 뿌리는 국소 스테로이드 제제를 하루 1~2회씩 규칙적으로 사용하고 가습기는 피하는 것이 좋습니다. 국소 스테로이드 제제는 전신 부작용이 거의 없으므로 안심하고 사용해도 됩니다.

이 밖에 콧속에 물혹이 생긴 경우도 만성 코막힘 현상이 나타날 수 있습니다. 만성 코막힘이 있으면 전문의의 진단 후 약물과 보존치료를 해야 하며, 그래도 낫지 않으면 수술로써 치료해야 합니다.

Point

## 코 질환에 좋은 한방차

유근피는 코나무로 불리는 참느릅나무껍질로, 각종 코 질환에 효능이 있는 것으로 알려져 있습니다. 유근피 20g 정도를 30분가량 달여 하루에 3번 나눠 마시면 코 질환에 도움이 됩니다. 또 목련꽃 봉오리 20g을 물에 넣고 푹 달여서 3~5회 정도 나눠 마시면 코막힘을 뚫어 줍니다.

## 코막힘이 심할 때는 이렇게 해보세요

코가 막혀서 아이가 젖 먹기를 불편하면 시중에 나와 있는 고무 재질로 된 코 흡입기를 사용해서 콧물을 뽑아 주는 것이 좋습니다. 코가 너무 끈적거려서 잘 나오지 않는 경우는 생리식염수를 한 방울씩 코 속에 넣어 코를 묽게 만든 다음에 흡입하는 방법을 사용하면 됩니다.

아기 방에 가습기를 틀어 놓는 것은 콧물을 흡입하기 좋도록 묽게 만들어 주는 데 도움도 되고, 건조한 실내를 습도 조절을 통해서 아기들을 편안하게 해줄 수 있는 한 방법이지요. 하지만 매일 가습기를 닦고 난 후 충분히 말려서 사용하여 물 속에 세균이나 곰팡이가 자라는 것을 막는 것이 중요합니다. 가열식 가습기는 사고 위험이 있으니 절대로 사용하지 말아야 합니다.

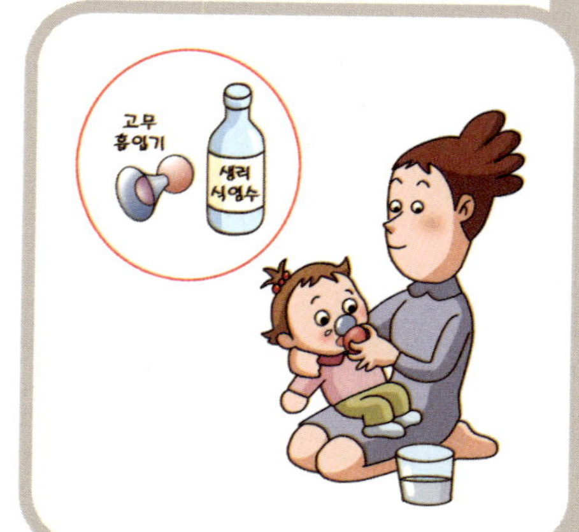

## 2. 콧물

일반적으로 아이들은 코로만 숨을 쉽니다. 따라서 콧물이 계속 흐르거나 콧물로 인해 코가 막히는 증상이 있으면 자연히 아이들은 보채게 됩니다. 특히 젖을 먹을 때 코가 막혀 있으면 젖을 먹을 수 없게 되어 아이는 배가 고파져서 역시 보채게 됩니다. 또 코가 막히면 잠들기도 어렵습니다. 그럼 소아 콧물의 원인과 치료에 대해 알아보도록 하겠습니다.

### 1) 콧물의 원인과 치료

콧물은 코점막의 조직이 붓고 혈관이 확장되고 점액선이 활성화되면서 나오는 점액 분비물입니다. 콧물이 많이 나오면 코가 막히기도 하는데, 콧물이나 코막힘의 가장 흔한 원인은 바이러스 감염으로 인한 감기입니다. 그 밖에도 세균이나 인플루엔자, 기타 화학물질이나 자극성 물질 등이 코에 자극을 주고 염증을 일으키면 콧물이 심하게 흐릅니다.

아이들이 코가 막히는 가장 흔한 원인은 코감기입니다. 따라서 콧물이 나오고 열이 나며 목구멍에 통증이 있는 경우는 감기가 원인이므로 안정을 취해 주면서 치료를 받도록 합니다. 감기에 걸리게 되면 콧물이 처음에는 묽다가 하루 이틀쯤 지나게 되면 점차 진해지면서 누런색을 띠게 됩니다. 이렇게 콧물이 뻑뻑해지면 코도 쉽게 막히고, 그로 인해 입으로 호흡을 하면서 목안이 아프게 되기도 합니다.

이때는 일시적으로 콧물을 줄이는 약을 쓴다든지 하여 콧물만 치료해서는 안 됩니다. 호흡기는 코부터 기관지까지 연결된 조직이기 때문에 코에서 방어기능이 원활치 못하면 계속해서 병이 아래쪽으로 진행되기 때문입니다. 일반적인 감기 치료와 안정, 충분한 영양과 수분 공급, 습도와 온도의 조절 등을 병행해야 합니다.

그리고 콧물이나 코막힘이 오래 지속되거나 특정 계절에 심해지면 알레르기성 비염을 생각할 수 있습니다. 알레르기성 비염일 때는 대개 열이 없고 맑은 콧물이 흐르며, 재채기, 코와 눈의 가려움증 등이 함께 나타나는 게 특징입니다.

이 밖에도 콧물이 계속해서 흐른다거나 고름처럼 진한 콧물이 있을 경우, 냄새가 나는 경우라면 만성비염이나 부비동염을 의심할 수 있고, 한쪽 콧구멍만 막힐 경우는 비후성 비염이나 비중격만곡증일 가능성이 있으므로 재빨리 병원을 찾아야 합니다.

흔히 코가 막히면 일시적으로 코에 뿌려 주는 약을 사용하는데, 이런 약을 장기간 사용할 경우 나중에는 약에 대한 반발작용으로 코의 점막이 부어오르면서 코막힘이 더욱 심해지고 약물성 비염에 걸릴 수도 있습니다. 따라서 절대 남용해서는 안 되며, 습도를 높이는 등 자연적인 방법으로 코막힘을 해소하는 것이 좋습니다. 어쩔 수 없이 코에 뿌려 주는 약물을 사용하고자 할 때는 5일 이상 사용하지 않도록 해야 합니다.

감기나 알레르기성 비염으로 코가 막힐 때는 섭씨 43℃ 정도의 약간 더운 증기를 들이마시는 온열요법이 도움이 됩니다. 욕조에 더운물을 받아 여기서 나오는 수증기를 쐬어도 괜찮고, 따뜻한 물에 적셨다가 짠 타월로 코를 따뜻하게 해줘도 코막힘 해소에 도움이 됩니다.

감기가 심하지 않으면 쑥물로 가볍게 목욕을 시키는 것도 괜찮습니다. 코에 뿌리는 약물에 의지하는 것보다는 훨씬 좋은 방법입니다.

콧속이 말라 숨쉬기 힘들어하고 답답해하면 알로에 즙을 탈지면에 묻혀 콧속을 적셔 줘도 좋습니다.

그 외에도 3% 식염수를 몇 방울씩 코에 몇 차례 넣어 주는 방법도 있습니다.

Point

**아이의 딱딱한 코딱지를 떼려면 이렇게 해보세요**

생리식염수를 코에 몇 방울 떨어뜨려 수분을 보충해 주면 콧속이 딱딱하게 굳어지는 것을 방지할 수 있습니다.
이 방법으로 코막힘을 원천적으로 개선시킬 수는 없지만, 콧속에 낀 코딱지를 떼어낼 때 아이의 연약한 코점막을 상하지 않게 한다는 장점이 있습니다.
그리고 아기를 목욕시킬 때 면수건을 따뜻한 물에 적셔서 코 밑에 대어 주면 코 안에 있던 코딱지가 수분에 의해 말랑말랑해지면서 재체기와 함께 쑥 빠져 나옵니다.

## 3. 부비동염(축농증)

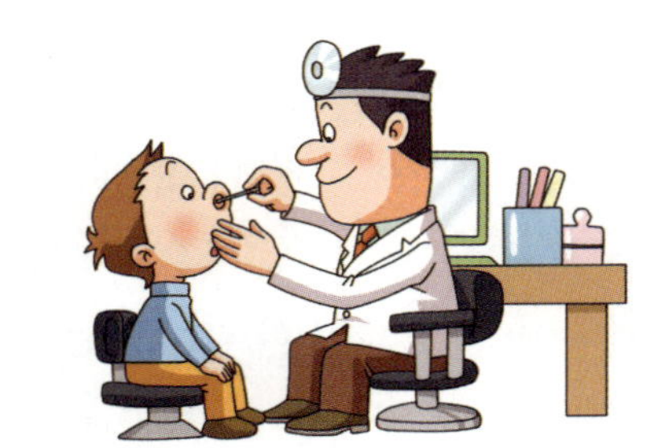

부비동염은 축농증이라고도 하는데, 코 주변의 얼굴뼈에 있는 '부비동'이라고 하는 공간에 염증이 발생하는 것을 말합니다. 부비동에 염증이 생기면 이 공간에 농이 쌓이게 되므로 '축농증'이라는 이름이 붙게 된 것입니다.

### 1) 부비동염의 원인은 무엇인가요?

성인과 달리 소아의 경우에는 부비동의 발달이 미약하고 비강과 부비동 사이의 경계가 상대적으로 크기 때문에 비강의 염증이 쉽게 부비동으로 전파되어 부비동염과 비염이 동반되어 나타나기가 쉽습니다. 그 밖에도 이 축농증은 감기와 쉽게 감별하기가 어렵다는 점 또한 하나의 특징이라고 하겠습니다.

어린이 부비동염은 폐렴구균, 인플루엔자균 등의 세균 감염이 원인입니다. 정상적인 환경에서는 이러한 세균의 감염이 쉽게 일어나지 않는데,

편도 및 아데노이드 비대가 있거나 동반되면 콧물이 쉽게 고이게 되고, 환기가 잘 안 되면 이러한 세균들이 증식하기에 좋은 환경이 됩니다. 그러면 콧물과 코막힘, 안면부 통증, 두통 등의 증상이 나타날 수 있고, 급성기에는 열이 날 수도 있습니다. 그러나 만성인 경우에는 열이 없습니다.

의사소통이 어려운 유아기에는 이러한 특징적인 증상들보다는 아이가 자꾸 보채는 증상으로 나타날 수 있습니다.

### 2) 부비동염의 진단은 어떻게 하나요?

축농증의 진단은 '환자의 자세한 병의 경과'와 내시경을 이용해 콧속을 검사하는 '이학적 검사', 그리고 X-레이 등을 이용한 '방사선 검사'에 기초해 진단을 하게 됩니다.

그러나 소아는 위의 세 가지 검사법이 모두 쉽지 않습니다. 축농증의 증상들은 감기의 증상과 유사하기 때문입니다. 특히 소아기에는 감기에 자주 걸리므로 더욱 어려움이 따릅니다. 또 편도 및 아데노이드 비대의 경우에도 비슷한 증상을 보이는 경우가 있어 진단에 어려움을 줍니다.

비내시경 검사는 6~7세 이상이 되면 어느 정도 협조가 되므로 검사가 가능한데, 이보다 어린 소아의 경우에는 전비경 검사를 통해서 간접적으로 확인할 수 있습니다. 또 단순 X-레이 촬영 검사는 쉽게 시행할 수 있는 장점이 있는 반면에 검사의 정확도는 떨어집니다. 따라서 이러한 여러 가지 검사를 종합적으로 판단해 진단을 하게 됩니다.

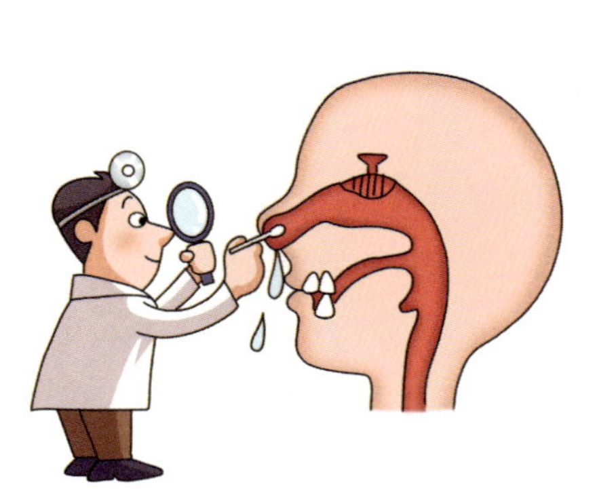

한편, 고열을 동반한 부비동염이 충분한 약물치료에도 반응하지 않는다거나 눈이나 뇌 합병증을 급성으로 동반한 경우라면 보다 정확한 검사법인 CT 촬영을 고려할 필요가 있습니다.

부비동염을 장기간 방치할 경우, 두통이나 집중력 감퇴, 학습장애 등이 있을 수 있고, 콧물이 지속적으로 목구멍으로 넘어가게 되어 입냄새의 원인이 되기도 하고, 코막힘으로 인해 구강호흡을 하게 되어 얼굴턱뼈의 발육에 영향을 줌으로써 주걱턱이나 치아의 부정교합 등이 발생할 수 있고, 성장기 아동에서 밤에 수면장애를 초래해 수면 중에 분비되는 성장호르몬의 분비에 영향을 주어 성장장애를 초래할 수 있습니다. 드물지만 부비동에 발생한 염증이 주변으로 파급될 경우 안구나 뇌를 침범하게 되어 뇌수막염이나 뇌염, 안와주위염 등을 초래할 수도 있습니다.

### 3) 부비동염의 치료는 어떻게 하나요?

부비동염의 치료 원칙은 부비동의 환기와 배설을 유지하는 것입니다. 급성부비동염이나 소아의 경우는 항생제 등의 약물치료가 우선입니다. 항생제에 반응이 있는 경우, 누렇던 콧물의 색깔이 엷어지고 점도가 묽어지며 차츰 양이 줄고 비강의 통기(通氣) 상태가 개선됩니다. 일반적으로 1~2개월의 투약 치료로 만족할 만한 결과를 얻을 수 있습니다.

그리고 생리식염수를 이용한 비강 세척이 도움이 될 수 있습니다. 필요에 따라 코 안으로 천자(穿刺, 몸의 일부에 속이 빈 가는 침을 찔러 넣어 체내의 액체를 뽑아내는 일)를 하여 부비동 내로 세척할 수도 있습니다. 죽염 등으로 코를 세척하는 자가 치료법을 사용하게 될 경우, 자칫 잘못하다가는 코점막을 손상시켜 수술로도 완치가 안 되는 '범발성 용종증' 등의 병을 만들 수 있으므로 반드시 전문의의 조언을 받도록 합니다.

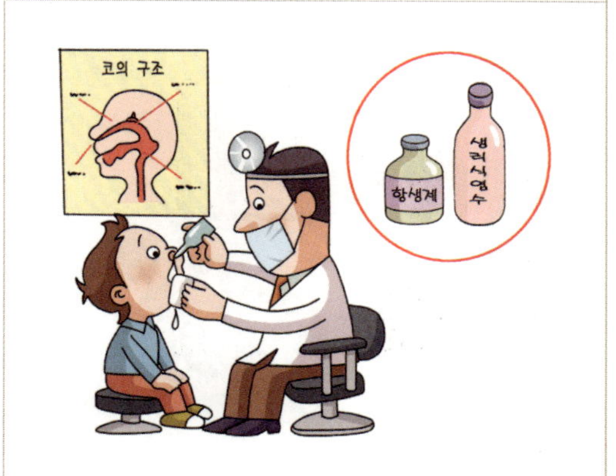


약물치료로 듣지 않으면 수술적인 치료를 고려해 볼 수 있습니다. 수술적인 치료는 염증이 있는 부비동을 개방하여 환기와 배설이 되게

하고, 원인이 될 수 있는 코 안의 구조적 이상을 교정하는 것입니다. 과거에는 윗입술을 들고 입 안으로 절개하여 부비동으로 접근하는 방법을 주로 사용하였으나 최근 들어 내시경 수술이 발달되면서부터 일부 특수한 경우를 제외한 대부분의 부비동염은 내시경을 이용하여 수술을 하고 있습니다. 또한 과거에는 '사춘기 이전의 소아에게 있어서 코 안의 수술은 얼굴뼈의 성장에 지장을 줄 수 있다'는 이유로 금기시되어 왔으나 최근 내시경, 레이저, 흡입 절삭기 등이 도입되면서 약물치료에 반응이 없는 9~10세 이상의 소아에게도 선택적으로 시술이 가능해졌습니다.

## 4. 소아 코골이

흔히 코골이는 어른들만의 잠버릇으로만 생각하기 쉽지만 어린이들도 코를 고는 경우가 많습니다. 문제는 이를 단순한 피로 증세 정도로 여기고 그냥 방치하는 수가 많은데, 이 코골이는 어린이의 성장 발달에 장애가 될 수 있으므로 부모의 세심한 관찰이 필요합니다.

어린이의 코골이는 수면장애와 영양장애를 일으킬 수 있으며, 심지어 턱뼈 발육에 문제를 초래하여 치아가 불균형해질 수도 있습니다. 또 주의가 산만해지고 우울증을 겪기도 합니다.

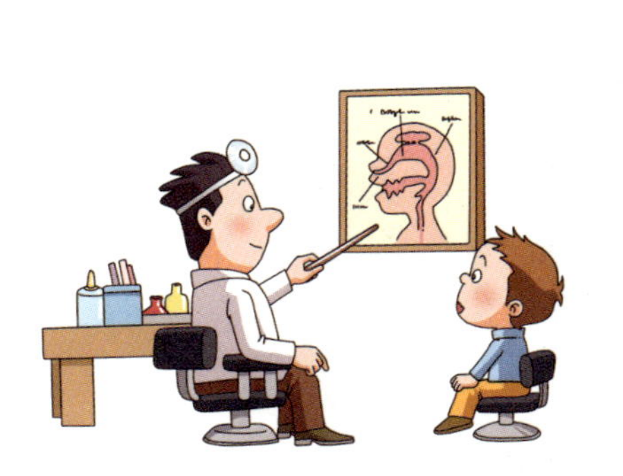

어린이가 평소에 입을 벌리고 코를 골며 잔다면 분명 어른들과는 달리 해석해야 합니다. 아데노이드 비대증일 가능성이 매우 높기 때문입니다. 아데노이드란 코 뒤쪽과 목젖 중간에 위치한 편도를 말하는데, 이는 육안으로 확인하기가 힘든 데다 보통 5~10세 때 조직이 커지고 사춘기를 지나고부터는 점차 작아지다가 결국 없어지는 특징이 있습니다. 그러나 아데노이드가 작아지거나 없어지지 않고 반대로 비대해지면 코로 숨을 쉬기가 어렵기 때문에 코골이를 하게 됩니다.

일반적으로 편도는 감기 감염 등이 반복적으로 발생하면 붓게 되는데, 이렇게 되면 콧속 뒤 공간인 '비인강'이 좁혀져서 코로 호흡하기가 힘들어집니다. 게다가 콧물까지 배출이 잘 안 되므로 코막힘은 더욱 심해집니다. 결국 이런 증세가 있는 어린이는 숨을 늘 입으로 쉬게 되고 숙면을 취하지 못하며, 또래 아이들에 비해 성장이 지연되기도 합니다.

특히 이런 경우 항상 입을 반쯤 벌리고 있어서 매우 아둔해 보이는데, 이렇게 되면 윗니가 돌출하면서 윗입술이 들리는 이른바 '아데노이드 얼굴형'이 되기 십상입니다.

게다가 비대해진 아데노이드가 코와 귀를 연결하는 이관을 막아 중이염이나 청력장애를 유발하기도 합니다. 이는 다시 축농증으로까지 발전하여 코 분비물이 목 뒤로 넘어가는 증상도 빈번하게 생기면서 심한 구취와 함께 수면무호흡증을 동반하기도 합니다.

아데노이드는 내시경이나 방사선 검사를 통해 상태를 확인할 수 있습니다. 만약 증세가 그다지 심하지 않다면 정기적으로 관찰하면서 아데노이드 조직이 저절로 작아져 없어지기를 기다리는 것도 하나의 방법입니다. 그러나 잠자는 동안에 입을 크게 벌리고 코를 심하게 골면서 호흡이 끊기는 무호흡 증세가 있다면 이를 제거하는 수술을 받아야 합니다. 아이의 성장 발달이 지연되며 자칫 중이염이나 축농증, 치아 불균형, 편도선염의 빌미가 될 수도 있기 때문입니다. 수술은 성장 발육이 빨리 진행되는 시기인 만 3세부터 초등학교 저학년 사이에 하는 것이 이상적입니다. 수술 시간은 1시간 정도 걸리며, 수술 전에 전신마취를 해야 하는 부담이 있습니다.

## 코고는 아이, 학업 성적도 떨어진다?

코고는 아이들이 학업 성적도 떨어지는 것으로 나타났습니다. 홍콩 중문대 의대의 수면장애 전문가 앨버트 마틴 리 교수는, "잠자는 동안 코를 고는 어린이들은 그렇지 않은 아이들에 비해 학업 성취도 면에서 절반 정도에 불과하며, 코고는 어린이들이 성격적인 측면에서도 그렇지 않은 아이들에 비해 심술궂고 나쁜 버릇을 갖게 될 가능성이 75%나 높다"고 발표했습니다.

조사 결과, '코골이를 하는 어린이의 23%는 낙제를 하거나 성적이 크게 떨어지는 것으로 나타났지만, 그렇지 않은 어린이의 경우 13.2%만이 성적에 문제가 있는 것'으로 나타났습니다. 이와 함께 코고는 아이의 35%는 제 자신의 성격을 제대로 통제하지 못하고 심술궂고 성급한 행동을 보였으며, 23%는 과민성 증상을 보였습니다.

코골이 습관이 없는 어린이의 20.8%만이 나쁜 버릇을 갖고 있고 13.7%만이 과민성 증상을 보인 것과 대조됩니다. 마틴 리 박사는 "코골이는 과도한 긴장 등에서 비롯된다"며, "어린이들이 코골이 때문에 편안한 잠을 자지 못할 경우 낮 동안 쉽게 집중력을 잃을 수 있고 나쁜 성격이 형성될 수 있으며, 특히 어린이들이 코를 고는 동안 뇌에 산소 공급이 방해를 받아 두뇌 향상에도 영향을 미칠 수 있다"고 지적했습니다.

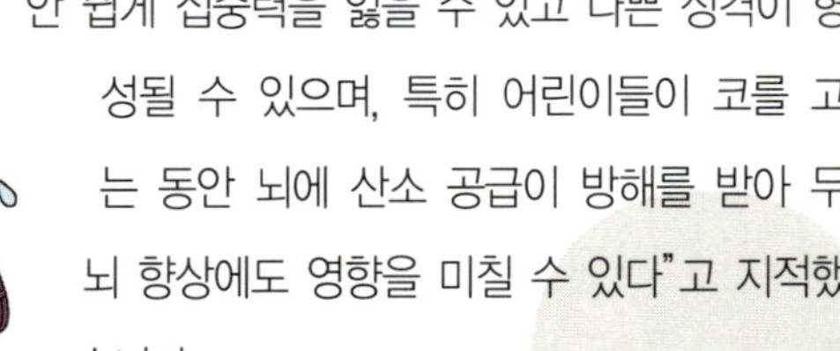

# 23 소아 코피

초등학교에 입학한 어린이들이 새로운 생활에 적응기를 거치며 코피를 흘리는 경우가 자주 발생합니다. 코를 풀거나 세수를 할 때, 게임이나 공부를 할 때, 심지어 밥을  먹다가 코피가 터지기도 합니다. 밤에 잠을 자다가 선홍색 피를 쏟을 경우엔 정신이 없고 부모로 하여금 당황하게 합니다.

그러나 코피는 땀과 마찬가지로 체내 열을 조절하는 역할을 하므로 어쩌다가 코피를 흘리는 것은 그다지 걱정할 일이 아닙니다. 코피를 많이 흘린 것 같아 보여도 실제로 흘린 양은 극히 적으므로 위험해지는 경우는 거의 없습니다. 특히 어린아이들의 경우 혈관이 아직 성인보다 약하기 때문에 체내 여러 변화에 민감해 코피를 잘 흘릴 수가 있습니다.

## 1. 어떨 때 코피를 흘리나요?

코피는 좌우 비강(콧구멍)을 나누고 있는 콧속의 물렁뼈인 비중격 앞쪽의 혈관들이 충격 등으로 인해 터져서 발생합니다. 비점막 혈관 분포의 특징은 몇 개의 주요 동맥으로부터의 혈관이 비중격의 앞쪽에 집중하여 그물 같은 망을 형성하는 것입니다. 이곳은 쉽게 손이 닿을 수 있는 곳이어서 어린이의 경우 대부분 이곳에서 출혈하게 됩니다. 또 비중격 부근의 점막은 유난히 약하며 그 밑으로 단단한 연골과 붙어 있으므로 조그마한 외상이나 염증에 의해서도 쉽게 코피가 납니다.

코피의 원인은 다양한데 그 중에서도 여러 가지 급성호흡기 감염이 있거나 심한 발작적인 기침을 유발하는 질환, 혹은 감기에 걸리면 코의 점막이 충혈되어 평상시보다 쉽게 코피가 나서 코를 풀거나 세수를 하는 가벼운 정도로도 코피가 날 수 있습니다.

그리고 어린이의 경우 대부분이 외부의 물리적 자극에 의한 것입니다. 습관적으로 코를 만지거나 콧구멍을 후비거나 코를 세게 푸는 아이들에게 코피가 많이 납니다. 콧구멍은 60% 정도의 습도가 유지되어야 콧물이 점막을 촉촉하게 적시게 됩니다. 그러나 아파트에서는 습도가 낮은 경우가 많으며, 이때는 코점막에 딱지가 앉게 됩니다. 코점막에 딱지가 생기면 숨쉬기가 거북해 무의식중에 손으로 딱지를 떼어내는데, 이 과정에서 점막에 상처가 생겨 코피가 나는 경우도 있습니다.

따라서 코를 자주 후비는 아이는 손톱을 짧게 깎아 주도록 하고, 또한 방안이 너무 건조하지 않은지 살펴보고 가습기 혹은 빨래 등을 사용하여 습도를 올리는 것이 좋으며, 코를 너무 만지며 자극하지 않도록 주의를 시키는 것이 좋습니다.

또한 비염이나 축농증에 걸린 아이는 코점막이 과민해 코피를 흘리는 경우가 많은데, 이럴 땐 출혈 자체보다는 그 원인인 비염이나 축농증을 치료하면 코피가 없어집니다.

그 외에 소아성 고혈압 환자이거나 빈혈, 동맥경화증, 유전성 질환, 양성 · 악성 종양, 그리고 드물기는 하지만 백혈병이나 출혈성 질환이 있을 때도 코피를 잘 흘리게 되며, 또한 선천성 혈관응고 장애, 혈소판 감소증, 응고인자 결핍, 신부전, 정맥울혈 등의 경우에는 아주 심하게 옵니다. 따라서 코피가 잘 안 멎거나 유난히 자주 나면 반드시 혈액 검사를 하여 정확한 원인을 규명해 볼 필요가 있습니다.

코피가 난 뒤 몇 시간은 코를 풀지 않거나 세게 풀지 말아야 합니다. 아이가 많이 답답해하면 식염수나 미지근한 물 한두 방울을 콧속에 넣어 주면 코막힘 증상이 쉽게 풀립니다. 코에 냉찜질을 하면 지혈에 더욱 효과적입니다.

## 2. 코피의 종류

코피의 종류는 코피의 발생 부위와 관계가 깊습니다. 일반적으로 출혈의 발생 부위가 코의 입구 부분인지 코 안 깊숙한 부위인지에 따라 출혈의 양상이 달라지고 대처법도 달라집니다.

### 1) 코 입구 부위의 출혈

코의 입구 부위에 있는 모세혈관 출혈에 의해 발생하는 코피는 양이 적어서 지혈을 잘하면 쉽게 출혈이 멈춥니다. 대부분의 코피가 이에 해당하며, 주로 어린이와 젊은 사람에게 많이 발생합니다.

### 2) 코 안 깊숙한 부위의 출혈

코 안 깊숙한 부위로부터 나오는 코피는 특별한 주의를 요합니다.

출혈 부위가 코 안 깊숙한 부위에 있으므로 가정에서는 지혈도 힘들고 오랫동안 출혈이 계속됩니다. 주로 나이 든 노인에게서 발생하며, 출혈의 양이 많아 쇼크와 같은 의학적인 문제를 동반할 수가 있습니다. 따라서 코피가 멈추지 않고 계속 목으로 넘어가는 느낌을 받는다면 전문가를 찾을 필요가 있습니다.

## 3. 코피도 예방할 수 있나요?

차고 건조한 날씨로 인한 코피를 막기 위해서는 코점막이 마르지 않도록 해주는 것이 중요합니다. 적당한 실내 습도를 유지시켜 코점막이 건조해지지 않도록 해야 합니다. 식염수 스프레이로 코를 세척해 주면 좋습니다. 다음은 평상시 코피를 예방하기 위한 요령입니다.

❶ 과로와 긴장을 피합니다.
❷ 가습기를 사용해 실내 습도를 50~60%로 유지시켜 코점막이 건조하지 않도록 합니다.
❸ 코를 후비거나 비비는 행위를 삼갑니다.
❹ 코를 풀 때에도 약하게 풀고, 양쪽 콧구멍으로 풀지 말고 한쪽 콧구멍을 막고 다른쪽 콧구멍으로 풀도록 합니다.
❺ 감기나 알레르기 증상이 있을 때에는 조기에 치료합니다.
❻ 코피가 자주 발생하면 코 안의 구조적 이상이나 다른 질환 여부를 검사합니다.
❼ 아스피린이나 항응고제의 복용을 피합니다.
❽ 고혈압, 간질환, 동맥경화 등의 만성질환을 적극 치료합니다.

## 4. 코피가 날 때의 응급처지

흔히 코피가 나면 목을 뒤로 젖혀서 콧구멍을 휴지 등으로 틀어막고 콧잔등을 눌러 주는데 이는 아주 잘못된 방법입니다. 코피는 코뼈와 얼굴뼈로 싸여 있는 콧 속 점막에 분포된 혈관으로부터 나오는 것이므로 콧등을 눌러 준다고 해서 그 혈관에 압박이 가해진다는 보장이 없습니다.

또한 머리를 뒤로 젖히게 되면 코피가 코 뒤로 흘러들어가서 기도를 막을 수 있기 때문에 때로는 위험한 상황이 될 수도 있습니다. 코피가 기도로 넘어가면 폐렴이 식도로 넘어가 위장장애의 원인이 되기도 합니다.

가장 바람직한 방법은 머리를 약간 앞으로 숙이고 콧등 아래쪽의 연골부위(콧망울)를 엄지와 검지로 10분 정도 눌러 주는 것입니다. 어린이의 경우 대개 이 방법을 이용하면 지혈이 됩니다.

코피를 자주 흘리는 어린이는 습관적으로 콧구멍을 후비는 버릇을 반드시 교정해 줘야 하고, 코피가 자주 나는 아이가 있는 집에선 특히 실내 습도에 유의해야 합니다. 그리고 앉은 자세로 일을 하는 사람은 피가 코점막에 고이기 쉬우므로 가벼운 맨손체조로 혈액을 온몸으로 순환시키는 것이 좋습니다. 다음은 아이가 코피를 흘릴 때 집에서 할 수 있는 응급처치 요령입니다.

❶ 엄마가 침착한 모습을 보입니다.

* 엄마가 당황하면 어린이는 더욱 불안해 하기 때문입니다.

❷ 환자를 눕히지 말고 편안히 앉히고 머리를 약간 앞으로 숙이게 합니다. 절대로 고개를 뒤로 젖히는 자세를 취하지 않도록 합니다.

❸ 목이나 가슴 부위의 옷을 느슨하게 풀어 주어 호흡을 편하게 해줍니다.

❹

❹

❺

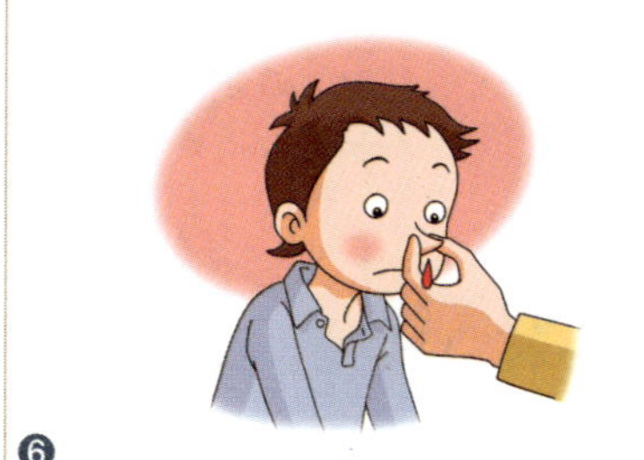

❻

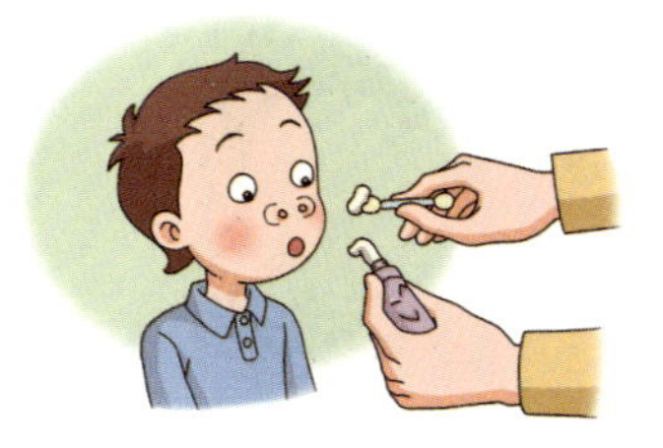

❼

④ 솜을 조금 크게 말아 콧속에 끼워 넣고 (바셀린을 바른 솜이면 더욱 좋습니다), 엄지와 집게손가락으로 콧등 아래의 말랑말랑한 연골 부위를 5~10분간 압박합니다.

* 이때 솜이 콧구멍으로 충분히 들어가도록 깊게 밀어 넣고 코 날개를 눌러 줘야 솜이 출혈 부위를 제대로 압박할 수 있어서 효과적으로 지혈이 됩니다. 또 콧잔등에 얼음주머니를 2~3분 간 대어 주면 콧구멍 속의 모세혈관이 수축돼 코피가 빨리 멈추게 됩니다.

⑤ 입 속에 있는 피를 삼키면 구토나 위장 장애를 유발할 수 있으므로 뱉어내도록 합니다.

⑥ 코를 10분 동안 잡아 주고 나서도 피가 나면 다시 10분 정도 잡아 줍니다.

⑦ 코피가 멎고 나서 딱지가 생기면 바셀린이나 항생제 연고를 발라 줍니다. 코 입구에서 1~2㎝ 안쪽 부위에 하루 2차례 정도 바릅니다. 만약 코 입구에 금빛을 띠는 염증성 딱지가 있을 경우 세균성 감염이 의심되므로 연고를 바르고 항생제를 복용해야 합니다.

⑧ 코피가 멎은 후에는 곧바로 무거운 것을 들어 올리거나 갑자기 고개를 숙이는 행동 등은 하지 말아야 합니다. 무리하게 힘을 쓸 경우 혈압을 높여 다시 출혈을 유발할 수 있기 때문입니다. 지혈 이후에는 심장보다 머리를 위로 두고 잠시 휴식을 취하는 것이 좋습니다.

⑨ 코를 잡아 주고도 30분이 지나도록 피가 계속해서 나오면 멈출 때까지 기다리지 말고 빨리 병원으로 가는 것이 좋습니다.

Point

## 효과적인 지혈법

① 지속적으로 코피가 멎지 않을 때는, 코피가 흐르는 쪽의 팔을 한참 동안 머리 위로 올리고 있으면 멎습니다.

② 코피가 나오는 쪽의 눈시울과 콧등 사이의 혈관을 손가락으로 눌러 주면 출혈량이 적어지면서 점차 지혈이 됩니다.

③ 뒤통수를 냉수로 적셔 주면 지혈에 효과가 있습니다.

④ 살이 데지 않을 정도의 뜨거운 물에 발을 담그고 있으면 빨리 지혈이 됩니다.

⑤ 코피를 흘리고 난 다음에는 연근즙이나 연근을 하루 정도 복용하는 것이 좋습니다. 연근은 좋은 지혈제이면서 상처가 난 혈관 부위를 복구시키는 작용이 강하기 때문입니다.

갑자기 일교차가 심해지거나 건조해지면 감기뿐만 아니라 감기 끝에 찾아오는 급성중이염을 조심해야 합니다. 중이염은 출생 후 3세 이전까지 90%가 한 번쯤 경험하고, 이 가운데서 60%는 세 번 이상 경험할 정도로 유 · 소아에서 흔한 질병입니다. 만일 감기 끝에 고열과 함께 귀에 심한 통증을 호소하면 급성중이염을 의심해 보아야 합니다.

## 1. 중이염은 어떤 질환인가요?

중이염은 글자 그대로 중이(中耳)에 염증이 생기는 병입니다. 감기의 가장 흔한 합병증으로 특히 생후 6개월~6세 아동들이 많이 걸립니다.

우리의 귀는 크게 바깥귀(외이), 가운데귀(중이), 속귀(내이)의 세 부분으로 나뉩니다. 우리가 흔히 귀지를 파내는 동굴처럼 생긴 곳을 '외이도' 라고 하고 더 들어가면 '고막' 이 가로막고 있습니다. 중이는 고막 더 안쪽에 위치해 있고 가느다란 관으로 코의 뒷부분과 통해 있으며 이관 또는 유스타키씨관이라고도 합니다.

한마디로 중이염은 이 중이에 염증이 생겨 막히게 되는 것입니다. 이 중이염은 어린이 10명 가운데 9명이 3세 이전에 한 번 이상 앓을 정도로 흔한 질병인데, 이처럼 어린아이들에게 중이염이 잘 걸리는 이유는 어른에 비해 코에 연결되어 있는 이관의 길이가 짧고 넓은 데다가 직선이라서 코나 목의 분비물이 중이로 쉽게 들어오기 때문입니다.

그런데 어린 아기가 중이염에 걸렸을 때 귀가 아프다는 의사표현을 잘 하지 못해 엄마가 모르고 지나쳐 치료 기간을 오래 끌게 되는 경우가 적지 않습니다. 따라서 아기가 감기를 앓고 있을 때나 감기 치료가 어느 정도 된 후에도, 엄마가 귀를 만지는 것을 싫어하거나 손을 자꾸 귀 쪽으로 갖다 대며 울고 보채면 중이염을 의심해 볼 필요가 있습니다. 중이염이 있으면 영아들은 젖이나 우유를 잘 먹지 않고 보채며, 잠을 잘 자지 못하고, 설사를 하거나 토하는 등 전신 증상도 많이 나타납니다.

아이에게 기침, 콧물 등과 같은 감기증상이 있거나 열이 있을 때는 혹시 중이염이 생겼는지 꼭 확인해 보는 것이 좋습니다. 전에 중이염을 앓았던 적이 있는 아이라면 더더욱 신경을 써야 합니다.

## 2. 중이염의 원인과 증상은 무엇인가요?

중이염이 생기는 원인으로는 감기와 그 외 감염증, 여러 가지 자극, 알레르기 등을 들 수 있는데, 그 가운데 감기가 가장 흔한 원인이 됩니다. 중이염에는 급성과 만성, 삼출성이 있는데 이 가운데서 어린이들은 주로 급성중이염에 잘 걸립니다.

### 1) 급성중이염

급성중이염은 보통 감기를 앓고 나서 많이 나타나는데, 주 증상은 고열(섭씨 38~39℃)과 함께 귀가 아프고 먹먹해 잘 들리지 않으며 귀에서 소리가 나기도 합니다. 이것이 더 진행되면 귀에서 물이나 고름 등의 분비물이 나오면서 통증이 급격히 감소되는 수가 있는데, 이는 압력에 못이긴 고막에 구멍이 생긴 경우입니다.

이때 귓속을 들여다보면 은백색의 고막이 잘 익은 사과처럼 빨갛게 부풀어 올라 있는데, 보기만 해도 매우 아프게 보입니다. 하지만 통증이나 분비물 등 뚜렷한 증상이 없이 중이염이 진행되는 경우도 많으므로 주의해야 합니다. 중이염은 대부분 2~3주 치료하면 낫습니다.

### 2) 만성중이염

어릴 때 삼출성중이염을 제대로 치료하지 않으면 어른이 되고 나서 만성중이염으로 발전하게 됩니다. 만성중이염은 중이와 유양봉소(귀 뒤쪽에 만져지는 뼈 안의 공간)에 지속적으로 염증이 생기는 경우로, 바이러스나 세균 등의 감염으로 갑자기 나타나는 급성중이염을 반복적으로 앓거나 고막염으로 고막이 녹은 경우, 외상으로 고막이 파열된 경우에 나타납니다.

증상은 귀에서 농이 지속적으로 흐르고, 소리가 잘 안 들리며, 고막은 천공되어 있는 것이 특징입니다. 귀에서 나오는 농은 대부분 건강 상태가 안 좋거나 감기 후에 더욱 심해지는 경향이 있으며, 항생제를 복용하면 일시적으로 호전되었다가 다시 반복됩니다. 중이에서 흐르는 농은 중이염의 종류, 염증 상태 등에 따라 색깔, 냄새 등이 다르며, 특히 '진주종성중이염'이 있는 경우에는 생선이 부패할 때와 비슷한 악취가 나기도 합니다.

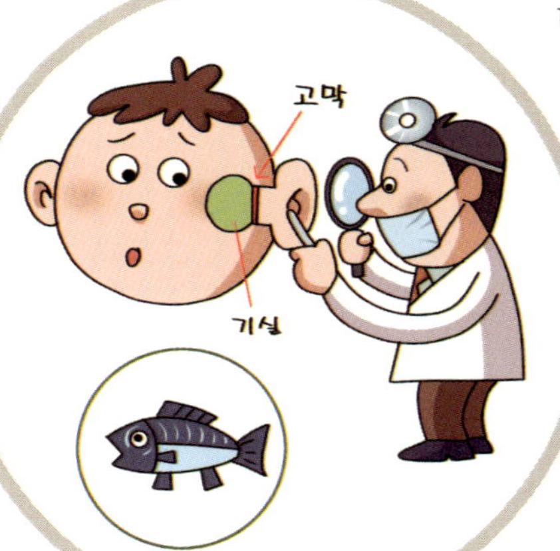


만성중이염 환자들을 괴롭히는 가장 큰 고통은 귀에서 고름이 나오고 생선 썩은 내와 비슷한 악취가 풍기는 것입니다. 고막의 구멍을 통해 귀 안쪽이 감염되면서 염증이 생기고 고름이 고

이기 때문입니다. 이렇게 악취가 심하면 대인관계가 어려워져 정신적인 스트레스도 이만저만이 아닙니다. 게다가 상태가 더욱 악화되면 내이까지 염증이 퍼져 난청이 심해지고, 경우에 따라서는 어지럼증이 나타나기도 합니다. 드물지만 염증이 주변으로 퍼지면 뇌수막염, 안면신경마비 등과 같은 무서운 합병증을 일으키기도 합니다.

### 3) 삼출성중이염

발열이나 통증 등의 증상 없이 고막 안에 물이나 고름 등이 차 있고 청력장애를 동반하는 경우를 '삼출성중이염'이라고 합니다. 일반적으로 감기에 걸리면 이관이 붓거나 염증이 생기기 쉽습니다. 이런 상태가 지속되면 중이의 기압이 주변보다 낮아지고 주위 조직으로부터 삼출액을 빨아들여 발병하는 것이 삼출성중이염입니다.

여아보다는 남아가, 모유를 먹는 아이보다는 분유를 먹는 아이가 이 질환에 많이 걸리는데, 원인 질환으로는 알레르기성 비염, 급성상기도염(감기), 아데노이드 증식증, 구개열(언청이), 만성부비동염(축농증), 종양, 비행기 탑승 시 급격한 기압 변화 등이 있고, 그 밖에도 간접흡연이나 유전, 섬모운동장애, 다운증후군 등이 삼출성중이염을 일으킬 수 있는 위험인자에 속합니다.

삼출성중이염이 있으면 난청과 함께, 말할 때 자신의 목소리가 되울리는 증상이 나타나기 시작하고 자주 귀가 멍멍해지거나 일시적인 귀의 통증으로 인해 귀를 비비면서 잠을 잘 못 이루고 주의가 산만해집니다.

일단 이 병에 걸리면 치료가 어렵고 오래 갑니다. 따라서 예방이 중요하고 감기에 걸릴 때마다 귀를 함께 진찰받아야 하며, 급성중이염을 앓았을 때는 반드시 충분한 치료를 받아야 합니다. 상당수의 삼출성중이염은 급성중이염을 제때 치료하지 않아서 생기기 때문입니다.

이 병은 통증이 없기 때문에 이 병에 걸린 아이는 부모가 관심을 갖지 않으면 모르고 지나칠 수도 있습니다. 자기 의사표현이 분명치 않은 아이들은 특히 조기발견이 어려우므로 아이가 평소보다 텔레비전을 크게 튼다든지, 불러도 대답을 하지 않는다든지, 대화중에 자꾸 되묻는다든지, 행동이나 반응이 둔해진다든지 하면 삼출성중이염을 의심해 보아야 합니다.

이 삼출성중이염을 방치할 경우 난청이 될 수 있습니다. 즉 소리에 대한 반응이 줄어들고 TV를 가까이 시청하려고 한다든지 말귀를 잘 알아듣지 못하게 됩니다. 말을 배우는 시기에 잘 들을 수 없게 되면 언어장애 등의 심각한 부작용이 나타날 수 있어 취학 후에도 학교생활에 적응을 잘 하지 못합니다. 또한 고막이 위축되거나 이소골이 망가지는 등의 부작용으로 인해 난청이 지속되며 만성중이염, 감각 신경성 난청 등으로 악화되기도 합니다.

## 3. 중이염의 치료는 어떻게 하나요?

중이염은 대부분 아이들이 한두 차례 이상 병을 앓을 정도로 가장 흔히 발병하는 감염성 질환입니다. 중이염의 90% 이상은 자연치유되기 때문에 중이염 치료는 합병증 예방과 재발 방지에 초점이 맞추어집니다. 완치되기까지 급성중이염은 약 1개월, 만성중이염과 삼출성중이염은 약 3개월 간의 기간이 필요합니다.

중요한 점은 반드시 중이 내에 고여 있는 물이 완전히 없어졌는지 전문의에게 확인해야 합니다. 이를 확인하지 않고 그냥 넘어가면 나중에 합병증이 동반되는 수가 많기 때문입니다. 합병증으로는 유착성 중이염, 고막

천공, 유양돌기염, 만성중이염, 안면신경마비, 두개골 내 합병증, 난청 등이며, 이들은 대부분 치료가 어렵습니다.

중이염은 치료보다는 관리하는 병이라는 개념을 갖고 전문의로부터 합병증 발병 여부, 경과, 관찰 등 지속적인 치료를 받으면 대부분 완치됩니다. 그럼 중이염의 종류별 치료법에 대해 알아보도록 하겠습니다.

### 1) 급성중이염

급성중이염을 첫 돌 이전에 앓으면 재발이 잦거나 만성화할 가능성이 무척 높습니다. 따라서 처음 앓을 때 제대로 치료를 받아야 하는데 대부분 항생제로 치료하면 잘 낫습니다. (처음 중이염이 의심될 때는 일단 해열진통제로 통증과 열을 조절한 후 바로 이비인후과에 가서 귀 검사를 받아야 합니다.) 항생제 복용 후 1~2일쯤 지나면 열이 떨어지고 잘 노는 등 증상이 금방 좋아집니다. 그러나 이때 치료를 중단하게 되면 계속적으로 염증이 남아 귀 안에 물이 차거나(삼출성중이염) 금세 재발하게 되므로 의사의 지시에 따라 치료한 후 중이염이 다 나았는지 확인해야 합니다.

치료는 감기 · 비염 등의 근본적인 치료와 함께 중이염에 대해 항생제를 10~14일 간 계속해서 투여하게 됩니다. 만일 항생제를 복용하고 나서 1~2일이 지났는데도 계속해서 열이 나고 통증을 호소한다면 고막 절개술을 통해 원인균을 밝힌 뒤에 치료를 받아야 합니다.

급성중이염은 항생제만 잘 쓰면 대부분 완치가 되지만 적절한 치료를 받지 않을 경우에는 만성중이염으로 발전할 수 있고, 난청이 되기도 하며, 드물게는 뇌신경을 눌러 안면마비를 초래할 수도 있습니다. 만일 아이를 불러도 잘 듣지 못하거나 TV를 크게 틀고 자꾸 앞으로 가서 보면 만성중이염으로 진행되

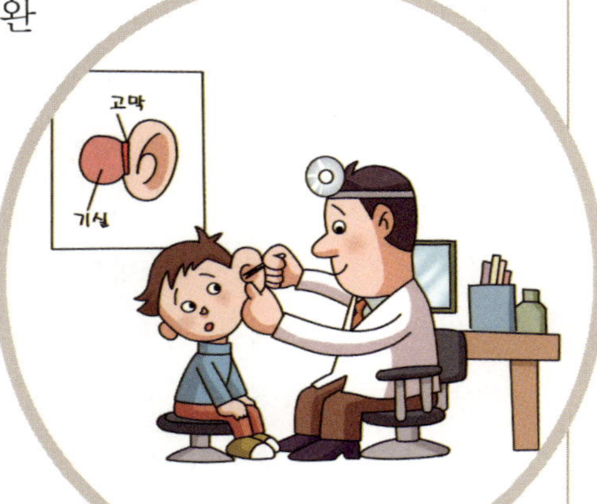

었을 가능성이 큽니다. 따라서 6세 이하의 어린아이를 둔 부모들은 아이에게 감기 등이 있을 경우에는 반드시 귀 검사를 받아야 하고, 아이의 청력이 어느 정도인지에 대한 세심한 관찰과 관심이 필요합니다.

### 2) 만성중이염

만성중이염에 대한 치료는 원칙적으로 수술입니다. 수술은 먼저 중이와 귀 뒤쪽의 유양동에 있는 염증성 병변들을 모두 제거합니다. 중이와 그 주변에는 안면신경, 내이, 중요한 혈관 등이 산재해 있기 때문에 수술 현미경을 이용해 주의 깊은 수술을 통해 병적인 조직들을 제거한 후 고막을 만들고 소리가 잘 들릴 수 있도록 해주어야 합니다.

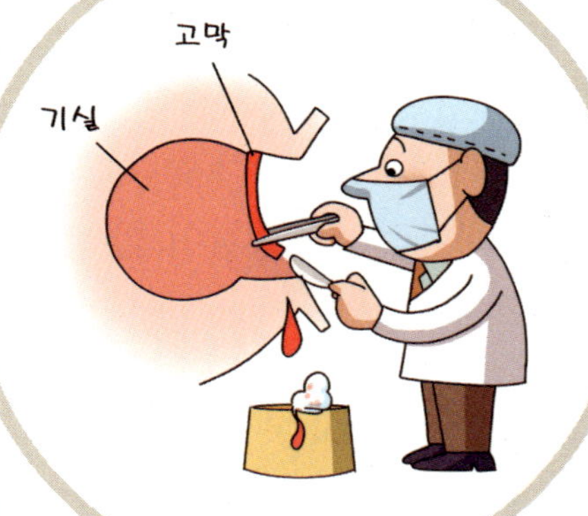


### 3) 삼출성중이염

삼출성중이염의 증상은 급성중이염과 비슷하지만, 발열이나 통증 등 염증 때문에 생기는 증상 없이 고막 안에 물이 차 있는 경우를 말합니다. 적절한 약물을 사용하거나 중이 안으로 공기를 주입하는 이관통기법 등을 시행하면 대부분 삼출성중이염은 치료가 됩니다.

그래도 차도가 없으면 수술을 해야 합니다. 고막을 절개하기도 하고, 아주 심하면 고막에 관을 넣어 중이 내의 병이 나을 때까지 이관의 역할을 대신하도록 합니다. 수술은 아주 간단해서 협조를 잘하는 어린이는 전신마취를 하지 않고 외래에서 할 수 있습니다.

어린이 중이염을 방치하면 난청으로 인한 언어습득장애, 학습능력저하, 청각 자극 미흡에 따른 지능개발저하 등의 부작용이 생깁니다. 뿐만 아니라, 삼출성중이염이 안으로 전파되어 만성중이염, 진주종성중이염 등의 치명적인 합병증까지 일으키게 되므로 발병 초기에 치료하는 것이 중요합니다.

**엄마가 알아두면 좋은 기본 의학상식**

아이가 중이염에 걸렸을 때 엄마가 해야 할 일은, 아이가 완전히 나을 때까지 꾸준히 치료를 하면서 되도록 안정을 시켜야 합니다. 목욕은 되도록 삼가고, 통증이 심할 때는 얼음주머니로 귀 뒤쪽을 냉찜질해 주면 통증을 덜 수 있습니다. 귀에서 고름이 나오면 자주 솜마개를 갈아 끼워 주고 소독해야 하며, 귀 주위가 더러울 때는 소독약이나 더운 물수건으로 닦아 줘 종기 같은 것이 생기지 않도록 합니다.

## 4. 중이염의 예방법은 무엇인가요?

중이염의 예방책으로는 '감기에 걸리지 않도록 조심하며, 성장하면서 면역력이 강해져 감기 혹은 중이염에 걸리지 않는 것' 외에는 특별한 방법이 없습니다. 그럼 중이염 예방에 도움이 될 만한 것 몇 가지를 소개하도록 하겠습니다.

### 1) 부모의 금연과 함께 우유보다는 모유를 먹입니다

집 안에 흡연하는 가족이 있으면 금연을 하고 우유보다는 모유를 먹이는 것이 좋습니다. 우유를 먹일 경우 누워서 우유병을 빨게 하면 우유가 코를 통해 중이로 들어가게 되

어 중이염에 쉽게 걸릴 수 있기 때문입니다. 따라서 돌 지난 아이가 혼자 누워 우유병을 들고 빨아 먹게 해서는 안 됩니다.

### 2) 청결을 유지하고 녹황색 채소를 많이 먹입니다

손발도 자주 씻겨 청결을 유지시키는 것이 좋습니다. 중이염은 감기의 합병증으로 생기는 경우가 많으므로 평소에 감기로 인해 코나 목에 염증이 생기지 않도록 하고 녹황색 채소를 충분히 먹이는 것이 좋습니다. (중이염을 비롯해 몸에 염증이 잘 생기는 아이들에게는 녹황색 채소를 많이 먹이는 것이 좋습니다.)

### 3) 충분한 휴식과 함께 잘 먹입니다

편히 쉬게 하고 잘 먹이는 것도 중요합니다. 만일 아이가 유치원에 다니기 시작하면서부터 병에 더 잘 걸린다면 잠시 쉬게 하는 것도 한 방법입니다.

### 4) 귀를 함부로 후비지 말고 건조하게 유지시킵니다

코를 풀 때는 한쪽씩 번갈아 가며 풀고, 중이염에 잘 걸리는 아이는 수영하는 것도 피해야 합니다.

그리고 귀는 함부로 후비지 말고 건조하게 유지시키며, 귀의 고름은 밖으로 나오는 것만 닦아 줍니다.

# 25 소아 난청

난청이라고 하면 아직도 노인성 질환으로만 여기는 사람이 많습니다. 물론 나이가 들면 다른 모든 신체기관처럼 귀 또한 노화하고 이로 인해 65세 이상 노인층의 약 38% 가량이 퇴행성 난청으로 일부에서 집계될 정도입니다.

이처럼 노인들의 퇴행성 난청은 어쩔 도리가 없다 해도 최근에는 영유아 및 젊은 층의 난청이 늘고 있습니다. 따라서 소아 난청의 원인과 종류를 알아보고, 그에 대한 적절한 치료법 등을 알아봅니다.

## 1. 소아 난청의 원인과 종류

소아 난청의 원인은 크게 선천적인 것과 후천적인 경우로 나뉩니다.

먼저 선천성 난청은 신생아 1,000명 당 1~3명이 발생, 선천성 질환 중 발생률이 가장 높습니다. 난청은 내이의 이상이나 내이에서 뇌로 전기 신호를 전달하는 신경이 비정상적으로 발달하여 생기는 질환으로, 특히 가족력이 있거나 풍진, 태아 감염, 저체중 출생, 신생아가 중환자실에 48시간 이상 입원하는 경우 등 위험 요인을 갖고 있으면 100명 당 2~5명으로 발생률이 더욱 높아집니다. 또한 임신 때 산모가 부적절한 약물을 복용하면 위험이 높아집니다.

후천적 요인으로는 중이염, 홍역, 볼거리, 내이염, 약물중독 등 다양합니다. 그 중 영유아 난청의 가장 큰 원인은 급성중이염과 삼출성중이염입니다. 이들 중이염은 일시적이긴 하지만 제때 제대로 치료하지 않으면 만성중이염으로 발전해 평생을 난청에 시달릴 위험이 크므로 결코 쉽게 볼 일이 아닙니다. 영유아 난청에서 가장 조심해야 할 것은 삼출성중이염입니다. 삼출성중이염은 대부분 급성중이염처럼 그렇게 통증이 겉으로 나타나지 않기 때문입니다. 따라서 엄마가 아이를 불러도 잘 대답하지 않는다거나 아이가 TV 등의 소리를 자꾸 크게 틀 때는 삼출성중이염의 가능성이 있으므로 주의 깊게 관찰해야 합니다.(중이염에 관한 자세한 내용은 222쪽 참조.)

또한 '소음성 난청'이란 것이 있습니다. 예전에는 주로 시끄러운 작업장에서 일하는 사람에게 이 소음성 난청이 많았지만 최근에는 하루 종일 이어폰을 달고 지내는 청소년 및 청년층에게로 점차 확산되고 있습니다.

청소년들의 소음성 난청은 초기에는 일상 대화에 별 불편이 없으므로 잘 발견할 수 없습니다. 하지만 점차 고주파 영역의 난청이 심해지면서 자음의 구별이 어려워지고, 특히 'ㅊ, ㅋ, ㅌ, ㅍ' 등의 격음이 들어간 단어를 잘 알아듣지 못합니다. 이 소음성 난청은 소음을 피하면 악화되는 것을 막을 수 있지만 회복은 안 되는 것으로 알려져 있습니다. 이 때문에 정확한 진단으로 난청의 형태에 따라 적절한 치료를 받음으로써 더 이상의 손상을 막는 것이 중요합니다.

그리고 또 '돌발성 난청'이란 것이 있습니다. 이는 말 그대로 돌발적으로 청력이 떨어지는 질환입니다. 그리 흔한 질환은 아니지만 최근 들어 증가 추세에 있는데, 아직도 그 원인은 정확히 밝혀져 있지 않고 면역 이상이나 스트레스 등이 복합적으로 작용하는 것으로 추정되고 있습니다. 증상은 별다른 이유도 없이 갑자기 귀가 먹먹해지고 이명(耳鳴)과 함께 어지럼증 등이 나타나기도 합니다. 대개 일시적으로 몸이 좋지 않아서 나타나는 증상쯤으로 가볍게 생각하기 쉬운데, 이 때문에 병원을 빨리 찾지 않아서 화를 키우는 예가 적지 않습니다. 청력 감소가 나타나기 시작하고 나서 일주일 안에 치료를 시작한 경우와 그 이후에 치료한 경우를 비교해 보면 결과에서 커다란 차이가 납니다.

이 밖에도 난청의 형태는 여러 가지가 있습니다. 급성기의 돌발성이나 특발성, 감각신경성 난청의 경우 자연 치료되기도 하지만 그 비율은 그다지 높지 않습니다. 특히 어린아이의 경우 소리를 듣지 못한다는 것은 말을 배우지 못한다는 것을 의미합니다. 따라서 난청을 조기에 발견하고 치료를 통해 소리를 들을 수 있게 함으로써 정상적인 두뇌 발달이 이뤄지도록 하는 것이 매우 중요합니다.

## 2. 조기검사와 조기치료가 필요한 이유

정상적인 아이는 태어날 때부터 소리에 반응하고 자궁 안에 있는 태아도 소리에 민감합니다. 청각은 아이와 가족 간의 정서적 유대감 형성 외에도 지능과 언어 발달에 있어 대단히 중요합니다. 따라서 난청을 조기에 발견하지 못하고 그대로 방치할 경우 소리를 모방하는 기회가 줄어들어 청각 및 언어장애로 발전하게 됩니다.

어린아이의 난청이 유·소아 난청이라는 이름으로 따로 구분될 만큼 중요시되는 이유는 생후 24개월까지가 언어 및 지능 발달의 가장 중요한 시기이고, 또한 이 시기에

한쪽 귀에만 경미한 난청이 있어도 발성과 언어학습에 문제를 가져올 수 있기 때문입니다.

어린이 난청은 대부분 언어 습득 시기인 만 2세 전후에야 발견되므로 문제가 더욱 심각합니다. 어린 아기의 경우 자신의 난청 증상을 표현할 수가 없기 때문입니다. 이 시기에 발견되면 재활치료 효과가 그 이전에 비해 현저히 떨어집니다. 참고로, 선천성 난청은 완치될 수는 없지만 재활치료를 하면 언어 및 지능장애를 최소화할 수 있습니다.

어린이 난청의 경우 언어를 습득하기 전에 치료하지 않으면 나중에 수술 등의 방법으로 치료를 해도 말을 못 하는 장애를 안을 수 있습니다. 따라서 청각이 좋지 않은 아이는 늦어도 생후 6개월 이전부터 보청기를 통해 교육을 시키거나 인공 와우(달팽이관) 이식이 필요합니다.

집에서 아이의 난청 여부를 파악하려면, 아이의 뒤에서 크게 손뼉을 치고 나서 아이의 반응을 살펴보는 것입니다. 그러면 정상적인 아이일 경우 생후 4개월까지는 큰소리에 놀라는 반응을 보이며, 4개월 이후에는 소리 나는 방향으로 고개를 돌리게 됩니다.

또한 평소에 잘 울지도 않고 밤에 보채지도 않을 만큼 성격이 온순하거나 같은 또래의 다른 아이들보다 옹아리가 늦는 아기, 작은 소리에 무관심하거나 유난히 언어발달이 늦는 아이, 또는 말귀를 잘 못 알아듣는 아이도 청력장애 가능성을 고려해 봐야 합니다.

## 3. 소아 난청, 어떻게 검사하나요?

선천성 난청 여부는 출생 직후부터 기기를 통해 검사가 가능합니다. 태아는 27주가 되면 이미 뇌간 청각반응을 할 수 있고, 출생 때면 말초청각기관이 발달돼 있으며, 청각 자극 경험에 따라 신경계와의 연결이 계속 발달합니다. 검사는 아기가 잠든 뒤 약 10분 동안 기기의 센서를 이마와 귀 등에 부착해 청력을 측정하는 매우 간편한 방법입니다.

검사는 이음향 방사 검사와 뇌간 유발반응 검사 등 두 가지가 있습니다. 이음향 방사 검사는 달팽이관 내의 이상 유무를 판단하는 검사로, 매우 간편하고 결과가 정확합니다. 마이크로폰을 통해 자극음을 준 후 방사돼 나오는 미세한 음향신호를 분석, 청력의 손상 정도를 진단합니다. 뇌간 유발반응 검사는 음 자극에 따른 청신경계의 전기적 반응을 컴퓨터로 기록해 정상 청력과 비교하는 검사입니다.

## 이럴 때는 청력이상을 의심해야 해요

❶ 생후 6개월이 돼도 큰 소리에 놀라거나 울지 않을 때.

❷ 큰 소리가 나도 반응이 없거나 잠에서 깨지 않을 때.

❸ 생후 6개월이 됐는데도 이름을 부르거나 음악 소리에도 반응이 없고, 소리가 나는 위치를 쳐다보지도 않을 때.

❹ 돌이 지나도 발자국 소리나 전화벨 소리에 반응하지 않고, 간단한 음절의 말도 하지 않을 때.

❺ 불러도 대답을 잘 안 하고 TV에 바짝 다가앉아 시청하거나 볼륨을 크게 높일 때.

❻ 학교 수업 중에 집중력이 떨어지거나 내용을 잘 이해하지 못할 때.

❼ 말하는 사람을 유난히 쳐다보거나 대화할 때 유난히 손짓을 많이 하고, 말의 높낮이와 음질의 변화가 적을 때.

❽ 갑자기 자지러지게 울거나 귀를 잡아당기는 시늉을 할 때.

# 26 급성외이도염

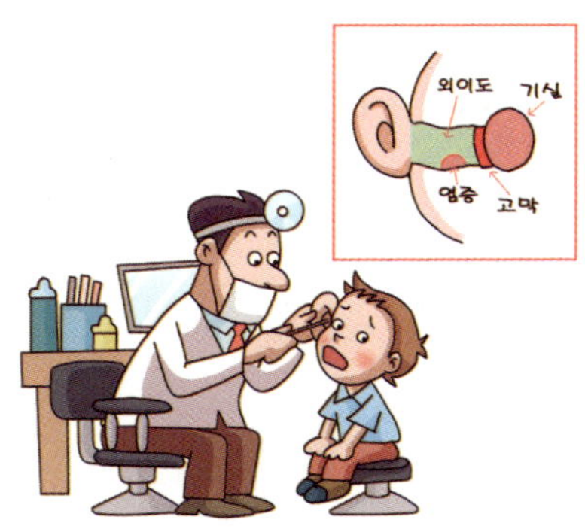


아이들이 여름철 물놀이를 다녀온 후에 갑자기 귀의 통증을 호소하게 되면 엄마는 걱정이 앞서서 병원을 찾게 됩니다. 이때 통증의 가장 흔한 원인은 '급성외이도염' 입니다.

이 질환은 글자 그대로 '외이도(귓구멍에서 고막까지의 통로)' 에 염증이 생긴 질환을 말합니다. 이 질환에 걸리면 흔히 중이염과 혼동하기 쉬운데, 중이염은 귀에 물이 들어갔다고 해서 생기는 병이 아닙니다. 다만, 이미 중이염을 앓고 있었던 경우에는 외이도염이 동반되면서 중이염이 악화될 수 있습니다.

## 1. 급성외이도염은 왜 걸리나요?

외이도염이 생기는 이유를 말하기 전에 우리 귀의 정상적인 방어 능력에 대해 알아볼 필요가 있습니다.

방어 능력에 있어서 중요한 역할을 하는 것은 '귀지' 입니다. 귀지는 지방성분으로, 외이도 피부 표층에 녹아 있어서 이물질이 피부에 침투하는 것을 늦출 뿐만 아니라 약산성으로서 항균작용을 하기도 합니다. 또한 면역글로불린과 라이소자임이라는 효소가 있어 항바이러스 작용도 합니다.

그런데 아이들이 개울이나 수영장 등에서 물놀이를 하다 보면 필연적으로 귓속에 물이 들어가게 마련입니다.

이때 귀 안이 축축해지면서 세균이 자라기 좋은 환경이 되는데, 귀 안의 물을 빼내려고 무리하게 귀를 후비게 되면 외이도 피부의 귀지층이 파손되어 귀지가 지닌 항균작용이 감소하게 되고, 눈에 보이지 않는 미세한 상처를 내는 경우가 많습니다.

외이도염의 주범은 '녹농균' 입니다. 이 녹농균은 30℃가 넘을 때 잘 증식이 되기 때문에 여름철 귓병을 만들어내는 주원인입니다. 이 녹농균에 감염될 경우, 처음 며칠 동안은 귀가 가려운 증상이 시작됩니다. 이때 아이들은 대부분 무의식적으로 귀를 만지게 되는데, 이로 인해 병이 더 진행되어 통증과 함께 귀가 먹먹하여 잘 안 들리거나 고름이 나오게 됩니다. 심한 경우 통증으로 인해 잠을 못 자는 경우도 있습니다.

## 2. 급성외이도염의 예방은 어떻게 해야 하나요?

외이도염을 예방하기 위해서는 귀를 건조하게 하는 것이 가장 중요합니다. 물놀이를 하다가 귀에 물이 들어가게 되면 물이 들어간 쪽을 아래로 향하게 하여 가볍게 뛰며 자연스럽게 물을 흘러내려가게 하여 물기를 제거하는 것이 좋습니다.

이 방법만으로도 대부분의 물기는 깨끗이 제거됩니다. 대부분의 사람들이 면봉을 사용하여 물기를 제거하곤 하

는데, 이 경우 무의식적으로 귀를 무리하게 후비게 되는 경향이 있으므로 절대 금물입니다.

### 3. 급성외이도염의 치료는 어떻게 하나요?

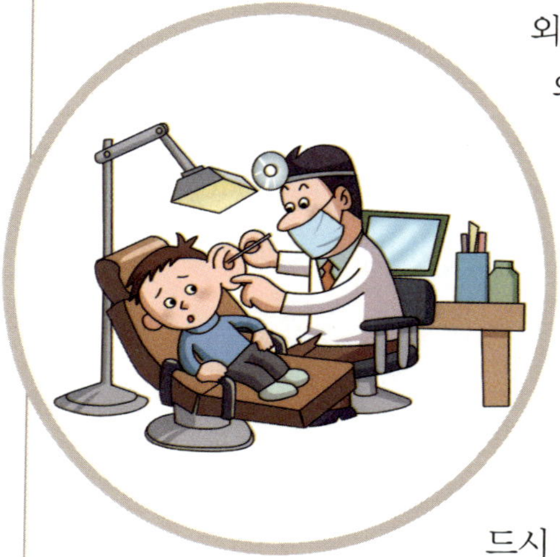

외이도염의 치료는 세심한 외이도의 치료와 항생제, 소염제 등의 병합투여요법을 사용하며, 고름에서의 세균배양검사를 통해 원인세균을 찾아내고 이에 대한 적절한 항생제를 복용하거나 주사를 맞아야 하며 농양(고름주머니)이 형성된 경우에는 절개하여 고름을 빼내야 합니다.

이때 주의할 것은, 외이도의 청소는 반드시 이비인후과 의사에 의해 조심스럽게 행해져야 합니다. 엄마가 손수 아이의 귓속을 깨끗이 청소해 준다고 만지는 경우 오히려 상태를 악화시키는 경우가 있기 때문입니다.

급성외이도염은 조기에 발견하여 치료할 경우 치료 기간이 단축되고 환자의 고통도 적어지므로 이 질환이 의심되면 곧바로 이비인후과적 진찰을 받는 것이 중요합니다.

가벼운 경우는 항생제를 복용하고 외이도를 깨끗이 청소하는 적절한 치료를 받으면 2~3일이면 바로 좋아지지만, 때로는 2~3주일 걸리는 경우도 있습니다.

귀에 자극을 주면 통증이 더 심해지므로 조심해야 하며, 통증이 심할 때에는 찬 수건으로 귀를 식혀 주는 것이 좋습니다.

## 27 소아의 치아관리

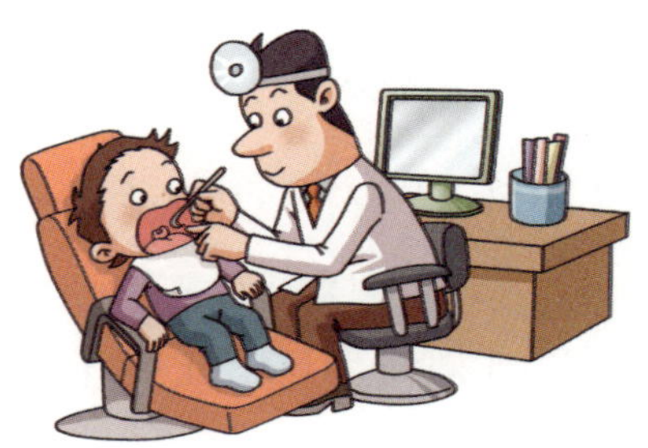

요즘에는 아이들의 치아 손상 빈도가 점차 증가하고 있습니다. 최근 통계에 의하면 아동의 3분의 1이 치아의 손상을 경험하는 것으로 조사되고 있습니다. 손상된 치아를 적절한 치료 없이 방치했을 경우 치아를 조기에 잃어버리거나 턱뼈 발달에 악영향을 미쳐 아동의 학교 및 사회활동에 많은 지장을 초래하게 됩니다. 건강하고 예쁜 치아를 가지려면 유아기부터 관리를 잘해야 합니다. 젖니가 썩어 일찍 뽑으면 불편한 것은 둘째 치고 친구들의 놀림으로 성격 형성에도 영향을 미칩니다. 출생 시부터 아동기까지의 치아관리에 대해 알아봅니다.

### 1. 출생기부터 아동기까지의 나이별 치아관리

어린이의 유치는 생후 6개월이 지나면서 처음 나오기 시작해 24~30개월이 되면 20개의 유치가 모두 나옵니다. 유치는 아동기 동안 음식물을 씹는 기능을 통해 영양 섭취를 돕고 무엇보다 발음을 익히는 데 중요합니다. 또 향후 영구치가 나오기 전까지 치아의 공간을 확보하고 아동의 외모 및 성격 형성에도 매우 중요한 역할을 합니다. 따라서 아동기부터 치아를 잘 관리하는 것은 아동의 신체 및 정신건강을 위해서도 반드시 필요합니다.

### 1) 출생 시

출생 시에도 아이의 잇몸 안에서는 치아를 형성하는 씨가 자라고 있습니다. 간혹 치아가 잇몸 밖으로 나와 있는 경우가 있는데, 이때는 빼야 할지 그대로 보존해야 할지에 대해 전문의와 상담해야 합니다.

### 2) 생후 1개월

생후 1개월째는 이가 나오기 시작하거나 원래 이가 있는 경우가 있습니다. 다른 문제는 없지만 수유 시에 엄마에게 상처를 입히거나 아기 입 안에 상처가 날 수 있으므로 치과에서 상담을 받는 것이 좋습니다.

### 3) 생후 6개월

아랫니 두 개가 나옵니다. 이때 아기는 불안감을 느끼거나 손가락을 빠는 등의 행동을 보이기도 하고, 침을 많이 흘리며 식욕감퇴를 보이기도 합니다. 입 안에 이가 나면서부터 충치균에 노출된다고 볼 수 있습니다. 젖니는 영구치가 나올 자리를 유지해 주는 역할을 하며, 젖니가 썩으면 영구치도 썩을 가능성이 큽니다. 따라서 수유 후에는 보리차를 마시게 하거나 젖은 거즈 등으로 치아를 깨끗이 닦아 주는 것이 좋습니다. 영구치를 단단하게 만들고 충치를 막기 위해 불소를 먹일 수도 있습니다.

첫 이빨이 나고 2살까지는 손가락 사이에 젖은 거즈를 끼고 부드럽게 치아를 닦아 주거나 부드러운 유아용 칫솔을 이용합니다. 아직 아기가 스스로 치약을 뱉을 수 없으므로 치약은 스스로가 침을 뱉을 수 있는 시기에 사용하도록 합니다. 중요한 것은 아이가 이것을 재미있게 느낄 수 있도록 엄마가 관심을 갖는 것입니다.

Point

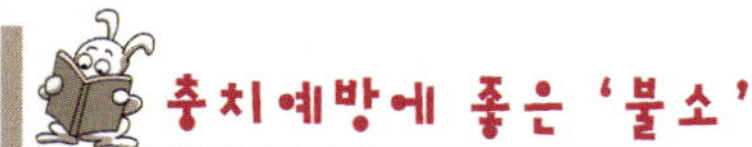

## 충치예방에 좋은 '불소'

불소는 지하수, 해초, 채소류 등의 천연자원에 널리 분포되어 있는 성분으로 충치예방에 가장 효과적인 요소로 각광을 받고 있습니다.

불소는 치아를 구성하고 있는 무기질에 작용하여 충치에 저항하는 작용을 합니다. 불소를 사용해 충치를 예방하는 방법은 여러 가지가 있는데, 그 중에서도 가장 좋은 방법은 가정에서 매일 불소치약으로 이를 닦는 것입니다.

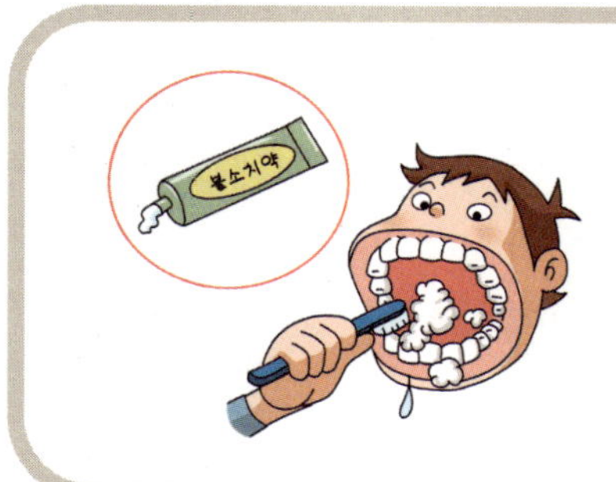


요즘 논란이 되고 있는 수돗물 불소화 역시 충치예방에 좋은 방법입니다. 충치가 잘 생기는 어린이는 치과에서 전문적인 불소도포를 추가적으로 시행할 수 있습니다.

#### 4) 생후 9개월~1년

만 1세를 전후해서 위아래 앞니가 모두 나옵니다. 위 여섯 개와 아래 여섯 개를 합쳐 모두 열두 개지요. 아직 송곳니가 나오지 않아서 치아가 듬성듬성해 보이지만 걱정할 필요는 없습니다.

#### 5) 생후 1년 6개월

송곳니와 제일 뒤에 있는 어금니도 보입니다. 칫솔에 치약을 묻혀 골고루 잘 닦아 줍니다. 어린이용 치약은 삼켜도 괜찮습니다.

#### 6) 만 2년

젖니가 거의 다 나옵니다. 간혹 6개월 이상 늦기도 하지만, 그렇다고 해서 걱정할 필요는 없습니다. 잇몸 속의 영구치의 성장이 빨라지므로 칼슘 등의 영양 섭취가 필요합니다.

### 7) 만 2년 6개월

2년 6개월, 즉 30개월이 지나면 대개 젖니 20개가 모두 납니다. 앞니 외에도 어금니가 위에 4개, 아래에 4개가 더 납니다. 젖니가 모두 나오고 치열이 완성되는 이때부터 밥이나 과자 등을 먹게 되므로 충치가 생기기 쉬운 시기입니다. 젖니라고 해서 소홀히 여기다가는 나중에 후회하게 됩니다.

### 8) 만 3년

치열이 완성됩니다. 젖니 사이가 벌어져 있는 것은 정상이므로 걱정할 필요가 없습니다. 오히려 치아 사이가 붙어 있으면 나중에 덧니가 생길 가능성이 큽니다.

### 9) 만 4~5년

영구치의 뿌리가 자람에 따라 젖니가 위로 밀려 올라오기 시작합니다. 어린이의 손가락 빨기, 입술 깨물기, 입술 빨기, 혀 내밀기, 이갈이 등의 나쁜 습관은 치열에 영향을 주므로 어릴 때 교정해 줘야 합니다. 3~4세 이후에도 손가락 빨기를 계속할 경우 위의 치아들이 토끼이빨처럼 나오게 되고, 아래 앞니들은 옥니처럼 들어가게 됩니다. 심할 경우 턱뼈의 변화까지 초래할 수 있습니다. 이런 습관은 구강 내 장치에 의해 비교적 잘 치료될 수 있습니다. 아래턱이 튀어나와 아랫니가 윗니를 덮는 증세가 나타나면 전문의와의 상담이 필요합니다.

### 10) 만 6~7년

여섯 살에 첫 영구치가 나오기 시작하면서 아랫니부터 교체가 시작됩니다. 앞니 4개를 제외한 젖니는 오랫동안 사용해야 하므로 충치가 있으면 곧바로 치료해야 합니다.

사람마다 약간씩 차이는 있지만 대체적으로 가장 먼저 올라오는 영구치는 구치(臼齒)라고 하는 어금니입니다. 이 어금니를 6세에 올라온다고 하여 통상 '6세 구치' 라고도 부릅니다. 이 6세 구치는 영구치 중에서 맨 먼저 나와 맞물리므로 상하 턱의 맞물림에 중요한 역할을 합니다. 너무 이른 시기에 올라오다 보니 시련 또한 만만치 않습니다. 따라서 가장 관리를 필요로 하는 치아입니다.

어떤 부모들의 경우, 이 구치가 영구치인지도 모르고 여기에 충치가 생겨도 '젖니이니까 곧 갈겠지' 하고 그냥 지나쳐 버리는 경우가 많습니다. 그러다 보니 초등학교 저학년임에도 불구하고 평생 사용하여야 할 이 귀한 치아를 뽑아야 하는 경우를 종종 보곤 하는데, 참으로 안타까운 일이 아닐 수 없습니다.

이를 예방하기 위해서는 불소용액으로 양치를 하거나 치과에 가서 주기적으로 불소를 발라 주는 시술을 받는 것도 좋습니다. 이것만으로도 30~50%의 충치가 예방됩니다. 또한 치아의 씹는 면에 있는 틈새를 플라스틱 재료로 메워 주는 '치아 홈 메우기' 를 해주면 90% 이상의 예방효과를 볼 수 있습니다. 그리고 평소에 이를 잘 닦고 단 음식의 섭취를 가급적 억제하는 것이 중요합니다.

Point

### 어금니도 빠지나요?

대부분의 부모들은 어린이들의 어금니가 영구치인 줄로 알고 빠지지 않는 것으로 잘못 알고 있습니다. 그리고 유치와 영구치는 모두 치아의 크기가 자라지 않는데 유치가 커져서 나중에 영구치로 바뀐다고 오인하고 있는 경우도 적지 않습니다.

사람의 치아는 유치 20개, 영구치 28개(사랑니를 포함하면 32개)가 있습니다. 일반적으로 생후 6개월부터 아래 앞니를 시작으로 유치가 나오며, 만 30

개월까지 20개의 유치가 모두 나와서 기능을 수행하다가 만 6세경이 되면 다시 아래 앞니부터 빠지기 시작하면서 영구치가 나오게 됩니다.
그리고 유치 가운데 어금니는 대개 만 10~12세 사이에 빠지고 그 자리에서 영구치가 나오는데, 이와 함께 만 6세에 나오는 '6세 구치(영구치)'의 경우, 보호자들이 영구치인 줄 모르고 있다가 충치가 생겨 낭패를 보는 경우가 많으므로 주의해야 합니다.

### 11) 만 8~9년

앞니 나올 자리가 부족하여 영구치가 삐뚤어져 나오면 간단한 교정 장치로써 해결할 수가 있습니다. 또한 새로 돋아난 영구치 사이가 많이 벌어져 있으면 교정해야 합니다.

### 12) 만 10년

이때는 치아 교체가 가장 빈번한 시기입니다. 흔들리거나 옆으로 삐져나오는 이가 없는지 관찰합니다. 윗니에서는 송곳니가, 아랫니에서는 두번째 작은 어금니가 뒤늦게 나옵니다. 따라서 덧니가 될 가능성이 많습니다. 턱의 모양이 삐뚤어졌다면 이 시기를 놓치면 안 됩니다.

### 늦어도 3세 이전에는 치과 검진을 받아야 해요

아이가 태어나면 초보 부모들은 각종 예방접종 목록을 체크해 가며 접종을 시작하지만 치아에 대해서는 무관심하기가 쉽습니다. 영구치가 나면 그때부터 관리에 들어가면 된다고 생각하기 때문입니다.
하지만 치아우식증(충치)이 가장 많이 발생하는 시기는 만 3세 이전이므로 늦어도 3세 이전에 첫 번째 치과 검진을 받는 것이 중요합니다. 그래서 사고나 충치로 인해 유치가 미리 빠지면 공간 유지 장치를 해서 공간을 확보해 주어야 합니다.

부모들은 흔히 아이가 치통을 호소할 때에야 비로소 치과에 방문하곤 하는데, 이때는 이미 치아가 많이 손상된 후입니다. 따라서 그만큼 진료 기간도 더 길어지고 어린이로서 진료 받기도 더욱 고통스럽습니다.

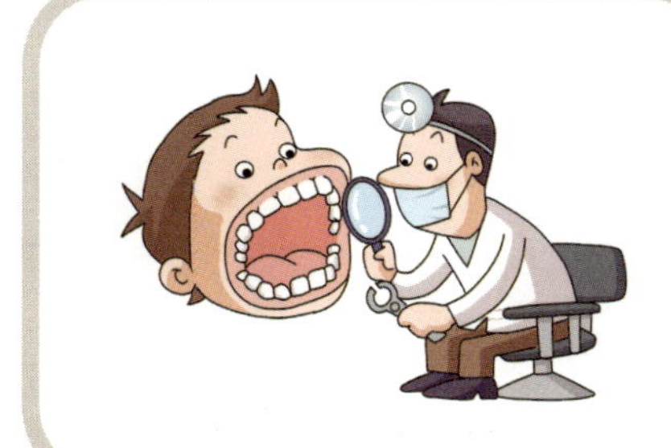

따라서 치아우식증이 발생하기 전에 6개월 단위로 정기적인 검진을 받고 예방 진료를 받게 해야 합니다. 적어도 초등학교 1학년 때부터 3학년 때까지는 반드시 주기적인 검진을 받는 것이 좋습니다. 이때는 치아 중에서 가장 중요한 제1대구치가 나오는 시기라서 자칫 이 치아가 치아우식증에 걸릴 수도 있기 때문입니다.

노인이 되었을 때 건강한 치아를 유지하느냐 또는 틀니를 사용하느냐 하는 기로는 어린 시절부터 결정됩니다. 특히 치아우식증은 물론이고 청소년기부터 노년기까지 발생하게 될 치주병의 예방을 위해서는 어릴 때부터 입 안을 깨끗하게 관리하는 기술을 익히는 것이 매우 중요합니다.

## 2. 치아관리는 젖니 때부터 시작해야 해요

평생의 치아 건강은 어린 시절 젖니 관리에서부터 시작된다고 할 만큼 젖니의 올바른 관리는 중요합니다. 그러나 '치아관리의 근본이 젖니(유치) 때부터'라는 사실을 아는 사람은 드뭅니다.

대체로 젖니는 생후 6개월경에 아래 앞니부터 나기 시작하여 2년 6개월 정도면 20개의 유치가 모두 입 안에 나게 되고, 3년 정도면 유치의 뿌리가 모두 완성되어 그 기능을 완전히 수행하게 됩니다.

젖니는 몇 가지 역할을 합니다. 우선 영구치가 나올 때까지 자리를 차지함으로써 올바른 영구치의 성장을 돕고, 씹는 힘을 턱뼈에 전달함으로써 턱뼈의 정상적인 발육을 이끕니다. 또 말을 배우는 시기에 젖니가 온전하면 좋은 발음과 말하는 습관을 기를 수 있고, 자신의 외모에 자신감을 갖는 데도 영향을 미칩니다. 따라서 만약 젖니가 일찍 빠지게 될 경우 '공간 유지 장치' 를 넣어 영구치가 날 공간을 확보해 주어야 합니다.

건강한 치아는 예로부터 오복 중의 하나라고 여길 만큼 중요하게 여겨 왔습니다. 건강한 치아를 유지하기 위해서는 유년기에 부모의 관심이 무엇보다도 중요합니다.

### 젖니가 중요한 세 가지 이유

1. 어려서부터 건강한 치아를 갖도록 관리해 주는 습관을 갖는 것이 평생 건강한 치아로 살 수 있는 기본을 갖추는 길입니다.
2. 젖니의 씹는 기능은 식사뿐만 아니라 턱뼈에 적절한 자극을 줌으로써 올바른 성장을 유도합니다. 그리고 말을 배우는 데도 큰 영향을 줍니다. 또한 심미적으로 예쁘고 고른 치아를 갖는 것은 아이들 정서에도 영향을 줍니다.
3. 젖니는 영구치가 나올 공간을 유지시켜 주며 영구치가 나오는 길은 경로를 유도하는 역할을 합니다.

## 3. 젖니의 충치는 조기치료가 중요해요

치아 건강을 해치는 여러 가지 요인 중에 가장 흔한 게 충치라고 불리는 치아우식증입니다. 치아우식증은 치아가 처음 입 안에 나온 후 2~3년 내에 가장 많이 발생합니다. 젖니는 만 12개월부터 36개월 사이에 가장 썩기 쉽고 평생을 사용하는 영구치는 만 6세부터 만 8세 사이에 가장 취약합니다.

'대한치과의사협회' 의 조사에 따르면, 우리나라 6세 어린이의 84%가 충치를 앓은 경험이 있는 것으로 나타났을 정도로 우리나라 어린이들은 충치 때문에 많은 고통을 겪고 있습니다. 풍치, 부정교합과 더불어 3대 치과 질환 중의 하나인 충치는 일단 발생하면 상실된 치아조직을 재생할 수 없고, 많은 노력과 비용 없이는 유지 · 관리하기가 어려울 뿐만 아니라, 어린이의 심신발육에도 나쁜 영향을 미치므로 조기발견과 조기치료가 매우 중요합니다. 아이의 치아가 많이 썩었음에도 불구하고 나중에 빠지고 영구치로 대체될 치아라고 해서 치과 치료를 외면하는 경우가 종종 있는데, 이는 젖니의 중요성에 대해 인식하지 못하고 있기 때문입니다.

젖니에 생긴 충치를 그대로 방치할 경우, 우선 뿌리 끝에 염증이 생길 수 있습니다. 젖니는 영구치에 비해 석회화 정도가 약하기 때문에 충치에 잘 걸리고, 일단 충치가 생기게 되면 급속도로 진행됩니다. 따라서 겉보기엔 작은 충치 같지만 속에서는 깊고 넓게 썩어 있는 경우가 많습니다.

충치가 생긴 젖니를 그대로 방치하게 되면 신경까지 확대되어 결국 신경치료를 해야 하는 지경에 이릅니다. 만약 신경까지 충치가 확대됐는데도 그대로 방치할 경우, 고름이 생겨 잇몸이 붓게 되고, 결국 그 치아를 뽑게 됩니다. 이렇게 관리를 잘못하여 조기에 젖니를 뽑게 되면 양옆에 있는 치아가 뽑힌 부위로 쓰러지면서 추후 영구치가 나올 공간이 좁아져서 덧니가 나오게 됩니다. 젖니는 영구치의 길잡이 역할을 하는데, 그 젖니가 빠져 버리면 영구치가 올바르게 나오는 것을 방해하는 것입니다.

따라서 젖니에 충치가 있으면 반드시 조기에 치료해야 하며, 만약 유치를 뽑게 되어 치아와 치아 사이에 공간이 있을 경우에는 ''간격 유지 장치''를 제작하여 후속 영구치가 날 공간을 확보해 주어야 합니다. 그렇지 않으면 나중에 교정치료를 받아야 합니다.

유치는 아이의 성장 발육에 필요한 영양분을 섭취할 수 있는 소화기능의 첫 단계입니다. 그런데 만일 아이의 치아가 손상된다면 아이는 음식물을 씹는 데 어려움을 느낀 나머지 부드러운 음식만을 찾게 될 것이고, 그렇게 되면 결국 균형 있는 식생활이 불가능해져 신체 발육에 지장을 초래할 수 있습니다.

젖니는 발음을 정확하게 하는 데 중요한 역할을 합니다. 그런데 아이가 조기에 치아를 잃게 되면 부정확한 발음 습관이 형성되어 어른이 될 때까지도 지속될 수 있습니다.

요즘은 생활수준이 높아짐에 따라 아이의 구강 관리에 대한 관심도 높아지고 있지만 상대적으로 아이들의 젖니 관리에는 소홀한 경우가 많습니다. 젖니 관리가 평생의 치아 건강을 좌우함에도 불구하고 많은 부모들은 아이가 치통을 호소할 때에야 비로소 치과를 방문하여 값비싼 대가를 치루는 경우가 많은데, 조기에 정기적인 검진과 관심을 통해 올바른 젖니 관리를 해주는 것보다 더 큰 부모님의 선물은 없을 것입니다.

Point

### 유치의 신경치료

치아는 크게 세 가지 구조로 되어 있습니다. 맨 안쪽에 '치수', 치수를 둘러싸고 있는 '상아질', 치아 머리 부분의 상아질을 보호하는 '법랑질'이 그것입니다.

이 중에서 치수는 우리가 보통 '신경'이라고 부르는 조직으로 뿌리 끝에 있는 조그만 구멍을 통해 혈관과 신경이 들어와 분포하고 있습니다.

충치는 대개 법랑질에서 먼저 발생하게 되는데, 이것이 진행되면 상아질로 퍼지게 되고(이렇게 되면 진행 속도가 빨라집니다), 더욱 진행되면 치수에까지 퍼지게 됩니다. 그렇게 되면 결국 치수에 염증이 생겨 동통을 유발하거나 심한 경우 괴사(신경이 죽음)되어 농양(고름주머니)을 형성하게 됩니다.

신경치료(치수치료)란 세균에 감염된 신경 조직(치수) 부분을 제거하고 빈 공간을 소독한 후 약제로 채우는 과정을 말합니다. 유치의 경우에는 뿌리 아래 부분에 영구치가 자라고 있으므로 좀 더 신중한 접근이 필요합니다. 치수 감염이 발생한 지 얼마 되지 않았다면 당연히 신경치료를 해서 사용해야 하지만, 염증이 오래되어 뿌리가 녹고 좋지 않다면 아예 빼 버리는 것이 낫습니다. 따라서 유치의 치수 감염이 발생한 지 오래되었다면 우선 방사선 사진부터 촬영해 뿌리 상태를 확인한 뒤에 치료 여부를 결정하는 것이 좋습니다.

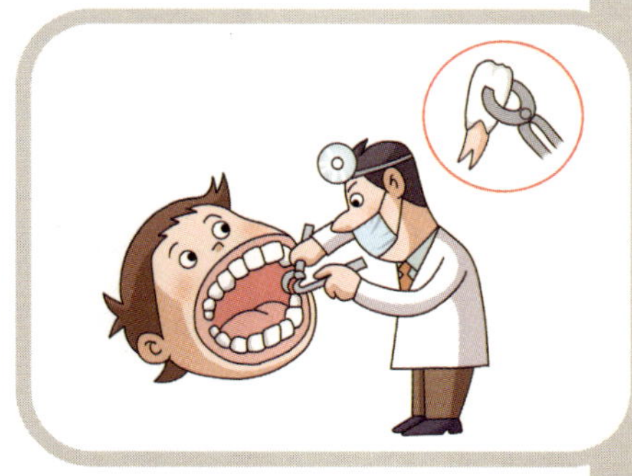

그리고 또 한 가지 알아둘 것은, 유치와 영구치의 치수는 각각 따로 있으므로 유치를 신경치료한다고 해서 영구치의 신경까지 없어지는 것이 아닙니다. 또 한 가지, 유치를 신경치료하면 영구치에까지 영향을 미치지 않을까 염려하게 되는데, 물론 부작용이 있을 수 있습니다. 하지만 치수 감염을 그냥 방치할 경우 영구치에 더 많은 문제를 유발시킬 수 있으므로 그것을 예방하는 차원에서 시술하는 것입니다.

신경치료 후에도 종종 염증이 재발하는 경우가 있으므로 반드시 정기적인 검진을 받도록 합니다.

## 4. 치아우식의 예방과 치료는 이렇게 해요

치아우식은 치아 표면에 음식 찌꺼기가 달라붙어 거기에 세균이 번식하면서 생기게 됩니다. 때문에 음식 섭취 후 입 안의 음식 찌꺼기를 제거하여 세균들이 번식하지 못하도록 하는 것이 중요합니다.

또한 음식 섭취에도 각별히 신경을 써야 합니다. 대개 설탕이 많이 든 음식이나 치아에 잘 들러붙는 음식일수록 치아우식 발생 가능성이 높습니다. 이런 음식들은 먹는 양보다 횟수가 잦을수록 더 많이 발생합니다. 되도록이면 사탕이나 초콜릿, 탄산음료 등 치아에 잘 달라붙거나 단 음식,

세균이 번식하기 쉬운 음식은 삼가고 치즈나 멸치, 우유, 견과류 등과 같은 칼슘이 풍부한 음식을 먹이며 간식 횟수를 줄여 나가는 것이 지혜로운 젖니 관리법입니다.

물론 어떤 음식이든 간에 먹고 난 뒤에 칫솔질만 잘하면 아무런 문제가 없습니다. 따라서 일반적으로 잘 알려진 칫솔질 '3 · 3 · 3법칙'을 철저히 지키는 것이 중요합니다. 식후 3분 이내, 3분 간, 하루 3번 칫솔질하는 방법은 음식물을 섭취한 후 3분이 지나면 입 안에서 산이 형성돼 치아의 탈회가 시작되기 때문에 설득력이 있습니다.

또한 충치 균을 갖고 있는 엄마가 아이의 입에 키스를 하고, 음식을 입으로 식히거나 잘게 부수어 먹이는 과정 중에 엄마의 입 안에 있던 충치 균이 아이에게 전염될 수 있으므로 부모의 구강위생에도 노력을 기울여야 합니다.

### 충치도 전염되나요?

그렇습니다. 충치도 세균에 의한 질환이므로 세균 전염에 의해 감염이 됩니다. 충치가 있는 엄마의 타액을 통해서 충치 균은 쉽게 아기에게 전염될 수 있습니다. 그러므로 보호자가 밥 등을 씹어서 아기에게 먹이는 것은 치아 건강을 위해서 좋지 않습니다.

어머니의 충치 발생과 아이의 충치 발생이 관련성이 높은 것은 유전적인 원인이라기보다는 충치가 많은 어머니의 경우 구강 위생 상태가 불량하고, 또한 구강 내의 충치 균이 많기 때문에 이러한 충치 균이 일찍부터 엄마로부터 아이에게 감염되어 충치가 잘 생기게 되는 것입니다.

따라서 어린이의 충치 발생 예방을 위해서는 어머니가 구강 위생 관리를 잘하여 구강 내의 충치 균을 감소시키는 것이 필요합니다. 특히 유치가 맹출하기 시작하는 생후 12개월부터는 식기, 수저, 젓가락, 칫솔 등을 아이와 함께 사용해서는 안 되고 엄마의 입에 넣었던 음식을 자신의 아이에게 먹여서도 안 됩니다.

특히 치아우식을 예방하기 위해선 '우유병우식증'을 경계해야 합니다. 아이가 우유, 이유식, 과일주스 등이 든 우유병이나 단물에 적신 고무젖꼭지 등을 물고 잠들게 해서는 안 됩니다. 아이를 잠재우기 위해 어쩔 수 없이 물려야 한다면 우유 대신 물이 든 우유병이나 아무것도 묻히지 않은 깨끗한 고무젖꼭지를 물리도록 합니다.

우유병우식증이란 위쪽 앞니가 잇몸 가까이에서부터 희거나 노란 반점이 형성되다가 치료하지 않고 놔두면 치아를 둘러싸면서 갈색으로 퍼져나가 결국 치아가 부서져서 뿌리밖에 남지 않게 되는 증상입니다. 자칫 시기를 놓치면 치료조차 어려워 결국 치아를 빼야 하는 상태에 이르므로 각별히 주의해야 합니다. 치료는 진행 정도에 따라 달라집니다. 치아의 파괴가 거의 없는 초기에는 우식 예방 효과가 있는 불소를 발라 진행 속도를 억제하고 회복을 유도할 수 있습니다. 일단 치아의 파괴가 일어난 후에는 손상된 부분을 제거하고 치아와 비슷한 색의 재료로 회복시켜 주어야 합니다.

치과 치료는 무엇보다 예방 치료가 중요합니다. 예방 치료가 충치를 100% 막아 주지는 못하지만 불소도포는 30~40%의 예방 효과가 있고 치아 홈 메우기는 80~90%의 예방 효과를 기대할 수 있습니다.

특히 어금니 부분의 충치는 칫솔질만으로는 관리하기가 어렵습니다. 이 경우 불소도포와 치아 홈 메우기를 통해 칫솔질만으로 해결할 수 없는 문제를 보완해 주는 것도 효과적입니다.

불소도포는 치아 표면에 불소를 칠해 세균이 들러붙지 못하게 하고, 세

균이 만들어내는 산에도 잘 견디게 하는 등 우식에 강한 구조를 만들어 주는 것으로 3~6개월에 한 번씩 해주면 효과적인데, 치아가 날 때부터 해주면 좋습니다. 불소치약의 경우 매일 2~3회 정도 사용하면 약 25%의 충치예방 효과를 얻을 수 있습니다. 그러나 불소를 다량 섭취하게 될 경우 반상치와 같은 부작용을 일으킬 수도 있으므로 치과의사와 상의 하에 사용하는 것이 좋습니다.

그리고 치아 홈 메우기는 어금니의 홈을 메우는 것으로, 어금니의 홈에 음식물이 끼여 치아우식이 발생하는 것을 막아 줍니다. 어린이에서 최초의 충치가 가장 많이 생기는 곳은 어금니의 주름 부분입니다. 따라서 치아가 돋아난 직후에 이 어금니들의 주름 부분을 플라스틱과 같은 단단한 물질로 메워 주면 이 어린이는 평생 동안 충치 없이 살아갈 수 있습니다. 만 6세에 나는 큰 어금니가 가장 효과적인 대상이 되지만, 영구치 중 주름이 많은 치아는 모두 대상이 될 수 있습니다.

충치가 이미 치아 속의 신경에 가까워진 경우에는 신경치료와 함께 더 이상 이가 부서지지 않도록 치아 전체를 플라스틱관 혹은 금속관을 이용해 씌워 줍니다. 그리고 치아 파괴가 심한 말기에는 염증으로 인해 잇몸 속에 있는 영구치의 싹이 손상되지 않도록 치아를 빼고 적절한 형태의 의치를 만들어 줍니다.

첫 이가 돋아나기 시작하는 생후 6개월을 전후해 치과를 방문해 아기의 치아관리에 필요한 주의점과 예방법 등에 대한 상담을 하는 것이 바람직합니다. 아이의 치아관리는 엄마의 세심한 관심과 올바른 칫솔질 습관이 가장 좋은 예방책이며, 정기적인 치과 검진이 우리 아이들의 치아를 건강하게 만들 수 있습니다.

Point

## 어린이 충치예방 십계명

❶ 부모의 충치를 빨리 치료하여 아이에게 전염되는 것을 막습니다.

❷ 초콜릿, 사탕, 탄산음료 등의 단맛으로부터 멀리 합니다.

❸ 우유병을 입에 문 채 잠들게 하지 않습니다.

❹ 우유병에는 물과 우유만을 담아 줍니다.

❺ 물을 자주 마시게 합니다. (입을 헹구는 효과와 충분한 수분 섭취 효과)

❻ 간식은 식사 직후에 주고, 바로 이를 닦도록 합니다.

❼ 규칙적인 이 닦기 습관을 갖도록 본보기를 보입니다.

❽ 아이의 이를 자주 살펴봅니다.

❾ 이에 좋은 음식(야채와 양질의 단백질, 칼슘)이 몸에도 좋습니다.

❿ 치과에서 전문적이고 적극적인 예방 치료를 받습니다.

## 5. 식후엔 반드시 칫솔질을 시켜야 해요

생후 6개월이 되면 아이의 잇몸에서 처음으로 이가 돋아나기 시작하는데, 이때부터 아이의 이를 닦아 주어야 합니다. 거즈나 칫솔을 이용해 이를 닦아 주며, 적어도 하루에 한 번은 꼭 닦아 주도록 합니다.

하지만 유아의 경우 대부분 칫솔질하기를 싫어하므로 칫솔질해 주기가 쉽지 않은데, 이때 엄마가 목소리를 높이며 강제로 시도하면 아이는 칫솔질 자체를 싫어하게 될 우려가 있습니다. 따라서 아이의 기분을 맞춰 가며 칫솔질을 해줄 필요가 있는데, 엄마의 말을 알아듣지 못하는 유아라면 칫솔질을 시켜 주는 동안 아이가 좋아하는 노래를 들려준다든지 텔레비전을 보여 주는 등 주위를 분산시키는 방법을 사용할 수도 있습니다. 그리고 엄마의 말을 알아들을 수 있는 나이라면 칫솔질을 하는 이유를 잘 설명해 주어 동기를 부여하는 것이 바람직합니다.

칫솔질은 유아의 경우 엄마 무릎에 아이의 머리를 누이고 칫솔에 물만 적셔서 위쪽 어금니부터 안팎으로 부드럽게 문질러 준 뒤 앞니를 닦아 주도록 합니다. 아래 치아도 같은 방법으로 닦아 줍니다. 칫솔 사용이 힘들다면 깨끗한 거즈로 치아를 닦아내도 괜찮습니다. 만 2살 정도 되면 아이가 직접 칫솔질을 하려는 경향이 있는데, 이 경우엔 스스로 칫솔질을 하도록 하고, 좀 서툴더라도 칭찬을 해 가며 점차 올바른 칫솔질 방법을 가르쳐 가도록 합니다.

### 아이의 칫솔질, 이렇게 가르치세요

Point

이를 닦는 방법도 중요하지만 그보다는 이 닦는 습관을 몸에 배게 만들어 주는 것이 가장 중요합니다. 적어도 학교에 들어가기 전까지는 하루에 한 번은 엄마가 아이의 이를 닦아 주어야 합니다.

경우에 따라서는 아홉 살이나 열 살까지라도 아이가 이 닦기에 흥미를 가질 때까지 엄마가 관리를 해주어야 합니다.

대부분의 아이들은 칫솔을 잘 다루지 못하고 금세 칫솔질을 끝내 버립니다. 독립심을 기른다고 아이 스스로 하도록 내버려두는 경우가 있는데 독립심은 다른 것으로 키워 줘도 충분합니다. 이를 닦아 줄 때는 아이 뒤에서 엄마가 감싸 안고 거울을 보며 닦아 주면 효과적입니다. 이렇게 닦아 주면서 입 안에 문제가 없는지 하루 한 번씩 들여다보며 아이와 사랑을 나누면 좋겠죠?

어른과 마찬가지로 어린이들도 하루 세 번의 칫솔질을 시키도록 합니다. 어린이는 어른처럼 그렇게 구석구석까지 깨끗이 닦아낼 수 없습니다. 따라서 이 시기에는 아이의 칫솔질 후 엄마가 직접 상태를 확인하며 마무리 칫솔질을 해주어야 합니다. 저녁 칫솔질 후에는 다음날 아침까지 아무

것도 먹이지 않는 것이 좋습니다.

다음은 유아기의 연령별 칫솔질 방법입니다.

### ● 생후 0~6개월

수유 후마다 거즈를 손가락에 말아서 입 안 전체를 닦아 줍니다. 이때 잇몸뿐만 아니라 입천장도 손가락을 돌려 가며 닦아야 합니다. 무엇이든 입에 가져가서 자꾸 깨물려고 하는 것은 치아가 나기 전 잇몸이 근질거려서 그런 것이므로 마사지를 해주거나 치아발육기를 이용해 자극해 줍니다.

### ● 생후 6~12개월

본격적으로 유치가 돋아날 시기입니다. 따라서 이때 관리를 잘해 줘야만 치아가 건강해집니다. 거즈 대신 유아용 실리콘 칫솔을 사용하면 효과적입니다. 물로만 닦지 말고 연령에 맞는 유아 전용 구강세정제를 사용하는 것도 좋습니다. 구강세정제를 사용할 때는 마무리 과정으로 거즈에 물을 묻혀 한 번 더 닦아 줍니다.

### ● 생후 12개월~만 2세 반

앞니뿐만 아니라 송곳니까지 나며, 두 돌 반이 넘으면 총 20개의 유치가 생깁니다. 충치는 치아가 나온 후 2~3년 안에 가장 많이 발생하기 때문에 어린이 치아관리에 각별히 신경을 써야 합니다. 하루에 한 번 이상 음식물 섭취 후 부모가 손가락 사이에 젖은 거즈를 끼고 치아와 잇몸을 부드럽게 닦아 줍니다. 올바른 수유 습관을 들이는 것도 중요합니다. 특히 밤에 수유하는 것을 줄이고 젖병을 물려 놓고 재우는 것을 삼가야 합니다. 자는 동안 이유식이나 분유가 입 안에 남아 있으면 치아를 썩게 만들기 때문입니다.

## 만 3~6세

스스로 칫솔을 사용하게 할 수 있는 시기입니다. 하지만 손에 익지 않아 제대로 칫솔질을 못 하는 아이가 많은 만큼 부모가 뒤에서 아이를 안고 손을 같이 잡아 꼼꼼하게 칫솔질하는 것도 좋습니다. 특히 잠자기 전의 칫솔질은 중요합니다. 자는 동안에는 입 안이 건조해지는데, 이때 구강 청결 기능을 담당하는 침 분비가 줄어들면서 충치가 잘 진행되기 때문입니다. 평소에 과자와 음료 섭취는 가급적 제한하는 것이 중요합니다. 치아에 끈적끈적하게 달라붙거나 입에 오래 남아 있는 음식은 피해야 합니다.

식사 전에 이를 닦는 것은 아무런 효과가 없습니다. 반드시 음식을 먹은 후에 이를 닦도록 하고, 잠자기 전에 이를 닦는 것이 가장 중요합니다. 그리고 과자 등의 간식을 먹고 나서 칫솔질을 할 수 없을 때는 물로 입 안을 깨끗이 헹구어 음식물 찌꺼기를 제거하는 것만으로도 치아우식 예방에 큰 도움이 됩니다. 적어도 날마다 한 번 이상, 특히 자기 전에는 전체 치면을 골고루 닦는 철저한 칫솔질을 해야 합니다. 이때 이와 이 사이의 틈은 충분히 닦이지 않으므로 보조 수단으로 치실의 사용이 필수적입니다.

두 살 이하의 어린이들은 보통 칫솔질을 잘 할 수 없으므로 보호자가 이를 닦아 주어야 하는데, 유아들의 치아는 보호자가 손에 거즈를 감고 식염수 등에 적신 후 닦아 줍니다. 그리고 스스로 칫솔질을 할 수 있을 만큼 자랐을 때에는 구강의 크기에 맞는 작은 칫솔을 사용하게 하고, 치약을 삼키는 일을 방지하기 위하여 칫솔에 치약을 묻히지 말고 그냥 닦도록 합니다.

아이가 유치원에 다닐 정도의 나이가 되면 불소치약을 사용하되 완두콩 정도의 크기로 조금만 묻혀서 닦도록 합니다. 실수로 치약을 삼키더라도 불소가 과량 섭취되지 않도록 하기 위함입니다. 최근에는 마모제와 불소가 들어 있지 않고, 거품이 나지 않으며, 삼켜도 안전한 유아용 치약이 개발되어 시중에 판매되고 있습니다. 그리고 아이가 올바른 이 닦기 습관을 가지게 될 때까지는 보호자가 이 닦기를 도와주며 지도해야 합니다. 올바른 이 닦기 방법에 대해 여러 주장들이 있으나 옆으로 문지르는 '횡마법'이 자연스럽고 효과적이라는 견해가 지배적입니다. 성인들에게 권장되는 '회전법'과 같은 방법은 복잡해서 어린이가 배우기 어렵고, 또 유치의 해부학적 형태는 '횡마법'으로 잘 닦일 수 있다는 것입니다. 일부 학자들은 횡마법으로 닦는 습관을 들이면 회전법으로 바꾸기가 좀처럼 쉽지 않으므로, 어렸을 때에는 원을 그리는 동작인 '묘원법'으로 닦다가 초등학교 입학 후에는 회전법으로 바꿀 것을 제안하고 있습니다.

하지만 칫솔질 방법보다 이를 골고루 철저히 잘 닦는 것이 더 중요합니다. 또 치과에 내원해 각 상황에 맞는 칫솔질 방법 등을 배우고 정기검진을 받는 것도 중요합니다.

### 잇몸에서 피가 나요

전신 건강에 이상이 없다면 대개는 잇몸에 염증이 있기 때문에 피가 나는 것으로, 이는 이를 깨끗이 닦지 않아 플러그가 쌓여서 생긴 결과입니다. 특히 치아의 안쪽을 잘 살펴보면 그곳에 누런 치석이 단단하게 달라붙어 있는 경우가 있습니다. 이런 경우라면 아이들도 치석제거술(스케일링)을 받아야 합니다.

## 6. 칫솔질 후엔 꼭 치실질을 해주세요

옛날에 비해 칫솔질 습관은 많이 좋아졌으나 아직도 치실을 사용하는 사람은 그다지 많지 않습니다. 그런데 칫솔질을 해도 이와 이 사이에 끼인 음식물 찌꺼기가 닦이지 않을 때가 많아 치실질을 하여 그 찌꺼기들을 없애는 것이 필요합니다.

가는 실 모양으로 된 치실은, 이와 이 사이에 끼고 이의 위아래로 움직여서 칫솔이 닿지 않는 부분의 음식물 찌꺼기들을 닦아내는 데 유용합니다. 흔히 식당에서 사용하는 이쑤시개가 이나 잇몸에 나쁜 영향을 주는 것과 달리 이 치실은 잇몸에 이로운 작용을 합니다.

치실질을 해도 이와 이 사이가 벌어지지도 않습니다. 치실질을 사용하다 보면 가끔 잇몸에서 피가 나기도 하는데, 본래 잇몸은 아주 작은 자극에도 그렇게 피가 날 수 있으므로 염려할 필요는 없습니다.

하지만 이 치실질은 아이가 사용하기에는 좀 까다로운 편이므로 아이 혼자 스스로 하기까지에는 시간이 많이 걸립니다. 만 3살 이하의 아이는 아직 젖니가 모두 나지 않아 그다지 칫솔질이 필요 없습니다. 하지만 아이가 만 3살 이상이 되면 젖니의 배열이 거의 완성되므로 부모가 칫솔질을 해주고 나서 치실로 남은 찌꺼기를 없애 줄 필요가 있습니다.

치실질을 할 때는 치실을 이 사이에 끼어 좌우로 움직이지 말고 이의 위아래로 움직여야 합니다. 특히 작은 어금니와 큰 어금니 사이는 충치가 가장 잘 생기는 곳이므로 좀 더 신경 써서 찌꺼기를 없애 줘야 합니다. 치실에 불소용액을 묻혀 사용하면 충치예방에 훨씬 효과가 좋습니다.

치실질은 음식물을 먹고 나서 매번 해주는 것이 좋으나 사실 이렇게 하기란 좀처럼 쉽지가 않습니다. 따라서 적어도 하루에 한 번 이상은 치실질을 해주되 저녁식사 후 잠들기 전에는 꼭 해 주도록 합니다. 특히 치실질을 해서 이 사이를 깨끗하게 해준 뒤에 칫솔질을 해 주면 치약의 불소 성분이 이 사이에 잘 들어가게 되어 충치예방 효과가 커집니다. 

## 칫솔

잇몸이 약하거나 잇몸에 병이 있는 사람의 경우 처음에는 부드러운 칫솔을 사용하다가 증상이 좋아지면 좀 더 억센 것으로 바꾸어 사용하도록 합니다. 너무 부드럽거나 억세지 않은 보통의 것을 선택하는 것이 무난합니다. 털은 가늘고 단면이 둥글며 탄력이 있는 것을 선택합니다.

손잡이는 플라스틱으로만 되어 있는 것보다는 고무가 섞인 것이 탄력성과 유연성이 좋아 입 안의 구석진 부분을 닦을 때 편리합니다. 칫솔 머리는 치아의 크기에 맞추는데, 보통 치아 두 개 반 정도의 크기가 좋습니다.

털끝이 벌어지고 탄력을 잃으면 칫솔을 바꿔야 합니다. 사용한 지 4주 정도가 지나면 세균이 자라기 시작하므로 적어도 1개월에 한 번 정도는 바꿔야 한다는 주장이 있는가 하면, 영국치과의사협회에서는 '3개월마다 새 칫솔로 바꾸고 다른 사람이 빌려 쓰지 못하도록 하는 게 가장 기본적인 건강한 치아관리' 라고 권고하기도 합니다.

살균기에 보관하거나 바람이 잘 통하고 햇볕이 잘 드는 곳에 두어 말려 씁니다. 그리고 다른 사람의 칫솔과 머리 부분이 서로 닿지 않도록 주의해야 합니다.

## 치약

치태가 많이 끼는 사람의 경우 마모도가 높은 것을 사용하고, 적게 끼는 사람은 마모도가 낮은 것을 사용하도록 합니다. 시린 치아 전용 치약은 치아의 노출된 신경을 보호합니다. 대개 질산칼슘과 불소가 혼합된 제재로 상아질 밖으로 노출된 신경세관을 막아 보호막을 형성해 줍니다. 특히 잘못된 칫솔질은 이들 입자로부터 형성된 얇은 보호막을 걷어내어 다시 시린 통증을 유발시킵니다.

구강 안을 청결히 하기 위해 수시로 사용하는 상용 양치액과 구강 내 세균을 죽이는 약용 양치액이 있습니다. 전자는 위생용품이고 후자는 잇몸질환이 심하거나 수술할 때 단기간에 걸쳐 쓰는 의약품입니다. 흔히 쓰는 상용 양치액은 입 안이 텁텁하거나 평소 치아 사이가 깨끗하지 못하고 잇몸에 염증이 잘 생기는 사람에게 유익합니다.

# 28 치아를 다쳤을 때

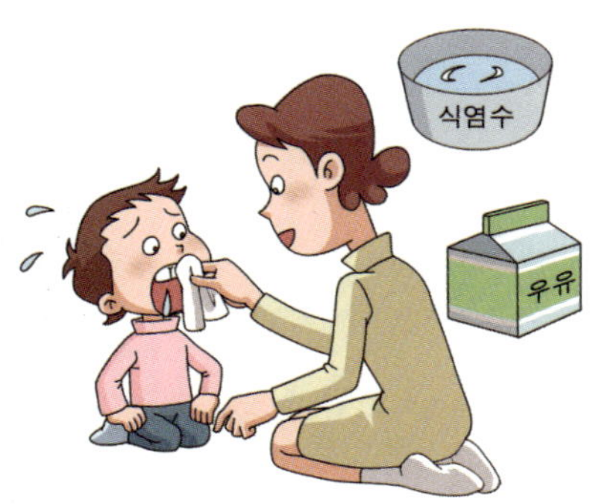


어린 자녀들이 개구쟁이처럼 뛰어놀다 보면 가끔 예기치 않은 사고가 발생합니다. 아이가 넘어지며 앞니를 다치는 경우는 우리 주변에서도 종종 볼 수 있는데, 외상에 의한 치아의 손상은 그 처치에 따라 예후가 크게 달라질 수 있습니다. 치아의 외상은 걸음마를 배우기 시작하는 2~4세와 학령기 초년인 8~10세에서 흔히 발생하며, 위 앞니에서 가장 많이 발생합니다. 유치의 외상이 영구치에 미치는 영향은 아주 다양하게 나타날 수 있는데, 대개는 영향이 없거나 미약한 문제로 끝나고, 드물긴 하지만 심각한 후유증을 남기는 경우도 있습니다. 따라서 유치 앞니에 심한 외상을 받은 경우는 영구치 앞니가 나올 때까지 정기적인 검진이 반드시 필요합니다. 다음은 여러 가지 외상에 따른 적절한 대처법입니다.

## 1. 치아가 부러졌을 때는 어떻게 해야 하나요?

부러진 위치에 따라 치료 방법이 각기 다르며, 아이가 아파하지 않더라도 치아에는 충격이 가해졌을 수 있습니다. 따라서 치아가 부러졌을 때에는 일단 치과에 데려가는 것이 현명한 방법입니다. 치과에 갈 때는 부러진 치아 조각도 다시 붙일 수 있는 경우가 있으므로 깨끗한 물에 씻어서 가져가는 것이 좋습니다. 요즈음에는 접착기술이 많이 발달해 파절조각을 붙일 수도 있기 때문입니다.

이가 깨진 경우에는 상태에 따라, 그리고 치아의 성숙 정도에 따라 치료 과정과 기간에 있어 차이가 있습니다. 이가 약간만 깨져나간 경우에는 날카로운 부분을 조금 다듬어서 그대로 사용할 수 있지만, 눈에 띄게 치아가 부러져 나간 경우에는 신경보호제를 사용한 후에 치아 색과 비슷한 재료를 사용하여 원래 형태를 만들 수 있습니다.

또 치아가 부러져 신경이 노출된 경우에는 신경치료 후 때우거나 씌워줘서 신경을 보호해야 하고, 신경이 노출되지 않은 경우는 2~3주 정도 치아를 안정시킨 뒤 때워 주면 됩니다. 치아의 뿌리가 부러졌을 경우는 3~4주 정도 기다려 치아가 고정되면 그대로 사용하고 고정되지 않으면 발치해야 합니다.

## 2. 치아가 빠졌을 때는 어떻게 해야 하나요?

사고로 인해 치아가 빠지게 되면 대개 입 안에서 많은 출혈을 동반하기 때문에 환자나 보호자가 많이 당황하게 됩니다. 그러나 이때 당황하지 말고 침착하게 치아의 행방을 찾아 수습해야 합니다. 빠진 이는 다시 제자리에 끼워서 고정하는 것이 가능하며, 이가 빠진 후 특히 30분 이내에 제자리에 끼워 넣을 수 있다면 거의 90% 이상 다시 고정이 되기 때문입니다.

그럼 빠진 이를 어디에 넣어 가면 좋을까요? 제일 좋은 것은 약국에서 파는 생리식염수나 우유에 담가 가지고 가는 방법입니다. 만약 치아 뿌리에 흙이나 오물이 묻었을 경우에는 선불리 닦아내려 하지 말고 식염수에 살짝 헹구기만 하고 담가야 합니다.

치아 뿌리 표면에는 '치주인대'라고 하는 미세한 섬유 조직이 있는데, 섣불리 뿌리 표면을 닦아 내면 이 치주인대가 손상을 받아 세포가 죽어 버리므로 치아가 생착되는 데 큰 장애를 일으킬 수 있습니다. 따라서 이를 만질 때는 가능한 한 뿌리 부위는 만지지 말아야 합니다.

만일 식염수나 우유를 구할 수 없는 처지라면, 치아를 제 자리에 끼워 넣거나 아이의 혀 밑에 넣고 가는 것도 차선책이 될 수 있습니다. 그러나 이렇게 입 안에 보관하는 것은 치아의 재생 능력이 식염수나 우유에 비해 현저히 떨어지므로 가능한 한 빨리 우유나 식염수로 바꿔 주는 것이 좋습니다.

치과가 멀리 떨어져 있어서 가는 데 두 시간 이상을 소요해야 한다면 부모가 직접 시도해 보는 것도 좋습니다. 치아를 식염수에 흔들어 씻은 다음 원래 위치로 살짝 밀어 넣은 후 빨리 치과로 가서 고정을 하도록 합니다. 약 3주 간의 고정치료가 필요하며 신경치료를 해야 하는 경우도 있을 수 있습니다.

피가 나는 잇몸은 거즈나 천을 적셔서 눌러주어 지혈시킵니다.

빠진 치아를 깨끗한 상태로 치과에 가져가면 치아를 원래 위치로 심는 것이 가능하며 예후도 좋습니다. 그러나 치아의 상태가 너무 더러워져 있거나 빠진 후 시간이 많이 경과되었을 경우에는 예후가 좋지 않습니다.

치조골에서 빠진 치아는 흔히 신경치료라고 하는 근관치료를 하고 인접 치아와 묶어서 고정시키면 대개 4주 후에는 다시 치조골에 엉겨 붙어 다시 사용할 수 있습니다.

### 3. 치아가 흔들릴 때는 어떻게 해야 하나요?

치아를 다쳐서 약간 흔들리기만 할 정도라면 그대로 놔두고 단단한 음식물만 피하면 약 3주 후 저절로 고정되므로 크게 걱정할 필요가 없습니다. 그런데 치아가 돌아가서 앞뒤 위치가 바뀌었을 때는 가까운 치과에 가서 원래로 재위치시킨 뒤 고정(무리하면 부작용이 더 클 수도 있음)해야 합니다.

### 4. 치아가 잇몸 속으로 밀려 올라가거나 내려와서 길어졌을 때는 어떻게 해야 하나요?

치아가 잇몸 속으로 밀려들어간 경우에는 한 달 정도 기다리면 대개는 다시 내려오게 되는데, 만일 내려오지 않으면 치과에 가서 이빨을 원위치시켜야 합니다. 그리고 치아가 밑으로 내려와 길어졌을 경우, 약간 내려온 정도라면 길이를 조정해서 사용할 수도 있지만 보기 싫을 정도로 많이 내려온 경우라면 교정해 주도록 합니다.

### 5. 치아 외상 후 어둡게 변색될 때는 어떻게 해야 하나요?

치아 외상 후 2주에서 수개월이 지난 후 치아가 어둡게 변색되는 경우가 많습니다. 이는 외상의 충격으로 치수 속으로 들어가는 혈관이 손상되어 치아 속으로 피가 통하지 않는 상태가 된 것으로 '치수괴사' 라고 합니다. 대개는 큰 문제가 없지만 일부에서 치수염증을 유발하므로 신경치료를 해주는 것이 좋습니다.

# 29 치아 교정치료

당장 큰 불편이 없어 보이니 그냥 넘어가고 싶기도 하고, 그대로 놔두자니 자랄수록 문제가 더 심각해질 것 같고……. 아이의 치아 교정치료 문제를 놓고 부모들의 고민은 한두 가지가 아닙니다.

치아의 부정교합(고르게 나지 않은 이)은 발견하는 즉시 가능한 한 빨리 치료하는 것이 좋습니다. 근본적인 이유는 말할 것도 없이 '치아 건강' 입니다. 단순히 삐뚤어진 치아를 바로 잡는 치료뿐만 아니라 위턱과 아래턱의 조화로운 성장을 유도하고 부정교합의 원인이 되는 잘못된 습관(혀 내밀기, 손가락 빨기, 구 호흡, 턱 괴기, 한쪽으로만 씹기 등)을 바로잡아 주는 등 광범위한 치료 영역을 가지고 있습니다.

부정교합은 크게 1급, 2급, 3급으로 나눌 수 있습니다. 치아를 지긋이 다물었을 때 아래위의 어금니는 정상으로 맞물리나 앞니가 가지런하지 못하고 삐뚤게 되면 1급 부정교합이라 부릅니다. 또 위턱이 너무 크거나 아래턱이 너무 작아서 위턱과 윗니가 앞으로 튀어나와 보이면 2급 부정교합이라 부릅니다. 그리고 3급 부정교합은 아랫니가 윗니보다 앞으로 튀어나와 있거나 아래턱이 위턱 앞으로 나와 보이는, 흔히 주걱턱이라 불리는 상태입니다.

|  |  |  |
| --- | --- | --- |
| 1급 부정교합 | 2급 부정교합 | 3급 부정교합 |

치열이 고르지 못한 부정교합을 방치하게 될 경우, 심리적인 위축은 차치하더라도 건강 전반에 미치는 악영향이 큽니다.

우선 균형 있는 안면 성장에 장애를 일으킬 뿐 아니라, 가지런하지 못한 치아 배열로 인해 칫솔질이 제대로 되지 않아 충치와 잇몸질환이 발생할 확률이 높아집니다.

특히 음식물을 씹는 능력이 떨어져 소화기관에 부담을 주게 되어 위장 계통 질환을 유발할 수 있습니다. 또 유아기에는 정확한 발음을 할 수 없어 정상적인 언어발달에 장애가 발생하고, 턱뼈나 주변 조직의 발육이 나빠지게 됩니다.

따라서 교정치료는 성장 잠재력을 고려해 7세 이후에 시작하는 것이 가장 좋습니다. 시간이 흐르면 흐를수록 치료는 더욱 어려워지기 때문입니다.

부정교합의 원인은 크게 선천적 요인, 유전적 요인, 환경적 요인으로 나눌 수 있습니다. 여기서 선천적 요인이나 유전적 요인은 어쩔 수 없다 치더라도 조금만 신경 쓰면 충분히 예방할 수 있는 것을 부모의 무신경 탓으로 예방치 못한 부정교합이야말로 실로 안타까운 일이 아닐 수 없습니다.

그럼 아이의 치아교정 문제에 대해 부모들이 가장 궁금해하는 '상황별 치아교정 치료' 에 대해 알아보기로 하겠습니다.

❶
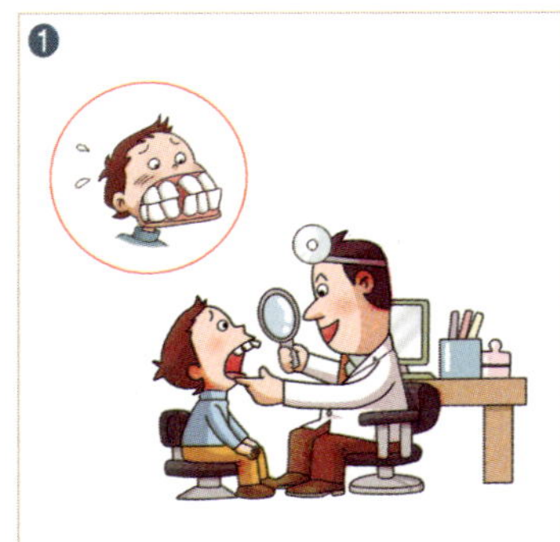

❷
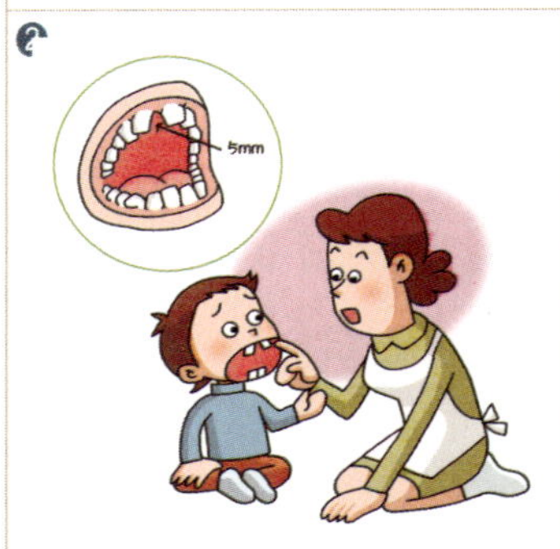


❸

❹
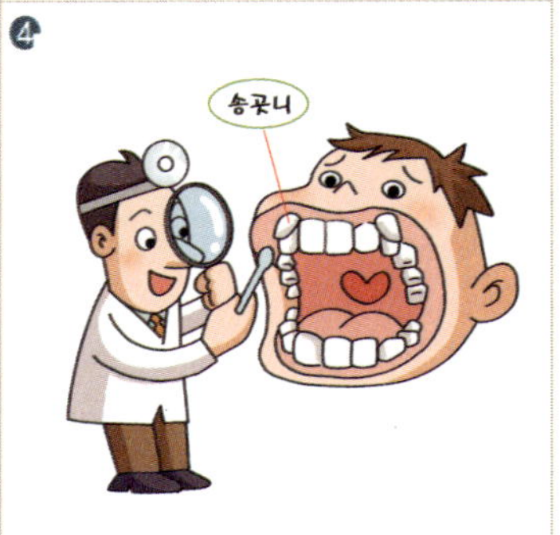


### 1. 이가 들쑥날쑥해요

앞니가 나는 만 7세 전후에서 아래 앞니가 공간 부족으로 인해 약간 삐뚤삐뚤하게 나는 것은 정상입니다. 그러나 충치나 외상 등으로 인해 젖니가 일찍 빠진 경우에 공간이 부족하여 치아가 한쪽으로 몰려서 삐뚤삐뚤하게 난다면 치과에 가서 정확한 진단을 받아 보는 것이 좋습니다.

### 2. 이와 이 사이가 벌어져 있어요

젖니의 경우 치아와 치아 사이에 공간이 있는 것은 정상입니다. 그리고 7살 전후에 위 앞니가 날 때도 사이에 공간이 있습니다. 이것은 송곳니가 나면서 차차 공간이 메워지게 됩니다. 그러나 5mm 이상 심하게 공간이 나 있다거나 송곳니가 난 이후에도 공간이 채워지지 않는다거나, 또는 앞니가 회전되어 난다면 치과에 가서 진단을 받고 적절한 치료를 받는 것이 좋습니다.

### 3. 아랫니가 윗니보다 앞으로 나왔어요

젖니 어금니가 모두 난 이후에도 계속 아랫니가 윗니보다 앞으로 몰린다면 주걱턱이 될 소지가 매우 높습니다. 이는 가능한 빨리(만 7세경) 정확한 진단과 함께 치료를 받아야 합니다.

### 4. 송곳니가 매복되어 있어요

11~12세 자녀를 둔 부모는 아이의 송곳니를 한번 살펴볼 필요가 있습니다. 때가 되었는데도

위 송곳니가 나오지 않고 잇몸 속에 매복되어 있는 경우가 약 50명 가운데 한 명 꼴로 많기 때문입니다.

영구치인 위 송곳니는 12~13세가 되면 나옵니다. 그런데 앞니를 모두 갈고 나서 가장 뒤늦게 나오므로 공간이 부족하여 그대로 매복되어 있거나 자리를 잘못 잡게 되어 덧니가 되기 쉽습니다.

위 송곳니는 나오기 18개월 전부터 잇몸에서 만져지므로 송곳니가 나오기 전인 11~12세에 송곳니가 만져지지 않는다면 치과에 가서 매복 여부를 확인하고 교정치료를 받는 것이 좋습니다. 특히 송곳니가 제대로 나오지 않은 가족력이 있거나 송곳니 옆의 치아가 결손되거나 기형인 경우 주의 깊게 한번 살펴보는 것이 좋습니다.

매복 치아를 그대로 방치해 둘 경우 옆에 있는 치아의 뿌리를 손상시켜 부정교합을 일으키고, 잇몸 염증, 종양 등으로 인해 통증을 겪는 일이 많으며, 특히 사랑니는 기능과 외관적으로 아주 중요하므로 교정 시기를 놓치지 말아야 합니다. 사랑니가 매복되었을 경우에는 그 매복된 사랑니를 뽑아야 하고, 송곳니의 경우는 외과적으로 노출시킨 다음에 제자리를 잡도록 교정치료를 해야 합니다.

치아가 매복되는 원인은 나오는 공간 부족, 외상, 물혹, 잇몸 염증 등 다양합니다. 우선 이러한 원인을 제거하여 매복 치아가 나올 수 있는 공간을 확보한 다음, 이어 수술로써 매복 치아를 노출시키고 교정 장치를 부착하면 서서히 제자리를 잡게 됩니다.

### 5. 젖니를 뺐는데 영구치가 안 나요

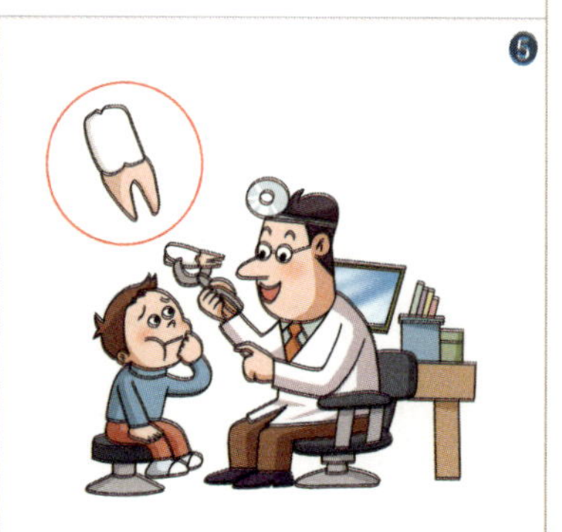


젖니는 영구치로 교환될 시기가 되면 저절로 흔들리게 됩니다. 이는 영구치가 젖니의 아래쪽에서 뿌리를 녹이며 올라오기 때문입니다.

젖니가 빠진 뒤에 이가 나는 시기는 어린이마다 차이가 있습니다. 만일 젖니를 빼고 나서 수개월이 지나도록 영구치가 나오지 않으면 치과에서 X-ray 검사를 해서 영구치의 유무를 확인하고 간단한 처치로 이가 나는 것을 유도할 수 있습니다. 가끔 젖니 아래에 후속 영구치가 없는 경우도 있는데, 이때는 젖니를 최대한 오래 사용해야 하므로 치아를 씌워 주는 것이 좋습니다. 하지만 젖니의 수명은 그다지 길지 않으므로 나중에 빠질 경우 보철 치료를 해줘야 합니다.

### 유치 뒤쪽으로 영구치가 올라와요

아래 유치 앞니가 흔들리지도 않는데 영구치 앞니가 유치의 뒤쪽으로 올라오는 경우가 있습니다. 그러면 부모는 당황하여 치과를 찾아가서는 앞 유치를 빼게 됩니다. 이때 부모들은 대부분 '유치를 늦게 빼서 이렇게 덧니가 난다'라고 생각하여, 다른 모든 유치도 미리 빼야 하지 않을까 생각하게 됩니다.

하지만 아래 영구치 앞니가 뒤쪽으로 나는 것은 공간 부족으로 인한 경우가 대부분입니다. 영구치는 어릴 때부터 유치 아래턱뼈 속에서 자리 잡아 자라고 있는데, 턱이 작은 아이들의 경우 이때부터 영구치가 삐뚤게 자리 잡을 수밖에 없게 됩니다. 결국 고른 치아와 고르지 않은 치아는 선천적으로 결정되는 경우가 많으므로, 충분히 흔들리지도 않는 유치를 미리 빼기 위해 부분마취까지 시켜 가며 아이를 고생시킬 필요가 없습니다.

## 6. 주걱턱도 교정할 수 있나요?

부정교합은 위턱과 아래턱의 성장 부조화에 의해 야기될 수 있습니다. 이런 증상은 적절한 시기와 기회를 놓치면 외과적인 수술의 도움 없이는 치료가 힘들어집니다. 특히 아래턱이 위턱보다 나온 주걱턱의 경우 성장 조절을 위한 치료는 빠를수록 좋습니다.

만 5세 때 시작하는 것이 적당합니다. 턱 교정은 영구치가 자리 잡기 전에 치료를 시작해야 합니다. 치아만 삐뚤다면 위 송곳니가 나오는 11~12세가 이 교정치료의 적기입니다.

### 7. 충치로 인해 젖니가 미리 빠져 버렸어요

젖니나 어금니가 충치 등으로 인해 미리 빠져 버린 경우, 그곳에서 영구치가 다시 나올 때까지는 많은 시간이 걸립니다. 따라서 젖니가 빠진 자리는 제때 간격 유지 장치 등을 해 줘야 합니다.

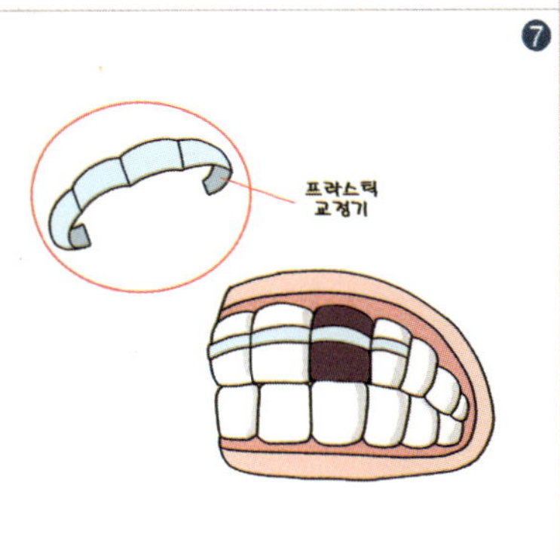


빈 공간을 그대로 두면 옆에 있던 치아가 공간 쪽으로 쏠리면서 나중에 영구치가 솟아날 자리가 없어지게 되어 덧니로 나거나 영구치가 못 나는 수도 있기 때문입니다.

이런 경우에는 초등학교 저학년 때에도 교정용 특수 플라스틱으로 된 끼웠다 뺐다 하는 교정 장치를 이용해 쉽게 해결할 수 있습니다. 영구치가 모두 난 후에 해결하려면 시간과 비용이 더 많이 드는 것은 물론 치료도 더욱 복잡해지므로 조기에 교정해 주는 것이 좋습니다.

# 30 소아의 알레르기 질환

날씨가 쌀쌀하고 일교차가 큰 가을이 되면 아이를 키우는 부모들은 한 가지 걱정이 더 늘어납니다. 성장기에 있는 어린이들의 알레르기 반응 수치가 높아져 밤만 되면 가려움이 더욱 심해져 밤잠을 설치는 날이 많아지기 때문입니다.

요즘에는 생활환경의 변화에 따라 질병의 양상 또한 많이 변했는데, 서구화된 식습관과 자연계의 변화도 알레르기 질환 급증에 한몫 하고 있는 것으로 알려져 있습니다.

'한번 알레르기는 죽어서도 알레르기' 라는 말이 있습니다. 알레르기는 체질을 바꾼다고 해서 완치될 수 없다는 뜻입니다. 알레르기 치료는 완치가 아니라 관리에 중점을 두고 면역력을 강화하는 데 힘써야 한다는 말이기도 합니다.

알레르기 질환은 우리나라 성인 5~6명 가운데 한 명은 앓고 있을 정도로 흔한 질병이지만, 정작 자신이 알레르기 질환을 앓고 있다는 것을 정확히 알고 있는 사람은 그리 많지 않습니다. 처음에는 감기로만 생각하여 소아과에 다니다가 감기가 너무 오래 가는 것 같아서 혹시나 하고 이비인후과에 데리고 갔다가 아이에게 알레르기 증상이 있음을 알게 되었다고 하는 경우가 적지 않습니다.

어렸을 때 알레르기 질환을 앓으면 대부분 성인까지 이어집니다. 따라서 자녀에게 알레르기 증상이 있을 때 '크면 낫겠지' 하는 생각은 금물입니다. 설령 그렇다 하더라도 아이의 성장이나 학업에 막대한 지장을 초래하므로 발견 즉시 적극적으로 치료해야 합니다.

그럼 소아 알레르기의 원인과 증상, 그리고 치료법 등에 대해 알아보도록 하겠습니다.

## 1. 알레르기의 원인은 무엇인가요?

알레르기는 우리 몸을 외부로부터 지키는 일종의 면역 반응입니다. 즉, 본래 인체를 지키는 작용을 하는 'IgE(면역 글로블린 E)' 라는 항체의 작용이 과민해져 오히려 몸에 역효과를 내는 것이 알레르기입니다.

소아와 청소년에게 발생하는 알레르기 질환의 원인은 주로 유전적인 영향을 많이 받습니다. 부모 모두에게 알레르기 질환이 있다면 자녀들에게도 알레르기 질환이 발생할 확률은 약 80%이며, 부모 가운데 어느 한쪽만이 알레르기 질환이 있어도 자녀들에게 알레르기 질환이 발생할 확률은 약 60%가 됩니다.

어린이들은 성장 단계에 있으므로 신체의 면역 체계가 성인에 비해 불안정합니다. 이로 인해 한 가지 알레르기 항원에도 다양한 증상을 일으키는가 하면, 또 여러 종류의 알레르기 항원에도 같은 증상을 일으키기도 합니다.

또한 어린이에게서는 꼭 알레르기 항원들의 자극이 아니라도 온도, 습도, 기온의 변화나 매연 등의 환경오염, 감기 같은 바이러스 감염들에 의해서도 알레르기 질환이 발생하는 비특이성 반응을 보이기도 합니다.

성인과 달리 소아 알레르기 질환의 경우, 신생아 시기에는 우유나 모유

알레르기 같은 위장관 알레르기가 나타나고, 영아기에는 아토피피부염이, 3~5살 사이에는 기관지천식 등이, 그리고 학동기에 접어들면 알레르기비염이 주로 많이 나타납니다.

보통 아토피피부염과 알레르기비염의 경우 전혀 다른 질병같이 보이지만 그 발병 원인은 똑같은 알레르기 질환이며, 젖먹이 시절에는 아토피피부염으로 고생하다가 학교를 다니는 나이가 되면 아토피피부염은 사라지고 알레르기비염이 발생하는 경우가 흔히 있습니다.

알레르기의 원인으로 알려진 진드기나 먼지, 꽃가루, 환경오염 등은 알레르기를 촉발하는 인자일 뿐, 근본적인 원인은 인체 내부의 불균형에서 비롯됩니다. 때문에 인체 내부에 면역기능이 균형을 잡고 있다면 이런 촉발 물질이 있더라도 알레르기는 발생하지 않습니다.

Point

### 알레르기 환자가 증가하는 이유는 뭔가요?

요즘 들어 알레르기 질환이 계속 늘어나고 있는데 그 이유는 무엇일까요?

알레르기 질환은 체질의 변화에 따른 것이라고 해석할 수 있습니다. 한국인의 체질이 요즘 급격히 변하고 있는 이유는 한 마디로 '생활의 서구화와 선진화'입니다. 어려서는 엄마 젖을 먹고 커서는 된장찌개와 김치를 먹고 살았을 때는 알레르기 질환이 거의 없었습니다. 그러나 현대사회에 들어와서는 어릴 때 엄마 젖 대신 우유를 먹고 자라는 아이들이 부쩍 많아졌고, 또한 햄 · 소시지 · 라면 등의 가공식품들을 먹지 않고 자라는 아이가 없을 정도로 보편화됐습니다.

또 한 가지, 주거환경의 변화도 빼놓을 수 없습니다. 침대, 소파, 카펫 등을 사용하는 주거환경도 집먼지 진드기가 숨어 자라는 데 더없이 좋은 환경입니다. 더불어 개나 고양이 같은 애완동물을 집 안에서 기르는 가정이 많아지고 있는 점도 무시할 수 없습니다.

## 2. 알레르기 증상에는 어떤 것들이 있나요?

알레르기란 어떤 물질에 과민하게 반응해 나타나는 증상으로 기관지천식, 알레르기비염, 두드러기 등이 대표적입니다. 즉 기관지에 나타나면 기침 · 천명음(가슴에서 쌕쌕 또는 가랑가랑하는 소리) · 호흡 곤란을 주요 증상으로 하는 '기관지천식'이 일어나고, 코에 나타나면 맑은콧물 · 재채기 · 코막힘의 '알레르기비염'이 발생하며, 피부에 나타나면 아토피 · 가려움증 · 피부표면의 펑펑한 융기(膨疹) 등의 '두드러기'가 발생하며, 위나 장에 나타나면 구토 · 복통 · 설사 등의 '위장관 알레르기'가 됩니다.

알레르기 치료제 중 가장 효과가 뛰어난 부신피질호르몬제가 있는데, 이 약제의 효과가 좋다고 해서 함부로 사용하게 되면 나중에 성장 장애가 오는 경우가 많으므로 주의해야 합니다.

### 감기일까, 알레르기비염일까?

알레르기비염의 주증상은 콧물과 재채기, 코막힘입니다.

그런데 감기 역시 이와 크게 다르지 않습니다. 알레르기 질환 중의 하나인 천식에 의해 생기는 기침 역시 감기의 기침과 비슷합니다. 알레르기성 비염은 얼굴 전체가 가려울 수도 있습니다. 특히 알레르기는 눈과 관련이 많아서 눈 주위가 퍼렇게 되는 경우도 있고, 그래서 알레르기성 결막염까지 유발할 수가 있습니다.

하지만 코감기는 그렇게까지는 되지 않습니다. 이 밖에도 몇 개월씩이나 계속되는 기침,

눈이나 코가 가려운 증상, 쌕쌕거리거나 가랑가랑하는 숨소리, 목이 가렵고 편도선염 등의 증상이 자주 나타난다면 감기보다는 알레르기 질환일 가능성이 높습니다.

감기와 알레르기 질환을 가장 쉽게 구분할 수 있는 방법은 증상이 지속되는 기간입니다. 감기의 경우에는 대개 일주일 정도 지나면 증상이 호전되는 경우가 많지만, 알레르기성 질환의 경우는 증상이 오래 지속된다는 것이 특징입니다.

감기와 알레르기는 치료 방법이 각각 다르기 때문에 콧물이나 기침이 생겼을 때 그 원인을 정확히 아는 것이 중요합니다. 특히 알레르기 환자가 감기로 오인하여 항생제를 복용할 경우 알레르기 질환이 더욱 악화될 수가 있으므로 더욱 주의가 필요합니다.

## 3. 알레르기의 치료는 어떻게 하나요?

알레르기 질환은 증상이 같다고 해도 개개인마다 그 원인과 증상이 다를 수 있으므로 그 원인을 규명하기 위해 혈액검사, 피부반응검사, 알레르기 유발검사 등 다양한 검사를 환자에 맞게 하고 있습니다. 알레르기 질환의 치료 과정은 대체적으로 다음과 같습니다.

1. 알레르기를 일으킨 원인을 상세히 조사하여 밝혀내고 그 원인 알레르기 물질이나 환경을 피하도록 합니다.
2. 신체 장기의 과민반응으로 발생한 피부염이나 두드러기, 천식, 비염 같은 질환들을 치료합니다.
3. 환자에게 알레르기 질환을 일으킨 물질이나 환경을 밝혀낼 수 없다면, 그 환자에게 맞는 알레르기 예방약이나 치료약을 적절히 투여합니다.

그럼, 소아 및 청소년 알레르기 질환의 경과 및 예후는 어떠할까요? 아토피피부염, 만성두드러기 질환, 알레르기비염, 기관지천식 등의 대표적인 알레르기 질환은 사춘기에 접어들면서 점차 감소하기 시작해 약 70%가 성인이 되기 전에 치유되지만, 약 20~30% 정도는 성인이 되어서도 알레르기 질환을 가지게 됩니다.

## 4. 각종 알레르기 질환의 원인 및 증상과 치료

알레르기성 질환에는 대표적으로 아토피성 피부염과 기관지 천식, 음식물 알레르기가 있습니다. 각각의 증상은 다르지만 알레르기를 일으키는 메커니즘은 동일합니다. 알레르기 반응이 피부에 일어나면 아토피성 피부염, 기관지에 일어나면 천식, 소화기에 일어나면 설사와 구토 증상을 보이는 것입니다.

이들 질환에 대한 발병 원인 및 증상과 치료는 다음과 같습니다.

### 1) 아토피성 피부염

#### ❶ 원인

아토피성 피부염의 주원인은 음식물이나 진드기, 꽃가루, 먼지, 의류, 섬유 등입니다.

한 조사기관이 아토피성 피부염 환자 524명을 대상으로 조사한 결과 환자의 92%가 한 가지 이상의 음식에, 그리고 70%가 먼지나 진드기에 알레르기 반응을 보인 것으로 나타났습니다. 이 환자들 가운데 9.3%가 음식 조절만으로 완쾌되었고, 58%는 증세가 호전되었으며, 또한 음식을 조절하면서 면역 체계를 변화시키는 주사를 맞은 경우에는 31%가 완쾌되었습니다.

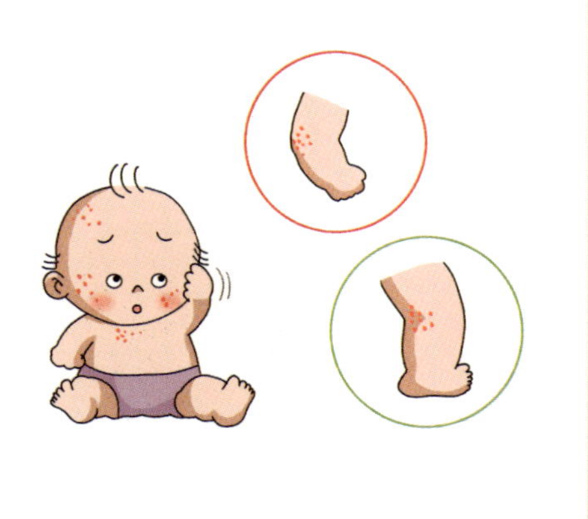

### ❷ 증상

아토피성 피부염에 걸린 아기는 얼굴과 머리 등에 붉은 습진이 생기고 가려움이 심합니다. 또한 목 주변이나 팔꿈치, 무릎 뒤쪽에 꺼칠꺼칠한 딱지 같은 습진이 생겨 피부가 건조해지고 거칠어집니다. 따라서 아기가 가려운 곳을 자꾸 긁어 대어 증상을 더욱 악화시키지 않도록 손발톱을 짧게 깎아 주어야 합니다.

### ❸ 치료

침이나 땀 등은 깨끗한 수건을 따뜻한 물에 담갔다 짜내어 잘 닦아 줍니다. 상태에 따라서 연고나 백색 바셀린을 발라 가려움을 억제하는 방법도 있지만, 치료약을 사용할 때는 반드시 의사의 처방을 받도록 합니다.

의류나 침구는 100% 면제품을 사용하고, 매일 아이를 목욕시켜 청결함을 유지하도록 하며, 비누나 샴푸는 자극이 적은 것을 선택하여 세게 문지르지 말고 흐르는 물에 부드럽게 씻어 주는 것이 좋습니다.

## 2) 알레르기 천식

목의 점막이 민감한 알레르기 체질의 아기가 감기나 진드기, 곰팡이, 먼지, 애완동물의 털, 담배 연기 등의 원인으로 기관지에 염증을 일으킴으로써 발생합니다. 염증이 생기면 목의 점막에 분비물이 늘어나 숨쉬기가 힘들고, 심한 경우에는 호흡곤란에 따른 발작을 일으키기도 합니다. 갑자기 기후가 변하거나 감기에 걸리면 증세가 더욱 심해지기도 합니다.

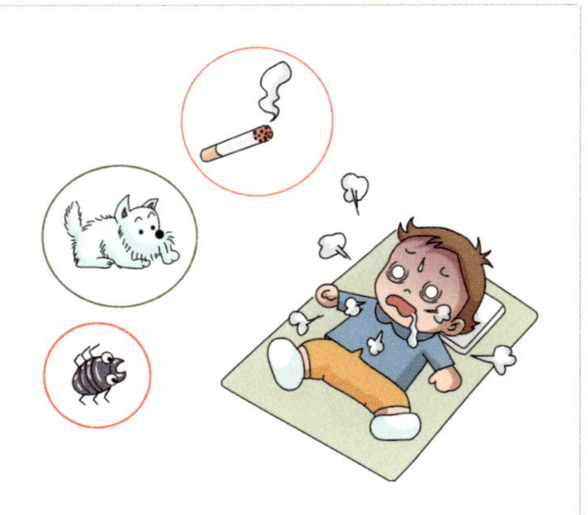

발작이 가벼울 경우 몸을 일으켜 세워 편안하게 해주고, 조금 진정이 되면 물을 먹이고 방을 환기시킵니다. 그러나 심한 경우에는 전문의를 찾아

가서 치료를 받도록 합니다.

### 3) 음식물 알레르기

사람이 섭취하는 모든 음식물에서도 알레르기 반응을 일으킬 수 있습니다. 음식물 알레르기는 음식물로 유발되는 몸속 항원 항체 반응 가운데 병적으로 과민한 반응을 보이는 것을 말하는데, 보통 성인보다 소아에게 잘 일어납니다. 알레르기 원인 음식이 특정인에게만 과민반응을 일으키고 대부분의 사람에게는 아무 문제를 일으키지 않는 것이 특징입니다. 즉, 음식물이 잘못됐다기보다 특정 음식에 대해 과민반응을 보이는 알레르기 체질이 문제이며, 이는 부모로부터 유전됩니다.

#### ① 원인

알레르기 반응은 원인 음식물을 아주 소량이라도 먹고 나면 보통 몇 분에서 몇 시간 내에 나타납니다. 극도로 민감한 사람은 단순 원인 음식물을 만지거나 냄새만 맡아도 알레르기 반응을 나타낼 수 있는데, 아이들에게 잘 나타나는 알레르기 음식은 우유, 콩, 달걀, 땅콩, 밀가루, 밀감, 해물 등으로 알려져 있습니다.

또한 소화 기능이 미숙한 아이의 경우, 잘 분해되지 못한 단백질이 몸에 그대로 흡수되어 알레르기를 일으키는 경우도 많습니다. 너무 일찍 이유식을 시작해도 알레르기 반응을 일으킬 수도 있습니다. 따라서 알레르기 체질인 아기는 생후 6개월부터 이유식을 시작하고, 그 재료에도 신경을 써야 합니다.

#### ② 증상

어떤 음식물을 먹었을 때 알레르기 증상으로 가려움증이나 두드러기, 습진 등의 피부 증상에 복통, 설사, 구토 등의 위장 증상도 함께 올 수 있습니다. 또한 천식 · 비염 등의 증상이 일어나는가 하면, 어떤 사람들은 '아나필락시 쇼크' 라는 보다 심한 반응을 경험하기도 합니다. 이는 드물게 나타나는 치명적인 과민 반응으로, 우리 몸의 각 기관에서 동시에 알레르기 반응이 나타나서 그 증상이 급격히 진행되는 수가 많으며 심한 가려움증, 두드러기, 호흡곤란, 의식 소실 등이 나타날 수 있는데, 심하면 목숨까지 잃을 수도 있습니다.

### ③ 치료

치료는 원인 음식물을 한동안 금식시키는 '제거식이요법' 과 원인 음식물을 섭취한 후 나타나는 증상을 치료하는 '대중요법' 의 두 가지로 나눌 수 있습니다. 우선 제거식이요법으로서, 알레르기의 원인이 되는 음식물의 양을 줄이거나 잠시 먹지 않으면 증상을 완화시킬 수 있습니다. 만일 우유가 원인 음식물이라면 우유가 첨가된 요구르트나 아이스크림, 치즈, 케이크, 과자 등도 모두 피해야 합니다.

그러나 부모가 막연히 어떤 음식물이 원인일 것이라고 추측해 아이에게 음식을 가려먹이면 치료도 안 될 뿐더러 영양 장애도 일으킬 수 있습니다. 따라서 제거식이요법은 아이의 영양결핍을 피하면서 하는 것이 매우 중요합니다. 제거식이를 제대로 하자면, 부모는 아이가 먹는 음식 내용물에 대한 설명서를 꼼꼼히 살펴보는 습관을 들여야 합니다.

만약 이러한 제거식이요법으로도 그 효과가 기대에 미치지 못할 경우, 또는 우연히 원인 음식물을 먹었을 때 나타날 수 있는 증상에 대한 치료로서 대중요법이 있습니다. 대중요법 치료약 중에서는 항히스타민제 복용약이 가장 많이 사용되며 가벼운 음식물 알레르기의 증상을 일시적으로 호전시킬 수 있습니다. 그러나 음식물 알레르기를 근본적으로 치료하는 약물은 아직 없으며, 면역요법 또한 음식물 알레르기에서는 효과가 아직 증명되지 않았습니다.

## 5. 소아 알레르기의 예방법

❶ 실내 온도는 22℃, 습도는 50~60%를 유지합니다.

❷ 아이가 규칙적인 생활을 하게 합니다. 일찍 잠자리에 드는 습관을 들여 잠을 충분히 재우고 식사도 규칙적으로 하게 합니다.

❸ 먼지 곰팡이 · 진드기 · 꽃가루 등의 원인물질을 최대한으로 줄이거나 피하도록 합니다.

❹ 애완동물을 실내에서 키우지 않습니다.

❺ 과잉보호를 피하고 독립적이고 적극적인 성격으로 키웁니다.

❻ 감기에 걸리지 않도록 노력하고, 걸리면 즉시 치료합니다.

❼ 저항력을 키우고 운동 · 냉수마찰 · 건포마찰 등을 행하고 적절한 약물을 병행하는 것이 좋습니다.

❽ 날씨가 춥거나 바람이 불거나 비가 올 때는 아이가 밖에서 오래 놀지 않도록 합니다.

❾ 카펫을 없애고, 청소할 때는 진공청소기를 사용합니다.

❿ 아이스크림이나 청량음료 등의 찬 음식을 피하고 몸을 차게 하지 않습니다.

⓫ 알레르기를 유발하는 음식을 피하고, 그 밖의 음식은 골고루 섭취하도록 합니다.

Point

### 이런 때 소아 알레르기를 의심할 수 있어요

- 평소에 감기에 잘 걸립니다.
- 양쪽 눈 밑의 안검이 푸르스름합니다.
- 눈이나 코를 잘 비빕니다.
- 감기 후에 기침을 몇 개월 동안 계속합니다.
- 흰 가래기침을 아침마다 합니다.
- 일 년 내내 감기가 떨어지지 않습니다.
- 별다른 병은 없는데 얼굴색이 창백합니다.
- 혀가 지도처럼 얼룩덜룩합니다.
- 코피가 자주 납니다.
- 몸이 잘 가렵다고 합니다.

- 목이 잘 붓습니다.
- 중이염 · 축농증을 잘 앓아 왔습니다.
- 두드러기가 난 적이 있습니다.
- 유아기에 이유 없는 설사를 오랫동안 했습니다.
- 평소에 코가 잘 막히거나 재채기, 콧물이 잘 납니다.
- 손톱으로 피부를 긁으면 두드러기가 잘 일어납니다.
- 기관지가 약하다는 소리를 자주 들었습니다.
- 찬 음식을 먹거나 찬바람을 쐬거나 뛰면 기침을 합니다.
- 모세기관지염을 잘 앓아 왔습니다.
- 목 부위에 멍울이 만들어집니다.
- 모기 등의 벌레가 물면 잘 붓습니다.

## 6. 알레르기 질환의 주범, 곰팡이 예방법

곰팡이는 그 자체만으로는 우리에게 큰 영향을 주지 않습니다. 알레르기를 일으키는 곰팡이는 약 20~30 종류가 있는데, 곰팡이 알레르기는 균 자체보다 곰팡이 몸 일부에서 떨어져 나온 '포자' 라는 것이 원인이 됩니다.

이 포자는 항원성이 높을 뿐만 아니라 공중에 떠 있는 양도 많아서 3~4평 정도의 실내에 20만 개가 넘을 때도 있으며, 일 년 내내 계속 공기 중에 존재하므로 호흡기 계통의 알레르기 반응을 발생시킵니다.

매우 미세한 곰팡이 포자는 우리의 코와 입의 호흡기를 통해 체내로 들어오게 되면 기관지천식, 과민성 폐 장염, 알레르기성 비염, 두드러기, 습진 등의 알레르기 질환을 일으킵니다.

이러한 알레르기 질환은 곰팡이 포자가 대량 공기 중에 존재하는 5~6월 사이와 장마 후 9월에 흔히 발생하며, 지하 공간은 계절에 관계없이 발생합니다. 곰팡이에 의한 알레르기성 비염은 집먼지진드기, 꽃가루, 애완동물 등과 동일한 증상으로 나타나며, 곰팡이 포자의 크기는 전자현미경으로만 관찰할 수 있을 정도의 작은 크기지만, 마실 경우 곰팡이 포자 부스러기들이 기관지 천식도 일으키게 됩니다. 다음은 자라나는 우리 아이들에게 좋지 않은 영향을 끼치는 곰팡이에 대한 예방법입니다.

### 1) 아침저녁으로 30분 이상 실내 공기를 환기시킵니다

환기 시에는 되도록이면 집안의 모든 문(옷장문, 장롱문, 창문, 방문, 현관문)을 열어 주는 것이 좋습니다. 곰팡이는 햇볕에 약하므로 햇볕이 나는 날은 필수적으로 문을 열어서 통풍을 시키고, 곰팡이가 필 만한 물건들은 밖에 내다가 자주 말립니다.

### 2) 결로현상이 있는 곳은 미리 단열처리 공사를 해둡니다

효과적인 단열을 통해 벽면의 결로현상을 없애고 항균 처리가 이루어진다면 집안곰팡이로 인한 피해를 근본적으로 막을 수 있습니다.

### 3) 곰팡이 방지 페인트를 칠합니다

북쪽의 베란다나 다용도실, 지하실 등은 습기가 차기 쉽고 볕이 제대로 들지 않아 곰팡이가 쉽게 필 수 있습니다. 따라서 이런 곳에 곰팡이 방지 페인트를 칠하면 곰팡이를 예방할 수 있습니다.

### 4) 시중에서 판매하는 곰팡이 제거제를 사용하면 효과적입니다

전에 곰팡이가 필 만한 곳을 체크해 두었다가 우기(雨期)나 온도차가 심할 때, 장시간 집을 비워 두게 될 때, 과도한 가습기 사용 시에 미리 곰팡이 제거제를 뿌려 두면 곰팡이 발생을 미연

에 방지할 수 있습니다.

### 5) 장롱과 옷장, 서랍장 등은 자주 환기를 시킵니다

벽과 가구는 약간 떼어 놓고, 장롱 속에 의류나 침구 등을 무리하게 채우지 않도록 합니다. 햇볕이 잘 들지 않는 곳은 습기가 차기 쉬워 곰팡이가 잘 필 수 있으므로 장롱과 옷장, 서랍장 등은 자주 환기를 시켜 줍니다.

습기가 심하게 찬 경우라면 선풍기를 약하게 틀어 놓고 습기를 제거합니다.

### 6) 욕실 사용 시엔 반드시 욕실 문을 닫습니다

욕실에서 따뜻한 물을 틀어 놓고 샤워 등을 할 때는 수증기로 인해 습기가 실내로 유입되므로 반드시 욕실 문을 닫아 두어야 합니다. 그리고 욕실은 평소에 환풍기를 자주 돌려 주어 습기가 벽 속으로 침투되는 것을 막아 주도록 합니다.

### 7) 비닐 장판 밑의 습기가 차면 다음과 같이 합니다

비닐 장판 밑에 핀 곰팡이는 집안 가득 퀴퀴한 냄새를 퍼뜨릴 수 있는 요주의 대상입니다.

우선 장판의 습기를 마른걸레로 깨끗이 닦아 낸 다음, 바닥에 신문지를 몇 장 겹쳐 깔아서 습기를 빨아들입니다.

### 8) 한번 입은 옷은 반드시 빨아서 보관합니다

옷이나 이불, 신발도 습도가 높은 여름철에는

자주 말리는 것이 좋습니다.

### 9) 철 지난 옷을 보관할 때는 주머니를 완전히 비웁니다

주머니 속의 이물질이 오래되면 곰팡이가 생길 수 있기 때문입니다.

### 10) 세탁소에서 옷을 찾아오면 다시 건조시켜 보관합니다

대부분 세탁소에서 옷을 다리고 나면 증기가 채 빠져 나가기도 전에 곧바로 비닐 커버를 씌우게 됩니다. 그런데 그것을 그대로 옷장 속에 보관할 경우, 습기가 비밀 커버에서 빠져나가지 못해 곰팡이가 필 수 있습니다.

따라서 세탁소에서 옷을 찾아오면 일단 비닐 커버를 벗긴 다음, 통풍이 잘되는 그늘에서 건조시킨 후 옷장에 넣는 것이 좋습니다.

# 31 수족구병(手足口病)

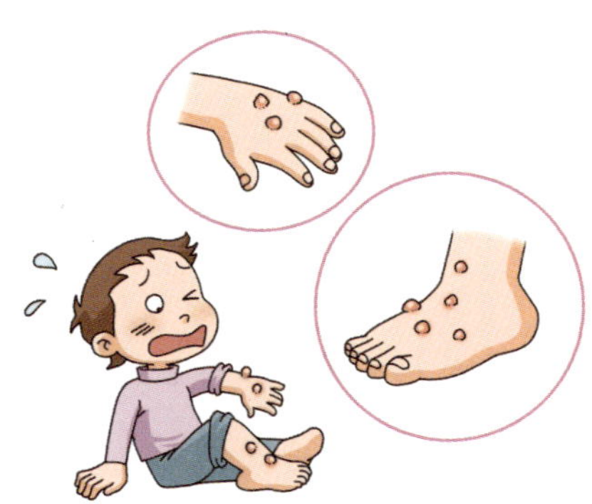

요즘 어린이들 사이에서 손과 발, 입 안에 물집이 생기는 수족구병이 유행하고 있습니다. 수족구병은 입 안이 헐어서 제대로 먹지 못하는 점만 빼놓고는 감기와 별다를 게 없는 질환입니다. 그러나 최근 이 병으로 병원을 찾는 어린이가 소아과 외래환자 가운데 10~20%나 되고, 특히 전염력이 아주 강해 각별한 주의가 필요합니다.

수족구병은 아직 예방백신이 개발되지 않았기 때문에 이 병에 걸린 아이와 접촉을 피하는 것이 유일한 예방법입니다. 매년 여름철이면 어린이들에게 나타나는 불청객 '수족구병' 의 원인과 증상, 치료법 등에 대해 알아봅니다.

## 1. 수족구병의 원인과 증상은 무엇인가요?

수족구병(Hand-Foot-Mouth)은 글자 그대로 손과 발, 그리고 입 안에 물집이 생기는 병입니다. 이 질병은 주로 장바이러스의 한 종류인 콕사키바이러스에 의해 전염되는데, 주로 생후 6개월에서 4세까지의 영유아들에게 잘 걸립니다. 드물게는 성인들까지도 걸리는 경우가 있는데, 전염성이 매우 강해

놀이방이나 유치원 등과 같은 보육시설을 통해 걷잡을 수 없을 정도로 번져 나가는 특징이 있습니다. 발생 부위는 주로 손과 발, 입 안입니다. 간혹 무릎이나 엉덩이 같은 하체에 발생하기도 하는데, 이 경우에는 수포화되지 않고 붉은 발진만 생기는 것이 보통입니다.

입 안에 수포가 생기면 단시간에 터져 지름 5~6㎜의 궤양이 되기 때문에 통증으로 인해 어린이가 식사를 못 하고 심하게 보채기도 합니다. 이렇게 되면 아이가 탈수 위험이 있기 때문에 주의해야 합니다. 대개 미열에 그치지만, 환자의 20% 정도에서는 38℃ 전후의 열이 이틀 정도 계속되기도 합니다.

두드러진 증상은 4~6일의 잠복기를 거쳐 손바닥이나 손가락 옆면, 발뒤꿈치나 엄지발가락의 옆면에 드문드문 수포가 생깁니다. 수포의 크기는 보통 쌀알이나 팥알 정도인데, 그다지 가렵다거나 아프지는 않습니다. 간혹 엄마 중에는 이 물집을 터뜨리는 경우도 있는데 절대로 터뜨려서는 안 됩니다.

수족구병은 대부분 접촉에 의해 감염돼 전염성이 강한 질병입니다. 공기로 전염되기도 하지만 대개는 아이들의 손과 입을 통해 바이러스가 몸에 들어가게 됩니다.

잠복기는 4~6일 정도로 비교적 짧고, 물집이 잡혀 있는 상태에서 이틀 정도는 다른 아이들에게 옮길 수 있지만, 2~3일이 지나면서 열이 떨어지면 전염성이 없어지기 때문에 물집이 남아 있더라도 열만 떨어지면 유아원이나 유치원에 보내도 무방합니다.

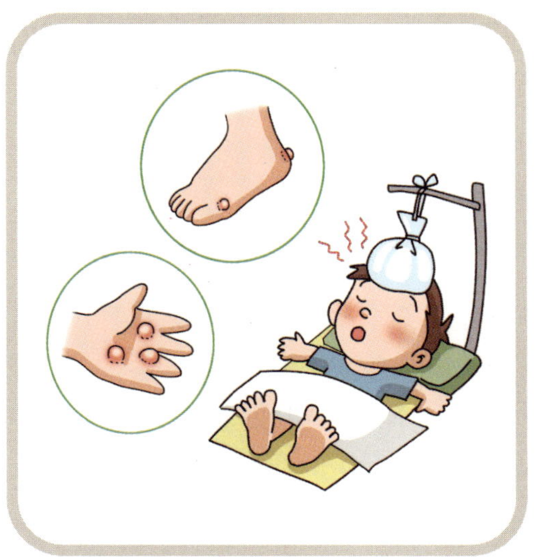

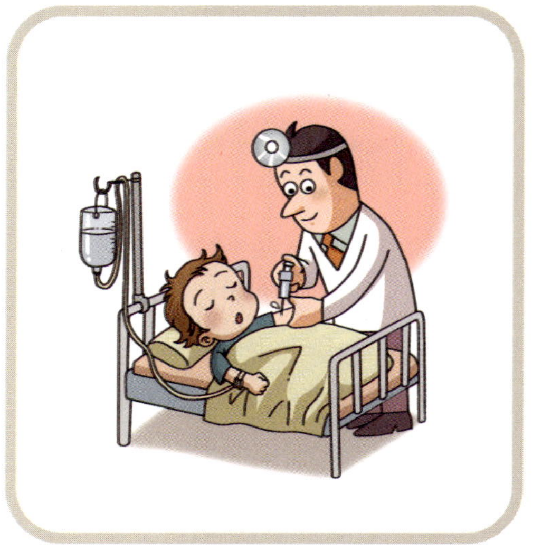

## 2. 수족구병에 걸리면 탈수 현상을 조심하세요

아이가 수족구병에 걸렸을 때 엄마가 주의해야 할 점은 열이 많이 나는 열성경련과 입이 아파서 잘 먹지 못해서 생기는 탈수 증상입니다. 만일 1세 이전의 아기가 8시간 이상 소변을 보지 않거나 1세 이후 아이가 12시간 이상 소변을 보지 않는다면 탈수현상으로 위험할 수 있습니다. 따라서 이런 경우에는 곧바로 전문의를 찾아 진료를 받아야 합니다. 또 수족구병에 걸린 아이가 열이 심하고 머리가 아프며 토하거나 목이 뻣뻣해지는 경우는 뇌수막염이 동반된 것일 수 있으므로 반드시 소아과 전문의의 진찰을 받아야 합니다.

## 3. 수족구병의 예방과 치료는 어떻게 하나요?

수족구병을 예방할 수 있는 백신은 장내 바이러스가 73종에 달해서 아직까지 개발되어 있지 않습니다.

따라서 물은 항상 끓여먹고, 외출 후에는 반드시 소금물로 양치하고 손을 자주 깨끗이 씻으며, 사람들이 많이 모이는 곳에는 가지 않는 것이 최선의 예방책입니다. 또 아이들 손이 닿는 탁자와 의자, 장난감은 자주 닦아 주고, 수족구병에 걸린 아이가 입으로 물어 침을 묻힌 장난감을 다른 아이들이 가지고 놀지 못하도록 해야 합니다. 기침을 할 때는 손바닥으로 코와 입을 가리고 사람이 없는 쪽을 향해 하도록 교육하며, 화장실에서 대소변을 본 후에는 반드시 손을 씻도록 합니다.

놀이방 등에서 환자가 발생하면 집단적으로 확산될 가능성이 크므로 일단 수족구병 환자가 발생하면 놀이방 관계자는 그 환자로 하여금 집에서 쉬도록 권유해 따로 격리시키는 것이 전파를 막는 데 중요합니다. 피치 못할 사정으로 인해 수족구병에 걸린 아이와 함께 있는 경우에는 실내 공기를 자주 환기시켜야 합니다.

치료를 위해서는 감기에 걸린 아이들처럼 수족구병에 걸린 아이들도 물을 많이 마시고 휴식을 취하게 해주는 것이 좋습니다. 열이 많이 나는 경우에는 옷을 벗기고 미지근한 물수건으로 닦아 주도록 합니다. 해열제를 사용하면 열을 떨어뜨릴 뿐만 아니라 진통 효과로 입 안이 아픈 것도 줄여 줄 수 있습니다. 입 안이 헐어 있기 때문에 밥보다 죽을 먹이는 것이 낫고, 맵고 시고 자극적인 음식보다는 담백한 음식이 좋으며, 과일주스도 신맛이 나는 것은 피하는 것이 좋습니다.

그리고 아이가 설사만 하지 않는다면 아이스크림을 주는 것도 좋습니다. 아이스크림은 탈수를 막고 입 안의 통증을 줄이는 데 도움이 됩니다. 젖병을 사용하는 아기들은 입 안 통증으로 인해 젖병을 물기가 쉽지 않으므로 컵을 사용하게 하거나 숟가락으로 떠먹이는 것이 좋습니다. 이렇게 했는데도 아이가 먹지 못해서 8시간 이상 소변을 보지 않는다면 탈수에 대한 치료가 필요합니다.

수족구병은 수면을 충분히 취하고 2차 감염이 되지 않도록 발진 부위를 청결하게 하면서 1주일 정도 지나면 대부분 자연적으로 치유되므로 크게 걱정할 필요

는 없습니다. 하지만 열이 심하게 나면서 머리를 많이 아파하고 구토를 한다거나 목이 뻣뻣해지는 증상이 있을 경우에는 뇌수막염을 의심해 볼 수 있습니다. 이런 때는 반드시 소아과 의사의 진료를 받아야 합니다.

## 입 안에 물집이 잡히는 또 다른 질환

수족구병의 사촌격인 '허판자이나' 라는 질병은 손이나 발에는 물집이 생기지 않고 입 안에만 생기는 질환입니다. 또한 단순 포진 바이러스에 의해서 생기는 구내염인 '헤르페스성 치은구내염' 은 생후 10개월에서 3년 사이에 많이 발생하는 질환인데, 특히 잇몸이나 입술 · 혀 · 입천장 등에 수포가 생긴 후 터져서 궤양을 만들기 때문에 심히 아파서 잘 먹지도 못하고 침을 많이 흘리며 열이 동반됩니다.
그리고 '아프타성 구내염' 도 입 안에 물집이 잡히는 질환으로 큰 아이나 성인에게서 반복적으로 발생하는 구내염인데, 입 안의 점막에 1개 또는 여러 개의 궤양이 생깁니다.
이 경우 아이는 아파서 음식을 잘 먹지 못해 침을 많이 흘리게 되는데, 이는 외상 · 음식 알레르기 · 스트레스 · 비타민 결핍 등이 원인이라고 추측만 할 뿐 대부분 특별한 원인이 밝혀지지는 않았습니다.

# 32 성장통

어린아이가 밤에 자다가 깨어서 특별한 이유 없이 양쪽 정강이나 허벅지, 팔 등이 아프다며 칭얼대거나 소리 내어 엉엉 우는 경우가 있습니다. 엄마가 달래도 보고 다리를 주물러도 보다가 걱정이 되어서 다음날 아침에 정형외과에 방문합니다.

그런데 아침이 되자 아이는 꼭 거짓말처럼 뛰기도 하고 걷기도 하고 통증도 없습니다. 염증과 부종도 없고 X선을 찍어도 별 다른 이상이 없는데도 때때로 다리 통증을 호소하는 아이가 있다면 '성장통'을 의심해 볼 필요가 있습니다.

성장통은 영아에서 성인에 이르기까지 어느 연령층에서나 나타날 수 있는데 대부분 3~5세나 8~12세에서 발생하는 것으로 알려져 있습니다.

이는 어린이들 가운데 약 20~30%가 경험하는 흔한 증상으로 활동성이 적은 여자아이보다는 활동성이 많은 남자아이들에게서 더 많이 나타납니다. 주로 밤에 나타나는 이 성장통은 1~2년이 지나면 사라지는 게 보통입니다.

## 1. 성장통의 원인과 증상은 무엇인가요?

원인에 대해서는 지금까지 분명히 밝혀진 것이 없습니다. 통증이 주로 성장기에 일어나고 성장이 멈추고 나서는 일어나지 않으므로 팔다리의 길이 성장과 관련이 있는 것으로 생각해 왔으나 그와는 직접적인 연관성이 없는 것으로 받아들여지고 있습니다. 또 뼈의 성장 속도가 근육의 성장 속도보다 빠르기 때문이라는 주장도 있고, 정신적 스트레스가 원인이라는 주장도 있습니다. 심한 신체 활동 후에 통증이 일어나고 관절 부위보다는 대퇴부나 종아리 부위와 같은 근육 부위에 통증이 있는 것으로 보아 근육통이 원인이라는 주장을 하기도 합니다.

그럼 어떤 아이들에게 이런 성장통이 잘 생기는 것일까요?

다리 근육이 약한 아이가 무리한 운동을 했다거나 감기 등의 감염으로 인해 잘 먹지 못했거나 정서적으로 편하지 못했을 때 흔히 이 성장통에 시달리게 됩니다. 또한 비뚤어진 턱관절이나 불안정한 발 구조, 척추 구조에 이상이 있어도 근육 통증이 올 수 있습니다. 턱관절이 비뚤어지면 얼굴 대칭이 무너지면서 몸 전체의 불균형을 가져오기가 쉽기 때문입니다.

실제로 턱관절에 장애가 있으면 목 디스크나 허리 디스크, 무릎 성장통 등의 발생률이 더 높습니다.

증상은 주로 양측 하지에 간헐적으로 통증이 있고, 낮보다는 밤에 흔하며, 밤에 통증이 있다가 다음날 아침에는 통증이 씻은 듯이 사라지는 게 특징입니다. 수일에서 수개월 간 증상이 없다가 다시 재발하기도 하는데, 통증 시간은 주로 짧게는 수분에서부터 1시간가량입니다.

## 2. 성장통의 진단과 처방은 어떻게 하나요?

진단은 문진을 통하여 임상 양상을 분석해 보고 진찰을 통해 통증을 유발하는 다른 질환을 감별함으로써 이뤄집니다. 성장통은 특별한 치료를 하지 않아도 대부분 자연적으로 소실되는데, 증상에 대하여 주로 보존적 요법을 시행하게 됩니다. 초저녁에 따뜻한 물로 전신목욕을 시켜 준다거나 국소 부위에 찜질이나 마사지를 해줘도 도움이 됩니다.

근육 신장 운동과 환아에 대해 더욱 관심을 기울여 주는 정신적 보조 요법도 도움이 되는 것으로 알려져 있습니다. 만일 이러한 방법을 썼는데도 효과를 얻지 못했다면 진통제 사용을 고려해 볼 수 있습니다. 진통제를 사용할 경우, 잠자기 전이나 운동 전후 1시간쯤에 복용하는 것이 좋습니다. 만일 아이가 파행이나 관절운동 제한, 부종, 발적, 국소 압통 등의 증상이 있다거나 아침이 되었는데도 통증이 멈추지 않는다면 성장통보다는 다른 질환이 의심되므로 병원에 가서 진찰을 받아 보는 것이 좋습니다.

## 3. 성장통도 예방할 수 있나요?

성장통은 주로 심하게 신체 활동을 하고 난 날 밤에 발생하기 때문에 근육에 무리를 주는 일은 삼가고, 만약 신체 활동이 지나쳤다 싶으면 잠자리에 들기 전에 따뜻한 물로 씻겨 피로를 풀고 혈액순환을 돕도록 합니다.

영양 균형에도 신경을 써야 합니다. 될 수 있는 대로 인스턴트식품은 피하고 근육의 성장에 도움이 되는 단백질과 칼슘, 아연, 각종 비타민과 미네랄이 풍부한 음식을 섭취하도록 합니다. 영양이 부족한 아이에게는 동물성 단백질이나 조개 · 생선 등의 필수지방 섭취를 늘리고, 신체 활동을 무리하게 하는 아이들의 경우 피로회복에 좋은 매실이나 오미자 추출액이나 과일 섭취를 늘려 적절한 당질단백질을 공급해 주어야 합니다.

# 33 소아 야뇨증

야뇨증이란 소변을 가릴 나이가 되었는데도 불구하고 계속해서 가리지 못하는 경우를 말합니다.

일반적으로 대부분의 어린이들은 만 두 살 반이 되면 소변을 보겠다는 의사를 표시하게 되고 세 살 이후가 되면 혼자서 화장실을 가게 됩니다. 밤중에 소변을 가리는 나이는 조금 늦어져 세 살 반이 돼도 30% 정도는 이부자리에 오줌을 싸게 되는데, 5세가 되면 대부분 가리게 됩니다. 그런데 그때가 지나서도 한 달에 3회 이상씩 석 달이 넘도록 계속해서 밤에 소변을 가리지 못하면 야뇨증이라고 말할 수 있습니다.

5세가 지나서도 정상 어린이들 가운데 약 15%는 야뇨 증상을 보입니다. 그러다가 1년쯤 지나면 그 가운데 약 15%는 치료 없이도 저절로 증상이 치유되나 1~2%는 성인이 되어서도 지속됩니다.

이처럼 야뇨증은 소아기에 흔히 볼 수 있는 질환으로, 어린이에게 수치감이나 죄책감 · 실패감 등의 정신 · 정서적 문제를 일으키며, 방치할 경우 행동장애 등의 심각한 정신적 합병증까지 불러 올 수 있습니다. 따라서 과거에는 아이들이 밤에 오줌을 싸면 그 벌로 머리에 키를 쓰고 소금을 얻으러 동네방네 돌아다니는 과정에서 저절로 낫는 것으로 인식됐으나 오늘날엔 무엇보다 부모가 관심을 갖고 적극적으로 치료해야 하는 질환으로 인식되고 있습니다.

야뇨증은 여자보다 남자아이에게서 더 많이 나타나는데, 대부분 밤에만 소변을 가리지 못하지만 일부는 낮에도 가리지 못합니다.

## 1. 야뇨증은 두 가지로 분류할 수 있어요

야뇨증은 크게 '일차성 야뇨증'과 '이차성(속발성) 야뇨증'으로 분류됩니다. 일차성 야뇨증은 태어난 후 지속적으로 야뇨 증상을 나타내는 경우(75%)를 말하며, 이차성 야뇨증은 6개월 이상의 정상 배뇨 상태를 유지하다가 다시 야뇨 증상을 보이는 경우(25%)를 말합니다.

또 이러한 분류 대신 증상이 나타나는 양상에 따라 '단일증상성 야뇨증'과 '다증상성 야뇨증'으로 구분하기도 하는데, 단일증상성인 경우가 85% 이상을 차지합니다. 그리고 밤에만 소변을 가리지 못하는 경우와 주야간 모두 소변을 가리지 못하는 경우로 분류하기도 하는데, 특히 낮에 소변을 가리지 못하는 경우에는 반드시 정밀검사를 하여 신장 및 요로 계통의 이상 여부를 확인하여야 합니다.

## 2. 야뇨증의 원인은 무엇이며, 진단은 어떻게 하나요?

야뇨증의 원인은 아직 명백히 밝혀진 바가 없고 다만 몇 가지 가설로써 설명될 뿐입니다. 첫째 원인으로는 방광의 비억제성 수축을 꼽을 수 있는데, 야뇨증 환아의 약 50% 이상이 여기에 속합니다. 또 신경생리학적 성숙 지연도 야뇨증의 원인 가운데 하나입니다. 중추신경의 발육이 다른 정상적인 어린이에 비해 조금 늦게 발육되는 경우에도 야뇨증이 나타난다

는 것입니다.

많은 야뇨증 아이들은 일단 잠이 들면 거의 깨어나지 못하는 경향이 있습니다. 실제 새벽에 억지로 깨우면 거의 깨어나지 않습니다. 이로 미루어 일종의 수면장애에 의해 야뇨증이 생긴다는 주장이 있으며, 이를 뒷받침하는 연구 결과도 많습니다.

또 유전적 소인도 관계가 있습니다. 야뇨증을 가진 아이들의 경우 대부분이 가족력을 가지고 있는데, 만일 부모 중 한 사람이 어렸을 적에 야뇨증이 있었다면 자녀가 야뇨증을 가질 확률은 약 40%이며, 부모 모두에게 야뇨증이 있었다면 약 80%의 발병률을 보입니다.

정상적인 아이의 경우에는 낮과 밤 사이에 소변의 양과 농도에 차이를 보입니다. 낮에 비해 밤에는 소변의 양이 반으로 줄어들고 농도는 증가하게 됩니다. 그러나 야뇨증이 있는 어린이의 경우, 소변 생성을 조절하는 항이뇨호르몬의 분비가 정상 어린이에 비해 수면 중 적게 분비됨으로써 소변 생성량이 많아져 야뇨증이 발생한다는 연구 결과가 나와 부족한 항이뇨호르몬을 보충시키는 치료법이 개발돼 좋은 효과를 보이고 있습니다.

그 밖에도 긴장이나 심리적 원인, 일부 요로 비뇨기계의 기질적 질환으로 인해 야뇨증이 나타날 수 있으나 대부분의 야뇨증은 분명한 심리적 질환이나 비뇨기계의 이상 없이도 발생하는 경우가 많습니다. 많은 요인들이 복합적으로 관여, 발생한다고 볼 수 있는 것입니다.

야뇨증의 진단은 일반적으로 가장 기본적인 소변검사 및 배양검사, 신장기능검사로 가늠할 수 있습니다. 그러나 낮에 소변을 가리지 못하는 경우에는 기질적 병변의 여부를 조사해야 하는데, 필요에 따라 방사선검사, 내시경검사, 요루역동학검사 등을 해보아야 합니다.

## 3. 야뇨증은 어떻게 치료하나요?

야뇨증의 치료는 약물 · 행동 · 식이요법 등으로 대별됩니다.

우선 약물요법으로서 심환계 항우울제(이미프라민), 바소프레신제제(미니린), 오시부티닌(디트로판) 등의 약제를 쓰기도 하는데, 이러한 약물요법의 경우 단기간의 효과는 뛰어나지만 약물을 중단했을 때에는 다시 재발하는 확률이 높다는 단점이 있습니다. 따라서 약물의 선택이나 용량, 사용 기간 등을 어떻게 적절히 조절하느냐에 따라 치료의 성패가 달려 있다고 할 수 있습니다.

약물요법과 함께 행동요법이 따라야 효과를 극대화할 수 있습니다. 행동요법으로는 조건반사적 치료(야뇨경보기), 방광 훈련, 책임감 부여 및 칭찬요법 등이 이용되고 있습니다.

이 가운데 '조건반사적 치료'는 유럽에서 약물치료 다음으로 많이 이용하고 있는 방법으로, 만 5세 이후에 실시합니다. 경보장치가 달린 패드를 속옷 내에 부착시킴으로써, 잠자는 중에 요의가 느껴지면 곧바로 경보가 울리게 하여 아이가 스스로 깨어나 소변을 보도록 훈련하는 방법입니다.

이를 반복하면 나중에 벨이 안 울려도 방광에 소변이 차서 요의가 느껴지면 스스로 일어나 소변을 보게 됩니다. 이 경우 치료의 성공률은 30~60%이며, 재발률은 30% 정도입니다. 이 방법의 경우, 장기적 성공률은 약물요법보다 높으나 단기간의 효과는 떨어지고 시행하는 과정이 어려워 치료 도중 포기가 많다는 단점이 있습니다.

그리고 '식이요법'으로는 저녁식사 후부터 취침 전까지 방광의 자극을 유도하는 초콜릿이나 우유제품, 아이스크림, 카페인이 포함된 음식이나 음료는 이뇨작용이 있으므로 피하도록 하는 방법입니다.

야뇨증 치료는 이 중 어느 어느 한 가지 치료법만으로는 효과가 높지 않습니다. 부모의 애정 어린 관심과 협력이 반드시 필요합니다. 오줌을 싸더라도 심하게 구박하거나 벌을 주어서는 안 됩니다. 그러면 야뇨증도 치료할 수 없을 뿐더러 아이가 정신적인 스트레스를 받게 되어 자신감을 상실하게 되고 소극적인 성격의 소유자로 변하게 됩니다. 따라서 치료 도중 오줌을 싸지 않았을 경우에는 부모가 상을 주거나 칭찬하는 등 자신감을 심어 주는 일이 무엇보다도 중요합니다.

### 야뇨증 어린이의 생활수칙

❶ 저녁식사 후 음료 섭취를 제한합니다.
- 특히 탄산음료나 카페인이 들어 있는 음료는 야뇨증을 악화시킬 수 있습니다.

❷ 잠자리에 들기 전에 소변을 보게 합니다.

❸ 가급적 기저귀 사용은 피합니다.
- 기저귀를 채우면 아이는 수치심을 느낄 수도 있습니다. 또 기저귀를 믿고 밤에 오줌을 쌀 확률이 많습니다.

❹ 밤에 오줌을 쌌을 때 아이 스스로 일어나 옷을 갈아 입을 수 있도록 잠자리에 여벌의 옷을 준비해 둡니다.

❺ 소변을 참는 훈련을 시킵니다.
- 낮 동안에 조금씩 소변을 참게 하여 방광의 저장 용량을 늘립니다. 잘못 시행할 경우 오히려 배뇨장애를 유발할 수 있으므로 의사의 지도를 받도록 합니다.

❻ 밤에 언제 일어났고 이불을 적신 날이 언제인지 일기를 작성하게 합니다.

❼ 일종의 보상의 방법으로 스티커를 활용합니다.
- 오줌을 잘 가린 날에는 스티커를 주며 칭찬하고, 일정 수의 스티커가 모아지면 선물을 사 줍니다.

# 34 어린이 발달장애

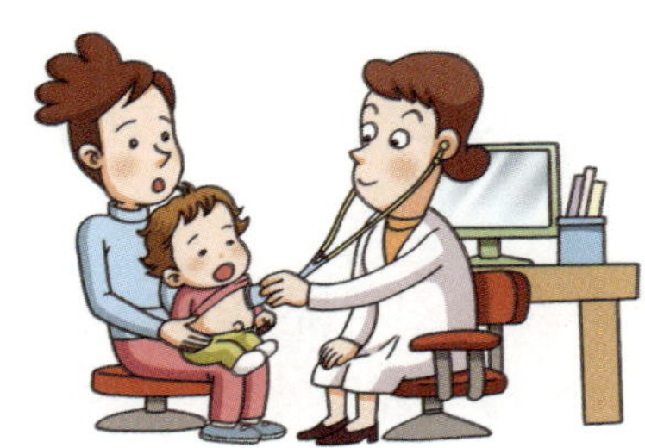

내 아기가 정상적으로 무럭무럭 자라 주기를 바라는 것이 엄마 아빠의 한결같은 소망이지만 때로는 발달장애를 겪는 아이들이 있어 부모의 애를 태우기도 합니다.

발달장애란 아이가 단계적으로 신체기능을 얻어 가는 성장 과정에서 뇌의 장애에 의해 발생하는 뇌성마비 · 정신지체 · 특수감각(시청각)장애 · 언어장애 및 행동장애를 일컫습니다.

아이들의 뇌는 미성숙한 상태로 태어나서 환경의 영향을 받아 많은 부분의 발달이 진행됩니다. 그런데 그 시기를 놓치게 되면 동일한 과정을 얻기 위해 더욱 많은 시간과 노력을 필요로 하게 되고, 그 결과 또한 만족스럽지 못한 경우가 많습니다.

이렇듯 뇌가 한창 발달하는 어린아이들의 경우 뇌의 회복 능력이 더 많기 때문에 운동 · 언어 · 인지 등의 발달에 문제가 있을 때 부모가 그것을 곧바로 발견할 수 있다면 물리치료나 작업치료 등을 통해 장애의 정도를 최소화할 수 있습니다. 대부분의 소아과 의사들은 환자를 질병 중심으로 평가하기 때문에 아이의 성장 및 발달의 이상 유무를 판별하는 것은 부모의 몫으로 돌아가게 됩니다. 따라서 예방접종 등 정기검진 시에 아동 발달의 정도를 조사하고 기록해 비교한다면 발달장애를 조기에 발견하는 데 많은 도움이 될 수 있습니다.

발달장애는 크게 '지능(인지)발달장애, 언어발달장애, 학습발달장애, 신경발달장애, 심리발달장애'로 나눌 수 있습니다.

먼저 지능(인지)발달장애는 다시 '정신지체 아동에서의 지능, 전반적 발달장애 아동에서의 지능, 뇌성마비 아동에서의 지능, 수두증 아동에서의 지능' 등으로 구분됩니다.

그리고 언어발달장애는 '정신지체아의 언어 발달 지체, 전반적 발달장애아의 언어장애, 비전형적 자폐증의 언어장애, 아스퍼거 증후군의 언어장애, 조음장애, 뇌병변아동의 언어장애, 렛증후군, 말더듬' 등으로 분류하며, 학습발달장애는 '지능 저하로 인한 학습발달장애, 지능 정상인 경우의 학습발달장애, 일반적 학습장애' 등으로 구분합니다.

또한 신경발달장애는 '틱, 뚜렛, 뇌성마비, 수면장애, 배설장애' 등이 있고, 심리발달장애에는 '애착 행동, 낯가림과 격리불안, 자폐적 장애, 반응성 애착장애, 범불안장애' 등이 있습니다.

아동의 정상적인 발달은 움직일 수 있는 능력에 의해 크게 영향을 받습니다. 따라서 몸이 부자연스러우면 손과 눈을 이용하는 탐색기능에 지장을 초래해 자기 몸의 기능을 잘 인식하지 못하며 지능발달에 방해를 받게 됩니다. 따라서 발달 지연이나 뇌성마비 아이들은 운동장애뿐만 아니라 언어장애, 시각장애, 인지장애 등의 문제를 동반하는 경우가 있고, 또한 이러한 증상들은 서로 연관되는 부분이 있기 때문에 적절한 시기에 이러한 문제들에 대한 평가와 치료도 동반되어야 합니다.

발달 속도는 개인마다 다르거나 한두 달은 건너뛸 수 있습니다. 따라서 발달검사는 전문가의 도움으로 생후 4개월, 7개월, 10개월, 12개월, 18개월 등 기준 월령을 선정해 실시하는 것이 좋습니다.

발달장애는 무엇보다도 초기 발견이 중요하며, 표준 발달지수에 미치지 못하거나 아이의 신체나 정신상에 있어서 어떤 이상이 있다고 느껴지면 곧바로 전문의와 상담하는 것이 좋습니다.

## 1. 언어장애

언어는 점차적인 발달 과정을 거치면서 일정한 규칙에 따라 진행합니다. 하지만 그 변화의 폭이 너무 넓기 때문에 정상적인 언어 발달의 정도를 마치 선을 긋듯이 단언하기에는 무리가 따릅니다.

일반적으로 생후 18개월까지 말을 전혀 못 하거나 3세가 되어도 알아들을 수 없는 말을 하면 전문의를 찾아가 진단을 받아 볼 필요가 있습니다. 일반적으로 아이가 태어난 지 두 돌 무렵이면 "엄마, 무이~(물)."와 같은 짧은 말들을 할 수 있게 됩니다. 하지만 이처럼 두 돌 무렵까지 간단한 말을 만들지 못한다고 해서 모두 언어지체아라고 단정할 수는 없습니다.

실제로 두 살 때 '엄마', '아빠'라는 말밖에 못 하던 아이가 그 후 6개월 내지 1년이 지나면 정상아들과 마찬가지로 말을 하게 되는 수도 있습니다. 이런 아이의 경우, 다른 아이들에 비해 언어 발달이 조금 늦어졌을 뿐이므로 걱정할 필요가 없습니다. 그러나 2년 6개월 내지 3년이 되도록 두 단어를 결합해 의미 있는 문장을 만들지 못할 때는 아이의 언어 습득에 이상이 있는지 여부를 알아볼 필요가 있습니다.

다른 질환과 마찬가지로 언어지체 역시 조기진단과 치료가 무엇보다도 중요합니다. 언어지체가 지속되면 학습 및 행동장애를 일으킬 수 있는 확률이 높기 때문입니다. 치료는 가능하면 초등학교에 들어가기 3년쯤 전에 이뤄져야

합니다. 획일적인 치료보다는 언어치료사를 통해 개인에 맞는 치료 프로그램을 꾸준히 시행하는 게 바람직합니다.

## 2. 말더듬

### 1) 말더듬의 원인은 무엇인가요?

말더듬이란 다른 사람의 말을 이해하는 데는 문제가 없지만 자신의 생각대로 입 밖으로 말이 제대로 나오지 않는 것을 말합니다.

이러한 말더듬은 한창 말을 배우기 시작하는 2~3세에서 7세 무렵에 나타납니다. 하지만 그 정확한 원인은 아직 밝혀져 있지 않고, 다만 언어 발달의 부조화나 유전적 요인, 환경적 요인, 학습적 요인 등이 복합적으로 작용하는 것으로 전문가들은 보고 있습니다.

말을 더듬는 아이의 경우, 말을 하려고 하면 성대에 긴장이 생기면서 말의 시작이 어려워집니다. 대부분은 나이가 들면서 이를 극복하게 되지만, 나이가 들어가면서 스스로 자신이 말더듬이라는 것을 인식하고 자신감을 잃어버리게 되면 더욱 긴장을 하게 되어 증세가 더욱 심해집니다. 이때 부모가 자꾸 간섭을 하면 증세는 더욱 나빠집니다. 말더듬이 오래되어 습관이 되어 버리면 자신의 말에 오류가 생겨도 스스로 알지 못하는 상태가 됩니다.

### 2) 말더듬의 유형에는 어떤 것이 있나요?

말더듬은 글자나 단어 전체를 여러 번씩 반복하거나 오류가 일어난 음을 길게 늘여서 말하는 등의 형태로 나타납니다. '과~ 과~ 과~ 과~ 자' 라고 발음하는 경우가 전자, '과~~~자' 라고 발음하는 경우가 후자에 속합니다.

말더듬이 지속되면 그에 따라 흔히 얼굴 찡그림이나 눈 깜빡임, 발 구르기, 입술의 떨림, 머리 끄덕임 등의 이차적인 행동 변화도 나타납니다. 또 말이 더듬어지려고 하면 아예 말을 안 해 버리거나 다른 말로 대치해 버리는 회피현상이 생깁니다.

### 3) 말더듬도 치료할 수 있나요?

아기가 걸음마를 걸으면서 수없이 넘어지며 시행착오를 겪듯이 어린이는 말을 배우면서도 숱한 시행착오 끝에 발전해 간다는 점을 잊어서는 안 됩니다.

따라서 아이가 말을 더듬을 경우, 엄마는 이를 격려해 주어 편안하게 대화할 수 있도록 유도해 주는 것이 중요합니다. 부모는 아이가 급하게 서두르지 말고 여유로운 마음으로 말의 속도를 늦춰 말할 수 있도록 친절하게 도와주고, 짧은 문장을 사용해 부드럽고도 조용한 목소리로 아이와 함께 대화를 하는 등 부모가 아이의 언어 모델이 되어 주는 것이 좋습니다.

그렇게 했는데도 나아지지 않는다면 전문 언어치료사를 찾아가야 합니다. 그러면 언어치료실에서는 부모를 통한 간접 치료, 대면 치료, 언어놀이 등을 실시하게 되는데, 한 의학 보고에 의하면, 초등학교 저학년까지의 경우에는 말더듬이 95% 정도까지 완치되지만, 성인의 경우 완치율이 20~30%에 그치는 것으로 나타났습니다. 특히 성인의 경우, 말더듬이로 인해 심리적인 문제까지 겹치게 되어 정신과적 치료를 함께 받아야 하는 경우도

적지 않으므로 조기발견과 조기치료가 절실히 요구됩니다.

### 4) 자연치유 여부를 조기 선별하는 것이 중요해요

아이가 말을 배우는 시기에 말더듬이 나타날 확률은 4~5% 정도입니다. 하지만 8세 안팎이 되면 그 가운데 70~80%는 자연적으로 치유됩니다. 그런데 문제는 그 나이가 되었는데도 나아지지 않는 경우입니다. 많은 부모의 경우 자신의 아이가 어렸을 때 말을 더듬으면, '때가 되면 나아지겠지' 하며 방심하다가 말더듬이 시작된 지 몇 년이 지나서야 언어치료실을 찾곤 하는데, 그렇게 되면 치료가 더욱 어렵게 됩니다.

전문 언어치료사들은 아이의 말이 막히는 형태나 빈도 등을 면밀히 관찰함으로써 자연치유가 가능한지 고착화될지 여부를 알아낼 수 있습니다. 그때 만일 '자연치유 불가' 라는 판단이 내려지면 하루라도 빨리 치료해 주는 것이 좋습니다.

말을 더듬기 시작한 지 3개월 미만인 경우에는 부모에 대한 상담만으로도 치료가 가능하므로, 말더듬이 걱정된다면 일단 전문가의 상담을 받아 보는 것이 좋습니다.

#### 아이가 말을 더듬으면 이렇게 하세요

- 꾸짖거나 강압적으로 틀린 말을 고치게 하지 않습니다.
- 끼어들지 말고 끝까지 스스로 말을 완성하게 합니다.
- 자연스럽게 상대의 눈을 바라보고 말하도록 교육합니다.
  - 정상적인 시선 접촉은 부끄러움과 당혹감을 줄여 줍니다.
- 쉽고 편하게 이야기를 듣고 매일 10분 이상 함께 대화합니다.
- 오류를 줄일 수 있게 천천히 신중하게 말하도록 합니다.
- 아이에게 자신의 소중함을 느끼게 합니다.

- 단점을 두려워하지 말고 자신감을 갖도록 합니다.
- 마음속에 있는 것을 솔직하게 드러내게 합니다.

  – 그러면 긴장감이 줄어듭니다.
- 말을 시작할 때 힘을 주지 말고 부드럽게 시작하게 합니다.
- 찡그리거나 머리를 긁는 습관 등을 고쳐 줍니다.
- 특정 상황이나 단어를 회피하지 말고 직면하게 합니다.
- 길을 물어보거나 전화를 거는 등 경험을 넓히도록 합니다.

## 3. 발음장애

혀가 짧은 사람들은 'ㄹ' 자 발음 등을 잘 못해 '바람'을 '바담', '할아버지'를 '하다버지'라고 발음합니다. 이러한 발음장애는 혀가 짧거나 구강과 비강이 구분되지 않는 등 발음기관에 구조적인 문제가 있을 때도 발생하지만 대부분 음소의 습득이 늦거나 습관적으로 잘못된 방법으로 발음해서 일어나는 경우도 적지 않습니다.

또 '설소대 단축증'(혀와 입 안의 바닥을 연결하는 설소대가 정상인에 비해 짧아서 혀가 자유롭게 움직이지 못하는 상태)으로 인해 발음을 제대로 못 하고 그렇게 '혀 짧은 소리'를 내는 경우도 있습니다. 이런 경우 아이가 4세만 되어도 진단이 가능하므로(설소대 단축증이 있으면 혀를 내밀어도 혀가 앞니 밖으로 나오지 못하고 활 모양으로 둥글게 굽어집니다.) 될 수 있는 대로 조기에 치료를 해 주는 것이 좋습니다.

치료는 수술이 가장 확실하나 검

사 결과에 따라 언어치료로도 교정이 가능합니다. 수술은 전기 소작기 등을 이용한 설소대 절제술이 많이 이용됩니다.

발음장애가 심하면 무엇보다도 아이가 기가 죽거나 자신감이 떨어져 친구들과 어울리지 못하기 때문에 언어발달이 더욱 늦어지게 됩니다. 따라서 또래 아이들에 비해 발음에 문제가 있다면 정확한 조기진단이 필요합니다.

### 이럴 때에도 언어장애가 와요

❶ 정신지체

정신지체는 언어장애의 가장 흔한 원인입니다. 정신지체가 있는 아이의 경우 정상적인 아이에 비해 주의집중력이 부족하긴 하지만, 주변에서 나는 소리에 귀를 잘 기울이는 편입니다. 생후 6~8개월에 정상아처럼 옹알거리기 시작할 수도 있습니다. 정신지체가 그다지 심하지만 않다면, 언어발달이 다소 늦을 수는 있지만 결국은 말을 하게 됩니다.

❷ 청력장애

난청과 같은 가벼운 청력 손상도 언어발달을 방해할 수 있습니다. 이런 아이의 경우, 시각에 의해 얻는 정보량이 많고 감촉에 대한 반응이 좋아서 청력장애가 있는지도 모르고 지나칠 수 있습니다. 청력장애 여부는 소리 자극에 대한 반응을 관찰하면 쉽게 알 수 있으므로 난청이 의심되면 전문의의 진찰을 받도록 합니다.

❸ 자폐증

말을 전혀 못 하거나 괴성을 지르며, 말을 한다 해도 무의미하게 되풀이합니다. 한두 마디 하다가 잊어버리는 듯하고, 말을 시키면 그대로 앵무새처럼 따라 합니다. 발음과 음의 높낮이도 특이하고 비정상적인 경우가 많습니다. (소아자폐증에 대한 자세한 내용은 317쪽 참조.)

❹ 기타 간질 발작이나 약물 복용 후

간질 발작으로 인해 말이 중단될 수도 있고, 볼거리를 앓은 후 청각에 영향을 주는 약물 복용을 함으로써 말이 중단되기도 합니다.

## 4. 주의력결핍-과잉운동장애(ADHD)

아이가 유난히 집중력이 떨어지고 산만하며 충동적인 행동을 잘하면, 대체 이 아이를 어떻게 다뤄야 할지 걱정이 앞섭니다. 옛날에는 이런 아이를 두고 대부분 씩씩하고 사내답다며, 나중에 자라서 철들면 좋아진다고 생각하여 그대로 방치하는 경우가 많았습니다. 하지만 이럴 때 부모는 아이에게 '주의력결핍 - 과잉운동장애'가 있는 것은 아닌지 의심해 볼 필요가 있습니다.

이 주의력결핍 - 과잉운동장애(Attention Deficit Hyperactivity Disorder, ADHD)는 4~5세쯤부터 흔히 나타나는 소아정신과 질환으로, 지속적인 주의력결핍 · 과잉행동 · 충동성 증상을 보여 정상적인 학교생활과 가정생활에 큰 지장을 초래하게 됩니다. 아이들이 자라다 보면 때로는 이런 과잉행동을 할 수도 있지만, ADHD 증상이 있는 아이의 경우 같은 또래의 보통 아이들에 비해 더욱 심하게 지속됩니다.

ADHD는 '주의력결핍'과 '과잉행동'이라는 두 가지 중요한 진단 기준이 있습니다. 공부나 다른 활동에 주의가 부족하다거나 정당한 지시에 따르지 못하며 학교 숙제 또는 가정일 등에 있어 자신의 의무를 적절히 마치지 못한다거나, 일이나 활동에 필요한 물건을 자주 잃어버린다거나 외부 자극에 쉽게 산만해지는 현상은 '주의력결핍' 증상입니다. 그리고 손이나 발을 가만두지 못하고 자꾸 움직인다거나 한자리에 다소곳이 앉아 있지 못한다거나, 때와 장소를 가리지 않고 이곳저곳 마구 뛰어다닌다거나, 될 말 안 될 말을 자꾸 해댄다거나, 질문이 채 끝나지도 않았는데 불쑥 대답을 한다

거나, 다른 사람들의 행동을 자꾸 방해한다거나 다른 사람들의 대화나 일에 자꾸 끼어드는 등의 현상은 '과잉행동' 증상입니다.

이런 ADHD 증상은 학령기 아동의 약 5~10%가 가지고 있는데, 여자아이에 비해 남자아이의 발병 가능성이 3~9배가량 더 흔합니다. 이런 아이들의 경우 정상적인 지능을 가지고 있으면서도 다른 아이들에 비해 인지발달이나 언어발달 면에 있어서 더 늦어지며, 학교생활에 잘 적응하지 못해 성적이 자꾸 뒤처지게 됩니다. 여자아이의 경우 행동상의 문제뿐만 아니라 불안감이나 공포감 또는 언어발달장애 등의 문제를 동반하기도 합니다.

이런 아이들은 수업 중에 가만히 앉아 있지를 못하고 산만하게 자꾸 교실을 돌아다니거나 다른 아이들과 싸우는 경우가 잦고, 수업 중에도 수업내용과 전혀 무관한 이야기를 불쑥 꺼내어 수업 분위기를 깨뜨리는 등의 행동을 하는 경우가 많아서 학교에서는 '문제아'로 평가받는 경우가 흔합니다. 그러다 보니 자기 또래들과의 관계 형성 및 유지에도 많은 어려움을 겪게 됩니다. 그런가 하면 숙제를 하기 위해 책상에 앉아 있긴 하지만 숙제는 뒷전이고 다른 물건을 가지고 놀면서, 자신이 지금 숙제를 하기 위해 책상에 앉아 있다는 사실을 까맣게 잊어버리는 경우가 많습니다.

아인슈타인, 에디슨, 케네디 대통령 등 역사적으로 유명한 위인들도 ADHD 증상을 가지고 있었다고 하는데, 이 ADHD는 효과적으로 치료를 하면 자신의 재능을 충분히 발휘하여 긍정적인 삶을 살아갈 수 있기 때문에 증상이 있는 경우 정확한 진단과 꾸준한 치료가 필요합니다.

### 1) ADHD의 원인은 무엇인가요?

ADHD는 다양한 원인으로 생기는 일종의 증후군이라고 할 수 있는데, 이런 증상이 있는 아이들의 경우 약 30~40%는 부모나 형제 중에도 ADHD 증상이 있는 것으로 알려져 있습니다. 그리고 환경적으로는 임신 시에 임산부의 영양 부족이나 흡연 또는 과도한 스트레스 · 조산 · 난산 등으로 인한 두부 손상이 태아의 중추신경계 발달에 장애를 초래하여 발생할 수도 있습니다.

이처럼 ADHD의 주된 원인은 선천적인 중추신경계의 미성숙 내지 불완전이지만, 아동학대나 방임, 부모의 무지, 핵가족화에 따른 과잉보호, 가정 결손 등이 이 증상을 더욱 악화시키거나 조기에 유발시킬 수 있습니다.

### 2) ADHD는 어떤 증상이 있나요?

과잉운동장애를 갖고 있는 아이들은 엄마 뱃속에 있을 때부터 보통 아이들과는 다른 행동을 보이는 것으로 알려져 있는데, 몇 가지 예를 들면 다음과 같은 것들이 있습니다.

#### ❶ 유아기와 걸음마기

- 엄마 뱃속에 있을 때도 유난히 많이 놀고, 갑자기 걷어차곤 하여 엄마가 깜짝깜짝 놀라는 일이 많습니다.
- 태어나서도 유난히 많이 울고 잘 달래지지도 않으며, 조그만 자극에도 과민반응을 보입니다.
- 밤에 잠을 잘 자지 않는다거나 잠이 들었다가도 잘 깹니다.
- 우유나 모유를 먹다가 도중에 잘 웁니다.
- 안아 주면 괴로운 듯이 몸을 이리저리 움직이곤 합니다.
- 걸음마를 배우는 시작 단계에서부터 뛰어가려고 합니다.
- 유난히 잘 넘어지고 다치는 경우가 많습니다.

#### ❷ 학령전기

- 무엇인가에 쫓기듯이 항상 바빠합니다.
- 한 가지 일에 몰두하지 못하며 주변의 자극에 쉽게 산만해집니다.
- 다른 사람의 말에 귀를 기울이지 못하고 말의 일부분만 듣고 행동으로 옮기려 듭니다.

- 친구들과의 관계에서도 공격적, 충동적인 행동이 나타납니다.
- 무엇이든지 자기 마음대로만 하려고 하기 때문에 친구들로부터 따돌림을 받는 일이 많습니다.
- 혼자 조용히 놀지 못하고 항상 다른 아이들의 놀이에 끼어들려고만 합니다.
- 체벌을 가해도 그때일 뿐, 똑같은 행동을 반복합니다.

### ③ 학령기

이때는 학령전기보다 행동상의 문제가 더욱 뚜렷해집니다.

- 제발 얌전히 좀 있으라고 엄마가 주의를 주면 효과는 그때뿐, 잠시 후에는 몸을 비비꼬며 안절부절못합니다.
- 수업시간에 떠들어서 수업을 방해하는 등 다른 사람의 일을 방해하는 행동이 나타납니다.
- 산만하고 지속적으로 집중을 하지 못해 성적이 뒤처지며, 심지어 숙제가 무엇인지조차 모르는 경우도 있습니다.
- 다른 사람의 말을 끝까지 들어 보지도 않고 이야기 도중에 행동으로 옮기려고 하는 등, 생각보다 항상 행동이 앞섭니다.
- 아이들과 놀 때에도 기본적인 규칙을 자꾸 어기곤 합니다.
- 학습장애로 인해 열등감을 느끼고 우울증이 생길 수 있습니다.

### ④ 성인

성장하면서 행동상의 문제들이 많이 호전되기도 하지만 15~20% 정도는 충동적인 행동이 지속됩니다. 충동적인 행동으로 인해 교통사고를 많이 낸다거나, 한 곳에서 오래 머물지 못하고 집을 자주 이사한다거나, 직장을 자주 옮기곤 합니다. 일부는 알코올 중독, 약물 남용, 반사회적인 인격장애 등으로 인해 잘못된 길로 빠지기도 합니다.

## '주의력결핍-과잉운동장애' 진단표

다음 중 각 항목별로 6개 이상의 증상이 6개월 이상 지속되고 적응력에 문제가 있으면 '주의력결핍' 또는 '과잉운동장애'를 의심하고 전문가의 도움을 받도록 합니다.

### ❶ 주의력결핍

- 공부나 일 또는 다른 활동을 함에 있어 부주의하여 실수를 많이 합니다.
- 공부나 놀이를 포함한 어떤 일을 할 때 주의집중을 못 합니다.
- 무슨 이야기를 해도 듣는 둥 마는 둥하며 딴청을 피웁니다.
- 반항할 의도도 없고 상대방의 지시를 이해하지 못하는 것도 아닌데 정당한 지시를 따르지 못하는 경향이 있으며, 학교 숙제나 심부름 등 주어진 일을 적절하게 끝내지 못합니다.
- 일이나 활동을 조직하고 체계화하는 데 어려움이 있습니다.
- 학교 공부나 숙제 등 지속적으로 정신적인 노력이 필요한 일은 꺼립니다.
- 연필, 책, 장난감 등 물건을 잘 잃어버립니다.
- 외부의 자극에 대해 민감하게 반응, 쉽게 산만해집니다.
- 일상생활의 활동을 잘 잊어버립니다.

### ❷ 과잉운동장애(충동적인 행동)

- 손발을 가만두지 않거나 앉은 자리에서 꼼지락거립니다.
- 가만히 앉아 있어야 하는 상황에서 돌아다닙니다.
- 지나치게 달리거나 기어오릅니다.
- 조용하게 놀거나 여가 활동을 하지 못하는 수가 많습니다.
- 쉴 사이 없이 움직입니다.
- 지나치게 말을 많이 합니다.
- 질문이 끝나기도 전에 대답해 버립니다.
- 차례를 잘 기다리지 못합니다.
- 다른 사람들의 대화에 무작정 끼어듭니다.

### 3) ADHD는 어떻게 치료하나요?

아이에게서 주의력 결핍과 과잉운동장애가 의심될 경우 이러한 상태를 진단하고 치료할 수 있는 소아청소년 정신과 의사에게 반드시 진료를 받고 개개인의 지적인 능력과 심리적인 적응력, 가정환경, 가족과의 관계 등을 고려해 적합한 치료계획을 세워야 합니다.

이런 아동들을 치료하지 않을 경우 여러 가지 문제로 발전할 가능성이 많습니다. 아이가 학교와 가정, 친구들로부터 계속되는 부정적인 반응과 질책을 받으면서 성장하게 되면 2차적으로 학교 적응, 학업 적응, 자신감 등에 문제가 생길 수 있습니다. 그래서 결국 자신의 잠재력을 발휘하지 못하게 되거나 중도에 학업을 포기하게 되는 등의 문제가 생길 수 있습니다. 또한 비행이나 범죄를 유발할 확률도 보통 아이들에 비해 높아서 절도나 폭행, 파괴 등의 행동적 문제를 일으킬 수도 있습니다. 그럼에도 불구하고 많은 부모들은 '어릴 때는 누구나 다 그렇다, 크면 좋아진다' 는 식으로 가볍게 생각하며 병으로 여기지 않으려고 합니다.

ADHD는 집중력과 관련된 뇌의 기능저하로 나타나는 질병입니다. 때론 가정환경이나 양육 문제 등에 의해 발생하기도 하지만 이런 경우는 소수에 불과합니다.

ADHD 치료에는 '약물치료, 부모 교육, 상담, 가족치료, 놀이치료, 사회기술훈련, 인지행동치료' 등이 있습니다. 이 가운데 약물치료와 부모 교육, 상담은 가장 필수적인 치료 항목입니다. 치료는 아이의 특성을 고려하여 아이마다 맞춤치료를 해야 합니다.

대부분의 ADHD 아동에게 약물치료는 매우 안전하고 효과적인 치료로, 80% 이상의 효과를 얻을 수 있습니다. 빠른 경우 약물 투여 후 1~2주일 만에 달라진 모습을 볼 수 있습니다. 약물은 전문의와 상담 후 부작용과 효과에 대한 교육과 단기적 목표와 장기적인 계획을 상의한 후에 복용하는 것이 좋습니다. 물론 학습장애나 사회성 문제, 정서적 장애가 혼재하는 경우가 많으므로 적절한 비약물 요법을 함께 실시하는 것도 필요할 경우가 있습니다.

증상이 가벼우면 약물치료 없이 다음의 환경조절치료나 상담치료, 행동치료, 놀이치료만으로도 효과를 거둘 수 있습니다.

### ① 환경조절치료

ADHD 증세가 있는 아이들은 보통 아이들에 비해 자극에 대해 민감하게 반응합니다. 따라서 그들에게는 조용하고 아늑한 공간을 꾸며 주는 것이 중요합니다. 방 안의 벽지나 가구는 현란하지 않은 은은한 색상으로 꾸며 주고, 장난감도 여러 가지를 한꺼번에 주지 말고 한두 가지만 먼저 주는 것이 좋습니다. 친구들도 한 곳에 여러 명이 뭉쳐 있으면 산만하여 제대로 놀지 못합니다. 따라서 처음에는 한두 명의 친구들과 함께 놀면서 익숙해지면 점차적으로 친구 수를 늘려 가도록 도와줍니다. 놀이를 할 때에도 자기 차례를 지키지 않는다거나 기본적인 규율을 어기는 등 충동적으로 행동하는 경우가 많으므로 부모가 함께 있으면서 그때그때 문제되는 행동을 지적해 주도록 합니다.

### ② 행동치료

문제가 되는 행동의 목록을 만들어서 바람직한 행동을 했을 때는 그에 대한 보상으로 선물을 주고, 문제 행동에 대해서는 벌을 주기로 아이와 약속하고 이를 지켜 나가도록 합니다. 이때 주의할 것은 한꺼번에 아이의 모든 문제점을 바꾸려 하지 말고 가장 문제시되는 행동부터 차근차근 하나씩 고쳐 나가야 합니다. ADHD 증상이 있는

❸

아이들의 경우, 보상 받기 위해 노력해야 하는 시간이 길면 아예 포기해 버릴 수도 있으므로 처음에는 시간을 짧게 했다가 점차적으로 길게 늘려 가는 것이 좋습니다.

### ❸ 놀이치료

자신의 충동적이고 어설픈 행동으로 인해 선생님이나 부모님으로부터 지적을 받게 되거나 또래들로부터 따돌림을 받게 된 데다 성적까지 뒤처지게 되면 자신감이 떨어지고 우울증상이 나타납니다. 따라서 정신치료나 놀이치료를 통해 떨어진 자신감을 다시 회복시키고 자신의 문제점이 무엇인지를 스스로 인지할 수 있도록 합니다. 충동성을 발산시키기 위한 방법으로, 정기적으로 태권도나 검도, 수영 같은 동적인 취미활동에 참여시키면 효과가 있습니다.

아이들의 지나친 행동을 부모가 어떤 시각으로 바라보느냐에 따라서 전문가의 도움을 받을 수도 있고 그냥 지나칠 수도 있습니다. ADHD 증세가 있는 아이를 바라보면서 그저, '아직 어려서 그런가 보다' 라거나 '기를 살려 주기 위해 모든 것을 받아준다' 라는 식으로 방치해서는 안 됩니다. ADHD는 상당 부분이 질환으로 인정되고 있는 만큼, 그런 증세가 나타나면 부모나 교사는 아이를 꾸준히 관찰하고 개선을 위해 관심을 가져야 합니다.

ADHD는 대부분 나이가 들어가면서 증세가 완화되는 반면, 치료는 더욱 어려워집니다. 초기에 고치지 않으면 나중에는 점점 더 치료를 받지 않으려는 성향이 강해지고 우울증 등 다른 장애까지 동반될 수 있음을 명심해야 합니다.

### 4) 산만한 아이를 둔 부모가 알아 둬야 할 10가지 원칙

ADHD 증세를 가진 아이는 물론 산만한 아이를 키울 때 부모가 알아야 할 10가지 원칙은 다음과 같습니다.

#### ❶ 아이의 행동에 대해 가능한 한 빨리 반응한다

산만한 아이들은 순간에 좌우되는 특성이 있으므로 그 순간에 곧바로 반응해야 아이에게 영향을 줄 수 있습니다. 따라서 칭찬이나 인정을 하더라도 '즉시' 하는 것이 중요합니다.

#### ❷ 아이의 행동에 대해 자주 반응을 보인다

'즉시' 반응하는 것이 중요하듯이 '자주' 반응을 보이는 것도 그에 못지않게 중요합니다. 부모가 자주 반응해 줄수록 효과는 더욱 배가됩니다.

#### ❸ 보상을 할 때는 강하고 인상적인 것이 좋다

산만한 아이들에게는 정상 아이들보다 더 강력하고 눈에 띄는 자극을 주어야 행동을 변화시킬 수 있습니다.

#### ❹ 벌을 주기에 앞서 아이의 마음을 유도한다

산만한 아이들의 경우 아무리 부모로부터 벌을 받아도 효과는 잠시뿐, 마음에서 우러나지 않으면 행동에 변화가 없습니다. 따라서 항상 '벌' 보다는 '칭찬' 이 먼저라는 생각을 잊어서는 안 됩니다.

#### ❺ 아이를 일관적으로 대한다

아이의 행동을 조절하려면 매번 동일한 원칙을 적용해야 합니다. 부모의 기분에 따라서 아이를 대하면 산만한 아이를 더욱 혼란스럽게 만들 수 있습니다.

### ⑥ 잔소리는 무의미하다

산만한 아이들은 다른 아이보다 특별히 지능이 낮아서 그런 것도 아니고 또한 몰라서 안 하는 것도 아니므로 부모의 잔소리는 아이에게 무의미합니다.

### ⑦ 문제가 될 만한 상황에 처하기 전에 계획을 세운다

공공장소와 같은 곳에 들어가기 전에는 아이에게 두세 가지 원칙에 대해 상기시키고, 잘못하면 어떻게 되는지에 대한 설명을 미리 해줍니다.

### ⑧ 아이의 타고난 기질을 인정해 준다

부모는 항상, '이 아이는 이런 기질을 타고난 아이다. 그래서 다른 보통 아이들과는 여러 가지 면에서 다르다' 라는 것을 염두에 두고 있어야 합니다.

### ⑨ 아이와 자존심 싸움을 해서는 안 된다

이겨야 한다는 생각으로 부모가 아이를 완전히 통제하고 여기에 자존심을 걸어서는 안 됩니다. 그럴수록 아이는 부모의 통제로부터 벗어나려고 하는 경향이 많고, 그러면 결국 부모 역시 더욱 상심하게 됩니다.

### ⑩ 용서할 수 있는 넓은 마음이 필요하다

아이를 키운다는 일은 결코 쉬운 일이 아닙니다. 더군다나 아이가 보통 아이에 비해 많이 산만하다면 부모는 더욱 여러 모로 어려워질 수밖에 없습니다. 이럴 경우 아이의 기질 및 행동에 부모 자신을 맞추어 주는 노력이 필요합니다. 그러자면 자신의 아이를 용서할 수 있는 부모의 넓은 마음이 필요합니다.

❶ 벌을 주거나 야단치거나 규율로써 시정할 수 있다? (No)

❷ 성장하면 저절로 고쳐진다? (No)

❸ 부모가 잘못 가르쳐서, 아이에게 관심을 가져 주지 않아서, 버릇없이 키워서, 또는 집안에 규율이 없어서 생긴 결과다? (No)

## 5. 틱(TIC) 장애

초등학교 입학을 전후해 전에 없이 자주 눈을 깜박거린다거나 코를 훌쩍거리는 등의 정서불안 증상을 보이는 어린이들이 있습니다. 대부분은 일시적 현상으로 끝나기도 하지만 점점 묘한 행동과 소리를 반복하면서 증세가 점점 심해지는 경우도 있는데, 이런 때는 틱 장애를 의심할 수 있습니다.

일시적으로 나타나는 틱은 아이들 가운데 12% 정도로 매우 흔한 증상이고, 틱 장애에 해당하는 아이들은 1~2%에 불과합니다. 주로 7~11세에 가장 많이 나타나며, 남자가 여자보다 3~5배 발생률이 높습니다. 틱 장애가 있는 아이들의 경우, 일반적으로 불안장애 · 학습장애 · 주의력결핍 등의 증세를 동시에 보입니다.

### 1) 틱 장애란 무엇인가요?

틱이란 자신의 의도와 관계없이 근육이 갑자기 빠르게 반복적으로 움직이거나 기침 혹은 코를 훌쩍거리는 소리 등을 내는 신경학적 특수 증상입니다.

일부러 그러는 것이 아니라 시간의 경과에 따라 증상의 정도가 변합니다. 처음에는 눈을 깜박거리거나 고개를 끄덕이는 증상을 보이다가 시간이 가면 대부분 저절로 없어지지만, 1년 이상 지속되는 만성 틱으로 발전할 수도 있습니다. 어떤 불쾌한 감각이나 느낌이 마음속에 밀려올 때마다 틱 행동을 하고 나면 그 감정이 완화되곤 하는데, 스스로 노력하면 일시적으로는 틱의 증상을 억제할 수 있지만, 그럴수록 아이에게 스트레스 상태가 더욱 악화됩니다. 잠을 잘 때나 한 가지 행동에 몰두할 때는 증상이 줄어드는 경우가 많습니다.

틱은 크게 '근육(운동) 틱'과 '음성 틱'으로 나눌 수 있습니다. 먼저 '근육 틱'에는 눈 깜빡거리기 · 얼굴 찡그리기 · 코 씰룩이기 · 머리 흔들기 · 어깨 으쓱거리기 등이 있고, '음성 틱'에는 헛기침하기 · 휘파람불기 · 코 훌쩍거리기 · 킁킁거리기 · 중얼거리기 등이 있습니다.

틱의 양상에는 다음과 같은 것들이 있습니다.

❶ 일과성 틱 장애 : 근육 틱이나 음성 틱 중의 하나가 4주 이상 1년 이내 계속됩니다.

❷ 만성운동 · 만성음성 틱 장애 : 근육 틱이나 음성 틱 중 하나가 1년 이상 나타납니다.

❸ 뚜렛 장애 : 근육 틱과 음성 틱이 동시에 1년 이상 나타나는데, 대체로 증상의 정도가 심합니다.

❹ 가장 흔히 동반되는 장애 : 강박장애, 주의력결핍-과잉행동장애, 기분장애 등.

### 2) 틱의 원인은 무엇이고, 치료는 어떻게 하나요?

틱의 원인은 아직 밝혀지지 않고 있지만 크게 '정서적 요인'과 '유전적 또는 신경학적 요인'을 강조하는 입장으로 나뉩니다.

틱 장애가 있는 아이의 경우, 스트레스가 증상을 악화시키므로 아이를 너무 나무라서는 안 됩니다. 무조건 "하지 마!" 식으로 나무라기보다는 부모가 함께 놀아 주거나 공부에 대한 부담을 줄여 주고 정신적으로 편안한 상태를 만들어 주는 것이 무엇보다도 중요합니다.

입학이나 전학 등과 같이 아이가 불안을 느낄 만한 환경적 변화나 정서적 요인으로 인해 일시적으로 나타나는 틱 증상은 아이가 정서적으로 안정됨에 따라 저절로 없어질 수도 있습니다. 그러나 아이에게 지속적인 틱 증상이 보일 때는 소아정신과를 찾아가 개별적 치료를 받는 것이 좋습니다. 틱 장애를 대수롭지 않게 여기고 그대로 방치해 둘 경우 아이에게 여러 가지 문제점을 낳습니다. 틱 증상 이외에도 학습장애나 강박증, 과잉운동증, 우울증 등을 동반하는 경우가 많으므로 부모의 세심한 관찰이 필요합니다.

치료로는 부모 상담과 놀이치료가 효과적입니다. 때론 약물치료도 병행합니다.

## 6. 소아 자폐증

'자신의 세계에 갇혀서 지내는 증상'이라 하여 이름 붙여진 '자폐증'은 생후 36개월 이전에 발병해 언어와 지능 등 전반적인 발달이 또래에 비해 현저히 뒤처지는 증상으로, 아이에 대한 관심이 어느 정도인지에 따라 보다 일찍 발견할 수 있는 질환입니다. 최근 자폐아가 급증한 것도, 자녀 수가 적어진 반면 관심은 커지면서 조기에 발견해 병원을 찾는 경우가 많아졌기 때문인 것으로 분석되고 있습니다.

소아정신과 영역에서 신체적 정신적 '발달장애'와 유사한 의미로 사용되는 '자폐증'은, 또래나 가족관계에 대해 무관심하거나 기계나 특정 물건에 대해 이상할 정도로 집착이나 관심을 갖는 것이 특징입니다. 대개 아동 1만 명 당 2~5명 정도로 아주 드물게 발생하는 것으로 알려졌으나 최근 역학조사에서는 150명 당 1명이 발생할 정도로 많아지면서 우리 사회도 자폐아동에 대한 관심이 높아지고 있습니다.

자폐성 장애를 완치할 수 있는 치료법은 아직 없지만 애착 · 언어치료 등을 통해 언어 및 사회성을 호전시킬 수 있는 만큼 가능한 한 빨리 발견해 자녀의 증상을 받아들이고 치료하는 게 최선입니다.

### 1) 자폐증의 원인은 무엇인가요?

자폐증의 정확한 원인은 아직 밝혀지지 않고 있지만, 현재 의학계는 '유전적 요인'이나 '유전과 환경적 요인의 상호작용' 때문인 것으로 추정하고 있습니다. 이 가운데서도 자폐증의 원인으로 가장 많이 꼽는 것은 바로 '유전적 요인'입니다. 유전적으로 가족 중에 자폐아가 있으면 자폐아가 있을 확률이 보통사람들에 비해 50~70배나 높은 것으로 의학계는 보고 있습니다. 또한 임신 중 산모에게 매독이나 풍진, 경화증 등이 있거나 임신 중기에 출혈이 있으면 발생률은 더욱 높아집니다.

1950년대까지만 해도 '냉정한 부모'가 원인이라고 주장하는 학자들이 있었으나 연구가 진행될수록 뇌의 신경학적인 발달 이상이 주된 원인으로 드러나고 있습니다. 뇌 특정 부위의 이상발달, 정보처리 과정의 이상, 세포막을 형성하는 콜레스테롤의 이상도 자폐증을 일으키는 원인으로 주목받고 있습니다. 최근에는 중금속과 태내 감염, 예방백신의 첨가물이 새로운 원인으로 추정되기도 합니다.

### 2) 자폐증도 예방할 수 있나요?

안타깝게도 아직 이렇다 할 예방법은 없습니다. 다만, 최대한 빨리 발견해 아이의 특성을 바로 알고 치료해야 이차적인 어려움을 줄일 수 있고 증상도 호전시킬 수 있습니다. 또 산전 진단을 제대로 받아 출산 시 합병증을 예방하는 것도 도움이 됩니다.

### 3) 자폐아에게 나타나는 증상은 무엇인가요?

생후 2~3년이 되었는데도 아이가 눈맞춤을 제대로 못 한다거나 사람의 말소리에 거의 관심이 없다면 자폐증을 의심해 봐야 합니다.

자폐증 아이는 의사소통에서도 말귀를 전혀 알아듣지 못하거나 비언어적인 소통까지 못 하기도 합니다. 집요함이나 반복적인 행동을 보이기도 합니다. 또한 자폐아들 가운데 절반 정도는 평생 동안 말을 못 하기도 합니다. 말을 한다 해도 자신의 관심사에 대해서만 지나칠 정도로 이야기하기 때문에 상호교류가 힘듭니다. 나이가 들면 부모 형제 등과 같은 친숙한 사람에게는 애착을 보이지만 낯선 사람들과의 단체생활은 거의 불가능합니다.

아이들이 다음과 같은 행동을 보일 때는 전문의를 찾아 진단을 받아 볼 필요가 있습니다.

#### ❶ 사회적 관계에 어려움이 있습니다

소아 자폐증의 두드러진 증상은 사회적인 상호작용에 장애를 보인다는 점입니다. 다른 사람과의 시선접촉 · 얼굴표정 · 몸짓이 부자연스럽고, 자발적으로 즐거움을 찾거나 공유하는 데 어려움을 갖습니다.

자폐장애를 가장 쉽게 알 수 있는 방법은 눈맞춤을 제대로 하는지 못 하는지를 파악하는 것입니다. 자폐아들은 나이가 들어도 제대로 된 눈맞춤을 못 하는 경우가 많습니다. 또 같은 또래의 아이들에 대해서도 무관심하거나 그들이 접근해 와도 반응을 보이지 않고 오히려 피합니다. 음식이나 물건 등을 다른 사람과 나누려 하지 않고 즐거워도 웃지 않습니다. 부모가 슬퍼

하거나 아파해도 위로하는 행동을 하지 않고, 관심 있는 것에 대해선 어설픈 방식으로 접근하기도 합니다.

### ❷ 의사소통에 어려움이 따릅니다

언어 사용 수준이 또래에 비해 크게 떨어져서 대화가 거의 불가능합니다. 스스로 타인의 행동을 따라하는 경우가 없고, 소꿉놀이 등과 같은 놀이도 하지 않습니다. 한 가지 주제를 놓고 이야기할 때도 서너 번 이상 말을 주고받기가 힘들어서 제대로 대화가 이루어지지 않습니다. 그런가 하면, 예전에 들었던 이야기를 부적절한 자리에서 갑자기 꺼내어 사람을 당황스럽게 하기도 합니다. 특히 '너'와 '나'와 같은 대명사도 제대로 구분 못 하고, '안녕히 가세요'와 '안녕히 계세요' 등의 말을 여러 번 교육해도 구분하지 못하고 서로 바꿔 사용하는가 하면, 혼자서 자주 중얼거리기도 합니다.

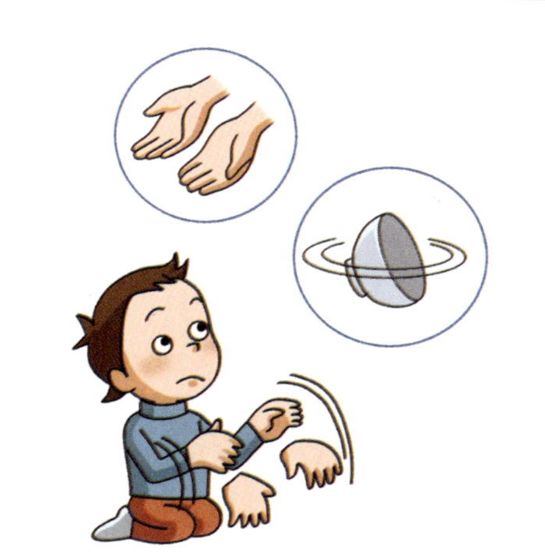

### ❸ 관심 분야가 제한되어 있고 유별난 행동을 합니다

흥미나 관심 분야가 아주 제한적이고, 자신이 좋아하는 주제에 대해 집착을 보입니다. 손 흔들기, 몸 흔들기, 손바닥 뒤집기, 물건 돌리기 등의 제한된 행동을 자꾸 반복하는가 하면, 담벼락에 그네를 그려 놓고 그네뛰기 놀이를 하는 식입니다. 또, 다른 사람과 이야기할 때도 자신이 좋아하는 주제에 대해서만 말할 뿐 상대방의 관심 여부는 아랑곳하지 않습니다. 식구들에게 말할 때도 일정한 순서대로 하거나 유치원이나 학교 등에 갈 때도 똑같은 길로만 다니는 것을 좋아합니다. 그리고 집안의 가구 배치만 달라져도 몹시 불안해 합니다. 엄마의 머리카락을 만지면서 코로 냄새를 맡거나 스타킹을 신은 여자의 다리를 매만지는 등 특정한 촉감을 좋아하기도 합니다.

특히 자폐증은 여자아이보다 남자아이가 4배가량 더 많이 발병합니다. 다만, 자폐증에 걸린 여아는 남자아이보다 증상이 더욱 심합니다.

### 유아 연령에 따른 자폐증 체크법

다음은 한 자폐아 전문상담기관이 발표한 '자폐증 체크법' 입니다.

❶ 0~6개월

- 계속적으로 몸을 흔들어 댄다.
- 옹알이 등이 전혀 없으며 상대방과 눈을 맞추지 못한다.
- 엄마의 관심에 대해 무반응하고 타인에 대해 냉담하다.
- 장난감을 잡지 못한다.
- 어떤 자극에 대해 몹시 놀라거나 무반응을 보인다.

❷ 6~12개월

- 다른 정상아들이 관심 갖지 않는 물건에 집착한다.
- 소리 · 아픔 · 냄새 등 감각적 자극에 과민반응 또는 무반응한다.
- 손가락으로 장난을 하는 등 가만히 앉아 있지를 못한다.
- 소리나 몸동작 등을 흉내 내지 못한다.

– '까꿍' 이나 '잼잼' 같은 놀이나 '바이바이~' 등을 하지 못한다.

③ 12~24개월

- 수면에 문제가 있으며, 전에 할 수 있던 것을 못 한다.
- 반복적으로 어떤 자극을 요구하고, 어떤 동작을 반복한다.
- 전혀 말이 없고, 말이 아닌 어떤 소리를 반복한다.
- 엄마가 없어도 불안하거나 찾지 않는다.
- 장난감을 제대로 사용할 줄 모른다.
- 입으로 부는 장난감을 불지 못한다.

④ 24~36개월

- 수면 문제가 계속되며, 할 수 있는 것도 거부한다.
- 자극에 대해 민감한 현상을 보이며 특정 동작을 반복한다.
- 거의 말을 않거나 앵무새처럼 상대방의 말을 따라한다.
- 기억력이 좋거나 퍼즐 등을 잘 맞추는 특별한 능력을 보인다.
- 다른 아이들과 어울리지 않는다.

### 4) 자폐아의 기준은 무엇이며, 진단은 어떻게 하나요?

자폐아의 특징은 발달 과정에서 다른 사람과의 사회적인 상호교류 및 작용에 문제가 있는 것입니다. 또 언어발달이 제대로 이뤄지지 않아 의사소통에 문제가 따르고, 관심 영역이 매우 제한되어 있어 반복적이고 독특한 행동을 합니다.

이처럼 '사회적 상호교류', '언어발달', '제한적이고 반복적이며 독특한 행동' 등 3가지 영역에서 모두 발달 지연 현상을 보일 때 보통 자폐성 장애로 진단합니다.

자폐아의 기준은 다음의 세 영역에서 최소한 6가지 이상이 해당돼야 하며, '사회적 상호작용 장애'에서 최소한 2개, '의사소통 장애'와 '제한적이고 반복적 행동' 영역에서 각 1개 이상이 있어야 합니다.

### ❶ 사회적 상호교류 장애

- 발달 수준에 맞는 또래 관계를 형성하지 못한다.
- 눈맞춤 · 얼굴 표정 · 몸짓 등 행동에 어려움이 따른다.
- 놀이나 즐거움을 다른 아이들과 공유하지 못한다.
- 사회적 · 감각적 교류가 부족하다.

### ❷ 언어발달 장애

- 전반적인 언어발달이 늦다.
- 대화를 시작하거나 유지하는 능력이 현저히 떨어진다.
- 언어 표현이 특이하다.
- 나이에 맞는 사회성 관련 놀이가 부족하다.

### ❸ 제한적이고 반복적이며 독특한 행동

- 극히 제한된 것에 비정상적일 정도로 집착한다.
- 특정한 규칙에 몰두한다.
- 손 흔들기, 물건 돌리기 등의 반복적인 운동 매너리즘이 있다.
- 사물의 일부분에 지속적인 관심을 보인다.

#### 5) 자폐증도 치료할 수 있나요?

자폐증은 완치가 불가능한 것으로 의학계는 보고 있습니다. 자폐아를 키우는 부모 입장에서는 완치시킬 수 있다는 희망을 갖고 아이를 키우지만, 안타깝게도 증세의 호전은 있을 수 있지만 완치는 불가능합니다.

약물치료는 자폐증 자체를 치료하기보다는 공격성이나 자해행동, 감정의 불안정성, 행동조절 등의 치료에 부분적으로 도움이 됩니다. 자폐증 아동들은 강박증 · 불안장애 · 집중력장애를 함께 갖고 있는 경우가 많으므로 동반 질환에 대한 치료가 필요합니다.

자폐증 치료의 원칙은 가족 전체에 지나치게 부담을 주는 치료를 무리하게 해선 안 된다는 것입니다. 치료 기간을 길게 봐야 하고 노력에 비해 크게 도움이 되지 않기 때문입니다.

그렇다고 해서 방치해서도 안 됩니다. 자폐아는 특수교육은 물론 반복학습을 통해 아이의 뇌 자체를 성숙시켜 줘야 합니다. 초기 증상을 보일 때 부모는 인내심을 갖고 아이를 반복적으로 교육시켜야 합니다. 이때 약물치료도 병행해야 하고 아이만큼 부모도 교육을 받아야 합니다. 부모를 포함한 가족 구성원 모두가 참여하여 교육훈련에 참가해야 효과를 높일 수 있습니다. 자폐아에게 있어 최고의 약은 '가족', '사랑', '보살핌' 이라는 사실을 잊어서는 안 됩니다.

또한 아이가 성장함에 따라 치료 계획을 수정하고 소아정신과 전문의와의 정기적인 상담을 통해 공동생활 훈련, 직업재활 프로그램 등과 같은 특수교육 및 치료를 해야 합니다. 사회성 발달에는 눈맞춤이 가장 중요한 만큼 아이와 대화할 때도 꼭 눈을 맞추면서 이야기하는 게 좋습니다.

자폐증 자체를 완치할 방법은 아직 없지만 중요한 치료 과정은 정확한 진단을 받는 것입니다. 또한 자폐증 유무 외 아동의 발달 수준에 대한 평가와 그에 따른 보조적인 치료가 가급적 조기에 이뤄져야 한다는 점도 중요합니다. 특수교육 · 언어치료 · 놀이치료 · 감각통합훈련 · 사회기술훈련 등이 이에 속합니다.

전반적인 발달장애 중에는 자폐증 외에도 레트 장애, 소아기붕괴성 장애, 아스퍼거 장애 및 특정 질병으로 분류하기 곤란한 발달장애가 있습니다.

❶ 레트 장애

생후 6개월까지는 정상적으로 발육하지만, 이후 자폐 증상과 함께 근육기능의 손실로 인해 보행 능력이 떨어지는데, 주로 유전적인 요인이 많고 여아에게만 나타나는 것이 특징입니다.

❷ 소아기붕괴성 장애

생후 2세까지는 아이가 정상적으로 발육하지만, 그 이후에는 신체 · 정신적 발달이 정지되는 경우로 발병률이 낮습니다.

❸ 아스퍼거 장애

'고기능 자폐증'이라고도 합니다. 지능과 언어는 정상적으로 발달하지만 사회적인 상호교류나 비언어적 의사소통에 어려움을 겪는 경우가 많습니다. 특히 이들 중에는 암기력이 아주 뛰어나서 전화번호부를 통째로 외거나 수학적인 계산이 보통사람들보다 월등히 빨라 주변 사람들을 놀라게 하기도 합니다.

## 7. 뇌성마비

뇌성마비는 뇌가 발육하는 시기에 뇌손상을 입고 그 기능이 저하되어 운동과 자세에 이상을 보이고 마비와 기타 여러 장애가 동반되는 것을 말합니다. 비유전성, 비진행성 질환으로 근육의 조절 능력이 없어 전반적인 운동기능 마비 현상을 나타내는 것이 특징이며, 사람에 따라 감각이나 지능장애도 동반하며, 그 밖에 언어장애, 학습장애, 청각장애, 삼킴장애, 간질, 안과적 이상(사시, 약시 등), 행동이상 등 여러 종류의 장애가 동반되는

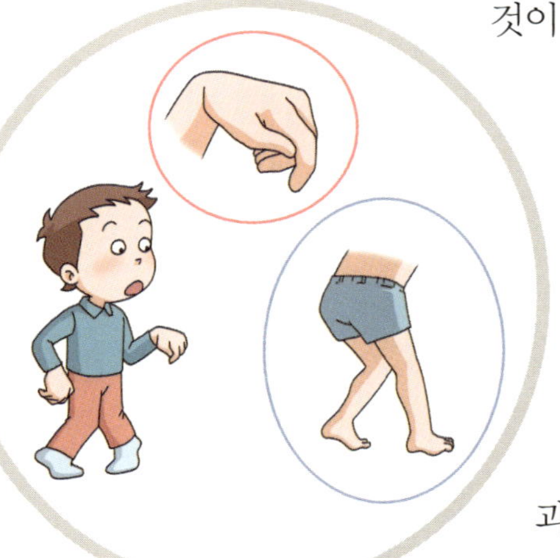

것이 대부분입니다.

최근 의학의 발달로 극소체중(450g) 출생 조산아의 생존율은 높아졌으나 결과적으로 뇌성마비의 위험인자를 가진 아이들의 절대수가 많아져 1천 명 가운데 2~3명이라는 뇌성마비의 유병률은 감소되지 않고 있습니다.

뇌성마비 아동에 있어서는 조기발견과 조기치료를 실시할 때 그 치료 효과가 매우 크기 때문에 조기발견과 조기치료의 중요성이 더욱 강조되고 있습니다. 따라서 평소에 아기의 젖 빠는 힘이 미약하다거나 팔이나 다리를 잘 움직이지 못할 때, 목을 가누고, 돌아눕고 기어가는 등의 운동발달이 늦어지는 경우, 또는 말을 늦게 하거나 이유 없이 경기를 자주 할 때에는 병원을 찾아 재활의학과나 소아과 전문의에게 진단을 받을 필요가 있습니다.

### 1) 뇌성마비의 원인은 무엇인가요?

뇌성마비의 원인은 다양한데, 이들은 모두 기저핵과 대뇌피질에 있는 복잡한 신경회로에 기능이상을 일으키는 것으로 발생 시기에 따라 원인을 크게 다음의 세 가지로 나눌 수 있습니다.

#### ① 출산 전의 원인

모체의 감염(특히 임신 초 3개월 간에 있어서 풍진 · 매독 · 바이러스 감염 등), 태내에서 뇌의 발육 부족. 선천성 기형, 태아 성장 지연, 혈액형의 부적응, 산모의 질병(정신지체 · 간질 · 갑상선항진 등), 산모의 사산 병력(病歷)이 있을 때, X-ray 과다 촬영, 약물중독, 탯줄의 염증, 임신 말기 출혈, 그리고 제대(배꼽) · 태반 이상이나 모체의 산소결핍 상태 등으로 인한 임신 중의 무산소증 등.

### ❷ 출산 시의 원인

비정상 분만, 특히 난산 등의 기계적 요인과 기도폐쇄, 호흡마비, 양수 흡인 등에 기인한 신생아 가사 등.

### ❸ 출산 후의 원인

유아기의 세균 감염이나 심한 황달, 저산소증, 약물중독, 감염(뇌수막염, 뇌염), 뇌종양, 머리의 외상 등이 원인일 수 있으며, 특히 조산아의 경우 뇌가 미성숙해 뇌출혈이나 뇌경색, 뇌백질연화증 등의 뇌병변이 발생될 가능성이 높습니다.

학자들에 의하면, 100명의 뇌성마비 아동을 원인별로 분석한 결과 조산 32%, 무산소증 24%, 분만 중 외상 13%, 선천성 11%, 산후 원인 7% 순서였다고 합니다.

## 2) 뇌성마비의 증상에는 어떤 것들이 있나요?

뇌성마비의 주요 증상은 근육마비로, 상 · 하지 편마비, 전신마비 등입니다. 개인에 따라 마비 부위와 정도는 다르며, 간질, 혈관장애, 산소결핍, 발달이상, 지능장애, 감각장애, 언어장애, 청각장애, 행동 및 성격장애 등 여러 장애를 동반하는 경우가 많습니다.

뇌성마비를 앓고 있다고 해서 반드시 정신박약아가 되는 것은 아니며, 정신만큼은 건강한 성인으로 자라기도 합니다. 그러나 어릴 때 대뇌질환을 앓게 되면 지적 발달과 정서적 발달에 지장을 받게 되며, 가끔은 그로 인한 지적 · 정서적 장애가 아주 심할 때도 있습니다.

많은 뇌성마비 아동들의 경우, 마비된 뇌 부분이 지배하는 신체 부위에 경련성 발작을 일으키는 간질 증세를 보입니다. 그러나 '아테토시스 형'

인 경우, 정신박약이 그다지 심하지 않고 경련성 발작 증상도 드뭅니다. 오히려 예민하고 총명한 경우도 있습니다. 그러나 운동장애나 언어장애 등으로 인해 자기의 의사를 제대로 밝힐 수 없을 때가 많아서 정신에 문제가 있는 것처럼 보일 수도 있습니다.

뇌성마비는 뇌손상을 받아 신체의 전반적인 면에 걸쳐 마비를 초래하기 때문에 재활을 올바로 이끌기 위해서는 뇌성마비의 기본 유형을 아는 것이 중요합니다.

### ① 근육경직 형

'경련형' 이라고도 하며, 근육 긴장이 심하여 사지와 목이 뻣뻣한 것이 특징입니다. 긴장하면 경련은 더욱 심해지고 반사적 행위가 강하게 나타납니다.

### ② 불수의(不隨意)운동 형

신체 각 부위의 운동을 조절하기가 힘들어 목적 없이 팔다리 · 머리 · 눈동자 등이 움직이는데, 지능은 대부분 정상을 유지합니다.

### ③ 강직 형

팔다리를 움직이려면 납으로 만든 파이프를 움직일 때처럼 계속적인 저항이 있습니다. 근육의 긴장도가 너무 높아서 움직일 수 없을 때가 있습니다.

### ④ 운동실조 형

평형감각의 장애와 협동운동의 장애 등 소뇌의 기능장애로 오는 증상으로, 평형감각이 없어 마치 술 취한 사람처럼 비틀거리거나 잘 넘어집니다.

### ⑤ 진전(振顫) 형

불수의운동 형과는 달리 조절할 수 없는 떨림이 계속되어 근육의 운동이 조절되지 않습니다.

### ⑥ 혼합 형

위의 유형이 2종류 이상 중복되는 경우를 말합니다.

### 3) 뇌성마비 진단은 어떻게 하나요?

뇌성마비 아동들의 경우 재활치료를 어느 시기에 시작하느냐에 따라 나중에 좋아지는 정도가 많이 달라지기 때문에 뇌성마비는 조기에 발견하고 치료하는 것이 중요합니다. 하지만 유아기에는 확진이 쉽지 않아 이 시기를 놓치게 될 경우 이미 조기치료의 시기가 늦어질 수 있습니다. 따라서 뇌성마비의 조기발견과 치료를 위해서는 다음의 유아 발달 과정을 정확히 알아둘 필요가 있습니다.

- 머리 가누기 — 생후 3개월.
- 혼자 앉기 — 생후 6개월.
- 기어 다니기 — 생후 8~12개월.
- 혼자 걷기 — 생후 12~17개월.

아이의 발달과정이 이보다 많이 지연될 경우 소아과 또는 재활의학과가 있는 병원을 방문하여 진찰을 받아 보는 것이 좋습니다.

또 아기의 보행 모습이나 뛰고 있는 모습을 관찰하면 미세한 변화를 알 수 있습니다. 아이가 서 있을 경우에는 점프 자세나 웅크린 자세 등이 있는가를 살펴보고, 보행 시에는 경직성 보행인가를 관찰하는 것이 중요합니다. 이때 유심히 살펴봐야 할 사항들로는 상지의 자세와 흔들림의 정도, 첨족 보행, 양발 사이의 간격, 가위걸음, 보행의 운율 및 속도 등이며, 이들 가운데서 이상한 점이 발견되면 뇌성마비를 의심해야 합니다.

또한, 앞에서 말한 뇌성마비의 위험인자가 있는 경우, 아이들의 발달을 전문적으로 다루는 재활의학과나 소아과를 방문해 정기적으로 발달 양상을 검진 받아야 합니다. 신생아 때부터 생후 약 6개월까지는 영아들의 운동 발달 정도가 미세하므로, 전문지식이 없는 부모로서는 비정상적인 움직임의 양상이나 미세한 이상소견들을 관찰하기가 쉽지 않기 때문입니다.

### 4) 뇌성마비도 치료가 가능한가요?

사람의 뇌는 6세까지 약 90% 이상 성장하게 되므로 뇌신경계에 손상을 입었더라도 조기발견하여 조기치료할 경우 장애 정도를 줄일 수 있습니다. 따라서 처음 5~6년 동안의 치료가 대단히 중요합니다. 특히 뇌성마비의 경우, 조기치료는 아주 중요합니다.

뇌성마비는 여러 분야의 병행 치료를 요하는 질환으로, 치료할 때는 확실한 목적을 세운 뒤에 그 목적의 달성 여부를 꼭 확인해야 합니다. 치료 목적은 최대한의 독립적인 활동을 할 수 있도록 하고, 사용 가능한 근육을 충분히 사용하게 하며, 관절의 탈구를 예방하며, 또한 최소한의 보조기를 이용하여 보행이 가능하게 하는 것입니다.

이러한 목적을 달성하기 위해서는 각 연령에 따라 주요 치료 방법이 달라집니다. 생후 3세까지는 주로 물리치료 등의 조기치료를 하며, 4~6세 사이는 적응이 되는 경우 수술적 치료를 하고, 7~18세 사이는 학교생활과 정신적 및 사회활동의 발달에 주력하고, 18세 이후는 직장생활, 결혼생활 등이 가능하게 하는 데 중점을 둡니다.

전문가의 지도에 따라 훈련을 지속하면 운동 능력을 높일 수 있습니다. 기능훈련으로는 정상으로 발육한 기능을 살려서 능력의 개발을 촉진하고, 장애기능을 조절하는 촉진기술에 의한 재활요법 등이 행해집니다. 이 밖에 증세를 개선시키기 위한 약제의 사용, 정형외과수술, 장구의 사용 등이 적용되기도 합니다.

주로 사용되는 뇌성마비 치료 방법으로 다음과 같은 것들이 있습니다.

## ❶ 물리치료

신경발달치료로 비정상 근(筋)긴장도와 운동양상을 변화시켜 더욱 정상적인 운동 양상을 촉진시키고 다양한 동작을 할 수 있도록 도와줍니다.

## ❷ 작업치료

일상생활 동작, 즉 식사 동작, 글 쓰는 동작, 옷을 입고 벗는 동작 등의 훈련에 역점을 둡니다. 뇌성마비의 유형에 따라 작업치료의 목표가 달라지며, 여러 가지 놀이 활동을 통해 사회성을 기릅니다. 그 외에도 미세 소근육운동, 건측 고정술, 구강 자극 및 삼킴치료, 인지치료 등을 시행합니다.

## ❸ 수술적 치료

수술적 치료는 '정형외과적 수술'과 '신경외과적 수술'로 나뉩니다. 신경외과적 수술은 척추의 감각신경 일부를 절단해 강직을 감소시키는 수술로, 이상적인 효과가 기대되는 경우 보통 3~5세경에 선택적으로 실시합니다. 그리고 정형외과적 수술은 근골격계의 변형이 심한 경우 조기에 시행할 수도 있으나 보통 6~7세 사이에 시행하고, 근육과 뼈의 변형을 치료하게 됩니다.

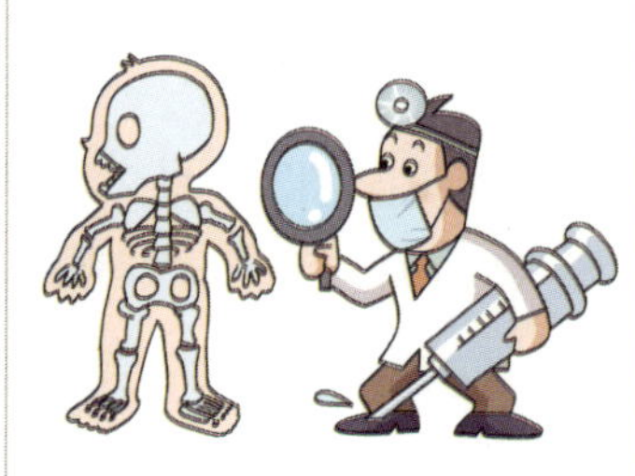

## ❹ 약물치료

약물치료는 전신에 영향을 미칠 수 있으나 약물에 따라 정기적인 혈액검사가 필요하고 졸음이 올 수 있다는 단점이 있습니다.

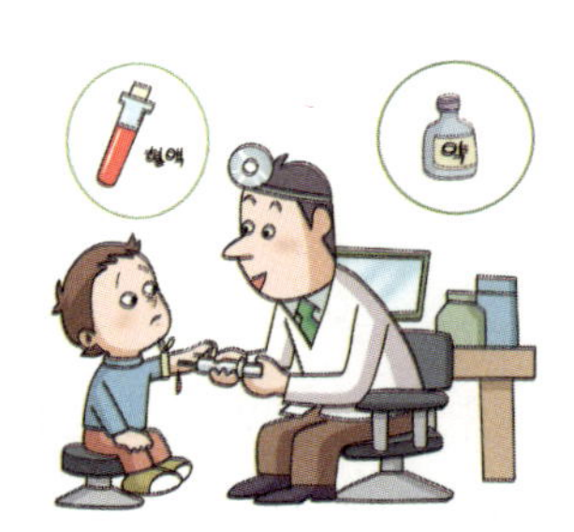

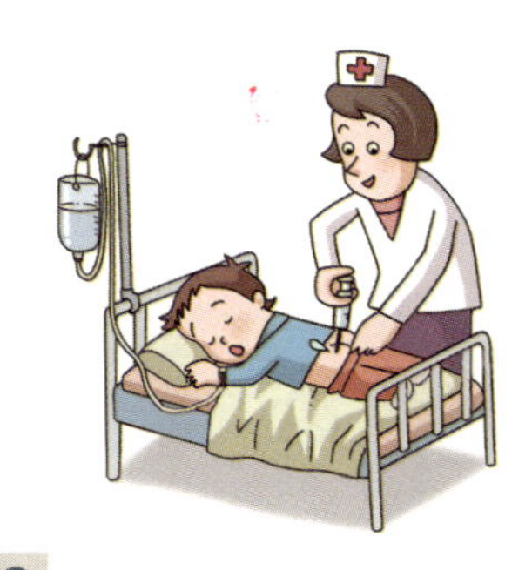

5

### ⑤ 주사치료

뇌성마비의 치료보다는 수술 후 근육의 경직 완화를 위해 주로 사용되고 있습니다. 알코올이나 보톡, 페놀 등을 근육 내 신경에 주입하여 신경을 차단하는 방법이 사용되고 있는데, 그 효과는 일반적으로 3~6개월 정도 지속됩니다. 적극적인 재활치료가 동반되면 더욱 좋은 효과를 기대할 수 있습니다.

6

### ⑥ 보조기

뇌성마비 치료로는 거의 사용되지 않고 주로 수술을 시행한 후에 보조기가 사용되는데, 강직으로 인해 일어나는 발목이나 발의 변형을 고정하고 진행을 막기 위해 많이 사용됩니다. 그 밖에 상지나 고관절에도 적용할 수 있습니다.

병원에서 치료한 것만으로는 원하는 만큼 그렇게 아이의 장애가 많이 좋아지지 않습니다. 부모가 집에서 하루에 2회 이상 아이를 치료해야 하며, 늘 생활 속에서 아이의 자세를 바르게 교정해 주어야 합니다. 6세 이후에는 치료로 좋아지는 것보다 훈련에 의해 근력이나 지구력 등이 좋아질 수 있으므로, 운동장애를 줄이고 발달에 필요한 여러 경험들을 충분히 할 수 있도록 힘써야 합니다.

생후 초기부터 부모가 얼마나 열심히 치료 등의 조치와 함께 적절한 환경을 만들어 주고 효율적인 양육을 위해 힘썼느냐에 따라 아이가 자라 어른이 되었을 때의 장애 정도가 현저히 달라집니다. 뇌성마비의 경우 완치는 될 수 없지만 여러 가지 장애 극복 훈련들을 통해 독립적인 생활을 할 수 있습니다.

치료를 해도 아이가 눈에 띄게 좋아지지 않는다고 포기해서는 절대로 안 됩니다. 치료는 아이를 발전시킬 수도 있지만, 그보다 더 중요한 것은 퇴화되는 것을 방지해 주기 때문입니다.

### 5) 뇌성마비도 예방할 수 있나요?

뇌성마비아를 예방하기 위해서는 임산부가 건강한 아기를 출산할 수 있도록 다각적인 노력을 기울여야 합니다.

태내에 아이를 갖게 되면 정기적으로 진단을 받는 것은 물론 수두나 홍역 같은 전염병에 걸리지 않도록 주의하고, 방사선 촬영이나 약물 복용은 피해야 합니다. 또한 심신의 과로를 피하고, 영양을 충분히 섭취하며, 평소에 스트레스를 받지 않도록 기쁜 마음으로 생활해야 합니다.

출산 후에는 아이가 전염병에 걸리지 않도록 주의하고, 아이가 반드시 맞아야 할 예방주사들을 빠뜨리지 말고 접종시키도록 합니다. 또 아이가 사고를 당해 머리 외상 등을 당하지 않도록 평소에 부모가 아이의 안전교육에 신경을 쓰는 것이 좋습니다.

# 35 소아 우울증

아동기의 우울증은 주의력 집중 저하 등을 초래해 학습에 부정적인 영향을 미칠 수 있고 심할 경우 행동 문제로까지 번질 수 있으며, 또 성인기에 재발할 확률이 높기 때문에 반드시 조기 발견하여 적절한 치료를 해야 합니다.

우울증이란 가장 흔한 신경정신과적인 병의 하나로 우울한 기분에 빠져 의욕을 상실한 채 무능감, 고립감, 허무감, 죄책감, 자살 충동 등에 사로잡히는 일종의 정신질환입니다. 우울증은 전체 인구의 약 15%가 일생에 한 번쯤은 걸릴 정도로 흔한 질환인데, 여자가 걸릴 확률은 남자에 비해 2배나 높습니다. 소아 우울증의 경우는 일반적인 우울증 증상은 물론, 아이가 산만하게 되어 학교 성적이 떨어지고, 다양한 신체 증상을 호소하거나 학교 공포증을 보이고, 부모에 대한 지나친 집착 등의 증세가 나타납니다.

우울증은 단순히 나쁜 기분, 즉 가라앉거나 슬픈 기분만을 의미하는 것은 아닙니다. 기분이 침울한, 영어로는 '멜랑콜리(melancholy)'에 더 가깝다고 할 수 있습니다. 이런 침울한 기분은 정상적인 어린이도 느낄 수 있으며 청소년의 경우 더욱 흔하게 경험하게 됩니다. 아주 큰 실망이나 실패를 경험한 뒤에도 마음의 상처를 입고 우울증과 비슷한 슬프고 화나는 기분을 경험하게 되지만, 이런 부정적인 기분은 대개 시간이 지남에 따라 점차 그 정도가 약해집니다. 그러나 그것이 시간이 지나도 없어지지 않고 우울증의 상태에 이르게 되면 그런 기분이 수개월 또는 수년까지 지속되게 되는데, 그러면 아이들은 일상적인 일마저 할 수 없게 됩니다.

소아 우울증은 크게 '주요우울장애'와 '감정부전장애'로 나뉩니다.

주요우울장애는 즐거움과 행복을 느낄 수 없는 우울하고 슬픈 상태가 하루 종일 지속되는 특징이 있습니다. 그리고 감정부전장애는 우울하고 슬픈 기분이 주요우울장애만큼 심하지는 않지만 그 상태가 수년 동안 지속됩니다. 어른과는 달리 어린이 우울증 환자들의 경우 감정 표현을 제대로 못 하기 때문에 소아 우울증을 '가면 우울증'이라고도 합니다. 특히 아주 어린 아이에게 우울증이 있으면 몸을 지나치게 이리저리 움직이며, 또 밤에 오줌을 싸기도 합니다. 그 동안 공부를 잘하던 아이가 특별한 이유 없이 지각이나 조퇴 또는 결석을 하기도 하고, 성적이 떨어지기도 하며, 모든 일에 대하여 과도하게 불평을 많이 하기도 합니다.

우울증은 '마음의 감기'라고 할 만큼 매우 흔한 심리적 문제로 가장 흔한 정신장애 중의 하나입니다. 흔히 주위에서는 "마음을 굳게 먹거나 시간이 지나면 나아질 수 있다"며 대수롭지 않게 여기는 경우가 많지만, 우울증은 결코 마음이 약해서 생겨나거나 자신의 의지로써 없애 버릴 수 있는 병이 아닙니다. 반드시 치료해야 하는 병입니다.

## 1. 어린아이에게도 우울증이 있나요?

어른들과 마찬가지로 어린이들도 역시 좌절했을 때나 실망했을 때, 무엇인가를 상실했을 때에는 우울한 마음 상태가 됩니다. 대개는 현실적인 실망이나 스트레스가 있을 때 나타나는 일시적인 현상으로, 정상적인 아동의 경우 이러한 상황에 부딪치게 되면 비교적 빨리 원래의 마음 상태로 되돌아가게 됩니다. 하지만 어떤 아이들은 유전적인 소인 등으로 인해서 우울한 마음이 비교적 오래 지속되게 됩니다. 그 결과 학업성취나 가정생활, 그리고 친구관계 등에 문제를 초래하게 되면 우울증이라는 질병 상태로 보게 됩니다.

과거에는 '어린이는 정서적인 발달이 안 되어 있으므로 우울증이 없다'라고 생각했었지만, 현대의학에서는 아동기의 우울증을 인정하고 있습니다. 연구에 따르면, 6살부터 12살 사이의 아동 10명 가운데 한 명 정도는 어떤 형태로든지 우울증 때문에 고통을 받고 있다고 합니다.

## 2. 아이가 우울증에 걸린 걸 어떻게 알 수 있나요?

성인 우울증의 경우 우울한 기분이나 부정적인 생각은 물론 불면증 · 식욕저하 · 활력저하 등을 동반하지만, 소아 우울증의 경우에는 성장 발달 과정에 있는 만큼 성인 우울증과는 다른 증상을 보입니다. 예를 들면, 대인관계가 원만하지 않다거나 두통 등의 신체 증상이 나타나는가 하면 신경이 과민해져 쉽게 짜증을 내기도 합니다. 별일도 아닌 일에 괜히 신경질을 부리는가 하면, 집중력 저하로 인해 학교 성적도 떨어지고, 산만한 행동이나 반항적인 행동을 보이기도 합니다. 학령기 전에는 여기저기 몸이 아프다고 호소하거나 초조해 보이고 부모 곁에서 떨어질 줄을 모르며 갑자기 공포증을 느끼게 되는 경우가 많은데, 이를 방치하면 나이가 들면서 점점 더 절망감이 커지고 세상 사는 흥미를 잃게 되어 자살까지 초래할 수 있습니다.

우울증에 빠지게 되면 아이들은 모든

일에 희망을 잃고 어떤 일이든지 하고 싶은 의욕을 느끼지 못합니다. 심지어 자신은 아무짝에도 쓸모없는 존재라고 생각하기도 합니다. 하지만 단순히 이런 기분을 느낀다고 해서 우울증이라고 단정 지을 수는 없으므로 정신과 전문의의 임상적인 진찰을 통해 진단을 받아야 합니다.

아이가 다음과 같은 증상들을 가지고 있고, 또 그 기간이 최소 2주 이상 지속될 때 전문의들은 우울증으로 진단합니다.

- 갑자기 성적이 떨어진다.
- 이유 없이 슬픈 기분이 든다.
- 난폭한 행동을 보인다.
- 모든 일에 자신감을 잃어 아주 간단한 일도 할 수 없을 것 같다.
- 친구들이나 가족들과 어울리려고 하지 않는다.
- 갑자기 소리를 지르거나 공포나 불안을 표현한다.
- 기쁜 일이 있어도 즐기지 못한다.
- 한자리에 오래 앉아 있지 못하고 안절부절못한다.
- 집중력 및 기억력이 떨어진다.
- 행동이 느려지고 말수가 줄어든다.
- 식욕이 거의 없거나 지나치게 많이 먹는다.
- 체중의 증가나 감소가 뚜렷하다.
- 힘이 없고 피로하며 몸이 처지는 기분이 든다.
- 불면증이 있거나 아침에 일찍 깨고, 과다한 수면을 한다.
- 설명할 수 없는 두통이나 복통 등의 통증을 느낀다.
- 앞으로 일어날 일들에 대해 별로 관심이 없다.
- 죄책감이나 스스로 하찮다는 생각을 가진다.
- 청소년의 경우, 술이나 약물을 사용한다.
- 절망적인 느낌이나 염세적 사고를 갖는다.
- 죽음이나 자살에 대해 자주 생각한다.

## 3. 어린이 우울증의 원인은 무엇인가요?

우울증은 뇌 속에서 기분을 좋게 만들어 주는 신경전달물질의 농도가 낮기 때문에 나타나는 질환으로 그 원인은 아주 다양합니다.

우선, 가족 내에 우울증 환자가 있는 경우 병에 걸릴 확률이 2~3배나 높아집니다. 그리고 환경적인 원인, 즉 사랑하는 사람의 죽음이나 부모의 이혼, 낯선 곳으로의 이사, 이성 친구와의 결별 등과 같이 우리가 세상을 살아가면서 겪게 되는 크고 작은 사건으로 인해서도 우울증 증상이 나타나며, 감정의 변화가 심한 사춘기 때 심한 스트레스를 받게 되어도 우울증 증상이 올 수 있고, 또한 만성병을 앓고 있는 아이들의 경우 약물 복용이나 감염의 부작용으로 인해 우울증이 올 수도 있습니다. 환경적 원인의 예를 들면 다음과 같은 것들이 있습니다.

❶

❷

### 1) 완벽한 부모

자신의 실수나 결점을 조금도 인정해 주지 않으려는 부모입니다. 이런 부모에게는 절대 복종해야 하므로 아이들은 심한 스트레스를 받게 됩니다.

### 2) 부모 자격이 없는 부모

자녀에게 무관심하거나 교육에 있어서 일관성이 없는 부모, 또는 자녀의 기분은 전혀 고려하지 않고 자신의 감정 상태에 따라 자녀에게 함부로 대하는 부모가 여기에 속합니다.

### 3) 지배적인 부모

자신의 의사를 무시하는 부모에게 말대꾸 한

번 못 하고 무조건 복종하자니 아이는 심히 괴롭기만 합니다. 그러다 보니 아이는 자연히 부모에 대한 적대감이 쌓이게 되고, 또 그것을 겉으로 표현하지 못하고 억누르고 있자니 괴롭기가 이루 말할 수 없습니다.

### 4) 알코올 중독 부모

날마다 술에 취해 주정하는 부모 밑에서 자라게 되면 아이는 심한 스트레스와 함께 삶의 가치관마저 흔들려 탈선하게 되기가 쉽습니다.

### 5) 욕쟁이 부모

부모가 자녀에게 심한 욕설을 자주 내뱉으면 아이의 자존심이 낮아지면서 마음에 상처를 입게 됩니다.

### 6) 걸핏하면 매질을 잘하는 부모

걸핏하면 자녀에게 매부터 드는 부모가 있습니다. 자신의 감정을 앞세워 설득보다는 매로 아이를 다스리려는 것입니다. 이것이 지속되다 보면 아이는 마음속에 심한 억압과 스트레스가 쌓이게 되어 우울증 현상이 올 수 있습니다.

### 7) 성 학대 부모

여자 또는 남자라는 이유로 부모에게 무시를 당하거나 학대를 받게 될 때 아이들은 마음의 상처를 입어 우울증 현상이 올 수 있습니다.

## 4. 우울증의 치료는 가능한가요?

결론부터 말하면, 정신과적 질병 중에서 우울증은 다른 병에 비해 치료가 잘되는 병입니다. 특히 소아우울증은 치료에 대한 반응이 매우 좋습니다. 따라서 조기발견과 조기치료가 매우 중요합니다.

우울증은 80% 정도가 성공적으로 치료될 수 있는 것으로 알려져 있습니다. 하지만 치료하지 않고 방치해 둘 경우 그 결과는 치명적일 수 있습니다. 자살의 가장 큰 원인 중의 하나가 바로 이 우울증이기 때문입니다.

우울증은 주로 약물치료와 정신치료를 병행하여 치료합니다. 우선 정신과 전문의들은 아이의 기분을 좋게 바꾸기 위해 아이에게 가장 적절한 약물을 선택하여 투여하고 여기에 정신치료를 병행하게 되는데, 가장 효과적인 정신치료는 아이들과 마음을 터놓고 충분한 대화를 나누는 것입니다. 그래서 심리적으로 안정시키는 데 전력을 다해야 합니다. 아이가 우울한 것 같으면 조심스럽게 살펴보다가 기분이 좋은 때를 이용하여 그 아이와 숨김없는 대화를 나누어 왜 우울한지를 알아보는 것도 좋습니다.

### 1) 약물치료

아이에게 적절한 항우울제를 사용하여 뇌의 생화학적 이상을 교정해 줍니다.

### 2) 정신치료

자신의 감정을 솔직하게 표현하고 스트레스를 효과적으로 극복하는 방법을 깨닫게 해줍니다.

### 3) 가족치료

가족과의 상담을 통해 아이에게 적절한 양육 태도와 대화법을 익히게 하고 가족과의 갈등을 해소하도록 합니다.

### 4) 입원치료

증상이 심각하여 자살 가능성이 높거나 정신병적인 증세를 보일 때 시행됩니다. 비록 자살하려고 하지는 않더라도 우울증이 심한 아이는 입원시켜 치료하는 것이 좋습니다.

우울증이 있는 자녀를 둔 부모는, '시간이 지나면 아이의 우울증이 저절로 없어지겠지' 하고 낙관해서는 안 됩니다. 아이에게 우울증 증세가 보이면 부모는 그곳에 집중하여 더욱 신경을 쏟아 보살펴야 합니다. 적절한 보살핌이 없으면 우울증의 증상이 더욱 심해질 수 있기 때문입니다.

우선적으로, 자기 곁에는 항상 자신을 보살피는 부모가 있다는 사실을 아이에게 일깨워 줘야 합니다. 그래서 아이로 하여금 '자신은 쓸모없는 존재가 아니다' 라는 사실을 깨닫게 해줘야 합니다.

이는 아주 중요합니다. 설령 아이가 부모와 거리를 두고자 할 때도 절대 포기하거나 물러서지 말고 부모로서의 자리를 지켜야 합니다. 그리고 아이가 일단 말문을 열고 이야기를 시작하면 하고픈 말들을 실컷 할 수 있도록 배려해 주고, 부모가 그 이야기를 끝까지 들어주는 것이 좋습니다. 아이의 생각이 부모의 생각과 다르다고 하여 중간에 이야기를 끊고 아이를 꾸중하거나 화내서는 안 됩니다. 중요한 것은, 우울증에 빠져 입을 다물고 있던 자녀가 입을 열어 자신의 감정을 표현했다는 사실입니다. 부모가 아이의 이야기를 끝까지 들어주면서 긍정적인 반응을 보이면, 아이는 자신이 가지고 있던 감정과 생각이 부모로부터 인정받고 있다는 생각에 점점 자신감을 회복할 수 있게 됩니다.

이처럼 아이에게 우울증이 있으면 심리적으로 안정시키는 데 온힘을 쏟아야 합니다. 아이의 기분이 우울한 것 같으면 기분이 좋아지기를 기다렸다가 아이와 함께 숨김없는 대화를 나누어 우울한 이유가 무엇인지를 알아보는 것도 좋습니다. 그러나 일상생활이 어렵거나 특히 아이에게서 자살 의도가 엿보일 때나 자살을 시도할 경우(실제로 자살하는 경향이 많습니다), 곧 정신과 전문의를 찾아가서 상의해야만 합니다. 필요한 경우 병원에 입원시켜 자살을 방지하는 동시에 정신과 의사의 지시에 따라 치료를 받아야 하며, 비록 자살하려고 하지는 않더라도 우울증이 심한 아이는 입원시켜 치료하는 것이 좋습니다.

## 5. 자녀의 우울증을 막는 생활습관

앞에서 말한 '자녀가 겪고 있는 소아 우울증의 신호' 를 염두에 두고, 평소 자녀의 심리상태에 대해 관심을 기울여야 합니다. 아이들에게 행동 변화가 나타나면, '요즈음 어려운 일은 없느냐?' 혹은 '요즘 기분이 어떠냐?' 등의 질문을 하며 관심을 가지는 것이 좋습니다. 자녀의 우울증을 막는 부모의 생활습관 몇 가지를 소개하면 다음과 같습니다.

### 1) 평소에 아이와 함께 대화하는 습관을 들입니다

아이가 스트레스를 받고 있다거나 우울해하면 그 원인이 무엇인지를 정확히 알아내어 제거해야 합니다. 평소에 가족끼리 대화하는 습관을 기르면 자녀의 애로사항을 파악하는 데 많은 도움이 됩니다. 부모와 얘기하는 것이 익숙한 아이는 어려움이 닥쳤을 때 쉽게 입을 열기 때문입니다.

### 2) 칭찬함으로 자신감과 긍정적인 마음을 갖게 합니다

자신감 상실이나 의욕 상실은 아이들의 심리를 불안하게 만드는 요인 중의 하나입니다. '칭찬은 고래도 춤추게 한다'는 말이 있듯이, 부모가 아이의 장점을 찾아 자주 칭찬해 주면 아이가 자신감과 긍정적인 마음을 갖게 됩니다. 부모로부터 칭찬 받고 싶어 하는 본능을 자극하면 의욕상승효과는 기대 이상입니다.

### 3) 스킨십으로 정서적인 교감을 나눕니다

엄마의 스킨십은 아이가 편안한 심리상태를 유지하는 데 큰 도움이 됩니다. 엄마와 살갗을 맞대며 느끼는 온기와 정서적인 교감은 그 어떤 대화보다도 더 효과적일 수 있습니다. 아이는 그 스킨십을 통해, '엄마는 언제나 자신의 마음을 헤아려 주고 있으며 자신을 사랑하고 있다'는 사실을 깨닫게 되기 때문입니다. 여기에 아이의 기념일 등을 기억해 주며 선물을 챙겨 준다면 심리적으로 많은 도움이 됩니다.

❸

### 4) 한 가지 일에 너무 몰입하면 관심을 분산시켜 줍니다

아이가 한 가지 일에 지나칠 정도로 몰입한다면 이는 우울증 증상과 관련이 있을 수 있으므로 아이의 관심을 다양한 곳으로 분산시켜 주는 것이 좋습니다.

❹

## 어린이의 성격에 따른 놀이법

놀이는 아이의 성격을 바꾸는 데 있어 효과적입니다.
아이의 성격에 맞는 놀이들을 소개합니다.

❶ 신경질적이거나 공격적인 어린이

이런 성격은 강압적이거나 과보호형의 부모 밑에서 자란 아이에게 자주 나타나는데, 이런 아이에게는 억압된 감정들을 맘껏 표출할 수 있는 놀이가 좋습니다. '모래성 쌓기' 나 '조각 맞추기' 등과 같이 마음대로 허물었다 쌓았다를 반복할 수 있는 비정형적인 놀이가 효과적입니다. 신체 활동이 큰 '정글짐 · 점프 놀이 · 물놀이' 등이나, 자신의 감정을 표현할 수 있는 '악기놀이' 도 좋습니다.

❷ 집중력이 결핍되고 산만한 어린이

'구슬 꿰기 · 끝말잇기 · 퍼즐 맞추기' 등과 같이 한 곳에 마음을 집중할 수 있게 해주는 놀이가 좋습니다. 아이가 놀이를 진행하는 동안, 다른 장난감 등으로 인해 아이의 집중력이 흩어지지 않도록 배려합니다.

❸ 아주 소극적이고 위축된 어린이

강압적이거나 모든 것을 대신해 주는 부모 밑에서 자란 아이에게서 흔히 볼 수 있습니다. 이런 어린이의 경우 감정이 억제돼 있는 경우가 많으므로 자기표현 능력과 성취감을 길러 줄 수 있는 놀이가 좋습니다. 여럿이 할 수 있는 '공놀이' 나 '술래잡기' 등이 효과가 있습니다. 집단적으로 할 수 있는 놀이여서 자신의 존재가 특별히 남의 눈에 돋보이지 않는 데다 승부를 가리는 것이어서, 이기거나 졌을 때 신나는 감정이나 속상한 감정을 자연스럽게 표출할 수 있습니다. 음악에 맞춰 몸을 흔드는 놀이나 '손뼉 치기' 놀이도 효과가 있습니다.

❹ 고집이 심하고 떼를 잘 쓰는 어린이

이런 아이의 경우 다른 사람들과의 협동심이 부족하므로 상대방과 자연스럽게 감정교류를 할 수 있는 놀이가 좋습니다. 허영심이 많은 부모 밑에서 자란 자녀에게서 자주 나타납니다. '엄마 · 아빠놀이' 나 '소꿉장난' 등과 같은 '역할놀이' 는 자신이 다른 사람의 입장이 되어 봄으로써 다른 사람의 입장을 이해하게 되고, 그로 인해 자신의 고집을 조절하게 하는 데 도움이 됩니다. '끝말잇기' 나 '교통놀이', '블록 함께 쌓기 놀이' 등과 같이 규칙을 지키게 하는 놀이도 효과가 있습니다.

# 36 성조숙증

성조숙증이란 쉽게 말해 '사춘기가 빨리 시작되는 현상'을 말합니다. 정상적으로 사춘기 현상은 우리나라 남아의 경우 13~14세, 여아의 경우 10~11세에 나타나며, 평균적으로 남아에서는 18세, 여아에서는 15세에 성적 성숙도가 성인 수준에 도달하게 되어 성장이 멈추게 됩니다.

여아의 경우 사춘기 시작의 초기 변화는 유방조직이 발달되는 것이며, 그 후 6~12개월 이내에 음모가 발달되고, 사춘기 급성장이 있은 후 초경이 있게 됩니다. 그리고 남아의 경우에는 사춘기 시작의 초기 변화는 고환이 커지는 것으로, 고환의 세로 길이가 2.5cm 이상이거나 고환 용적이 4㎖ 이상이면 사춘기가 시작되었다고 봅니다.

그런데 성조숙증이란, 이러한 현상이 여아에게서 8세, 남아에게서 9세 이전에 나타나는 경우를 말하며, 남아보다 여아에게서 훨씬 흔하게 나타납니다. 이러한 성조숙증은 시상하부-뇌하수체 기능의 조기 발동 여부에 따라 크게 '진성(완성 혹은 성선자극호르몬 의존성) 성조숙증'과 '가성(불완전 혹은 성선자극호르몬 비의존성) 성조숙증'으로 나눌 수 있습니다. 시상하부-뇌하수체-성선 축이 조기 성숙되어 오는 경우를 '진성 성조숙증', 그렇지 않은 경우를 '가성 성조숙증' 이라 합니다.

병적인 성조숙증의 경우 2차 성징의 조기 발현뿐만 아니라 신체의 성장이 같은 또래에 비해 빠르고 뼈 나이도 자기 나이보다 앞서며 성호르몬이나 성선자극호르몬의 분비가 증가되어 있으며, 계속 진행되어 두 가지 이상의 2차 성징이 발현되는 것이 특징입니다. 성조숙증이 있는 경우에는 장기간 치료가 필요하며, 경험이 있는 의사가 진료하는 것이 더 유리하므로 소아내분비 전문의의 진료를 받는 것이 더 바람직합니다.

## 1. 성조숙증의 원인은 무엇인가요?

성조숙증의 원인은 아직까지 정확하게 밝혀지지 않았지만 '유전적 요인' 과 '환경적인 요인' 이 복합적으로 작용하여 발생한다고 알려져 있습니다. 시상하부, 뇌하수체 및 성선이 같이 발달한 '진성 성조숙증' 의 경우, 여아에게서는 특별한 원인이 없이 오는 경우가 대부분이며, 남아에게서는 뇌종양이 20% 정도에서 발견됩니다.

과거에 두뇌 방사선 치료를 받았다거나 뇌의 감염 또는 외상 등이 있었을 경우에도 생길 수 있습니다. 이와는 달리 뇌의 성숙 과정 없이 난소, 고환, 부신 등의 종양이 원인인 경우를 '가성 성조숙증' 이라고 합니다.

이밖에도 많은 원인이 있으며, 그 중에는 위험한 원인들도 있으므로 정확한 진단과 치료가 필요합니다.

## 2. 성조숙증에는 어떤 증상이 있나요?

'진성 성조숙증' 의 경우, 여아에게서는 유방 비대나 음모 출현, 질 출혈, 남아에게서는 음경이나 고환 크기의 증가, 음모 출현 등 사춘기 발달 형태를 보이며, 배란 및 정자 형성이 가능하여 임신을 할 수도 있습니다.

또한 신장과 체중의 증가, 뼈의 성숙이 촉진됩니다. 그러나 조기에 골단 융합이 일어나므로 결국 최종 성인 신장은 저신장을 보입니다. 시상하부에 병변이 있는 증세로 요붕증, 무갈증, 비만, 이상고열, 웃는 모양의 경련, 악액질 등이 나타날 수 있습니다.

## 3. 성조숙증을 치료하지 않으면 어떻게 되나요?

여아의 경우에 성조숙증을 치료하지 않았을 때 가장 문제되는 것은 초경을 빨리 시작한다는 것입니다. 초등학교 1학년 여자아이가 가슴이 발달하기 시작하면 초등학교 3학년 말이나 4학년 초쯤에는 초경을 시작하게 됩니다.

이렇게 되면 그 아이는 친구들과 다른 신체적 발달에 심리적인 문제가 생길 수 있고, 일찍 여성호르몬에 노출됨으로써 성인이 되었을 때 정상적인 사춘기를 거친 다른 여성들에 비해 유방암 발생률이 높고 불임이 되는 경우도 많은 것으로 알려져 있습니다.

또 하나의 문제는, 어른이 되었을 때 최종 키가 다른 어른들의 평균 키보다 작아진다는 사실입니다. 초등학교 4학년 초에 초경을 하게 되면 그 이후에 클 수 있는 키는 대략 5㎝ 정도입니다.

따라서 이 아이의 최종 어른 키는 작을 수밖에 없습니다. 다만, 성조숙증이라 할지라도 또래에 비해 미리 월등히 커져 있는 상태라면 최종 키에는 그다지 큰 지장을 받지 않습니다.

## 4. 성조숙증 검사는 어떻게 하나요?

성조숙증이 의심되어 소아내분비 전문의를 찾아가면 우선 진찰과 함께 일반혈액검사, 소변검사, 뼈 나이를 평가하기 위한 방사선 검사, 성호르몬, 성선자극호르몬 검사를 시행하여 성조숙증의 여부를 확인하게 됩니다. 검사 시간은 30분 정도 걸리며 1주일 후면 결과를 확인할 수 있습니다.

성조숙증이 확인되면, '진성 성조숙증'과 '가성 성조숙증'을 구별하고, 그 원인을 찾기 위해 성선자극호르몬 방출호르몬을 이용한 자극검사와 뇌자기공명 촬영, 또는 복부 및 골반 초음파 검사를 시행합니다.

## 5. 성조숙증도 치료할 수 있나요?

성조숙증의 치료는 앞에서 말한 다양한 원인에 따라 다릅니다. 별다른 원인이 없는 성조숙증일 경우에는 성선자극호르몬 방출호르몬 유도체를 사용하여 성선자극호르몬의 분비를 차단하고 성호르몬의 분비억제를 유도하여 여러 사춘기의 증후를 감소시킬 수 있습니다.

여아에서는 치료 후 2~4주경, 남아에서는 치료 후 6주경에 성호르몬의 분비가 사춘기 이전의 수준으로 감소하게 되고, 사춘기의 2차 성징은 6개월 이내에 감소하며, 성장 속도의 감소는 치료하고 나서 1년 후에 60% 정도 감소하는 것으로 되어 있습니다.

이런 약물은 4주에 한 번씩 피하주사로 투여 받게 됩니다. 성선자극호르몬 방출호르몬 유도체는 뼈 나이와 실제 나이와 같아질 때까지 사용하게 되며(환자의 상태에 따라 다를 수 있지만 치료 기간은 보통 2년 이상입니다), 치료 효과 판정을 위하여 신체 계측이나 뼈 나이 측정, 성호르몬, 성선자극호르몬 농도 측정 등의 정기적인 평가가 필요합니다.

치료 후 여아에서는 유방이 작아지고 음모가 없어지며, 조기에 시작된 이상 월경도 사라질 수 있습니다. 남아에서는 고환의 크기가 감소하고 음모가 없어지며, 음경 발기나 자위행위, 공격적인 행동이 줄어듭니다.

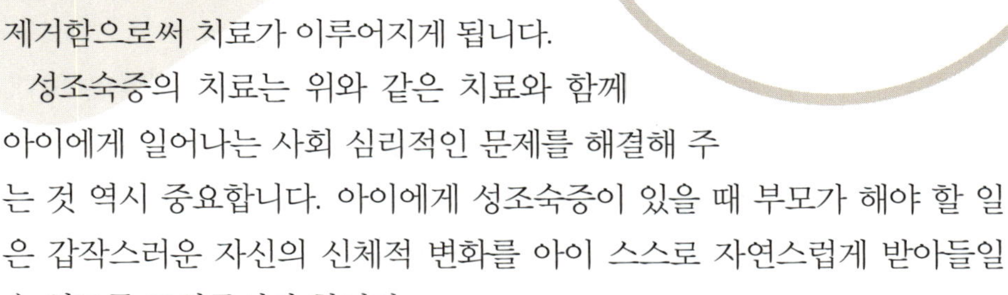

뇌, 고환, 난소 혹은 부신에 종양이 발견되는 경우에는 일단 수술로써 제거해야 합니다. 가성 성조숙증일 경우는 원인이 되는 질환을 치료하거나 종양을 제거함으로써 치료가 이루어지게 됩니다.

성조숙증의 치료는 위와 같은 치료와 함께 아이에게 일어나는 사회 심리적인 문제를 해결해 주는 것 역시 중요합니다. 아이에게 성조숙증이 있을 때 부모가 해야 할 일은 갑작스러운 자신의 신체적 변화를 아이 스스로 자연스럽게 받아들일 수 있도록 도와주어야 합니다.

'지금 일어나는 신체적 변화는 언젠가 다른 친구들도 경험하게 될 것인데, 단지 그들보다 먼저 겪고 있을 뿐이다' 라는 사실을 이해시키는 것이 중요합니다. 대중목욕탕을 함께 가서도 동성의 부모가 자연스럽게 아이가 자신의 신체 변화에 대해 어떤 생각을 하고 있는지 서로 이야기하는 것도 좋습니다. 아이가 자꾸 자신의 성기를 들여다본다거나 만지작거리는 등 지나치게 관심을 갖고 있다면 재미있는 장난감이나 놀이 등을 제공해 줌으로써 관심을 다른 데로 유도하는 것도 하나의 방법입니다.

성조숙증은 빠른 시기에 치료하면 좋은 결과를 볼 수 있지만, 만일 시기를 놓치게 될 경우 치료를 할 수 없게 되는 안타까움이 있습니다. 현재의 의학수준으로 성장판이 닫히는 것을 어느 정도까지 지연시키는 것은 가능해도 이미 닫혀 버린 성장판은 어떠한 방법으로도 다시 여는 것이 불가능하기 때문입니다. 성조숙증 치료는 초경 지연뿐 아니라 성장률 증가도 함께 이뤄져야 신장이 커지는 효과를 기대할 수 있습니다.

## 6. 성조숙증의 예방은 어떻게 하나요?

집에서도 성조숙증 발생을 예방하기 위한 노력이 필요합니다. 환경 호르몬은 성조숙증을 유발하는 데 큰 작용을 하므로 가능하면 플라스틱 용기나 일회용품을 사용하지 않도록 하고, 전자레인지 사용이나 오래된 기름을 먹는 등의 행동은 피하는 것이 중요합니다.

인스턴트식품 또한 좋지 않습니다. 어려서부터 채소 위주의 자연식을 먹도록 식습관을 길러 주는 것이 좋으며, 스트레칭이나 걷기 등의 운동을 함께 하는 것도 좋은 예방법입니다.

또한 비만을 주의해야 합니다. 비만에 걸린 10대들은 보통체형인 10대에 비해 성장 호르몬의 분비량이 적습니다. 성장 호르몬의 분비량이 적으면 지방 분해 작용이 충분히 이루어지지 않을 뿐만 아니라 성장호르몬의 분비량 부족 자체가 비만의 원인이 되기도 합니다.

비만이 되면 유리 지방산이 증가되어 성장 호르몬의 분비가 억제되거나 밸런스를 깨뜨려서 성장판을 빨리 닫아 버리는 경향이 있습니다. 이 때문에 초경을 빨리 한 여학생의 경우, 초경 때는 같은 또래에 비해 키가 큰 편이지만 10대 후반이 되면 또래에 비해 키가 작게 되는 것입니다. 따라서 아이가 또래보다 성장 발달이 빠른 듯하면 반드시 기본적인 성장검사를 받아 보고 주기적인 키와 체중을 측정해 보는 것이 좋습니다.

## 7. 이럴 땐 의사에게 보이도록 합니다

성조숙증이 있는 여아는 대개 8세 이전에 가슴에 몽우리가 잡히고, 정상적인 사춘기를 맞는 아이들의 경우처럼 가슴이 아프다는 말을 자주 합니다. 그리고 젖가슴이 부풀면서 생리를 시작합니다. 팬티에 분비물이 묻어나기도 합니다. 자신의 성기에 호기심을 갖고 자꾸 만져 보려고 합니다.

그리고 남아의 경우, 10세 이전에 고환의 세로 길이가 2.5cm 이상으로 커지는 등 어른의 것과 비슷해지고, 음모가 돋아나기 시작합니다. 그리고 텔레비전에서 노출이 심한 옷을 입은 여자가 나오면 성기가 발기하는 등의 반응을 보이고, 자신의 성기에 대해 궁금하며 자꾸 만지작거리곤 합니다.

이처럼 여아의 경우 8세 이전에 여성화(유방조직이 발달되거나 음모가 발달되고 초경이 있는 것)가 있거나, 남아의 경우 9세 이전에 남성화(키가 갑자기 크거나 변성기가 오고 성기가 커지는 것)가 있을 때는 전문의를 찾아가 성조숙증에 대한 진찰을 받아 보는 것이 좋습니다.

# 37 소아 간질

평소에 잘 놀던 아이가 갑자기 눈을 뒤집고 쓰러져서 의식을 잃은 채 팔다리를 흔들고 입에서 거품을 내며 경련을 보이는 경우가 있는데, 이런 일이 자꾸 되풀이되는 것이 간질입니다. 약 200명 중에서 1명꼴로 나타나는 간질은 수면 부족이나 과로, 고열 등과 같이 특별한 유발요인 없이 장기간에 걸쳐 발작이 일어나는 것으로, 특히 알렉산더대왕,. 줄리어스 시저,. 소크라테스., 피타고라스,. 나폴레옹 등 많은 위인들이 간질 환자였을 정도로 이 병은 고대로부터 현재에 이르기까지 인류를 괴롭혀 오고 있습니다.

간질은 3분의 2 이상이 소아기에 나타나는데, 간질은 불치병이 아닌 만큼 숨기려 하지 말고 아동기에 발견하여 2~3년 정도만 약물치료를 받으면 70~80% 가량 완치가 가능합니다.

열성경련 발작 전에 신경학적 혹은 발육 과정에 이상이 있었거나 15분 이상 경련이 오래 지속된 경우, 경련이 국소적으로 발생했을 경우에는 자라서 간질로 발전할 가능성이 높으므로 반드시 소아신경학 전문의와 상의해야 합니다.

## 1. 간질의 원인은 무엇인가요?

'간질' 하면 대부분 유전 탓으로 알고 있는데 꼭 그렇지만은 않습니다. 뇌의 신경세포에 손상을 주거나 신경세포의 정상적인 기능을 방해하는 것은 모두 간질의 원인이 될 수 있습니다.

간질은 원인의 유무에 따라, 원인을 알 수 있는 '증후성 간질'과 원인 불명의 기능적 요인에 기인되는 '특발성 간질'로 구분됩니다. 증후성 간질은 심한 머리 외상, 혈관성 질환(혈관폐쇄, 고혈압성 뇌증, 동맥경화, 출혈, 매독 등), 알코올이나 뇌종양, 뇌감염증(뇌염, 뇌농양, 뇌수막염 등), 교통사고, 중금속 중독, 선천성 뇌 기형, 대사장애 등이 원인이 될 수 있습니다. 나중에 간질로 발전될 수 있는 열성경련은 5세 미만의 소아에서 2~5% 정도의 발생 빈도를 보입니다.

이처럼 원인을 알 수 있는 증후성 간질은 전체 환자의 약 3분의 1에 불과하며, 나머지 3분의 2는 원인을 알 수 없는 특발성 간질입니다.

때로는 간질의 원인과 유발인자를 혼동하는 경우가 있는데, 유발인자는 잠재적으로 간질 발작을 일으키기 쉽게 하는 상태를 의미하며, 여기에는 수면 부족, 과로, 정신적 스트레스, 고열 등이 있습니다. 때문에 간질환자는 일상생활 속에서 이러한 상황을 피하는 것이 좋습니다.

## 2. 간질의 증상에는 어떤 것들이 있나요?

흔히들 '간질 발작' 하면 손발이 뒤틀리고 입에서 거품이 나오는 것을 연상하게 되는데, 전기적인 뇌의 방전이 어느 부위에서 발생하느냐에 따라 발작은 천태만상으로 일어납니다.

'대발작'의 경우, 갑자기 자신도 모르게 의식을 잃고 쓰러져 사지에 경련을 일으키지만, '소발작'의 경우에는 바로 옆에 있는 사람도 전혀 알아차릴 수 없을 정도로 미미합니다. 예를 들면, 아이가 수업시간 중에 눈을 자주 깜빡거린다거나 식사 중에 잠깐씩 조는 듯 멍하게 있다거나 수저를 떨어뜨리는 등 이상행동을 반복적으로 나타내며 뇌파검사상 이상소견을 보입니다.

그리고 또 '복합부분발작'이란 것이 있는데, 이 경우에는 환자 자신이 미리 발작이 올 것을 예감하면서 의식을 잃고 입을 쩝쩝대거나 양팔에 힘을 주거나 손을 반복적으로 움직이거나 합니다. 그러면서 대발작으로 진행하는 경우도 많습니다. 몇 초 동안 발작하는 경우도 있지만 심할 경우에는 의식을 잃고 전신을 부들부들 떨기도 합니다. 이렇게 발작할 때는 환자가 자신의 혀를 깨물지 못하도록 나무젓가락 등에 천을 감아 입에 물려야 합니다. 그리고 환자가 몸을 움직인다고 하여 이를 제어하려 하지 말고 그대로 두는 것이 좋습니다.

발작 후에는 머리가 깨질 듯이 아프거나 정신 나간 사람처럼 행동하기도 하며, 대발작의 경우에는 경련 발작 후 잠을 자는 환자도 많습니다. 또 호흡은 거의 정상으로 회복됩니다.

발작이 잦고 오래 지속되면 탈진한 뇌가 서서히 기능을 잃어 가기 때문에 뇌 손상이 우려됩니다. 따라서 뇌 발달이 왕성한 어린이들은 각별한 주의가 요구됩니다.

간질 발작이 일어나면 이렇게 하세요.

❶

❷

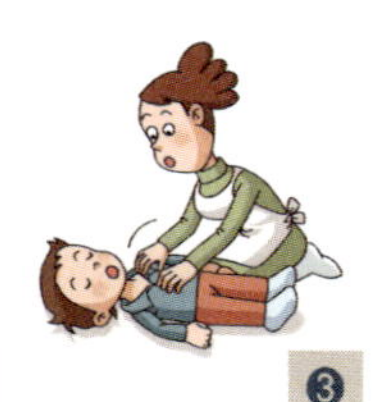

❸

❹

❶ 환자가 무의식 상태에서 쓰러지는 경우가 많으므로 주변의 위험한 물건을 치웁니다.

❷ 환자의 손상을 막기 위해 바닥에 눕힌 상태로 안정을 취합니다.

❸ 넥타이나 혁대, 웃옷의 단추를 풀어 주어 호흡을 도와줍니다.

❹ 환자가 입술이나 혀를 물어뜯는 것을 방지하기 위하여 부드러운 손수건을 어금니 사이에 끼워 줍니다.

❺ 기도를 유지시키고 구토물이 폐로 흡입되지 않도록 합니다.

## 3. 간질의 진단은 어떻게 하나요?

간질은 무엇보다도 원인규명이 중요합니다. 원인에 따라 치료 방침이 달라지고 완치 여부가 결정되기 때문입니다. 따라서 정확한 진단이 필수적입니다.

간질의 진단에는 뇌파를 이용합니다. 뇌는 활동하고 있는 동안 미약하지만 전기를 일으키고 있고, 그 미세한 전기를 포착하여 그려내는 것이 뇌파입니다. 뇌파검사는 간질의 종류와 경과를 쉽게 알려줄 뿐 아니라 인체에 아무 위험성이 없습니다. 일반 뇌파검사로 나타나지 않은 경우 특수 전극을 사용함으로써 비정상 뇌파의 발견 가능성을 높일 수 있는데, 비디오 뇌파검사가 그것입니다. 이 검사는 24시간 이상 환자의 경기 양상을 비디오로 녹화하면서 동시에 뇌파를 기록하여 컴퓨터 시스템으로 저장하고 이를 재생함으로써 환자가 경기하는 모습을 직접 볼 수 있습니다. 특히 어린아이들의 경우 간질 발작이 어른과 달리 구분이 쉽지 않은 경우가 많으므로 유용합니다.

그 외에도 간질의 정확한 원인을 규명하는 데 뇌전산화단층촬영(CT), 뇌자기공명영상법(MRI), 뇌혈류검사(SPECT), 뇌 대사작용(PET) 검사가 이용되기도 합니다.

## 4. 간질은 불치병인가요?

간질은 정확하게 진단하고 치료한다면 완치가 가능한 병입니다. 간질은 약에 의해 잘 조절되기 때문에 주위 사람들이 모르는 경우가 많습니다. 과거에는 간질치료의 목표를 발작의 횟수를 줄이거나 예방하는 정도로만 생각했지만, 최근 간질에 대한 진단과 치료법이 눈부시게 발전해 간질은 완치될 수 있는 질환으로 그 개념이 바뀌었습니다.

약물치료는 모든 간질의 치료 중 첫 단계이며, 대부분의 환자들은 약물치료만으로 간질이 치료될 수 있습니다. 즉,. 간질환자의 50%는 항간질약에 의해 발작이 완전히 없어지고, 30%는 발작의 횟수와 강도가 줄어들어 정상생활을 하는 데 큰 지장이 없습니다. 그리고 나머지 20%는 약물치료에도 잘 반응하지 않는 난치성 간질인데, 이 경우 비정상적인 뇌기능을 가진 부위를 잘라내는 절제술 등을 사용하기도 합니다.

다음으로 '미주신경자극술' 이라고 하여, 완치 목적의 수술은 아니지만, 발작이 너무 잦고 약물에 대한 반응이 떨어질 때 목 부위의 '미주신경' 이란 곳에 일종의 전기 자극이 가능한 선을 감아 놓고 지속적으로 전기적 자극을 가하는 방법입니다. 이렇게 하면 간질 발작의 빈도를 50% 가량 감소시키며 발작의 강도를 약하게 할 수 있습니다.

이 외에도 고지방, 저탄수화물, 저단백의 '케톤생성 식이요법' 을 대안으로 선택할 수 있습니다. 금식을 하게 되면 체내에서 대사의 변화가 나타나고 이 과정의 부산물로 만들어지는 것이 '케톤' 입니다. 케톤은 흔히 사용되는 과도한 약물치료에 의한 정신기능 저하를 방지하고 경련을 효과적으로 억제하는 강력한 항간질 효과를 가지고 있지만, 지속적인 금식은 생명을 위험하게 할 수 있으므로 식이를 조절하여 인위적으로 케톤을 만들어 주는 것이 케톤생성 식이요법입니다.

하지만 간질을 치료함에 있어 무엇보다도 중요한 것은 부모의 태도입니다. 예전에는 간질을 아주 부끄러운 병으로 생각하여 숨기려고 애쓰며 치료하는 데 적극적이지 않은 것이 사실이지만, 최근에는 좋은 항경련제가 많이 개발되어서 약물요법으로 70~80%가 치유되고 있습니다. 따라서 꼭 고칠 수 있다는 신념을 가지고 전문의와 밀접한 연락을 가지는 것이 중요합니다.

## 5. 간질과 유사한 증상들

실제로는 간질이지만 모르고 지나칠 수 있는 발작도 있습니다. 몇 초 동안만 의식을 잃고 허공을 응시하는 듯 보이는 증상, 갑자기 눈앞에서 불빛이 번쩍거리거나 눈앞이 캄캄하여 아무것도 안 보이는 증상, 묘한 웃음을 흘리는 증상, 자다가 입 주위에 마비가 일어나는 증상, 구토나 복통이 오는 증상, 마치 전기 쇼크를 받은 듯이 움찔움찔하는 증상 등도 간과하기 쉬운 간질 증상입니다.

생후 4~8개월 된 아이가 놀란 모양으로 1~2초 간 뻿뻿해지기를 반복하는 '영아연축' 이나, 잠든 아이가 침을 꿀꺽꿀꺽 삼키는 소리를 내거나 입 주위가 씰룩거리면서 침을 흘리는 '양성 롤란도 간질' 도 간질 증후군에 해당합니다.

또한 아이가 심하게 울다가 숨을 들이마신 후 한참 동안 멈추는 경우가 있습니다. 이때는 아이가 숨을 다시 내쉬려고 해도 내쉬어지지 않는 경우가 많습니다.

이러한 현상이 심해지면 아이는 새파랗게 질린 상태로 축 늘어지거나 심한 경련을 일으키기도 하는데, 이런 경우는 간질이 아니라 단순한 '호흡정지 발작' 입니다. 이 호흡정지 발작은 대

부분 나이가 들면서 서서히 줄어듭니다. 이런 경우에는 물론 약물치료도 필요하지 않습니다.

또 다른 간질유사 증상으로 '수면 마이오클로누스'란 것이 있습니다. 아이가 밤에 잠을 잘 때 팔다리를 까딱거리며 잠깐씩 경련을 하곤 하는데, 이런 증상은 사람이 잠들면 뇌도 잠을 자기 때문에 뇌 하부의 중추에서 나타나는 반사현상이라고 보면 됩니다.

그리고 특히 여자아이들이 청소년기에 접어들면서 이따금씩 실신을 하는 경우가 생깁니다. 보통 오랜 동안 서 있다가 이런 경우를 당하곤 하는데, 쓰러지고 나서 경련 증상을 보이는 경우가 있기 때문에 역시 간질로 오인되곤 합니다. 그러나 이는 간질이 아닙니다. 보통 '미주신경'이라는 신경기능의 이상으로 인해 생기는 경우가 많고, 청소년기가 지나면서 서서히 호전되므로 크게 걱정할 필요가 없습니다.

# 38 열성경련

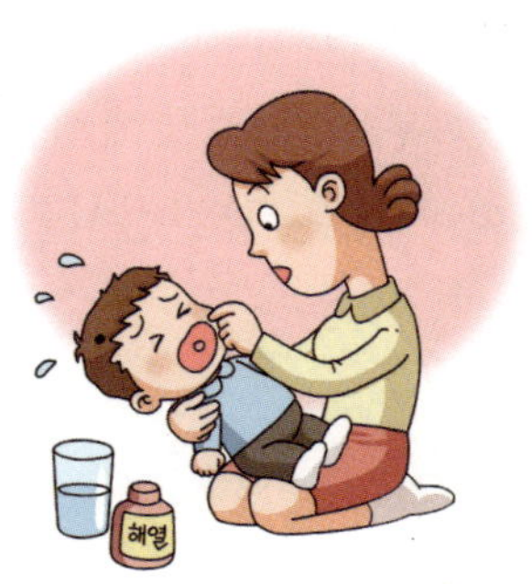


아이들이 갑작스러운 자극이나 큰 소리에 놀라 팔다리를 떨며 경련을 일으키는 것을 흔히 '경기'라고 합니다. 단순히 놀라 경기를 하는 경우도 있지만 고열과 경련을 동반하는 열성경련인 경우에는 주의해야 합니다.

어린이들은 아직 뇌가 충분히 발달하지 않아 열이 나면 뇌세포가 자극을 받아 경련을 일으키게 됩니다. 자녀에게 열성경련이 처음 발생한 경우 대부분의 부모들은 아이가 죽는 것이 아닌가 할 정도로 놀라게 되지만 열성경련은 비교적 흔하고 또 후유증을 남기지 않는 양성질환입니다.

열성경련이 일어나면 대개 사지가 뻣뻣해지며 입술이 파래지고 눈이 돌아가는 등 전신증상이 나타납니다. 얼굴과 목이 충혈되면서 숨을 멈추고 입에서 침을 흘리기도 합니다. 그러나 지속 시간은 비교적 짧아서 보통 수십 초에서 수 분 이내에 그치며, 경련 후에는 깊은 잠을 자는 경우가 많습니다.

열성경련은 보통 생후 3개월에서 5세 사이의 영유아들에서 중추신경계 감염이나 다른 명확한 원인 없이 열과 연관되어 발생하게 됩니다. 발생 빈도는 인종과 지역에 따라 다소 차이가 있지만, 전체 소아의 3~4%가 경험할 정도로 흔히 일어나며, 생후 3개월부터 5세 사이의 어린아이에게 많이 발생합니다.

열성경련은 경련 지속 시간이 15분을 넘지 않으면 뇌에 큰 손상을 주지 않으며 특별한 후유증도 없으므로 크게 걱정할 필요가 없으나 경련이 15분 이상 지속되거나 신체 한 부위만 뻣뻣해지는 부분 발작을 하거나 하루에 2번 이상 자주 경련을 할 때에는 정밀검사를 받아야 합니다.

## 1. 열성경련의 원인은 무엇인가요?

열성경련은 대체적으로 체온이 갑자기 상승할 때 일어나며, 약 70%는 감기 등 상기도 감염이 원인입니다. 남아가 여아에 비해 발생 빈도가 높고, 특히 가족 중에 열성경련의 병력이 있는 경우에나 산모의 임신 중 흡연 또는 만성질환도 경련의 빈도를 높입니다.

유전적인 요인은 경련을 발생시키는 데 중요한 역할을 합니다. 일란성 쌍둥이에서는 한 명의 열성경련자가 있을 경우 다른 아이에서 발생할 확률은 70% 이상이고 이란성 쌍둥이인 경우는 20% 정도에서 발생합니다.

열성경련을 유발하는 열성 질환의 70~80%는 바이러스성 열성 질환이며 특히 상기도 감염, 편도염, 인후염, 중이염 등이 대부분을 차지합니다.

첫 열성경련 후 재발은 3분의 1에서 일어나는데, 재발이 있었던 환자들은 30~50% 정도가 다시 세 번째 경련을 보이게 됩니다. 열성경련의 재발에 관여하는 위험인자들로는, 첫 발생이 12개월 미만인 경우, 가족 중에 열성경련 또는 간질 환자가 있는 경우, 첫 열성경련이 복합열성경련이었던 경우, 그리고 주간 보육시설에서 양육되는 경우입니다.

## 2. 열성경련의 증상은 무엇인가요?

열성경련은 대부분 3세 이전(90%)에 발생하게 되는데, 발작 유형에 따라 '단순열성경련'과 '복합열성경련'으로 구분합니다.

단순열성경련은 열이 오른 직후에 의식이 사라지고 양팔과 다리에 힘을 주어 뻣뻣하게 굳어지는 강직 증상과 함께 숨을 쉬지 못해 입 주위가 새파랗게 변하기도 하고, 이후 양팔과 다리를 규칙적으로 떠는 것 같은 간대 증상이 동반되기도 합니다. 지속 시간은 보통 15분을 넘지 않습니다.

복합열성경련은 경련 시에 한쪽 팔이나 다리에만 발작 증상이 있거나 지속 시간이 15분을 넘는 경우, 한 번의 열성 질환을 앓는 동안 2회 이상의 열성경련이 발생한 경우, 그리고 경련 후에 발작이 있었던 팔이나 다리에 일시적인 마비 증상이 있는 경우를 말합니다.

## 3. 열성경련의 진단은 어떻게 하나요?

열성경련은 정의상 중추신경계 감염이나 급성뇌증, 또는 독성물질에 의한 발작의 경우는 배제되어야 합니다. 따라서 열과 함께 경련이 동반된 환자에게서 경련의 원인으로 열 이외에 다른 원인에 의해 경련이 발생한 것은 아닌지 살펴보는 것이 중요합니다. 뇌수막염이나 뇌염처럼 밖으로 잘 드러나지 않는 감염성 질환뿐만 아니라, 두부 손상, 전신성 질환, 피부신경증후군, 중독, 전해질 불균형, 저혈당 등과 같은 원인에 대해서도 생각해 보아야 합니다. 또한 간질을 가진 환자가 열에 의해 경련이 유발된 것은 아닌지에 대해서도 반드시 고려해야 합니다.

따라서 열성경련을 가진 환자의 진단적인 평가는 각각 환자의 개별 상황에 따라 시행됩니다. 뇌 영상 촬영은 필요한 경우 제한적으로 시행될 수 있지만 뇌파는 특별한 진단적 가치를 지니지 못합니다.

열성경련을 가진 환자들에서 뇌수막염의 가능성을 배제하는 것은 진단에 있어서 가장 중요한 부분입니다. 만일 임상적으로 뇌수막염이 의심된다거나 혹은 조금이라도 미심쩍은 부분이 있다면 지체 없이 뇌척수액 검사가 시행되어야 합니다. 왜냐하면, 뇌수막염을 가진 환자의 6명 중 1명이 첫 증상으로 경련이 발생하며, 이들 환자들에서 3명 중 1명은 뇌수막염의 증상이나 증후를 가지지 않기 때문입니다.

특히 세균성 뇌수막염의 진단과 치료가 늦어지게 되면 심한 신경학적 손상이나 사망까지도 초래할 수 있으므로 의사가 뇌척수액 검사를 요청할 경우에는 반드시 그에 대한 필요성을 인정하고 협조해야 합니다. 특히 생후 12개월 이하의 영아에게 열이 있으면서 첫 경련을 한 경우나 5세 이상에서 열성경련이 발생한 경우에 뇌염 여부를 알기 위해 시행하는 것이 권고되며, 15분 이상 지속적인 경련을 한 경우, 또는 국소적 경련, 그리고 환자의 상태가 예상보다 더 심해 보일 때는 언제든지 뇌척수액 검사를 받는 것이 좋습니다.

열의 원인을 밝히기 위한 혈액검사와 세균배양 등은 임상적인 상황에 따라 시행됩니다.

## 4. 열성경련의 예방과 치료는 어떻게 하나요?

열성경련이 발생하면 질식의 위험을 줄이기 위해 환자를 옆으로 눕히고 입 안의 이물질을 제거한 후 턱을 들어 기도를 유지시켜야 합니다. 그리고 경련이 지속되면 병원으로 신속히 이송해야 합니다.

그러면 병원에서는 경련이 지속되는 것을 막기 위해 항경련제(디아제팜, diazepam)를 정맥 또는 직장 내로 투여합니다. 대부분의 경우 일회적인 약물 투여로도 잘 멈추지만 지속되는 경우 다시 한 번 더 투여하며, 그래도 경련이 멈추지 않으면 페노바비탈(phenobarbital)을 부하 용량으로 투여합니다.

급성열성기 동안 해열제를 투여하면 환자의 증상을 편안하게 해줄 수는 있지만 열성경련의 재발을 막지는 못합니다.

대부분의 부모들이 처음으로 경험하는 아이의 열성경련은 매우 놀랍고 당황스러우며 이후에도 심한 불안감을 지울 수 없으므로 재발에 대한 예방적 치료는 의료진과 부모 모두에게 중요한 관심사가 됩니다. 예방적인 방법으로는 다음과 같은 것들이 있습니다.

1. **날마다 항경련제를 투여하는 지속적인 방법.**
2. **열이 있을 때 약제를 투여하는 간헐적 예방법.**
3. **열성경련 후에 바로 디아제팜 용액을 직장 내에 투여하여 오래 지속되는 경련만을 막는 방법.**

**첫 번째,** '날마다 항경련제를 투여하는 지속적인 방법'은 열성경련의 예방에는 효과적이지만 과다 행동 또는 간 독성 등과 같은 부작용이 따르므로 권고되지 않고 있습니다.

**두 번째,** '열이 있을 때 약제를 투여하는 간헐적 예방법'은 열이 있는 경우에만 디아제팜을 직장 또는 경구로 투여하는 방법으로, 매일 투여하는 페노바비탈만큼 효과가 있는 것으로 알려져 있습니다. 그러나 실제로 열과 함께 곧바로 경련을 하는 경우가 많으므로 경련 예방 효과는 생각보다 그리 크지 않습니다.

**세 번째,** '열성경련 후에 바로 디아제팜 용액을 직장 내에 투여하여 오래 지속되는 경련만을 막는 방법'은 비교적 안전한 방법이나 경련 후에야 약제를 투여한다는 점에서 다소 미흡한 점이 있습니다. 그러나 열성경련의 지속 시간이 대부분 짧고 10분 이상 지속되는 경우가 드물며 특별한 조치 없이 잘 깨어난다는 점을 고려할 때, 이 방법은 열성경련 재발 위험이 높은 환자들과 지속적인 경련 또는 하루에도 여러 차례씩 경련이 발생했던 경우, 적절한 진료를 받기 어려운 곳에 사는 경우에 매우 유용하게 사용할 수 있는 방법입니다.

과거에 열성경련을 일으킨 적이 있는 어린이가 고열이 날 때는 빨리 해열제를 사용하고 물을 먹여서 탈수현상을 막아야 합니다. 열성경련은 당황하지 않고 적절히 처치하면 그렇게 위험한 증상은 아닙니다. 그러나 열성경련을 3회 이상 되풀이하는 경우에는 뇌에 손상을 입을 수도 있으므로 소아신경과나 신경외과 전문의를 찾는 것이 좋습니다.

## 5. 열성경련 시의 응급처치에 대해 알고 싶어요

경련 자체는 아이에게 해로운 것이 거의 없습니다. 따라서 합병증을 예방하기 위한 예방적 조치와 경련을 적절히 대응하는 것이 나중에 병원에 갔을 때 도움이 됩니다.

❶

❷

① 기도를 확보하여 호흡곤란이나 심장 쇼크에 의한 사망을 막아야 합니다.

② 부드러운 요나 베개로 받쳐 경련을 하더라도 다치지 않게 합니다.

③ 옷을 벗기고 시원하게 환기를 해 줍니다.

④ 머리에서부터 내려가면서 미지근한 물수건으로 몸을 닦아 체온을 떨어뜨려 줍니다.

* 경련 중에 열을 떨어뜨리기 위해 해열제 좌약을 사용해도 되지만, 무리하게 입을 벌려 해열제나 기응환 · 청심환 등을 먹이면 질식 위험이 있으므로 금해야 합니다.

⑤ 구토를 했다면 토한 것을 깨끗이 닦아내고 오물이 기도로 넘어가지 않도록 비스듬히 눕힙니다.

⑥ 혀나 입술을 깨물지 못하게 입에 딱딱한 물건을 넣으면 이빨이 부러지거나 물건이 조각나 목에 걸릴 위험이 있으므로 고무 보호 틀이 있는 경우만 끼워 줍니다.

⑦ 대부분 일시적인 호흡정지에서 상황이 끝나면 정상으로 돌아오지만 호흡이 되돌아오지 않으면 호흡 방해 요소를 제거하고 인공호흡을 실시합니다.

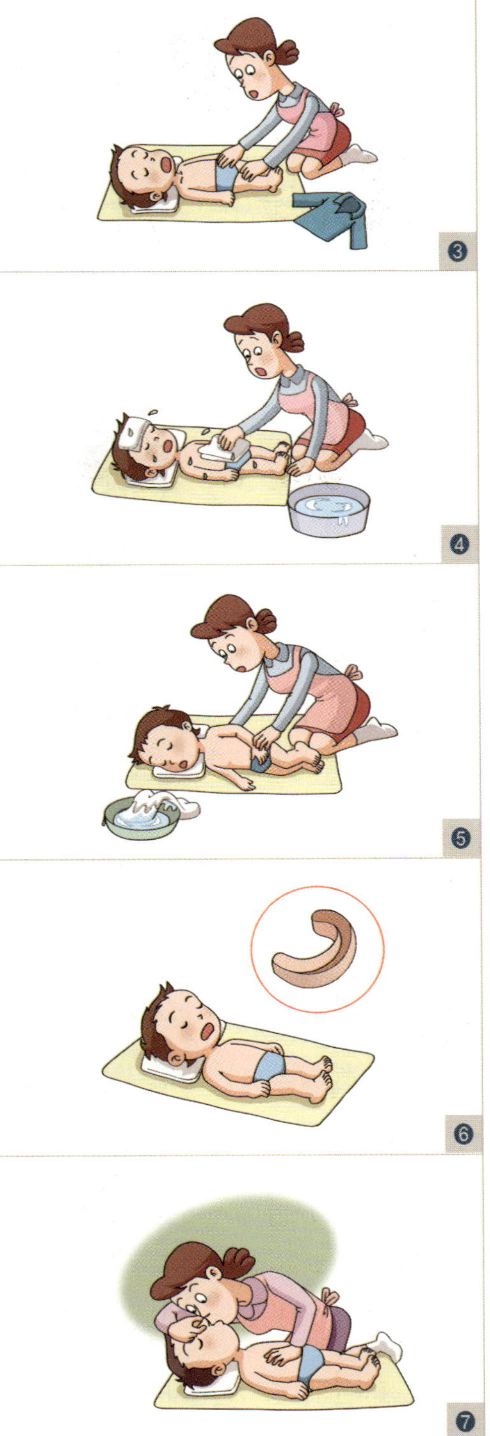

8

❽ 경련발작 후에는 아이가 편히 쉴 수 있도록 조용한 환경을 만들어 줍니다.

9

❾ 1339에 전화하여 '응급의료정보센터'로부터 응급정보를 받고, 필요하면 병원으로 이송합니다.

경련발작 시 주의할 사항으로는, 아이가 몸부림을 친다고 해서 몸을 붙잡고 꽉 누르거나 하지 말아야 합니다. 또한 정신 차리라며 아이에게 찬물을 뿌린다거나 뺨을 때려서도 안 됩니다. 열성경련은 뇌염, 뇌수막염 등의 중추신경계 감염, 약물에 의한 중독, 구토나 설사에 의한 전해질 이상, 간질 환자가 우연히 열이 나면서 경련하는 경우 등과 구별해야 하므로, 일단 소아과에 데려가서 정확한 진찰을 받는 것이 좋습니다.

Point

### 유아 고열경련, 나중에 간질될 수도 있어요

유아 때 고열로 인해 경련을 일으킨 적이 있으면 나중에 간질 환자가 될 수도 있다는 연구 결과가 나왔습니다. 미국 어바인 캘리포니아대학의 이반 솔티스 박사는 의학전문지 <네이처 메디신>에 발표한 연구보고서에서, 젖먹이와 유아들에게 자주 나타나는 고열경련은 뇌에 장기적인 변화를 일으켜 나중에 간질의 소지를 만들어 줄 수 있다는 사실이 쥐 실험 결과 나타났다고 밝혔습니다. 새끼 쥐에게 고열경련을 일으키게 한 뒤 실시한 뇌 검사에서 이 같은 사실이 밝혀졌으며, 또 계속 관찰한 결과, 이 쥐들은 나중에 간질 발작을 일으킬 위험이 높은 것으로 나타났습니다. 이 실험 결과는 우리 인간에게도 적용될 수 있을 것으로 생각된다고 솔티스 박사는 말했습니다.

# 39 유아 호흡정지발작

놀라거나 떼를 쓰며 자지러지게 울 때에는 아예 숨을 못 쉬며 얼굴까지 새파랗게 질리는 아이가 있는데, 이런 아이는 '호흡정지발작' 을 의심해 볼 수 있습니다. 건강한 아이의 약 30%가 이 같은 증상을 보이는데, 원인은 자율신경계의 이상으로 알려지고 있습니다. 발작 시간이 길어지면(대개 1분 이내에 끝납니다.) 아예 의식을 잃거나 '청색증형발작' 이나 경련까지 유발합니다. 보통 생후 6개월~2세에서 많이 일어나고 5~6세가 되면 저절로 없어집니다. 가족력이 있는 경우가 많으며, 특히 직계에서 발작 병력이 있으면 흔하게 발생합니다.

## 1. 호흡정지발작에는 어떤 증상이 있나요?

발작은 얼굴이 새파래지며 의식을 잃는 '청색증형발작' 이 대부분인데, 화가 나거나 좌절할 때 자지러지게 울다가 갑자기 조용해집니다. 호흡정지발작은 특별히 치료하지 않아도 나이가 들면 저절로 좋아지므로 크게 염려할 필요는 없습니다. 발작이 지능 저하나 간질 등으로 진행하지도 않습니다.

## 2. 호흡정지발작은 어떻게 치료하나요?

호흡정지발작의 치료법으로 부모의 안심과 교육 외에는 특별한 방법이 없습니다. 호흡정지발작의 원인은 아이가 부모의 훈육 과정에서 빚어진 갈등이 악화되면서 자신의 분노를 표현하는 방법으로 나타날 수 있으므로 적절한 가족 상담 및 부모와 보호자의 안심이 필요합니다.

이런 아이들에게 철분치료가 도움이 된다는 연구 결과도 있긴 합니다. 이는 철분이 산소 운반 이외에 여러 자율신경계를 조절하는 '카테콜라민'이나 신경전달물질의 대사에 관여하기 때문인 것으로 분석됩니다. 경련이 있는 경우 항경련제를 사용하면 경련을 줄일 수는 있어도 발작 자체를 감소시키지는 못하는 것으로 알려져 있습니다.

## 3. 아이를 흔들어 대는 것은 절대 금물이에요

호흡정지발작이 오면 우선 아이를 편평한 곳에 눕혀 뇌로 가는 혈액량이 증가하도록 해야 합니다. 이때 부모가 겁을 먹고 아이를 마구 흔들어대는 것은 절대 금물입니다. 대뇌의 주변 혈관이 손상될 수 있기 때문입니다. 또 심폐소생술은 시도하지 말아야 합니다.

아이에게 발작이 왔을 때 불안해 하거나 걱정하는 모습을 절대로 보여서는 안 됩니다. 아이의 발작 모습을 보고서 놀라지 말고, 발작이 끝나면 되도록 하던 일을 계속 하는 게 좋습니다. 아이의 요구를 들어주려는 유혹도 이겨내야 합니다. 아이가 떼쓰는 게 두려워 요구를 들어준다면 발작이 없어지기는커녕 조장되고 지속될 가능성이 높기 때문입니다.

하지만 다음과 같은 경우에는 즉시 의사의 도움을 받도록 합니다.

① 생후 6개월 이하 혹은 6개월 이상 된 유아가 발작 때 얼굴이 새파랗게

질리는 정도가 아니라 창백해질 정도일 때.

② 일주일에 한 번 이상 호흡정지발작 증세가 나타날 때.

③ 점점 호흡정지발작 증세의 빈도가 증가할 때.

④ 아이가 1분 이상 숨을 못 쉬거나 팔다리에 경련을 일으킬 때.

아이가 언어를 이해하고 의사소통이 가능할 만큼 자라게 되면 자기의 욕구불만이나 분노를 말로 표현하도록 아이를 지도해야 합니다. 특히 떼를 쓰며 물건을 집어던지거나 발로 차는 등 폭력적인 방법을 쓰지 않도록 교육해야 합니다. 이를 위해 가장 좋은 방법은 부모가 모범을 보이는 것입니다. 부모가 평소에 자신들이 화가 났을 때 이를 조절하는 방법을 행동으로 보여 주면 아이는 부모의 방식을 따르게 됩니다.

그러나 나이가 들어서도 아이의 지나친 행동이 고쳐지지 않을 경우, 아이의 정서적 문제가 원인일 수 있으므로 전문의를 찾아가 치료를 받는 것이 좋습니다.

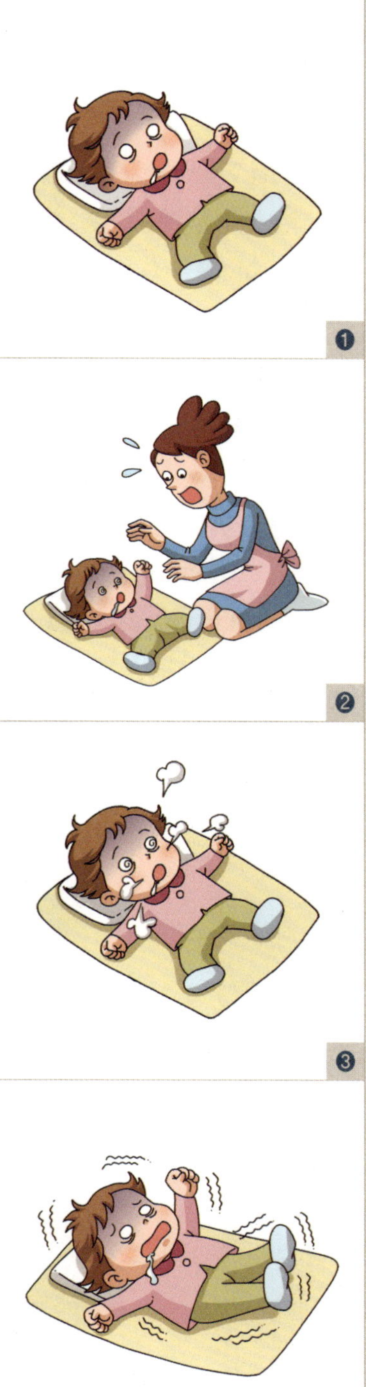

## 아기 흔들면 머리를 가격하는 것보다 더 위험해요!!

아기를 흔들면 똑같은 힘으로 머리를 가격하는 것보다 사망할 가능성이 30배 이상이나 높다는 연구 결과가 나왔습니다. 영국 버밍엄 대학 연구팀이 달걀을 물이 든 유리잔에 띄워 놓고 아기들의 두개골과 대뇌 척수액과 같은 상태로 만들어 실험한 결과 유리잔이 깨질 정도로 가격하지 않는 한 달걀이 유리잔 벽에 부딪치지 않았으나 유리잔을 흔들면 달걀이 유리잔 벽에 부딪치는 것으로 나타났습니다.

연구팀의 로버트 선덜런드 박사는 "뇌가 손상되느냐 뇌손상으로 인해 숨지게 되느냐 여부는 뇌가 두개골에 얼마나 강하게 부딪치느냐에 달려 있다"고 지적하고, "연구 결과, 아기를 흔들 경우, 가격하는 것보다 사망할 확률이 30배나 높다"고 말했습니다.

최근 부모들이 아기를 돌보면서 흔들어 숨지게 한 사건들이 자주 발생하게 되면서 '아기를 볼 때 절대로 흔들어서는 안 된다'는 중요성이 크게 부각되고 있습니다.

## 40 소아 탈장과 음낭수종

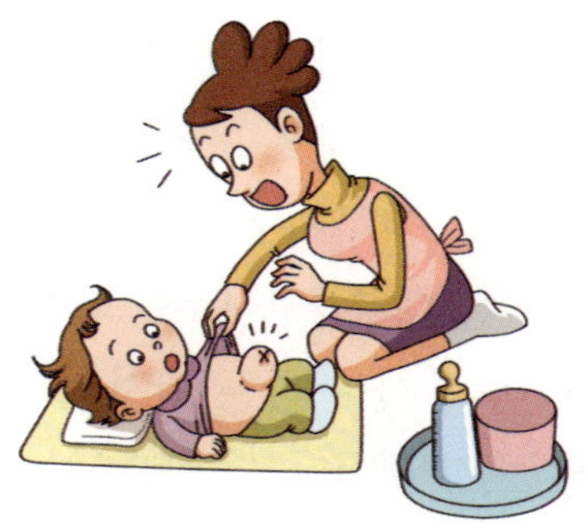

아이가 태어난 지 얼마 되지 않아서 사타구니나 고환 부분, 배꼽 부위가 불쑥 튀어나오면 부모들은 크게 놀라게 마련입니다. 이처럼 사타구니나 고환 부분, 배꼽 부위가 불쑥 튀어나온 '소아 탈장'은 100명 가운데 3~5명꼴로 발생하는 비교적 흔한 질환으로, 여자아이보다는 남자아이에게서 4~5배 많이 발생하고, 미숙아나 저체중아에서는 10명 중 1명꼴로 발생 빈도가 증가합니다.

소아 탈장은 대부분 선천성입니다. 엄마의 배 안에서 태아가 성장할 때 남자아이는 고환이 서혜부(사타구니)의 통로를 통과해 음낭으로 내려오고, 여자아이는 자궁을 고정시켜 주는 인대가 역시 서혜부의 통로를 통과하여 외음부로 내려오게 됩니다.

그 후 그 통로는 대부분 점차적으로 막히게 되는데, 그렇지 않고 열린 채 태어나게 되면 배 안에 있던 장기(주로 소장)가 그곳을 통해 사타구니나 음낭으로 불룩 튀어나오게 됩니다. 이것이 글자 그대로 '탈장'입니다. 그러나 서혜부의 통로가 열려 있긴 하지만 그 통로가 장이 빠져나올 정도로 크지 않을 경우 배 안의 물이 그곳을 통해 사타구니나 음낭으로 흘러내려와 고이게 되는데, 이것이 '음낭수종'입니다.

탈장의 경우 평상시에는 아무런 증상이 없다가도 아이가 울거나 기침을 할 때 혹은 힘을 쓸 때 사타구니가 불룩하게 튀어나오고 아이가 울음을 그치거나 잠을 자면 또 다시 없어집니다.

또 튀어나온 부위를 손으로 지그시 눌러 보면 '꼬르륵' 하는 소리와 함께 장이 다시 배 안으로 들어가는 것을 느낄 수 있습니다. 여자아이의 경우 간혹 난소가 탈장되어 둥근 고무지우개 같은 것이 서혜부에서 만져질 때도 있습니다. 따라서 탈장은 대부분 부모에 의한 병력 청취와 이학적 검사로 진단되며, 간혹 초음파 검사나 다른 방사선 검사를 시행합니다. 탈장이 작아 잘 구별되지 않는 경우나 다른 질환과의 구별을 위해 초음파 검사가 필요할 때도 있습니다.

소아 탈장에는 불완전하게 막힌 배꼽 부위로 장 등이 튀어나오는 '배꼽 탈장'과, 주로 고환이 내려온 서혜부 통로를 따라 장 등이 빠져나오면서 사타구니나 고환 부위가 불룩해지는 '서혜부 탈장'으로 나뉩니다.

배꼽 탈장은 아주 크지 않은 경우 저절로 막히는 경우가 대부분입니다. 따라서 특별한 합병증이 없는 경우 4세까지 기다려 봅니다. 하지만 서혜부 탈장은 발견 즉시 수술하는 것이 원칙입니다. 그것도 가능한 한 조기에 하는 것이 좋습니다. 배 안의 장기가 어쩌다가 한 번씩 튀어나왔다가 쉽게 원위치로 돌아가는 탈장은 아이의 성장이나 기능에 별다른 영향을 미치지 않습니다.

그러나 탈장이 된 채 장기가 서혜부 통로에 꽉 끼여서 배 안으로 들어가지 못할 때가 있습니다. 이런 경우를 '감돈 탈장'이라고 하는데, 그 상태로 장기간 방치해 둘 경우 장이 상하게 되어 일부를 잘라내야 하는 위험이 따를 수도 있습니다. 1세 미만의 영아나 미숙아는 다른 연령층보다 감돈 탈장의 위험이 많습니다. 따라서 생후 50일 정도 지난 시점에서는 가능한 조기에 수술해 주는 게 좋습니다.

그러면 서혜부 탈장과 배꼽 탈장, 음낭수종에 대해 좀 더 자세히 알아보기로 하겠습니다.

## 1. 서혜부 탈장

신생아의 사타구니와 고환 부위가 불룩하게 튀어나온 '서혜부 탈장'은 태아 때부터 유발되기 시작합니다. 태아가 3개월쯤 되면 배 안에서 만들어진 고환이 아래쪽으로 내려갈 수 있도록 보통 0.5㎝ 안팎의 통로가 형성됩니다. 이 통로를 따라 고환이 제자리에 오게 되면 이 통로는 출산을 전후하여 저절로 막히게 됩니다. 그런데 이 통로가 막히지 않고 열린 채로 있다거나 불완전하게 막힐 경우, 이곳을 통해 배 안의 장기가 빠져나와 탈장이 생기게 되는데, 이를 서혜부 탈장이라고 합니다.

서혜부 탈장의 치료는 확실하게 진단된 경우 수술 이외의 다른 방법은 없습니다. 언제 수술을 해야 하느냐에 대해서는 이견이 있지만 보통 발견하는 즉시 수술하는 것이 원칙입니다. 출산 직후 곧바로 수술하기도 합니다. 이는 다른 보조적인 치료로는 완치가 어려운 데다 합병증의 우려가 크기 때문입니다.

합병증에는 사타구니나 고환 부위로 빠져나온 장이 다시 복강 내로 들어가지 못하고 좁은 통로에 끼여 버리는 감돈(嵌頓)현상이 있습니다. 이때에는 장폐색을 동반해 구토와 복부팽만, 심한 복통 등이 생깁니다. 이는 장에 피가 통하지 않아 썩게 되는 '교액 탈장'으로 진행됩니다. 장이 터져서 복막염이 생겨 생명이 위험할 수도 있습니다.

따라서 평소 탈장을 가지고 있던 아이가 자지러지게 울면서 사타구니에 불룩하게 튀어나온 것이 들어가지 않는다면 곧바로 병원 응급실로 데려가야 합니다. 응급실에서 의사가 손으로 밀어 넣을 수 있는 경우는 곧바로 수술하지 않고 부종이 가라앉기를 기다렸다가 2~3일 후에 수술하게 됩니다. 그러나 손으로 밀어 넣을 수 없는 경우는 응급 수술을 해야 합니다.

부모들이 아이의 전신마취에 대한 부작용을 걱정해 수술을 미루려는 경향이 있는데, 최근에는 마취 기술의 발달로 이에 대한 부작용은 거의 없다고 봐도 무방합니다.

수술은 어른의 경우와 달리 간단합니다. 탈장 주머니를 복강 가까이에서 묶고 잘라내면 되므로 수술 시간이 10~20분밖에 걸리지 않습니다. 마취 시간을 감안하더라도 한 시간이면 가능합니다. 2㎝ 미만의 절개로 흉터가 거의 남지 않습니다.

## 2. 배꼽 탈장

태아가 엄마로부터 영양 공급을 받는 통로인 배꼽은 아이가 태어나면 몸에서 떨어집니다. 그런데 떨어진 부위가 제대로 막혀지지 않고 불완전하게 막히게 될 때 배꼽 탈장이 발생합니다. 태어나기 전부터 배꼽이 불완전하게 막혀서 태어나는 것을 일컬어 '제대 탈장'이라고 하는데, 배 안의 장기가 그곳을 통해 빠져나와 불쑥 튀어나오게 됩니다. 이는 탯줄이 떨어지고 나서 2~3주 후에 발생하는 경우가 많은데, 불룩 튀어나온 배꼽 부위를 육안으로 확인할 수 있습니다. 손으로 누르면 다시 배 안으로 들어가기도 하지만 아이가 울거나 하면 다시 튀어나옵니다.

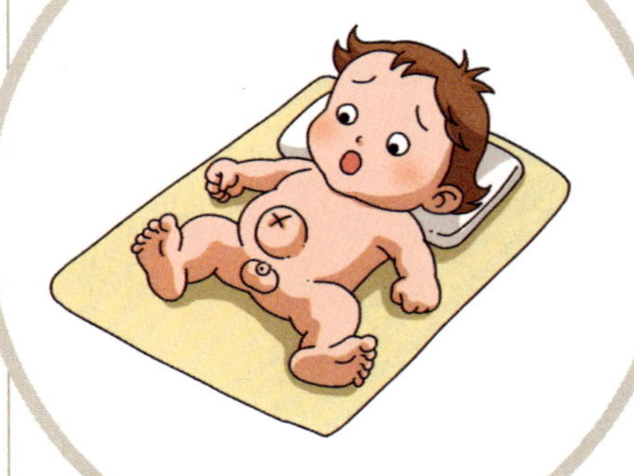

배꼽 탈장의 경우 사타구니와 고환 부위에 장기가 빠져나온 서혜부 탈장과는 달리 발견 즉시 수술을 요하지는 않습니다. 튀어나온 장기가 서혜부 탈장의 경우와 같이 통로에 끼이거나 괴사하는 현상이 거의 발생하지 않고 보

통 3~4세가 되면 저절로 정상 회복되는 경우가 많기 때문입니다.

그러나 3~4세 이후에도 탈장이 지속되는 경우, 장 폐색 등의 증상이 있는 경우, 1~2세 후에 크기가 점차 커지는 경우에는 외과적 수술이 필요합니다. 수술 방법은 배꼽을 따라 둥글게 2~3cm 정도 절개하여 장기를 밀어 넣은 다음 이를 봉합하고 다시 배꼽을 만들어 주면 됩니다. 수술 시간도 서혜부 탈장의 경우와 비슷한 10~20분이면 충분합니다. 하지만 대부분 결손 부위가 2㎝ 이하이기 때문에 1세 이전에 자연히 막히게 됩니다. 즉 배꼽 탈장의 경우 '시간이 약'인 셈입니다.

## 3. 음낭수종

영유아를 키우다 보면 놀랄 일이 참으로 많습니다. 음낭수종과 같이 고환 주위에 액체가 고이는 질환도 부모를 놀라게 하는 것 중의 하나입니다. 음낭이 공처럼 부풀어 오르면 부모들이 겁을 집어먹고 병원을 찾아오는데, 이 경우 음낭수종과 함께 탈장이 동반된 경우가 적지 않습니다.

음낭수종은 말 그대로 고환에 물이 차는 질환으로, 탈장과 사촌쯤 된다고 생각하면 됩니다. 음낭에 물이 차기 때문에 고환 부위가 불룩해지는데, 음낭수종이 있다면 보통 80~90%는 탈장도 동반되어 있다고 보면 됩니다. 하지만 반대로, 탈장이 있다고 해서 반드시 음낭수종이 있지는 않습니다.

고환은 원래 복부에서 생겨 출생 전에 음낭 안으로 내려오며, 이때 복강의 일부가 주머니 형태로 고환과 함께 내려오게 됩니다. 이로 인해 복강에서 생성된 액체가 음낭 내로 흘러내려와 고환 주위에 고일 수 있습니다. 대개는 탈장낭이 막히고 고인 액체도 흡수되지만, 이따금씩 탈장낭이 계속 남아 있어 복강 내의 액체가 탈장낭으로 내려와 고이는 경우가 있는데 이를 '교통성 음낭수종'이라고 합니다.

반면에 탈장낭은 막혔지만 탈장낭 내에서 액체의 생성과 흡수가 불균형

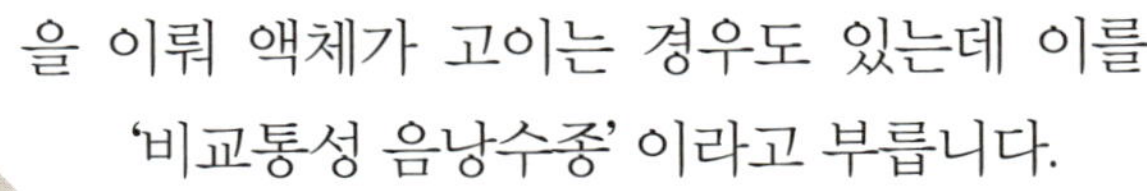

을 이뤄 액체가 고이는 경우도 있는데 이를 '비교통성 음낭수종'이라고 부릅니다.

교통성 음낭수종의 경우 탈장낭이 저절로 사라지는 것을 기대하기가 어렵고, 따뜻한 액체가 복강으로부터 계속 고환 주위로 흘러내려 와서 고환에 안 좋은 영향을 미칠 수 있기 때문에 수술을 해야 합니다. 수술 시기는 서둘지 않아도 되지만 탈장낭의 크기가 크다면 나이에 관계없이 수술을 해야 합니다.

그러나 비교통성 음낭수종은 크기가 작거나 전신적인 질병을 앓으면서 급성으로 나타나는 경우, 또는 신생아의 경우에는 기다리면 자연히 없어지는 수가 있습니다.

그러나 생후 2세 이후까지 지속되거나 그 크기가 아주 커서 고환으로 가는 혈관을 압박할 수 있다고 판단될 때는 수술을 하는 것이 좋습니다. 또한 음낭수종이 고환종양이나 염전과 동반돼 생긴 것이 의심되면 급히 수술할 필요가 있습니다.

수술 방법은 탈장의 경우와 유사하며, 재발 방지를 위해 음낭수종을 형성하고 있는 물주머니를 모두 제거하는 것이 중요합니다.

# 41 소아 결핵

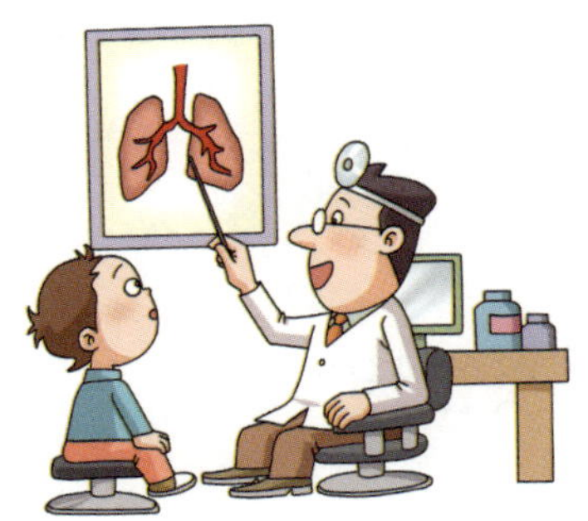

우리나라는 '결핵의 왕국' 이라고 할 만큼 전 세계에서 결핵 발병률이 가장 높습니다. 국내에서는 보건복지부는 물론 대한결핵협회까지 설립하여 꾸준히 퇴치 · 관리 사업에 힘을 기울이고 있지만 아직도 결핵 환자의 발생이 끊이지 않고 있는 실정입니다.

흔히 '결핵' 하면 심한 기침과 각혈 등을 동반하는 폐결핵을 떠올리게 되는데, 실제로 결핵균에 의한 감염은 폐뿐만 아니라 뇌막 · 흉막 · 임파선 · 관절 · 신장 등 영향을 미치지 않는 기관이 거의 없습니다.

소아 결핵은 결핵균에 의해 14~15세 이하의 어린이에게 나타나는 모든 결핵을 뜻합니다. 소아 결핵의 경우 대개 우연히 발견됩니다. 결핵반응검사를 하고 나서 결핵이 의심되면 가슴 엑스레이 사진을 찍게 되는데, 이때 아이들의 엑스레이 사진이 멀쩡한 경우가 많습니다.

그러면 대부분의 엄마들은 안심하고 방심하는 경우가 많은데, 그러면 결핵을 키우는 원인이 됩니다. 가슴 엑스레이 사진에서 아무런 이상이 발견되지 않았다 해도 결핵반응검사에서 결핵이 의심되었다면 치료를 받아야 하는 경우가 많기 때문입니다. 따라서 엑스레이 사진에 아무런 이상이 없는 것으로 나타났다 하더라도 아이의 결핵반응검사에서 양성이 나왔다면 반드시 결핵 약을 먹여야 합니다.

흔히 결핵에 걸렸다고 말하면, 아이들의 결핵은 어른들과 너무 다르다 보니, "기침도 하지 않는데 무슨 결핵입니까?" 하고 반문하는 부모들도 적지 않습니다. 하지만 아이들의 경우 결핵에 걸렸어도 어른들에게서 볼 수 있는 증상이 별로 나타나지 않기 때문에 더욱 신경을 써야 합니다.

## 1. 결핵의 원인은 무엇인가요?

결핵균은 주로 사람에서 사람으로 공기를 통해 전염됩니다. 즉 폐결핵 환자가 말을 하거나 기침을 할 때 결핵균이 포함된 아주 미세한 침방울들이 환자의 입을 통해 몸 밖으로 나오게 됩니다. 이러한 침방울의 크기는 아주 작아서 입 밖으로 나오자마자 수분은 증발하고 결핵균만 공중으로 떠돌게 되는데, 이때 주위 사람들이 숨을 들이쉴 때 공기와 함께 폐 속으로 들어가 증식함으로써 감염이 이루어지게 되는 것입니다.

결핵 자체는 여러 단계를 거쳐 결국은 자연 치유되지만, 이 과정 중에 폐에서 여러 질환을 일으키고 환자의 상태에 따라 다양한 질병을 새로이 유도하게 됩니다.

## 2. 결핵의 증상은 무엇이며, 진단은 어떻게 하나요?

소아에게서 나타나는 결핵은 거의 증상이 없다는 것이 특징입니다. 결핵균에 처음으로 감염된 경우를 '초 감염 결핵'이라 하여 보통 증상이 없으나, 소아에게서도 재감염에 의한 성인 형 만성결핵이 발생하기도 합니다.

결핵의 증상은 갓난아기의 경우 발열 · 기침 · 천명(喘鳴 : 호흡할 때 목에서 가르랑거림) · 설사 · 식욕부진 · 우울증 · 체중 증가 등의 증세가 있으나 일정하지 않습니다.

특이적 진단법으로는 객담이나 위액에서 결핵균을 검출하는 것이지만 이를 통한 결핵균 검출이 용이하지 않아 확신적인 진단이 어렵습니다. 따라서 가족이나 친지, 함께 생활하는 동거인이 결핵 환자로 진단된 경우, 이들과의 접촉 사실, 과거력 등을 알아보는 것이 소아 결핵 감염을 진단하는 데 있어 가장 중요한 근거가 됩니다.

이 밖에 결핵반응검사, 흉부 방사선 검사, 일반 혈액검사, 병리적 검사 등을 실시하여 종합적으로 평가한 후 진단합니다. 중증의 전신성 결핵(속립결핵)으로 진행되는 경우, 이런 경우는 그다지 많지 않지만, 혈관을 타고 결핵균이 폐나 뼈, 뇌, 신장 등으로 퍼져 염증을 일으키기도 합니다. 속립결핵의 일반적인 증상은 식욕부진 · 체중감소 · 열 기침 · 피로 · 식은땀 등이며 예후가 그다지 좋지 않습니다.

유소아의 경우 가래를 잘 뱉지 못하므로 전염성은 그다지 높지 않습니다. 가래 검사를 했을 경우 AFB(객담 내 결핵균 검사) 음성이거나 기침 등의 증상이 없을 때에는 일반 병실에서의 입원 치료도 가능합니다. 오히려 소아 환자보다는 감염원일 가능성이 높은 가족이나 동거인의 관리가 더욱 중요합니다. 이런 사람들은 피부반응검사 및 흉부 방사선 촬영 검사를 꼭 받아야 합니다.

## 3. 결핵의 치료와 관리는 어떻게 하나요?

결핵을 치료하는 방법은 매우 간단합니다. 필요한 약을 의사의 정확한 처방으로 선택하고 필요한 기간 동안 그 약을 꾸준히 복용하는 것입니다. 그러면 초기 결핵일 경우 보통 6개월이면 완치가 가능합니다.

다만, 중증 폐결핵은 1년 이상 약을 먹기도 합니다. 약에 내성만 없다면 거의 100% 완치가 가능합니다. 결핵에 좋은 음식은 특별히 없고 모든 음식을 골고루 잘 먹는 게 중요합니다. 특히 단백질이 많은 육류나 생선 등을 골고루 섭취합니다.

결핵 환자가 약을 먹는 동안에는 절대로 결핵균이 밖으로 나오는 일이 없기 때문에 다른 사람에게 전염되지 않습니다. 오히려 자신이 결핵에 걸린 줄을 모르고 사는 사람들이 다른 사람들에게 전염을 시킵니다.

결핵은 국가에서 무료로 치료해 줍니다. 가까운 보건소에 가서 결핵 환자로 신고하면 완치될 때까지 무료로 치료해 줍니다. 중증 폐결핵은 먹는 약 외에도 주사를 쓰기도 하지만, 대개 먹는 약만으로도 거의 100%가 치료 가능합니다.

치료 경과나 결핵 약 부작용 여부를 알아보기 위해서는 정기적으로 객담검사와 X선 검사를 실시하고, 그 외에 혈액검사 등 필요한 검사를 받아보는 것이 좋습니다. 그리고 의사로부터 완치 판정을 받을 때까지는 절대로 약 복용을 중단해서는 안 됩니다. 결핵이라는 병이 별로 자각증세가 없기 때문에 환자들 스스로 약을 중단하는 경우가 많은데, 그것은 매우 위험합니다. 왜냐하면, 결핵이 다시 나빠지고 약의 내성이 생겨 다시 약을 먹게 돼도 치료되지 않는 경우가 있기 때문입니다. 따라서 장기 약복용을 해야 하는 결핵 환자의 경우, 완치될 때까지 환자가 약을 잘 먹을 수 있도록 가족의 도움이 무엇보다도 중요합니다.

또 한 가지 중요한 것은, 가족 중에 결핵 환자가 발생했을 경우 또 다른 결핵 환자가 발생할 수 있으므로 증상이 없더라도 반드시 결핵검사를 받아야 합니다.

Point

### 결핵에 좋은 민간요법

① 마늘 : 마늘의 특성은 소화 · 해독 · 요충 구제 등에 널리 쓰이고 있지만, 특히 결핵에 특효가 있는 것으로 알려져

있습니다. 날것이나 삶은 것이나 효과는 마찬가지입니다. 어른은 하루에 2~3쪽, 어린이는 반쪽을 먹습니다.

❷ 오디(뽕나무 열매)를 말린 다음 달여서 마시거나 가지를 썰어 볶은 다음 달여서 차로 마시면 좋습니다.

❸ 굴이나 조개에 레몬즙을 쳐서 먹으면 좋습니다. 또한 말린 굴을 삶아서 먹으면 효과가 크며, 특히 여성들에게 좋은 식품입니다.

❹ 소주 한 되와 마늘 200g, 설탕 200g을 병에 넣고 밀봉해서 3~6개월쯤 후에 매일 한 잔씩 장기간 마시면 좋습니다. 술에 월계수 잎을 넣으면 더욱 좋습니다.

❺ 연뿌리를 날것으로 강판에 갈아 매일 2~3잔씩 식간으로 2~3주일 복용하면 좋습니다.

## 4. 결핵의 경과 및 예후는 어떤가요?

중증의 전신적 결핵으로 진행되지 않은 경우에는 대부분이 좋은 경과와 예후를 보입니다. 그러나 전신적인 결핵이나 중증 결핵의 예후는 매우 좋지 않습니다.

## 5. 결핵의 합병증에는 어떤 것들이 있나요?

전신성 결핵, 뇌수막염, 늑막염, 신결핵 등의 합병증이 나타날 수 있습니다.

## 6. 결핵의 예방법은 무엇인가요?

생후 4주 이내에 BCG 예방접종을 받도록 합니다. BCG는 결핵균의 독성을 약하게 하여 만든 것으로 결핵에 대한 면역을 갖게 하는 백신입니다. 결핵균에 감염되기 전에 BCG 접종을 하면 그렇지 않은 경우보다 발병률이 5분의 1로 줄어드는데, 그 효과는 10년 이상 지속됩니다.

BCG는 1921년부터 지금에 이르기까지 전 세계에서 결핵 예방접종으로 사용되어 왔으며 대체로 80%의 예방 효과가 있는 것으로 보고 있습니다. BCG는 폐결핵뿐만 아니라 소아에서 사망률이 높은 결핵성 뇌수막염이나 속립성 결핵의 경우 예방율이 더욱 높아 예방율 90% 이상이라는 보고가 있습니다.

**이런 때는 의사의 진찰을 받아야 해요**

1. 가족 내에 결핵 환자가 발생한 경우.
2. 결핵 환자와 장기간 접촉한 경우.
3. 원인 모를 열이 있을 때.
4. BCG 접종을 못 했을 경우.
5. 원인 모를 식욕부진, 체중감소, 만성기침, 성장장애 등이 있을 때.
6. BCG 접종 후 주사 부위에서 지속적인 염증이 있거나 고름이 나오는 경우.
7. 기본 결핵검사에서 양성 반응을 보인 경우.

# 42 수두

'작은마마, 왜마마, 앞세기, 수포창' 이라고도 하는 수두는 물방울 모양의 수포성 발진이 온몸에 생기는 바이러스(수두 · 대상포진 바이러스) 감염 질환으로 홍역 · 백일해와 함께 전염력이 매우 강한 질환입니다. 5~9세의 소아에게서 자주 발병하고 늦가을에서 초봄 사이에 잘 생깁니다.

급성 미열로 시작되어 전신적으로 가렵고 발진성 수포가 발생하는 수두는 기침이나 재채기를 통한 비말(飛沫) 감염 혹은 수포의 직접 접촉에 의해 감염됩니다. 건강한 소아의 경우에는 특별한 문제 없이 회복되지만 면역 결핍이 있는 아이에게는 아주 치명적일 수 있습니다. 임신 초기에 임신부가 수두에 감염되면 약 2%에서 피부 · 사지 · 눈 및 뇌를 침범하여 선천성 기형아를 분만할 수 있고, 임신부가 분만 5일 전에 수두에 감염되면 신생아의 20~50%가 심하거나 치명적인 수두를 앓을 수도 있습니다.

수두에 의한 합병증으로는 같은 수포성 발진이 터지면서 발생하는 2차적 세균 감염이 가장 많습니다. 소아에게는 흔하지 않으나 폐렴 · 패혈증 · 화농성 관절염 · 골수염 · 라이(Reye) 증후군 등이 생길 수 있으며, 드문 경우지만 뇌염이 발생할 수도 있습니다.

수두에 걸리면 아이가 많이 힘들게 되고, 또 가려워서 긁을 경우 몸에 흉터가 남을 수 있으므로 주의가 필요합니다.

## 1. 수두의 증상은 무엇인가요?

수두는 발진이 나타나기 약 24시간 전에 발열 · 식욕부진 · 두통 · 권태감 등 감기와 비슷한 증상이 나타날 수 있습니다. 처음에는 홍반성 구진(붉은 종기)이 머릿속 · 얼굴 · 몸통 등에 나타나다가 점차 사지로 퍼집니다.

이 구진은 12~24시간 사이에 맑은 용액이 가득 찬 수포 형태로 변했다가 시간이 지나면서 우윳빛 띤 농포가 되고, 4일째에는 이것이 가피(딱지)가 되어 저절로 떨어져 나갑니다. 면역기능 저하자나 신생아 및 성인에게 더욱 증상이 심하며 합병증도 많이 생깁니다. 악성 종양이 있거나 면역성이 떨어지면 악성 수두(출혈성 수두)를 앓을 수도 있습니다.

소아의 경우 감염 1주 후면 회복되지만, 백혈병이나 림프 종양, 면역기능 저하자의 경우에는 심하게 앓으며 사망률도 높습니다. 몸에 딱지가 앉기 전까지는 다른 아이들에게 전염시킬 수 있으므로 아이를 유치원이나 학교에 보내서는 안 됩니다.(일단 딱지가 지면 다른 아이들에게 전염되지 않습니다.)

아이가 수두를 앓을 때 주의해야 할 점은, 몸에 수포가 생기면 아이가 참기 힘들 정도로 매우 가려운데, 궤양과 흉터의 원인이 되므로 긁지 못하도록 막아야 합니다.

**이런 땐 반드시 의사와 상담해야 해요** Point

❶ 면역력이 떨어졌거나 악성종양이 있는 소아가 수두에 걸렸을 때.

❷ 수두에 걸려 열이 심하게 날 때.

❸ 수두 발진 부위에 세균 감염이 있을 때.

## 2. 수두의 치료는 어떻게 하나요?

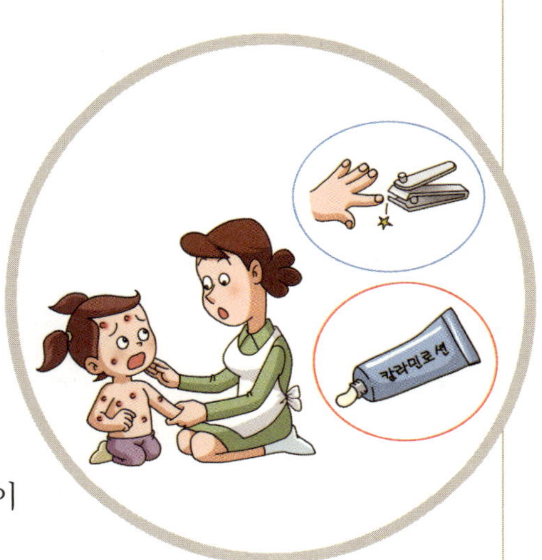


수두는 바이러스성 질환으로 특별한 치료법이 없습니다. 영아나 소아에서 발생한 수두는 보통 예후가 양호하므로 대증적인 치료로 충분하며, 만 13세 이상의 환자나 만성피부질환자, 만성호흡기질환자, 장기간 아스피린 복용자 혹은 스테로이드 투여자에게는 항바이러스 치료를 고려할 수 있습니다.

우선 아이가 수두에 걸리면 2차 세균 감염을 막기 위해 손톱을 짧게 깎아 주어 피부 손상을 막아야 합니다. 만일 세균 감염이 있으면 항생제를 투여합니다. 가려움증이 심하면 칼라민 로션을 발라 가려움증을 덜하게 하고, 해열제를 사용할 때는 라이(Reye) 증후군 때문에 아스피린을 사용해서는 안 되며, 대신 타이레놀과 같은 해열제를 사용하는 것이 좋습니다.

폐렴에 걸리거나 면역이 떨어진 아이들에게는 항바이러스제를 투여합니다.

## 3. 수두는 어떻게 예방하나요?

수두 예방주사를 접종하면 수두를 예방할 수 있습니다('수두 예방접종'에 대해서는 23쪽 참조). 하지만 건강한 소아들에게까지 모두 예방주사를 접종해야 하는지에 대해서는 좀 더 많은 연구가 필요합니다.

수두 환자와 접촉한 후 72시간 이내에 예방접종을 하면 수두 발생을 예방하거나 가볍게 앓고 지나갈 수 있습니다.

수두 예방접종 후의 이상반응은 아주 드물게 나타나는데, 가장 흔한 것은 접종 부위가 아프거나 붓고 · 발열 · 발진이 발생하는 정도입니다.

## 이런 때는 꼭 수두 예방주사를 맞아야 해요

1. 수두에 이환될 위험성이 높은 질환, 즉 급성백혈병이나 악성종양 등으로 면역억제 화학요법 치료를 받고 있는 경우.
2. 수두 환자가 입원해 있는 병원에 함께 입원하고 있는 소아.
3. 수두에 걸린 병력이 없는 의료인.
4. 수두에 면역성이 없는 성인, 특히 임신을 원하는 가임 여성.
5. 수두 · 대상포진 면역글로불린 투여(수동 면역).
6. 면역력이 떨어진 소아 또는 임신부.

## 43 구순구개열(口脣口蓋裂)

구순구개열은 선천적인 입술의 기형으로 '토순, 언청이, 순열(脣裂)' 이라고도 합니다. 기형은 우측이나 좌측에 생기며 때로는 양측에 생길 수도 있습니다.

태어나면서부터 주로 윗입술이(드물게는 아랫입술에도 생깁니다) 한쪽 또는 양쪽으로 갈라진 것을 '구순열', 입천장 또는 잇몸까지 갈라진 것을 '구개열', 입술과 입천장이 모두 갈라진 것을 '구순구개열' 이라고 합니다.

특히 구개열의 경우, 말할 때 입 안의 공기가 코로 새어나오므로 언어장애가 따르는데, 이런 경우 성형수술과 함께 언어치료를 병행하면 많이 좋아질 수 있습니다. 하지만 완벽한 발음을 기대할 수는 없습니다. 구순열 또한 성형수술의 진보로 수술 후 상처가 거의 눈에 띄지 않습니다.

최근 산전(産前)검사 및 초음파의 발달로 인해 임신초기에 구순구개열의 유무를 확인할 수 있게 되었는데, 간혹 산전검사를 하고 나서 태아에게서 구순구개열이 발견되면 부모들이 유산을 시도하는 경우를 볼 수 있습니다.

그러나 그런 부모들이, 구순구개열을 가지고 태어난 아이라 할지라도 발전된 의료기술로써 정상인과 다름없이 살아갈 수 있도록 치료가 가능하다는 것을 안다면 그렇게 귀한 생명을 유산까지 시키지는 않을 것입니다.

구순구개열은 2세 이전에 수술을 통해 치료할 수 있으므로 가능한 한 빨리 치료해 주는 것이 좋습니다.

## 1. 구순구개열의 원인은 무엇인가요?

현재까지 그 원인은 아직 완전히 밝혀져 있지는 않지만, 가족력이 가장 유력한 것으로 알려져 있으며, 그 외에 약물, 방사선 물질 등의 원인으로 임신 초기 태아의 발생 과정에서 입술이나 입천장의 조직 형성이 잘못되어 생기게 됩니다.

특히 가족력과 관련이 깊은 구순구개열의 발생 빈도는 1,000명당 0.7~1.6명이며, 부모 중에 어느 한쪽이 구순구개열인 경우 2~5%, 부모 모두가 구순구개열일 경우 60%에 달하는 것으로 알려져 있습니다.

또한 산모의 음주나 흡연, 고(高)연령도 중요한 요소로 작용할 수가 있습니다. 따라서 발생 원인은 유전적 소인, 환경적 요인 등 다양한 원인들이 복합적으로 작용하는 것으로 여겨져 이에 대한 많은 연구가 진행되고 있습니다.

## 2. 구순구개열의 치료는 어떻게 하나요?

구순구개열을 가진 아이가 태어나면 일단 전문병원을 찾아가서 진찰받고 상담하는 것이 좋습니다.

구순구개열은 모습이 흉하기 때문에 신생아 때 수술해 주어야 한다는 학자들도 있지만, 일반적으로는 생후 3~4개월이 되었을 때 구순열 교정을 실시합니다. 이렇게 함으로써 수술 시간을 충분히 가질 수 있고 구순 조직이 자라서 좀 더 정확한 수술을 할 수 있기 때문입니다. 그리고 아이가 태어난 지 12개월 전후가 되면 갈라진 입천장을 교정해 주는 수술을 시행합니다.

일반적으로 구순구개열의 치료는 구순열을 먼저 교정하고 나서 구개열은 그 후 말 배우기 전에 교정합니다.

구순구개열은 수술 후 대개 5~7일이면 퇴원이 가능합니다. 퇴원 후 3~4주 동안은 입술이 무엇에 부딪히거나 심하게 울려서는 안 되며 기침이나 빨기 등도 피해야 합니다. 이 기간 동안에는 장갑을 착용시켜 아이가 손을 입 안에 넣지 않도록 해야 하고, 식사는 우유 등 유동식을 3~4주 동안 먹이도록 합니다.

만 4세가 되면 발음 상태를 평가하여 필요한 경우에는 언어치료를 하고, 만 5세가 되면 입술 모양이나 코의 변형을 교정해 주는 수술을 준비합니다. 그리고 잇몸이 갈라진 경우에는 만 9~11세 사이에 송곳니의 성장 상태를 확인하면서 뼈 이식을 하고, 만 16~17세가 지나 얼굴 성장이 멈추게 되면 필요에 따라 안면의 윤곽수술이나 코의 미용수술 등을 실시하기도 합니다.

이처럼 구순구개열이 있는 아이들은 사춘기 이후까지 여러 차례의 검사와 수술을 받는 경우가 많고, 동시에 여러 분과(分科)의 치료를 받아야 합니다. 따라서 좋은 결과를 얻기 위해서는 소아과, 이비인후과, 성형외과, 교정과, 소아치과, 보철과, 구강외과, 언어치료실, 사회사업부 등이 하나의 팀을 이뤄 아이를 전문적이면서 통합적으로 치료해 줄 수 있는 병원을 찾는 것이 좋습니다.

## 3. 수술 후의 경과는 어떠한가요?

구순열의 경우 교정수술 후 약 5일이 지나면 실밥을 뽑게 되지만 구개열의 경우에는 실밥을 뽑지 않습니다. 구순열 수술 후 2~3개월이 되면 입술의 상처가 약간 비뚤어져 보이나 그로부터 약 6개월이 지나면 입술 모양이 예쁘게 자리를 잡아 갑니다.

## 4. 2차 성형수술은 언제 해야 하나요?

구순열 환자의 경우, 성장하면서 입술의 흉터나 비대칭 또는 모양의 변형이 있고, 또한 코의 모양이 납작하거나 비틀려서 외관상 추하게 보일 수가 있습니다. 이에 대한 성형수술은 언제든지 가능하지만 초등학교 입학 전(약 6세경에)에 입술과 코를 교정하여 학교생활에서의 문제를 최소화하는 것이 좋습니다.

수술 결과는 의사의 경험과 기술에 따라 만족스럽지 못한 경우도 적지 않습니다. 따라서 이러한 수술은 고도의 기술과 경험을 필요로 하는 만큼 성형외과 전문의 중에서도 구순구개열 수술에 일가견이 있는 경험 많은 전문의를 찾아가서 시행하는 것이 좋습니다.

## 5. 언어치료 및 발음교정 수술도 필요해요

구개열 수술을 하고 나면 언어장애나 조음장애가 올 수 있습니다. 따라서 아이가 3~4세가 되면 언어분석 및 전문의와의 정기적 상담으로 조기 치료 및 교정 수술을 하는 것이 중요합니다. 수술 전후의 세밀한 언어분석과 약 1년 정도의 언어 치료가 필요합니다.

## 6. 구순구개열도 예방할 수 있나요?

선천성 기형아를 예방하려면 임신 중 약물복용을 금지하고 방사선 노출을 삼가며, 여러 화학물질로부터 오염을 방지해야 합니다. 그리고 술 · 담배와 카페인이 들어 있는 음식을 삼가고 균형 있는 영양식과 충분한 휴식을 취하며, 임신 전후에 풍진 · 사이토메가로 바이러스 · 수두 등과 같은 바이러스 검사를 실시하고, 풍진 예방접종을 실시하며, 접종하고 나서 3개월 간은 임신을 피하는 것이 좋습니다.

임신 4개월 이후에는 초음파 정밀검사를 통해 출산 전에 구순열의 유무를 진단할 수 있지만, 대부분의 경우 태아의 건강상태만 신경 쓰다가 그냥 지나치기가 쉽습니다. 따라서 선천성 기형아에 대한 가족력이 있는 경우, 임신 전후에 의사와 상담하고 대처하면 선천성 이상을 가진 아이가 태어나는 것을 예방할 수 있습니다.

# 44 소아비만

비만은 만병의 근원이라는 말을 넘어 이제 전염병이라는 말까지 생겨났습니다. 성인은 말할 것도 없이 소아비만 역시 심각한 사회문제로 대두되고 있는 것입니다. 요즘 비만은 옛날과 달라서 어릴 적부터 나타나며, 이는 궁극적으로 국민건강을 위협하는 사회적 문제로 대두되고 있습니다. 따라서 비만관리는 이제 청소년 시기부터 시작해도 늦습니다.

미국 필라델피아의 한 아동병원에서는 출생 첫 주 동안에 체중이 얼마나 빨리 증가하느냐에 따라 비만 여부가 결정된다는 연구 내용이 발표되어 관심을 끌고 있습니다. 내 자녀의 건강한 삶을 위해서는 아예 태아 때부터 비만 관리를 해야 하는 시대가 온 것입니다.

전문가들은 소아비만 환자의 비율은 1970년대 후반 전체 소아의 4% 정도였으나 2000년대에 들어서면서부터 10~20%로 크게 늘어난 것으로 분석하고 있습니다. 서구화된 식생활로 인해 칼로리 섭취는 늘어난 반면 컴퓨터와 TV 앞에 앉아 있거나 교통의 발달과 놀이 공간의 협소화 등으로 인해 활동 시간이 대폭 축소되는 등 심한 운동 부족이 그 원인입니다.

우리나라에 몸짱 열풍이 일어난 지 오래됐지만 자신의 아이의 비만에 대해서는 부모들이 관대해지고 있습니다. 이미 비만해져 있는 자신의 아이를 바라보면서도 그저 '튼튼하다' 고만 생각합니다. 옛날에 비해 영양 상태가 좋아져서 이렇게 체격이 좋아졌다며 흐뭇한 마음으로 아이를 바라보는 것입니다. 그리고 '살은 키로 가니까 괜찮다' 며 안일하게 생각하고 있는 부모들이 적지 않은데, 이런 생각은 아이의 성장에 치명적인 영향을 줄 수 있습니다.

어린이 비만증이 증가하면서 이제까지 성인 비만의 합병증으로만 알려져 왔던 동맥경화, 당뇨병, 심근경색, 뇌출혈, 우울증 등이 이제는 소아과 영역에서도 문제가 되고 있습니다. 또 비만은 심장에도 부담을 주고 호흡장애를 일으키는 원인이 되기도 하며 신체발육에도 영향을 미칠 수 있으므로 조기치료에 나서야 합니다.

## 1. 소아비만의 기준은 무엇인가요?

비만이란 섭취한 열량이 운동 등으로 인해 소모되는 열량보다 많아 소모되고 남은 부분이 체내에 지방으로 축적되는 현상을 말합니다. 정확히 말하면, 신체 내에 축적된 지방질이 정상치보다 높은 것으로, 피하지방이 정상인에 비해 지나치게 많다는 것입니다. 특히 지방세포의 크기만 커지는 성인비만과는 달리 지방세포의 수도 증가해 치료가 쉽지 않고 재발이 잘되는 것이 소아비만의 특징입니다.

소아비만이 나타나는 시기는 영아기와 5~6세, 사춘기이며, 50% 이상은 6세 전에 나타납니다. 정상아에 비해 키가 더 크고 골 연령도 증가되어 있으며, 피하지방이 유아기에는 전신에 축적되지만 연령이 증가함에 따라 하반신에 더욱 많이 축적되고, 사춘기에는 여아는 둔부에, 남아는 체간에 많이 축적됩니다.

정확한 비만 판정을 위해서는 체지방을 실제로 측정해야 하지만 그냥 간편하게 키에 따른 표준 체중을 이용하거나 체격지수를 사용합니다. 비만도(%)는 〈(실측 체중 - 신장별 표준체중)/신장별 표준체중〉×100이고, 표준 체중은 (키 - 100)×0.9로 산출합니다. 이렇게 해서 비만도가 20% 이상이면 비만으로 치는데, 20~30%는 '경도비만', 30~50%는 '중증도비만', 50% 이상은 '고도비만'이라고 합니다.

비만 상태에서 6세를 넘기면 비만이 지속될 가능성이 50% 이상이며, 비만 청소년의 70~80%가 성인비만으로 이어질 위험이 있으므로 반드시 조기치료가 필요합니다.

## 2. 소아비만의 원인은 무엇인가요?

어린이 비만의 요인은 크게 '유전'과 '생활환경', 그리고 '병에 의한 비만'으로 나눌 수 있습니다. 비만인 사람이 많은 집안에 유전적으로 비만 어린이가 많은 것은 사실이지만, 부모가 비만이라고 해서 아이도 반드시 비만인 것은 아닙니다.

비만의 가장 흔한 원인은 과식입니다. 과식을 하고 운동량이 적으면 그만큼 비만이 될 확률이 높으므로 식사량과 시간 등을 잘 조절해야 합니다. 신체 활동을 통해 소비되는 칼로리보다 더 많은 에너지를 섭취한다면 당연히 살이 찌고 체중이 늘면서 비만이 될 수밖에 없습니다. 실제로 고도비만아들의 식이습관을 보면 비만하지 않은 아동들에 비해 과식하며 기름기 많은 음식을 좋아하고, 특히 저녁식사를 많이 하고 식사 속도도 정상아들에 비해 빠른 것으로 나타났습니다.

일반적으로 소아비만은 부모가 모두 비만인 경우 80%, 엄마만 비만인 경우 60%, 아빠만 비만인 경우 40%, 정상 부모인 경우 7%가 비만인 것으로 보고되고 있습니다. 따라서 비만 집안에서는 자녀들이 비만해지지 않도록 사전에 예방해 줄 필요가 있습니다.

그리고 또 비만한 아이는 그렇지 않은 아이에 비해 비활동적인 성향을 보입니다. 실제로 한 조사에 의하면, TV 시청 시간이 1시간 증가할 때마다 비만 발생률이 2%씩 증가한 것으로 나타났습니다. 이는 TV 시청이 에너지를 소비시키는 데 필요한 활동 시간을 감소시키고, TV를 시청하는 중에 간식 등의 음식물 섭취 증가 등이 그 원인이라고 할 수 있습니다.

또한 각종 스트레스와 정신적 장애, 뇌에 기질적인 병변이 있는 경우 등도 원인이 될 수 있습니다. 소아비만의 대부분은 다른 아이에 비해 키가 약간 크지만 신체의 질병으로 생기는 증후성 비만은 또래보다 키가 작습니다. 증후성 비만은 약 1% 미만이며, 대부분은 과식으로 비만해지는 단순성 비만입니다.

그 밖에도 기름진 음식을 좋아하는 식습관과 불규칙한 식습관, 빨리 먹고 푸짐하게 먹는 식습관도 비만의 원인으로 꼽히고 있습니다.

## 임신 중인 엄마도 식이요법이 필요해요

소아비만의 시작은 아이가 엄마 뱃속에 있을 때부터 시작된다고 해도 과언이 아닙니다. 부모의 유전자와 임신 당시 엄마의 몸 상태에 따라 태아가 비만해질 수 있기 때문입니다. 따라서 임신 후반기가 되면 더욱 각별한 식이요법이 필요합니다. 조금씩 자주 먹는 습관을 기르고 기름기가 많은 육류, 단 것, 빵과 밥, 국수, 감자 등의 섭취는 가능한 한 줄이는 것이 좋습니다.

## 짠 음식, 소아비만 유발!!

음식을 짜게 먹는 어린이들은 비만아가 될 가능성이 높다는 연구 결과가 나왔습니다. 영국 런던 세인트조지 대학 연구진은 조사 결과, 염분이 많은 음식을 먹은 어린이들은 당분이 함유된 청량음료 등을 더 많이 마시는 경향이 있는 것으로 나타났다고 밝혔습니다. 연구진은 염분 섭취량이 적으면 음료 섭취량도 줄어든다며, 하루 식사에서 염분의 양을 1g 줄이면 하루 음료 섭취량도 100g을 줄일 수 있다며, 통상 음료 섭취량 100g 중 4분의 1은 청량음료라고 말했습니다. 어린이들이 하루 평균 소금 섭취량 중 절반가량인 3g을 덜 먹을 경우 매주 당분 함유 청량음료를 두 잔 덜 마시는 셈이 되며, 주당 250칼로리를 덜 섭취하는 셈이 된다고 연구진은 추산했습니다.

연구진은 최근 심각한 사회 문제로 등장한 소아비만을 퇴치하기 위해 부모는 자녀의 음식에서 염분 함량을 줄여야 하고 식품업계도 제품의 염분 함량을 줄일 수 있는 방안을 강구해야 한다고 촉구했습니다.

## 3. 소아비만은 왜 위험한가요?

비만아는 자신의 외모에 대한 열등감과 자신감의 결여, 운동 능력의 저하 등으로 점차 소극적이 되고 비사교적인 생활태도를 보여 사회생활에 지장을 초래하게 되기 쉽습니다.

또 성인 비만의 경우와 마찬가지로 지방간이나 고지혈증 · 고혈압 · 당뇨병과 같은 성인병을 어린 나이에 걸릴 수 있을 뿐만 아니라, 비만도가 50% 이상인 고도비만아의 경우 78% 이상이 지방간(38%) · 고지혈증(61%) · 고혈압(7%) · 당뇨병(0.3%) 등, 비만으로 인해 발생할 수 있는 질환 가운데 한 개 이상의 합병증을 가지고 있는 것으로 알려져 있습니다.

게다가 자신의 과중한 몸을 지탱하느라 무릎관절이나 척추 등에 이상이 오기도 하며, 폐활량이 감소되어 산소 부족으로 인해 두통에 시달리기도 합니다.

Point

### 식사 시간은 30분, 1회 씹는 회수는 30회 이상!

음식 칼로리를 줄이기 위해서는 음식을 만들 때 굽거나 튀기는 것보다는 삶거나 국물을 우려내는 것이 좋습니다. 5~7세의 식사 시간은 30분 정도가 적당하고, 한 번 씹을 때마다 30회 이상 씹어 먹도록 식습관을 들여 주는 것이 중요합니다. 비만 치료는 식욕 억제에 있는 것이 아니라 과도한 식욕을 줄여 나가면서 몸의 대사율과 식욕의 균형을 맞추는 것입니다.

## 4. 소아비만의 예방과 치료는 어떻게 하나요?

성인들의 비만도 마찬가지지만 어린이들의 비만은 치료가 어렵기 때문에 무엇보다도 예방이 중요합니다.

소아비만을 예방하기 위해선 부모의 관심과 도움이 절실합니다. 먼저 비만이 될 수 있는 계기를 만들지 말아야 합니다. 가족 전체의 식생활 습관이 비만을 초래하고 있지 않은지 살펴서 과식이나 영양의 과다 섭취를 막고 일정한 식사를 하도록 노력해야 합니다.

성인비만과 마찬가지로 소아비만 역시 신체 활동과 올바른 식습관이 예방에 매우 중요한 요소입니다. 우선 아이에게 자기 몸에 맞는 정기적인 운동을 시키는 것이 좋습니다. 운동 시간은 최소 30분 이상 지속돼야 합니다. 그 외에도 청소나 심부름 등 가급적 몸을 많이 움직이도록 유도하는 것이 좋습니다. 여기서 한 가지 알아둬야 할 것은, 이렇게 운동을 하더라도 무분별한 식습관이 계속되면 아무런 소용이 없습니다. 운동을 하고 나면 배가 고프게 되고, 그러면 폭식하게 되는 경우가 많기 때문입니다.

우선 아이가 끼니를 거르지 않도록 해야 합니다. 끼니를 거르면 하루 동안의 필요한 영양소를 채울 수가 없습니다. 특히 아침에 일어나서 1시간 이내에 탄수화물과 단백질이 풍부한 식사를 해야만 두뇌 회전이 빨라지고 인체의 대사 과정이 활기를 띠게 됩니다. 또 포화지방과 콜레스테롤이 낮은 음식을 선택하도록 도와줘야 합니다. 무조건 육류의 섭취를 제한하면 성장기에 꼭 필요한 단백질이 부족할 수 있습니다. 따라서 지방을 제거한 살코기 · 생선 · 우유 · 콩 · 두부 등을 많이 먹는 것이 좋습니다. 그리고 음식에 설탕과 소금은 물론 조미료 사용을 가능한 한 줄이고 신선한 채소와 과일을 많이 먹이도록 합니다.

또한 소아비만은 잘못된 생활 습관에서도 올 수 있습니다. 따라서 아이에게 소아비만의 위험성에 대해 설명해 주고 아이의 생활 습관을 조금씩 고쳐 나가는 것이 효과적입니다. 즉 식사와 관련해서는, '규칙적인 시간에 식사하기, 허겁지겁 먹지 말고 꼭꼭 씹어 천천히 먹기, 다른 일을 하면서 식사하지 않기, 식사는 꼭 식탁에서 하기, 한 끼에 몰아서 식사하지 않기' 등과 같이 구체적인 항목을 정해 두고 실천하게 하는 것이 좋습니다. 그리고 이후에 아이의 행동 변화와 체중 변화에 대해 칭찬을 하며 선물을 주는 등 동기 부여를 하는 것도 괜찮습니다. 아이의 생활 습관을 하루아침에 바꾸기란 쉬운 일이 아니므로 소아비만에 대해서는 가족들의 적극적인 협력이 필요합니다.

무조건적인 식사 제한, 즉 다이어트는 성장기 어린이들에게 또 다른 질병을 유발하는 결과를 낳을 수 있으므로 되도록 전문가의 도움을 받도록 합니다. 소아비만 치료는 체중 감소에 중점을 두지만 소아비만 치료의 최종 목표는 키에 대한 적정 체중을 유지시키는 것입니다.

Point

## 생후 0~2세의 영아를 달랠 때는 분유 대신 물을 주세요

생후 5~6개월 정도가 되면 점차 아기들의 식욕이 떨어지게 됩니다. 그런데 8~10개월 후에도 아기의 식욕이 좀처럼 떨어지지 않고 비만이 계속된다면 이후에도 비만이 지속될 가능성이 높습니다. 따라서 생후 8개월 이후부터는 분유의 양을 서서히 줄여 나가면서 최종적으로 30% 정도까지 줄이도록 합니다. 아이가 배고파하며 젖을 달라고 보채면 부족분만큼 젖병에 물을 타 주어 달래도록 합니다.

## 잠과 비만

최근 영국 브리스톨 대학의 샤흐라드 타헤리 박사는 "어린이와 청소년의 수면 시간이 짧아지고 있으며, 이로 인해 식욕과 에너지를 조절하는 호르몬 수준이 영향을 받고 있다"고 밝혔습니다. 그는 "하루 5시간 자는 사람들은 8시간 자는 사람보다 식욕을 느끼게 하는 호르몬인 그렐린이 15% 많다"며 "수면 부족은 식사 욕구와 에너지를 조절하는 호르몬 생산을 교란할 수 있다"고 말했습니다. 또 수면 부족은 피곤함을 증가시켜 운동량을 줄이게 되고, 따라서 비만이 야기될 측면이 크다고 덧붙였습니다.

이 같은 수면 부족과 비만과의 상관성은 특히 아이들과 젊은 층에 두드러지고 있습니다. 타헤리 박사는 또, "아이들 비만 대책에 운동과 건강한 식사 외에 적절한 수면도 반드시 포함돼야 한다"고 권고했습니다.

# 45 육아와 이유식

아기가 태어난 지 4개월이 지나면 아이에게 이유식을 먹이기 시작합니다. 그전까지 모유나 분유만 먹던 아이들은 그때서야 처음으로 음식을 접하게 되는 것입니다.

이유식(離乳食)이란 글자 그대로 '모유나 분유와 이별을 고하는 식사'를 말합니다. 그런데도 대부분의 엄마들은 이유식을 하면서도 분유 대신 일반 우유나 두유 등을 먹여야만 하는 것으로 착각하고 있습니다.

이유식은 생후 6~7개월에 시작하는 것이 바람직하며, 쌀과 쇠고기가 주류를 이뤄야 합니다. 그리고 7개월이 되면 하루 세 끼의 이유식을 먹여야 하며, 8개월이 넘어가면 음식에 간을 해야만 아기들이 잘 먹는 경우가 많습니다. 생후 12개월이 가까워지면 식구들과 한 식탁에서 식사하는 습관을 들이는 것이 좋습니다. 간혹 이유식에 대해 잘못 알고 있는 상식들 중에는, 아이에게 잡곡을 준다든지, 닭고기가 좋다든지, 과일을 꼭 먹여야 한다든지, 분유나 두유를 꼭 먹여야 한다든지, 생수 또는 아기 전용 음료가 좋다든지 하는 것들이 있습니다.

그러나 절대로 간식이 주식을 대신할 수는 없으며, 특히 2세 미만의 시기에는 이런저런 이유로 영양불균형을 초래하지 않도록 조심해야 합니다.

엄마가 주관을 가지고 아이를 대해야 하는 것이 많지만, 그 중 이유식이야말로 정말 주관이 필요합니다. 여러 정보가 쏟아져도 확고한 주관을 가지고 단계별로 차근차근 밟아 나가야 합니다.

Point

## 이유식은 두뇌발달에 도움이 돼요

머리가 좋고 나쁨은 뇌를 구성하고 있는 '시냅스' 라는 신경세포 구조가 얼마나 정교하게 발달하는가에 달려 있습니다. 이러한 신경세포 회로는 대개 만 3세까지 가장 활발하게 발달합니다. 그렇다면 이때 두뇌 발달을 도와줄 수 있는 방법은 어떤 것들이 있을까요?

첫째, 영양소를 골고루 섭취할 수 있고 씹어서 먹는 이유식을 먹이는 것이 필요합니다. 음식을 꼭꼭 씹어 먹게 되면 혀와 입을 움직이면서 두뇌에 자극을 주게 되어 신경세포가 발달하는 데 도움을 줍니다. 이때 분비되는 침 역시 혈액 안으로 성장인자가 들어가 뇌를 활발히 운동하게 만들어 두뇌 발달에 도움을 주게 됩니다.

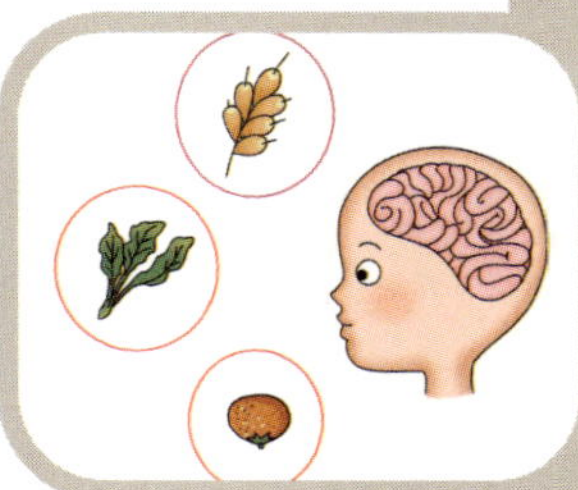

둘째로, 뇌 건강에 필요한 영양분을 함유하고 있는 식품을 골고루 섭취시키는 것입니다. 뇌 발달을 위해서는 우선 타우린 · 트립토판 · 티로신 · 글루타티온 등과 같은 아미노산을 충분히 공급받아야 합니다. 아미노산은 단백질을 통해 공급되며, 뇌 세포와 신경전달물질 등의 원료가 됩니다. 쇠고기는 아미노산의 보고(寶庫)입니다. 등 푸른 생선과 건어물에 많은 DHA와 견과류(호두 · 잣 · 감 · 밤 등)에 많은 레시틴 · 비타민B군(群) · 비타민C · 비타민E 등도 두뇌 발달에 중요한 역할을 합니다.

셋째로, 꾸준한 운동과 충분한 수면도 중요합니다. 따라서 아이가 많이 움직일 수 있도록 해주고, 직접 만지고 보고 듣고 맛보는 오감을 통한 감각을 느낄 수 있도록 해주면 뇌를 자극해 두뇌발달에 도움을 주게 됩니다. 그리고 숙면을 하면 뇌세포가 충분히 휴식할 수 있는 시간과 기억력을 재정비할 수 있는 기회를 주기 때문에 중요합니다.

## 1. 이유식은 엄마가 직접 만들어 주세요.

이유식은 보통 생후 4개월부터 물과 섞은 과즙이나 미음 등을 먹이기 시작해 서서히 열량 · 철분 · 비타민 등을 늘려 나가야 합니다. '이유(離乳)'는 단순한 영양보충만이 목적이 아닙니다. 젖꼭지 대신 숟가락으로 먹는 것을 연습시키면서 '빠는 것'에서 음식을 부수거나 '씹는 것'으로 식사 방법을 바꿔주는 중요한 과정입니다. 다양한 음식을 접하면서 색과 맛에 대한 습관을 익히고 여러 가지 영양소를 섭취하도록 하는 것입니다.

그런데 시판 이유식은 이러한 과정이 무시되고 대부분 분말 형태로 되어 있어서 그것을 물에 개어 먹이다 보니 씹어 삼키는 능력을 키우기가 어렵습니다. 또 아기가 다양한 음식의 맛과 향기, 질감 등을 접함으로써 두뇌가 발달되고 창의력이 향상될 수 있는데 시판 이유식은 그렇지를 못합니다. 아이에게 새로운 재료의 맛을 공부할 기회를 원천적으로 봉쇄하고 있기 때문입니다.

아이가 젖을 빠는 능력은 선천적으로 타고나지만 음식을 씹는 능력은 훈련이 필요합니다. 어릴 때부터 씹는 연습을 충분히 해두지 않으면 치아나 턱, 위장 같은 소화기관이 제대로 발달하지 못합니다.

엄마가 이유식을 직접 만들어 먹어야 하는 또 하나의 이유는, 유지방 함량이 높은 인스턴트 이유식은 집에서 만든 이유식보다 열량이 3배나 높습니다. 따라서 이것에만 의존할 경우 아이는 열량 과잉이 되기 쉽습니다. 12개월 된 아이는 하루 분 열량의 35~40%만 지방으로 섭취해도 충분합니다. 그러므로 집에서 만든 이유식을 먹인다면 자연스럽게 균형 잡힌 영양분을 먹게 됩니다.

다시 한 번 강조하지만, 이유식은 아기의 월령에 맞게 엄마가 직접 만들어 먹이는 것이 좋습니다. 식품 알레르기를 일으키는 것으로 알려진 달걀 · 우유 · 대두 · 생선 · 견과류 등은 무작정 먹이지 말고, 먹이고 나서 알레르기 반응 여부를 체크하는 것이 좋습니다. 그래서 반응이 있으면 해당 식품을 한 달 정도 먹이지 않다가 다시 한 번 테스트해 보는 것이 좋습니다. 보통 쇠고기 · 감자 · 고구마 · 과일 · 채소 · 미역 등이 알레르기를 일으키지 않는 것으로 알려져 있습니다.

## 2. 이유식을 만들 때 엄마가 알아야 할 기본 원칙

이유식에는 별도로 간을 할 필요가 없습니다. 아기에게 음식 재료가 가진 고유한 맛을 경험하게 해주는 것이 중요하기 때문입니다.

또, 이유식을 할 때는 한 번에 한 가지씩 먹여야 합니다. 이유식에 새로운 재료를 넣을 때는 짧게는 2~3일, 길게는 1~2주까지 간격을 둡니다. 그래야만 어떤 재료가 아이에게 알레르기를 일으키는지를 알 수 있습니다.

먹이는 시간도 일정한 것이 좋습니다. 생후 4~5개월에는 모유나 분유를 먹이기 전인 아침 10시쯤, 6개월부터는 아침 10시와 저녁 6시가 적당합니다. 세 끼를 모두 이유식으로 먹게 되는 9개월부터는 아침 6시와 낮 2시, 저녁 6시에 먹이다가 차츰 가족의 식사 시간에 맞춰 가도록 합니다.

숟가락으로 먹이는 것도 중요합니다. 아이가 숟가락을 쓰면서 이유식을 입 안에 넣고 우물거리는 동안 그 맛과 향, 질감을 두루 느낄 수 있기 때문입니다. 그 과정에서 아이의 미각과 두뇌가 발달하고 독립심도 길러집니다.

이유식을 만들 때 엄마가 알아야 할 기본 원칙 몇 가지를 들자면 다음과 같습니다.

1. 한꺼번에 여러 가지 재료를 넣지 말아야 합니다. 앞에서도 말한 바와 같이 아기가 다양한 음식의 맛과 향기, 질감을 접해야만 두뇌가 더욱 발달되고 창의력이 향상될 수 있기 때문입니다.
2. 사람의 소화기는 곡류에 제일 익숙해져 있으므로 우선 곡류부터 먹이기 시작하다가 다음으로는 야채와 과일을 주고, 육류와 달걀 등은 제일 마지막에 먹이는 것이 좋습니다.
3. 당연한 말이지만, 오염이 안 된 안전한 먹을거리를 사용해야 합니다. 가능하면 제철에 난 국산 재료를 사용하도록 하고, 설탕이나 조미료 등은 일체 넣지 말아야 하며, 각종 첨가물이 들어 있는 가공식품은 먹이지 말아야 합니다.
4. 아기가 아주 좋아하고 소화를 잘 시킬 수 있는 음식은 좀 오랜 기간 줘도 좋습니다. 아무리 아기의 몸에 좋은 음식이라 할지라도 아기가 자꾸 거부한다면 비슷한 영양가를 포함하고 있는 다른 먹을거리로 바꾸도록 합니다.

## 3. 월령별로 조리 형태를 달리해야 해요

### 1) 생후 4~5개월(이유식 초기)

이때는 맑은 죽이나 한 가지 과일 또는 야채로 만든 즙이 좋습니다. 처음에는 물처럼 묽게 만들어 먹이다가 아이가 잘 먹으면 숟가락을 기울이면 뚝뚝 떨어지는 죽 정도까지 진하게 만들어 먹입니다.

### 2) 생후 6~8개월

단백질과 무기질, 비타민이 골고루 들어간 이유식을 줘야 합니다. 되직한 죽부터 두부 정도의 단단함이 느껴지는 음식도 괜찮습니다. 과일 · 야채 · 두부 등을 오물거려서 으깰 수 있을 정도로 부드럽게 조리해 줍니다.

### 3) 생후 9~10개월

모유나 분유보다는 이유식으로 영양분과 칼로리를 얻는 시기입니다. 쌀알이 그대로 보이는 죽부터 손으로 쥐면 으깨지는 바나나 정도의 굳기가 느껴지는 음식까지 먹일 수 있습니다.

### 4) 생후 11~12개월(이유식 완료기)

분유는 500㎖가 못 되게 간식으로만 먹이고, 어른이 먹는 음식보다 조금 질고 부드럽게 조리한 음식이면 됩니다. 모유나 분유를 먹일 때는 젖병을 사용하지 말고 숟가락을 사용하도록 합니다.

12개월 이후에는 어른과 비슷한 식사를 하고 모유나 분유를 완전히 끊습니다. 간식으로 생우유와 요구르트 · 과일 · 치즈 등을 먹이면 됩니다.

## 4. 첫 이유식은 쌀죽으로 시작하세요

이유식은 보통 시금치 · 당근 등으로 시작하지만, 6개월 이전에는 아기에게 빈혈을 유발할 수 있으므로 시금치나 당근은 먹이지 않는 것이 좋습니다.

또 알레르기가 있는 아기의 경우 6개월 이전에는 이유식을 시작하지 않는 것이 좋습니다. 처음에는 미음 상태의 흰죽을 1~2주 정도 먹인 뒤에 익숙해지면 단호박 · 청경채 · 양배추 등 맛이 강하지 않은 야채를 3~4일 정도 먹여 적응기간을 갖도록 합니다. 또 위장 기능이 미숙한 아기에게 섬유질을 지나치게 먹이면 영양성분까지 배출하는 결과를 가져올 수 있습니다.

이유식은 숟가락으로 먹이는 것이 원칙입니다. 숟가락으로 이유식을 먹이면 젖병을 빨 때보다 먹는 시간이 길어지므로 여유롭게 먹다가 배부르면 그만 먹는 것을 배우게 됩니다. 이런 습관은 아기의 올바른 식사습관을 들이는 데 매우 중요합니다.

## 첫 이유식 때의 주의사항

❶ 아기의 건강과 발육이 순조로울 때 시작합니다.

❷ 이유식을 시작하기 전에 수유 시간을 규칙적으로 습관화합니다.

❸ 한 번에 한 종류씩 새로운 음식을 주고, 양을 늘릴 때는 2~3일 간격으로 한 숟가락씩 늘립니다. 만일 설사나 구토, 피부발진이 있으면 몇 개월 동안 그 음식을 피하도록 합니다.

❹ 이유식의 초기 목적은 영양보다는 아기에게 새로운 맛과 감촉, 먹는 방법을 익히게 하는 데 주안점을 둡니다.

❺ 아기가 기분이 좋고 공복일 때 줍니다. 이유식을 처음 시작할 때는 오전 중 수유 시간 사이에 줍니다.

❼ 이유식은 매일 일정한 시간에 실시하고 일정한 분위기를 유지합니다.

❽ 이유식의 조리 형태는 아기가 먹기 편하고 소화가 잘되는 유동식으로 시작합니다.

❾ 죽으로 시작해 3~4일 동안 잘 먹으면 야채를 한 가지씩 첨가하고, 그 후에 두부 · 생선 · 달걀노른자 순으로 먹여 봅니다.

❿ 이유식 중기와 후기에는 알갱이가 있는 음식을 주어 씹어 먹는 훈련을 시킵니다.

⓫ 이유식을 조리할 때는 간을 하지 말고 음식 고유의 맛을 보게 합니다.

## 5. 생후 6개월 이전의 아이에게 생우유는 안 좋아요

분유는 아기에게 꼭 필요한 성분을 강화하고 소화되기 어려운 물질은 잘 흡수되도록 가공해 엄마 젖과 비슷하게 만든 제품입니다. 그러나 생우유는 가공 처리한 분유와 달리 단순히 소독만 한 제품이므로 아기에게 너무 일찍 먹이는 것은 좋지 않습니다.

특히 생후 4~6개월 된 아기의 장은 미성숙해서 엄마 젖이나 분유 외에는 소화를 잘 시키지 못합니다. 그런데 이때 생우유를 먹이면 영양 섭취에 장애를 가져오거나 우유 알레르기를 일으킬 수도 있습니다.

그리고 생후 6개월이 되면 엄마에게서 물려받은 영양소가 소진되므로 다른 식품으로 보충해 줘야 하는데 이때도 생우유를 먹이는 것은 좋지 않습니다. 따라서 분유를 먹이면서 이유식을 시작하는 것이 좋습니다.

생후 6개월 이후가 되면 아기에게 어느 정도 소화능력이 생기게 되므로 생우유를 소화시킬 수는 있습니다. 하지만 아기 성장에 필요한 철분이나 비타민 같은 영양소의 함유량이 적어 주식으로 해서는 안 됩니다.

따라서 생우유를 먹이기 시작해도 좋은 시기는 돌 이후가 적당하고, 분유를 완전히 생우유로 바꾸는 시기는 18개월 정도가 적합합니다. 하지만 돌이 지나서도 아이가 이유식을 충분히 먹지 못한다면 생우유보다는 분유를 먹이는 것이 더 낫습니다.

## 6. 영아에게 과일이나 야채를 먹일 때의 주의사항

과일은 종류에 따라, 먹이기 시작하는 시기가 있습니다. 생후 6개월부터는 사과 · 배 · 복숭아 · 살구 등을 먹여도 되지만, 알레르기 반응을 일으킬 수 있는 오렌지와 귤은 9개월 이후, 그리고 딸기와 토마토는 돌이 지난 후부터 먹이는 것이 좋습니다.

영아에게 과일을 먹일 때는 씨와 껍질을 모두 제거해야 합니다. 딸기처럼 씨를 구별할 수 없는 것은 목에 걸려 질식할 위험이 있으므로 통째로 먹여서는 안 됩니다. 특히 씨를 뺀 포도알은 2살 이후에 갈아서 먹일 필요가 있습니다.

비타민이 풍부한 야채는 가열하면 영양소가 파괴되는 수가 많지만 아기에게 야채를 날것으로 먹이는 것은 좋지 않습니다. 아무리 깨끗하게 씻었다 하더라도 생식은 세균에 오염될 우려가 있기 때문입니다. 따라서 생후 6~8개월까지는 야채를 포함해 모든 음식을 익혀서 먹이는 것이 바람직합니다. 과일도 바나나 이외에는 모두 익혀 먹이는 것이 좋습니다. 비타민 C나 비타민 B1, B2 등은 모유를 통해서도 충분히 섭취가 가능합니다.

## 7. 우유, 두 돌이 지나면 저지방으로 바꿔야

우유에는 성장에 꼭 필요한 단백질과 칼슘이 풍부할 뿐 아니라 각종 비타민이 많이 들어 있습니다. 이 때문에 아이들에게는 하루에 두 컵 정도의 우유를 먹이는 것이 좋습니다.

그러나 한 가지 피해야 할 것이 있습니다. 바로 우유 속에 함유된 포화지방입니다. 이는 고기에 붙은 비계 덩어리와도 같은 성분입니다. 아기에게 이 포화지방을 많이 먹이면 나중에 성장하여 비만 · 고혈압 · 심장병 등의 발생 가능성이 커집니다. 따라서 우유의 장점만을 취하려면 두 돌까지는 일반 우유를 먹이고 두 돌이 지나면 서서히 저지방 우유로 바꿔 줘야 합니다. 늦어도 만 5살 전에는 완전히 저지방 우유로 교체해야 합니다.

두 돌 이전의 아이들에게 일반 우유를 권장하는 이유는 두뇌와 신체 발달에 지방이 필수이기 때문입니다. 따라서 첫돌 전이라면 엄마 젖이나 분유, 두 돌까지는 엄마 젖이나 지방이 풍부한 일반 우유가 아이들에게 필수적인 음식입니다.

두 돌이 지나면 우유뿐만 아니라 다른 음식에서도 서서히 지방의 비율을 줄여 4~5살이 되면 어른과 마찬가지로 전체 열량의 30% 정도만을 지방으로 섭취하는 것이 좋습니다. 아이가 비만이 아니더라도 저지방 우유로 바꿔야 합니다. 야윈 아이일 경우에도 마찬가지입니다. 아이의 몸무게가 너무 적게 나간다면 우유는 저지방으로 하고, 대신 요리할 때 몸에 좋은 불포화지방이 많은 든 참기름이나 들기름, 올리브유 등을 충분히 사용하는 것이 좋습니다. 또 호두나 땅콩, 잣과 같은 견과류를 적당히 먹이면 됩니다.

## 8. 증상 · 체질별 이유식 먹이기

### 1) 감기에 걸렸을 때

아이가 감기에 걸리면 소화력도 떨어지게 되므로 삼키기 쉽고 부드러운 두부 · 달걀 · 바나나 · 단호박 등의 재료와 죽이나 푸딩, 찜 등의 조리법을 선택합니다. 또 비타민C 등이 풍부한 과일이나 채소의 사용을 늘려 주고, 이유식을 조금 묽게 하여 수분의 양도 늘리도록 합니다.

### 2) 빈혈이 있을 때

빈혈이 있는 아이에게는 철분이 많이 함유된 음식이 좋습니다. 달걀노른자 · 쇠고기 · 쇠간 · 굴 · 대합 · 바지락 · 김 · 미역 · 다시마 · 파래 · 쑥 · 콩 · 깨 · 팥 · 잣 · 호박 · 버섯 등이 권장됩니다.

### 3) 변비가 있을 때 좋은 음식과 피해야 할 음식

변비가 있는 아이에게는 섬유질이 풍부한 채소와 과일을 많이 섞은 이유식이 좋습니다. 배 · 자두 · 살구 · 건포도 · 복숭아 · 콩 · 완두 · 양배추 · 시금치 · 브로콜리 · 고구마 등이 권장됩니다. 우유 · 아이스크림 · 요구르트 · 치즈 · 삶은 당근 · 감 · 바나나 · 사과소스 등은 변을 딱딱하게 만들어 주므로 가능한 한 피하도록 합니다.

### 4) 설사할 때 찬 음식은 안 좋아요

기름기가 많거나 너무 찬 음식은 피합니다. 또 당분이 너무 많은 주스나 음료수도 설사를 자극할 수 있으므로 피하도록 합니다.

Point

## 이유식, 알고 먹여야 보약

**김치는 첫돌 이후에 먹이는 것이 좋아요**

첫돌 이전에는 아이에게 김치를 먹이지 않는 것이 좋습니다. 아기들의 음식에는 가급적 소금을 치지 않아야 하는데 김치는 소금으로 절여 만든 음식이고, 또 김치에 들어가는 새우나 굴, 조개 등은 아기에게 알레르기 반응을 일으킬 수도 있기 때문입니다. 특히 아토피성 피부염 등의 알레르기가 있는 아기의 경우 첫돌 전에는 김치를 먹이지 말고 간단한 야채부터 먹이는 것이 좋습니다.

**달걀은 생후 6개월 이후에 꼭 익혀서 먹이세요**

생후 6개월부터는 아이에게 달걀을 먹여도 됩니다. 처음에는 알레르기 반응이 적은 노른자부터 주고, 다른 음식과 마찬가지로 소량으로 시작해서 조금씩 양을 늘려 가면 됩니다. 완전히 익힌 달걀을 부숴서 분유나 이유식에 개어 먹입니다. 아기가 달걀을 잘 먹더라도 일주일에 3개 이상은 주지 않는 것이 좋습니다.

주의할 것은, 간혹 반숙한 노른자를 먹이는 경우가 있는데, 그러면 장티푸스나 식중독 균에 감염될 우려가 있습니다. 따라서 달걀은 반드시 완전히 익혀 먹여야 합니다.

### 미숫가루는 아이에게 알레르기 반응을 일으킬 수 있어요

미숫가루는 여러 곡물을 함께 갈아서 만든 식품이기 때문에 가능한 한 아기들에게는 먹이지 않는 것이 좋습니다. 여러 가지 곡식을 섞어 만든 미숫가루를 아이에게 줄 경우 설사나 알레르기 반응을 일으킬 위험이 있기 때문입니다.

곡류는 쌀부터 시작해서 1~2주 간격을 두고 다른 곡물을 한 가지씩 첨가하면서 설사나 구토, 피부 발진 등이 생기지 않는지 관찰해야 합니다. 특히 땅콩이나 메밀 · 콩 · 밀 등은 알레르기 반응을 일으키기가 쉬우므로 가능한 한 피하는 것이 좋습니다.

### 요구르트는 설탕이나 과일이 첨가되지 않은 것으로

아이들의 소화에 도움을 주는 요구르트는 생후 5~6개월부터 먹일 수 있습니다. 요구르트는 설탕이나 과일 등이 첨가되지 않은 '플레인 요구르트'가 좋습니다. 특히 야채나 땅콩 가루가 들어가 있는 것은 기도를 막아 질식을 유발할 수 있으므로 피하도록 합니다.

그리고 아기들의 경우 대부분 분유보다는 요구르트를 더 좋아하여 자꾸 요구르트만 찾는 경향이 있는데, 이럴 때는 당분간 요구르트를 끊거나 양을 줄여, 먹는 습관을 고쳐 줘야 합니다.

## 9. 이유식, 이것이 궁금해요

### 1) 분유를 탈 때는 어떤 물이 좋은가요?

분유를 탈 때는 깨끗한 생수를 끓인 뒤 식혀서(70℃ 이상) 사용하고, 건강에 좋다는 나무 수액이나 보리차, 녹차 등은 피하는 것이 좋습니다.

### 2) 과일은 몇 살 때부터 먹이는 것이 좋은가요?

과일은 아기가 생후 6개월이 지난 뒤 먹여야 영양학적으로 효과가 있습니다. 딸기 · 토마토 · 귤 · 오렌지 등은 돌이 지난 후에 먹이기 시작하고, 포도는 기도를 막아 아이가 질식할 위험이 있으므로 갈아서 즙으로 먹이는 것이 좋습니다.

### 3) 선식을 먹여도 되나요?

미숫가루나 선식은 죽이나 액체로 섭취하기 때문에 이유기의 아기가 씹어 먹는 연습을 할 수 없습니다. 다양한 곡물과 채소를 갈아 만든 선식은 여러 종류의 식품을 동시에 섭취하게 되므로 아이가 알레르기 증상을 일으켜도 그 원인을 찾기가 어렵습니다.

### 4) 먹다 남은 분유를 아이에게 다시 줘도 되나요?

분유는 한 번 먹을 양만큼만 타고, 먹다 남은 것은 버리는 것이 좋습니다. 미국 식품의약국(FDA)은 장내 세균의 일종인 사카자키균이 조제분유나 수유 과정에서 증식할 수 있다고 경고하고 있습니다.

### 5) 알레르기를 유발시키는 식품은 어떤 것들이 있나요?

달걀 · 우유 · 대두는 영유아에서 발생하는 가장 흔한 알레르기 유발 식품입니다. 그 밖에 땅콩 · 메밀 · 토마토 · 복숭아 · 닭고기 · 돼지고기 · 붉은 살 생선 · 갑각류 등도 알레르기를 유발할 수 있으므로 아기의 특성을 관찰하면서 선택하는 것이 좋습니다.

### 6) 아기에게 꿀을 먹여도 되나요?

생후 1년이 되기 전에는 꿀을 그대로 또는 음식에 넣어 먹이지 않는 것이 좋습니다. 면역력을 완전히 갖추지 못한 아기는 벌꿀 속에 존재하는 보툴리눔균(일종의 식중독균)에 감염될 우려가 있기 때문입니다.

### 7) 아기에게 영양제를 줘야 하나요?

모유와 분유를 정상적으로 먹고 있다면 영양제를 따로 줄 필요가 없습니다. 다만 아기가 소화 · 흡수 불량 등과 같은 질환에 걸린 경우엔 영양보충이 필요한데, 이때는 반드시 의사의 처방에 따라야 합니다.

### 8) 먹다 남은 음식을 다시 데워 먹여도 되나요?

먹다 남은 음식물을 장시간 동안 실온에 두게 되면 세균이 증식할 수 있습니다. 따라서 한꺼번에 이유식을 많이 만들어 놓고 먹일 경우에는 될 수 있는 대로 빠른 시간 내에 식혀 소량씩 나눠 냉동 보관해야 합니다. 그것을 다시 먹일 때는 해동해 충분히 가열합니다.

### 9) 첫돌 전에 생우유를 먹여도 되나요?

생우유는 젖소에서 짜낸 젖을 가공하지 않고 소독만 한 것으로, 철분이나 비타민은 부족하고 전해질과 단백질이 많은 식품이며, 분유는 신생아들에게 소화 · 흡수가 잘 되도록 가공하고 필요한 성분을 더 보충한 식품입니다. 따라서 첫

돌 전의 아기는 아직 장이 미숙해 모유나 분유를 먹여야 합니다. 이 시기에 생우유를 먹일 경우 생우유에 들어 있는 이종 단백질이 장출혈을 일으킬 수 있고, 또 생우유에 함유된 칼슘과 인 때문에 장에서 철분이 효율적으로 흡수되지 않아 빈혈이 올 수도 있습니다.

### 10) 그럼 생우유는 언제부터 먹일 수 있나요?

첫돌이 지나면 서서히 분유를 중단하고 생우유를 먹여도 됩니다. 하지만 주식은 밥과 반찬이 되어야 합니다. 생우유는 하루에 400~500cc 정도를 간식으로 주는 것이 좋습니다. 어떤 엄마들은 아기가 식사를 잘 하지 않으면 생우유만 하루에 수천 cc를 먹이곤 하는데 이는 매우 잘못된 것입니다.

첫돌이 지나면 필수 영양소를 대부분 음식으로 섭취해야 합니다. 우유에는 섬유질이 부족합니다. 그리고 우유를 필요 이상으로 많이 먹이면 변비가 생길 수 있습니다. 따라서 이 시기에 변비가 있다면 다른 음식에 비해 우유를 많이 먹이고 있지 않는지 점검할 필요가 있습니다.

Point

### 어린 아기도 빈혈이 생길 수 있어요

성장하는 아이들에게는 칼슘도 중요하지만 그 이상으로 철분 또한 필요합니다. 아기들은 엄마 뱃속에서 6개월분의 철분을 받아 가지고 태어납니다. 따라서 생후 6개월이 지나면 모유나 분유에 들어 있는 철분만으로는 부족하지요. 따라서 적절한 이유식으로 철분을 보충해 줄 필요가 있습니다. 그럼에도 불구하고 아이를 더 잘 키우려는 욕심으로 좋다는 음식만 골라 먹이다가 오히려 빈혈을 초래하는 예를 종종 보게 됩니다.

아이에게 빈혈이 있으면 별다른 증세가 없는 경우도 있지만, 대개는 안색이 창백하고 밥을 잘 안 먹으며 잘 보채고 울어대며 쉽게 지치는 증상을 나타냅니다. 이러한 빈혈은 겉으로 멀쩡해 보이는 아이에서도 발견되기 때문에 대한소아과학회에서는 생후 9개월, 18개월, 3

세, 6세에 검진을 받도록 권하고 있습니다.

빈혈을 예방하려면 우선 올바른 이유식을 해야 합니다. 생후 5~6개월이 되면 이유식을 시작하며, 이유식은 처음부터 한 번에 여러 가지를 먹이지 말고 한 가지씩 종류를 늘려 나가도록 합니다. 처음에는 쌀미음으로 2~3주 동안 먹이고, 이후에는 야채를 섞어 만든 죽을 먹이며, 만 6개월부터는 반드시 쇠고기나 닭고기 등 육류를 먹여 아이에게 필요한 영양을 보충해야 합니다.

그리고 첫돌이 지난 아이의 경우 우유는 하루에 500cc 이상은 먹이지 말아야 합니다. 왜냐하면, 우유에는 철분이 적게 들어 있는데, 그런 우유를 많이 먹일 경우 철분이 많이 들어 있는 다른 음식을 덜 먹게 되기 때문입니다. 철분이 든 쌀로 미음을 해 먹이면 철분 보충은 충분합니다. 성장에 필요한 그 밖의 영양소는 모유 또는 분유에 포함돼 있으므로 특정 영양소를 따로 공급해 줄 필요가 없습니다.

철 결핍성 빈혈이 진단되면 2~3개월 정도 철분제를 먹여야 합니다. 우리 몸에는 일정량의 철분이 비축되어 있어야 하는데 이미 다 소모되어 버려서 빈혈이 온 것이므로 이를 충분히 보충해 주어야 합니다.

## 1. 신생아의 건강관리

### 1) 배꼽이 떨어지기 전까지는 부분 목욕을 시켜야 해요

생후 6~10일이면 탯줄이 완전히 건조되어 떨어지는데, 이 기간 전까지는 탯줄과 배꼽 부위가 감염되지 않도록 특히 주의해야 합니다. 따라서 배꼽이 떨어지기 전까지는 배꼽 부분에 물이 닿지 않도록 부분 목욕을 시켜 주고, 목욕 후에는 배꼽 부분에 반드시 알코올로 소독해 주는 것도 잊어서는 안 됩니다.

### 2) 신생아 때는 모유나 분유만 먹이세요

신생아는 소화기능도 발달하지 않았으므로 다른 음식을 주지 말고 모유나 분유만 먹이도록 합니다. 분유를 탈 때는 반드시 맹물을 이용합니다. 간혹 사골 국물이나 한약 달인 물로 분유를 타 먹이는 바람에 신장기능이 미성숙한 신생아들이 탈수나 신부전으로 병원에 실려 오기도 하므로 주의하도록 합니다.

Point

### 생후 6개월 미만의 아기에게 물을 주면 안 돼요!

생후 6개월이 안 된 유아에게 물을 주면 수분중독을 일으킬 수 있다는 연구 결과가 나왔습니다. 미국 존스 홉킨스 대학 의과대학 아동병원 소아응급전문의 제니퍼 앤더스 박사는 생후 6개월이 안 된 유아는 신장이 아직 완전히 발달된 상태가 아니므로 물을 많이 먹이면 수분과다로 인해 몸 안에서 나트륨이 방출되면서 얼굴이 붓고 경기를 일으킬 수 있다고 밝혔습니다.

생후 6개월이 안 된 아기도 갈증반사로 인해 물이 먹고 싶을 수 있으나 이때는 물이 아닌 모유나 우유를 먹여야 한다고 앤더스 박사는 말했습니다. 앤더스 박사는 "물을 먹였을 경우 나타나는 초기 증세는 잡아내기 어려워 경기를 할 때에야 비로소 부모가 잘못된 것을 알게 된다"면서 "이때는 지체 없이 치료를 해야지 그렇지 않으면 그 영향이 영구히 갈 수도 있다"고 경고했습니다.

체내에 나트륨이 부족하면 뇌의 활동이 영향을 받기 때문에 수분중독의 초기 증상은 흥분, 졸림 같은 정신기능 변화가 나타납니다.

생후 6개월이 지난 유아는 변비가 있거나 날씨가 아주 뜨거울 때 소량의 물을 주되 한 번에 30~60g 이상은 주지 말아야 한다고 앤더스 박사는 덧붙였습니다.

### 3) 신생아의 외출은 2주가 지나야 해요

신생아를 밖으로 데리고 나가려면 적어도 생후 2주 정도 지난 후가 좋습니다.

### 4) 신생아를 엎어 재우면 돌연사의 원인이 될 수 있어요

신생아는 4주가 될 때까지는 목을 제대로 가누지 못하므로 안을 때는 한 손으로 머리를 받쳐 주어야 하며, 심장을 튼튼하게 하고 두상(頭狀)을 예쁘게 해준다는 이유로 아기를 엎어 재우는 것은 돌연사의 원인이 될 수 있으므로 주의해야 합니다. 따라서 반듯하게 눕혀서 재우는 것이 안전합니다.

#### 유아 돌연사, 이렇게 하면 낮출 수 있어요!

미(美)소아과학회는 얼마 전에 '아기에게 젖꼭지를 물려 재우는 것이 유아 돌연사 증후군 발생 확률을 낮춘다'는 연구 결과를 발표했습니다.

유아 돌연사 증후군은 주로 생후 1년 미만의 유아, 특히 생후 2~4개월의 유아들에게서 발생하며, 정확한 원인은 아직 규명되지 않았습니다.

미(美)소아과학회는 "연구 결과, 젖꼭지 사용과 유아 돌연사 증후군 발생 사이에 연관성이 있다는 것이 밝혀졌다"며 젖꼭지를 물고 자는 아기들의 유아 돌연사 증후군 발생 확률이 그렇지 않은 아기들에 비해 낮다고 설명했습니다.

미(美)소아과학회는 이어, "아기를 옆으로 뉘어 재우는 것이 유아 돌연사 발생 확률을 높인다"고 밝혔습니다. 아기를 옆으로 뉘어 재울 경우 자세가 불안정해져 잠잘 때 뒤척이다가 엎어진 자세로 바뀔 가능성이 있기 때문입니다.

소아과학회는 또, "부모가 아기를 데리고 자는 것보다 유아용 침대에 따로 재우는 것이 안전하다"고 덧붙였습니다.

유아 돌연사 증후군의 정확한 원인은 아직까지 밝혀지지 않았으나 '엎어 재우는 것, 푹신푹신한 바닥에서 재우는 것, 임신 중의 흡연, 지나친 난방, 조산, 저체중' 등이 유아 돌연사 증후군 발생 확률을 높이는 것으로 알려져 있습니다.

이에 따라 소아과학회는 아기를 비교적 딱딱한 바닥에서 베개 없이 바로 재우는 것이 안전하다고 말했습니다. 또 아기의 호흡을 방해할 수 있는 장난감 등을 잠들기 전에 미리 치울 것과 아기가 젖꼭지 무는 것을 좋아할 경우, 젖꼭지를 물려 재우라고 당부했습니다.

### 5) 신생아 돌보기 전엔 손을 깨끗이 씻고 칫솔질을 해야 해요

갓 태어난 신생아를 돌보는 일이란 결코 쉬운 일이 아닙니다. 무엇보다 주의할 점은 감염을 막는 것입니다. 감기 등 바이러스 감염을 예방하기 위해 외출에서 돌아온 부모는 반드시 손을 씻고 칫솔질을 한 후에 아기를 돌보아야 합니다.

### 6) 아기의 코가 막혔을 때 이렇게 해보세요

아기는 어른과 달리 코도 잘 막히곤 하는데, 코가 막혔을 때 콧속에 면봉 같은 것을 넣고 뚫어 주려고 하면 오히려 염증이 생기게 되어 코가 더 막힐 수 있습니다. 따라서 아기의 코가 막혔을 때는 생리식염수나 물을 콧속에 한두 방울 떨어뜨려 주면 좋습니다.

### 7) 입 안을 가제로 닦아 주는 것은 좋지 않아요

엄마가 아기를 목욕시킬 때 입 안을 가제로 닦아 주는 경우가 많은데, 이는 좋지 않습니다. 갓 태어난 아기는 피부가 아주 연약해서 이렇게 입 안을 가제로 닦을 경우 아기 입 속의 보호막이 벗겨져 아구창이 생길 수도 있기 때문입니다.

## 2. 아이에게 모유가 좋은 이유

가장 자연적이고 신선한 무균질의 아기 양식은 바로 엄마의 젖입니다. 우유는 세균 감염을 막기 위한 파스퇴리제이션 과정에서 많은 성분이 파괴되거나 변하지만, 엄마의 젖인 모유에는 모든 영양분이 그대로 담겨져 있습니다.

모유는 폐렴 · 모세기관지염 · 천식 · 장염 · 역류증 · 중이염 · 태열 · 음식알레르기 등의 발생률을 떨어뜨리며, 뇌수막염이나 패혈증과 같은 중증 감염으로 인한 사망률도 우유를 먹은 아이에 비해 현저히 낮습니다.

또 모유는 당뇨병이나 염증성 장 질환을 예방하고, 만성폐질환이나 심혈관질환에도 도움이 되며, 영아기의 만성설사를 예방하고 가성콜레라로 불리는 '로타바이러스 장염'에서 설사 기간을 줄여 주는 한편 빨리 낫게 합니다.

모체(母體)가 지니고 있는 면역항체의 일부가 엄마 젖을 통해 아기에게 공급되고, 모유 속에 함유된 A형 면역글로불린은 호흡기 감염이나 위장관 감염, 요로 감염 등을 막아 주기도 합니다.

또한 모유를 먹고 자란 아기는 우유를 먹고 자란 아이에 비해 빠른 운동 발달과 학습능력 향상을 보이는가 하면, 지능지수가 높고 정신질환의 비율도 낮은 것으로 알려져 있습니다.

모유에는 세균이나 바이러스에 대한 항체를 비롯한 감염증을 예방하고, 치료하는 면역세포와 수많은 면역조절 및 성장인자를 풍부히 함유하고 있어서 아기가 성장하는 데 필요한 성분들을 자동으로 조절하여 공급해 줍니다. 그리고 특히 초유(初乳)에는 우유로서는 도저히 공급할 수 없는 성분을 함유하고 있습니다. 따라서 진정으로 아기의 건강을 위한다면 생후 6개월까지는 모유를 먹이는 것이 바람직합니다.

## 아기에게 엄마 젖을 먹이면…

엄마 젖을 먹는 아기는 돌연사로부터 보호되며 분유를 먹는 아기에 비해 설사도 적게 하는 것으로 지적됐습니다. 대한가족보건복지협회가 공개한 '엄마 젖의 환경 오염물질에 대한 국제모유수유연맹의 서한'을 소개하면 다음과 같습니다.

❶ 분유를 먹고 자라는 아기들은 엄마 젖을 먹는 아기들에 비해 설사의 빈도가 3~4배 높으며, 또 엄마 젖을 먹는 아기들은 예방접종을 한 후에 더욱 높은 면역체를 생산합니다.

❷ 엄마 젖을 먹는 아기는 요로감염에 걸릴 확률이 낮고 소아기와 청년기를 통해 아토피성 피부염이나 음식 및 호흡기 알레르기 등에도 잘 걸리지 않습니다.

❸ 엄마 젖을 먹고 성장한 미숙아는 분유를 먹고 자란 미숙아에 비해 7~8세 때의 지능지수가 높습니다.

❹ 아기에게 젖을 먹이는 엄마는 유방암과 난소암 · 빈혈 · 골다공증 등의 위험이 적고, 아기에게 젖을 먹이면 피임이 되어 출산의 간격이 자연히 생기게 됩니다.

❺ 젖 먹이기는 배고픔의 문제를 해결하는 데 사회적으로도 상당한 역할을 하며, 분유통이나 우윳병 등과 같은 쓰레기를 배출하지 않아 환경보호에 일조합니다.

서한은 "환경오염으로 인해 다이옥신이나 살충제 등과 같은 독성물질이 엄마의 젖에서도 검출되고 있긴 하지만 두유나 우유 등의 대체식품도 이런 독성물질에 오염돼 있기는 마찬가지"라며, "젖이 주는 이득은 이런 위험을 훨씬 능가한다"고 지적했습니다.

## 3. 아이에게 비타민을 먹여야 하나요?

부모라면 누구나 자기의 자녀를 건강하고 튼튼하게 키우고 싶을 것입니다. 그런 마음이다 보니 남들이 좋다고 하는 비타민이나 영양제를 자기 자녀에게도 과연 사 먹여야 하나 하는 궁금증이 이는 것은 당연한 일일 것입니다.

그럼, 이 문제에 대해 신생아 때부터 살펴보기로 하겠습니다.

엄마가 아이에게 모유를 먹일 경우, 모유에는 아기가 자라는 데 필요한 충분한 양의 균형 잡힌 비타민이 들어 있으므로 어머니와 아기의 건강 상태가 양호하다면 특별히 아기에게 비타민을 따로 먹일 필요가 없습니다. 모유의 경우, 아기 성장에 필요한 비타민D의 양이 부족하긴 합니다. 하지만 이 비타민D는 아이가 햇볕을 쪼이면 피부에서 자연스럽게 합성되기 때문에 우리나라처럼 날씨가 좋은 나라에서는 아이에게 따로 비타민D를 먹일 필요가 없습니다. 물론, 아이가 미숙아로 태어났다거나 의학적으로 문제가 있다면 별도의 비타민D 공급이 필요할 수 있습니다.

그리고 모유 대신 분유를 먹인다 해도 마찬가지입니다. 분유 또한 모유와 마찬가지로 비타민이 균형 있게 배합되어 있으므로 굳이 비타민을 따로 먹일 필요가 없습니다.

의사에 따라 임신부에게 임신부 자신과 아기의 건강을 위해 비타민을 먹도록 추천하는 경우도 있습니다. 하지만 임신부가 균형 잡힌 식사를 정상적으로 하고 있다면 특별히 비타민을 따로 공급할 필요가 없습니다. 여기서 균형 잡힌 식사란 야채만 주로 먹을 경우 비타민B군이 부족하기 쉬우므로 비타민B군이 많이 들어 있는 육류와 닭고기, 생선 등을 골고루 섭취해야 한다는 말입니다. 이는 자라나는 아이의 경우도 마찬가지입니다. 균형 잡힌 식사를 하고 있는 경우에는 임신부와 마찬가지로 비타민을 따로 먹일 필요가 없습니다.

결론적으로, 밥이 보약이라는 말이 있듯이 우리가 일상적인 식사를 충분히 잘하고 있다면 어린이든 어른이든 간에 비타민제를 따로 사 먹을 필요는 없습니다.

## 4. 아기의 생장발육을 도와주는 손끝 마사지

아기 터치의 한 방법인 마사지는 아기에게 있어 비타민과 미네랄 등과 같은 필수 영양소들을 주는 것과 같이 아주 중요합니다. 아이에게 사랑이 가득 담긴 손끝 마사지를 하면 엄마 아빠의 따스한 사랑이 손끝을 따라 아이에게 전해지고, 더불어 아이의 생장발육에도 도움이 됩니다.

마사지는 신체의 일부 또는 전체를 편안하게 해주고 인슐린 분비와 체중을 증가시키며, 스트레스 호르몬 감소, 체중 증가, 면역기능 강화, 뇌파의 긍정적 변화, 정서 안정, 숙면 유도, 유대감 강화, 근육이완 등의 많은 이점들을 가져올 수 있습니다. 생후 3개월까지는 간단하게, 그 이후부터 36개월까지는 정교하게 하는 것이 좋습니다.

마사지를 하려면 우선 손을 깨끗하게 씻고 따뜻하게 덥힌 다음, 시계 등과 같은 차가운 물건은 손에서 제거하고, 방 안을 통풍이 잘되고 따뜻하게 합니다. 또 아기가 배고파 할 때나 젖을 먹은 직후에는 피하도록 합니다. 아기를 따뜻한 담요나 수건에 눕히고 마사지를 위한 베이비오일이나 로션을 준비합니다.

### 엄마 보살핌을 많이 받고 자란 아이가 머리도 좋아요

엄마의 보살핌을 많이 받고 자란 아이일수록 머리가 좋은 것으로 확인됐습니다. 미 맥길대 신경내분비학 마이클 미니 박사는, "어머니의 보살핌은 아기의 뇌 속에 있는 신경연결관을 자극해 학습 능력을 향상시키는 것으로 쥐 실험 결과 확인됐다"고 의학전문지 『자연신경과학』에 발표했습니다. 미니 박사는 "어미의 보살핌을 받고 자란 그룹은 비교그룹에 비해 신경연결관과 성장 호르몬 수용체, 그리고 학습에 중요한 NMAD 신경전달물질이 많았다"며, "어머니의 보살핌은 기억과 학습에 중요한 뇌 부위인 해마(海馬)의 발육, 그리고 성인이 되었을 때의 공간학습과 직접적인 연관이 있음을 보여 주는 것"이라고 말했습니다.

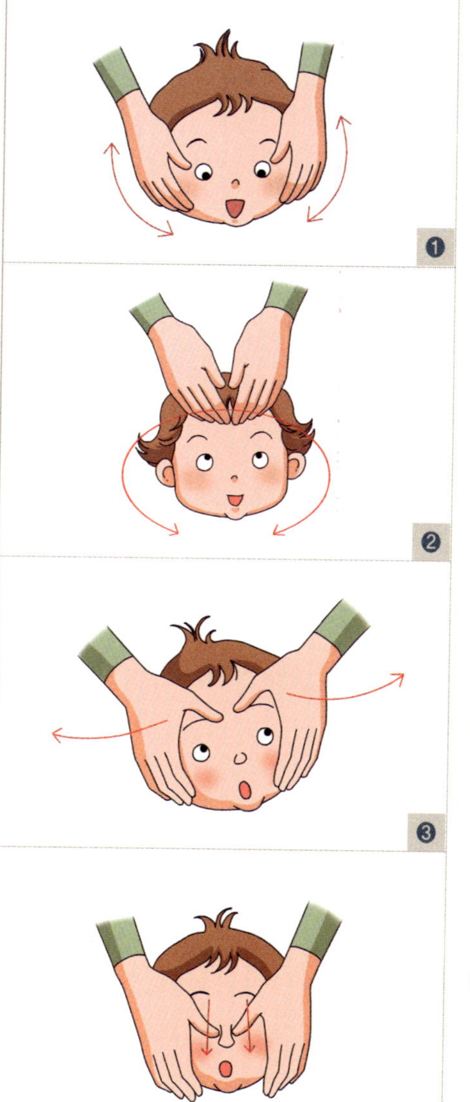

### 1) 얼굴 마사지

**- 아이의 얼굴 근육을 이완시켜 줘요.**

❶ 양손으로 부드럽게 아기의 얼굴을 어루만져 줍니다.

❷ 이마 중앙에 손을 대고 바깥쪽을 따라 턱까지 쓰다듬어 줍니다.

❸ 엄지손가락으로 눈썹 안쪽에서 바깥쪽으로 5~6회 정도 스마일 모양을 만듭니다.

❹ 연속적으로 눈썹 안쪽부터 콧날을 따라 아래쪽으로 내려오며 코를 오똑하게 세워 줍니다.

⑤ 윗입술 중간에 양쪽 엄지손가락을 대고 눌러 주며 바깥쪽을 향해 5~6회 정도 스마일을 만듭니다.

⑥ 아랫입술도 윗입술과 같은 방법으로 반복합니다.

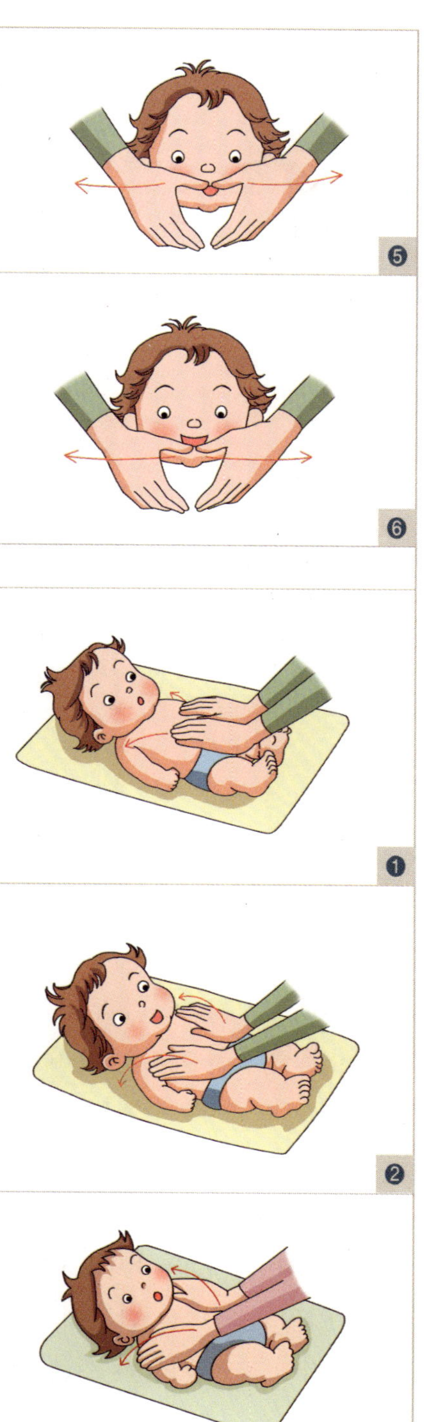


### 2) 가슴 마사지

**- 아이의 폐와 심장기능을 도와줘요.**

아기의 밤낮이 바뀌었거나 잠을 자주 깬다거나 혹은 잠들기 어렵다거나 하는 수면 문제가 있을 경우에 적합합니다.

① 양손을 가슴 중앙에 놓고 바깥쪽으로 늑골을 따라 밀어내듯 쓰다듬고, 다시 하트 모양을 그리면서 중앙으로 돌아옵니다.

② 양손을 가슴 중앙에 놓고 오른손을 아기의 우측 어깨 쪽으로 밀어내듯 쓰다듬어 주고, 그 반대쪽을 같은 방법으로 마사지합니다.

③ 양손을 가슴 중앙에 놓고 동시에 어깨너머로 밀어내듯이 쓰다듬어 넘기는 동작을 5~6회 정도 반복합니다.

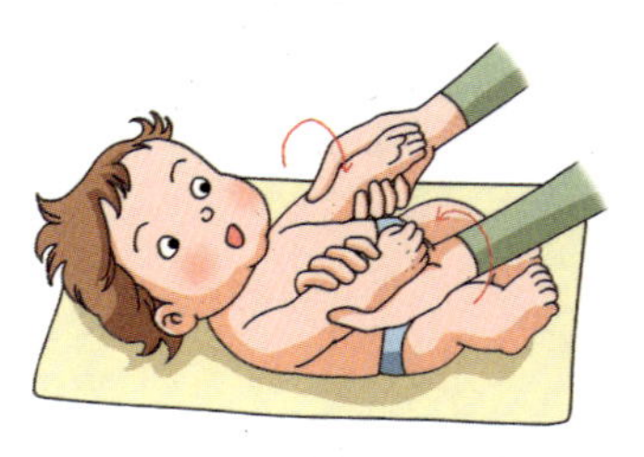

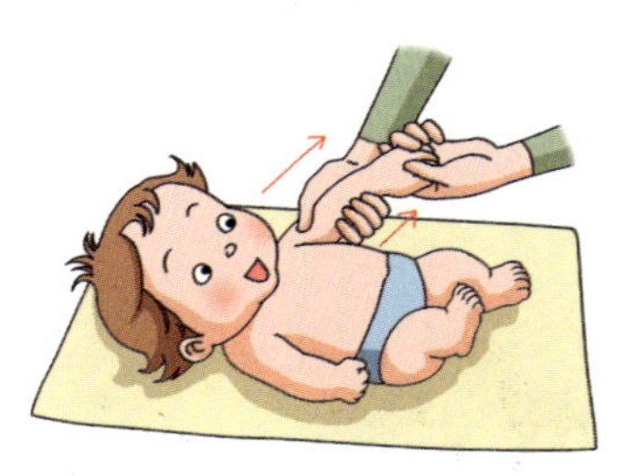

### 3) 팔 마사지

**- 아이의 근육 발달에 도움을 줘요.**

아기가 무엇인가를 붙잡고 일어나기 시작할 때 해주면 근육 발달에 도움을 줍니다.

1. 양손으로 아기의 팔을 야구배트를 쥐듯이 부드럽게 감싸 쥐고 뒤에서 앞쪽으로 돌리면서 어깨에서 손가락 쪽으로 왔다 갔다 하며 반대방향으로 가볍게 당겨 줍니다.

2. 한쪽 손으로 아기 손목을 잡고 다른 손으로 잡아당기듯이 하면서 마사지 합니다.

### 4) 다리 마사지

**- 다리 근육과 뼈, 관절의 유연성을 높여 줘요.**

걸음마 초기 단계에 아기의 다리는 갑자기 늘어난 운동량과 체중을 수용하고 지지하느라 무리가 오고 피곤해질 수 있습니다. 이런 때 다리 마사지를 해주면 아기의 다리 근육과 뼈, 관절의 유연성을 높여 줍니다.

* 위의 '팔 마사지' 와 같은 방법으로 마사지합니다.

### 5) 배 마사지

**- 변비를 완화시키고 배설을 도와줘요.**

아기의 변비를 완화시키고 배설을 도와줌으로써 식후 뱃속에 가스가 차 있거나 속이 거북한 것을 편안하게 해주어 숙면에 도움을 줍니다.

❶ 손 바깥 부위를 이용, 배 위에서 '노가 물을 젓는 손동작'을 합니다. 마치 모래를 끌어올리듯 양손으로 번갈아 가며 마사지합니다.

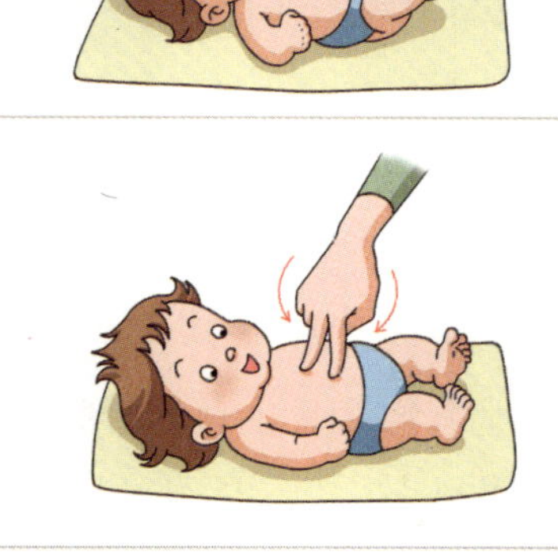

❷ 손가락 끝으로 왼쪽에서 오른쪽으로 아기의 배를 걸음마 하듯 걷습니다.

### 6) 등 마사지

**- 아이의 척추를 튼튼하고 곧게 해줘요.**

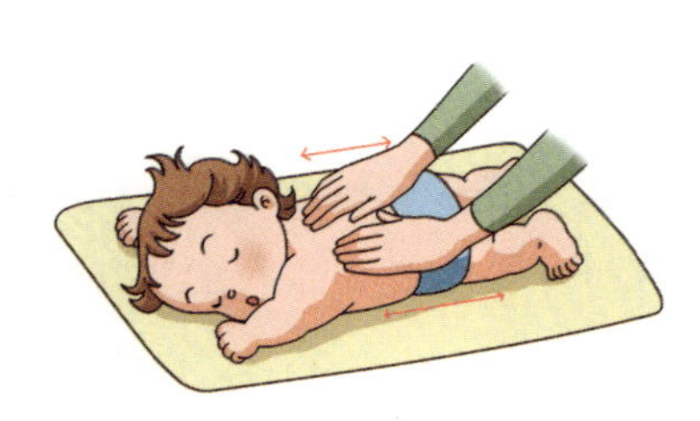

❶ 아기를 엎드려 놓은 뒤에 양손을 등 위에 올려놓고 위아래로 번갈아 왔다 갔다 하면서 마사지합니다. 같은 동작을 등 위쪽에서 엉덩이까지 번갈아 가면서 합니다.

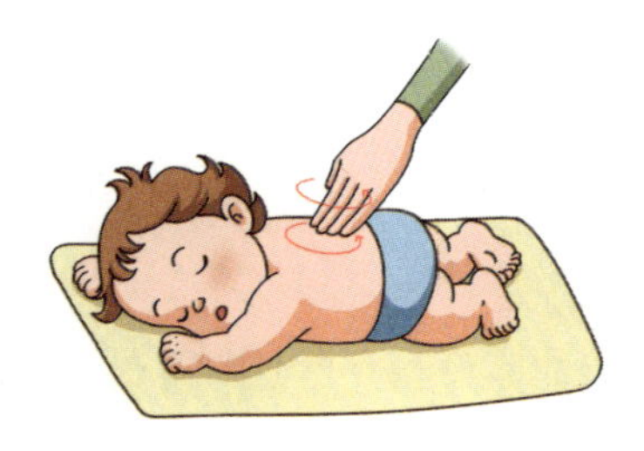

❷ 손가락 끝을 한 곳에 모아 척추 마디마디와 그 주변을 살짝 눌러 주면서 동글동글한 작은 원을 그리며 조심스럽게 마사지해 줍니다.

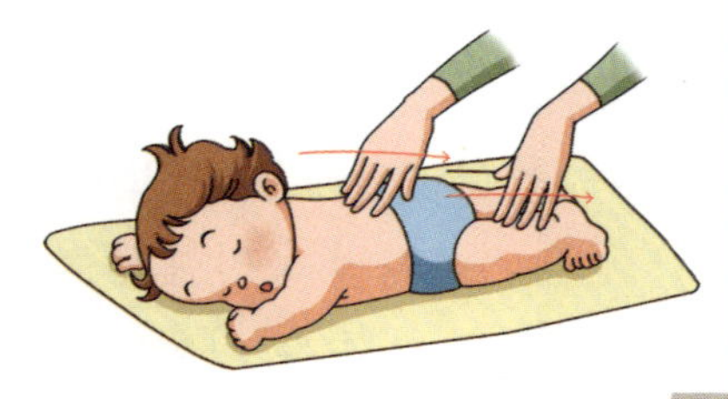

❸ 벌린 손가락 끝으로 등 위쪽에서 엉덩이를 지나 발목까지 쓰다듬으며 내려갑니다.

**아버지와 사이가 나쁜 자녀는 탈선 위험이 크다!**

부모와 함께 살더라도 아버지와 사이가 좋지 않은 10대 청소년들의 경우 그렇지 않은 가정의 청소년들보다 음주나 흡연, 마약 등에 빠질 염려가 68%나 더 높은 것으로 조사됐습니다. 게다가 이들은 어머니와 사이가 좋은 편모슬하의 청소년들보다도 담배나 술, 약물복용 등의 위험성이 60%나 더 높은 것으로 나타났습니다.

이 같은 연구 결과는 미국 컬럼비아대학 내 '국립약물남용 및 중독센터'의 조지프 칼리파노 2세 소장이 미국 내 2천 명의 10대 청소년과 1천 명의 부모들을 무작위로 선정하여 전화 인터뷰한 결과 밝혀졌습니다.

칼리파노 교수는 기자회견에서 이렇게 말했습니다.

"이 같은 사실은 아버지들에게 경종을 울리는 것으로, 세상의 모든 아버지들은 스스로에게 '과연 나는 얼마나 자주 아이들과 식사를 하는가? 아이들을 교회에 데리고 가는가? 아이들의 숙제를 도와주는가? 함께 놀아 주고 과외활동을 지켜보는가? 아이들을 칭찬하고 꾸짖는가?' 라고 물어봐야 할 것입니다."

그러면서 그는 이 연구가 '나쁜 부모는 차라리 없는 것만 못 하다'는 사실을 보여 주는 증거라고 말했습니다.

## 5. 우리 아기, 돌이 지났는데도 걷지 않아요

부모들은 자신의 아이가 다른 아이들에 비해 조금이라도 운동발달이 지연되면 발달장애에 대한 불안감으로 예민한 반응을 보이곤 합니다. 그래서 최근 들어 일선 병원에도 이 같은 문제로 병원을 찾는 부모들이 점차 늘어나고 있는 실정입니다.

운동발달에는 앉기, 일어나기, 걷기, 뛰기 등이 포함되는 '전체 운동'과 손의 기술적인 움직임과 같은 '미세 운동'의 두 가지 영역이 있는데, 보통 운동발달 지연은 아이의 신체 발달에서 가장 중요하게 생각되는 걷기를 기준으로 판단합니다.

유아의 90% 이상은 생후 16개월 이내에 혼자서 보행이 가능하지만 개인마다 차이가 심해서 만 18개월 이내에 걷더라도 운동발달 지연으로 보지 않습니다. 하지만 18~20개월을 지나서도 걷기를 못 한다면 진단이 필요합니다. 참고로, 첫돌 안에 걸음을 걷는 유아는 50% 정도입니다. 부모들이 운동발달 지연을 걱정하며 아이를 병원에 데려오는 시기는 보통 생후 15개월께가 가장 많습니다. 하지만 늦어도 아기가 18개월 전에는 대부분 걷게 되는 경우가 많으므로 그 안에는 아이의 독립 보행 시기에 너무 조바심을 낼 필요가 없습니다.

아이가 생후 12개월 이전에 혼자 일어나 앉지도 못할 때는 빨리 병원에 가야 합니다. 대부분의 아이들은 보통 7개월 내에 혼자 앉을 수 있습니다.

Point

## 목 가누기, 무릎반사 등으로 장애 확인이 가능해요

❶ 아이를 주의 깊게 관찰해 보면 조금 늦더라도 정상적인 성장을 하고 있는지를 판단해 볼 수 있습니다. 우선 엄마가 기저귀를 갈아 줄 때 아이가 다리를 벌리는 것이 편안하고 자연스럽게 이뤄지지 않고 다소 힘이 들어가며 뻣뻣하거나, 아이의 겨드랑이에 손을 넣어 들어 올렸을 때 아이가 버티는 힘이 없어 아래로 축 처질 경우, 또는 손으로 아이의 가슴이나 배를 받치고 지면과 수평 상태로 들었을 때 아이의 머리가 지면과 수평을 유지하지 못하고 아래쪽으로 처진다면 일단 문제가 있다고 볼 수 있습니다.

❶

❷ 이와 함께 4개월이 지나도록 목을 제대로 가누지 못하면 뇌손상 등의 장애를 의심해 봐야 합니다.

❷

③ 그리고 작은 막대기나 나무망치 등으로 무릎 아래쪽을 톡톡 두드려 보면 정상아의 다리는 무의식적으로 들썩거립니다. 하지만 장애가 있는 아이의 경우 무의식적으로 들썩거리는 무릎반사가 지나치게 심하거나 아니면 아예 없거나 미약합니다.

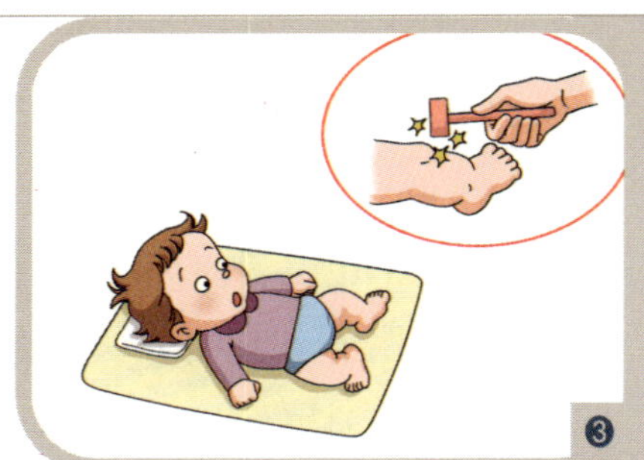


④ 이와 함께 '호핑반사'도 자주 이용됩니다. 아이를 똑바로 세운 채 양손을 잡고 몸체를 앞으로 기울여 보는 것입니다. 이때 아이의 한쪽 발이 자신도 모르게 앞으로 나가면 아이가 제대로 걸을 가능성이 높은 것으로 봅니다.

## 6. 영유아의 놀이 활동

요즘 아이들의 생활공간은 우리 어른들이 클 때와는 많이 다릅니다. 형제자매나 친구들과 함께 맘껏 뛰어 놀 공간도 부족하고, 조기교육의 열풍으로 인해 맘껏 놀 기회도 갖기 힘듭니다.

이처럼 운동량이 많이 부족한 상태에서 자라는 어린이는 육체적 발육에도 문제가 있지만 뇌의 구조적 발달도 늦어집니다. 따라서 "영리하고 똑똑한 아이로 키우려면 영유아기 때 공부보다 운동을 많이 시키라"는 전문가들의 충고에 부모들은 귀를 기울여야 합니다.

아이들의 운동은 재미있고 신나야 합니다. 처음에는 쉽고 단순한 운동을 하도록 하고 점차 그 단계를 높여 가야 합니다. 운동을 하고 나면 충분한 영양 섭취를 할 수 있도록 하고, 피로해 보이면 충분히 휴식할 수 있도록 해야 합니다.

아이가 무리한 운동을 하게 될 경우, 안정 때 심박수가 떨어지는 '일과성 서맥' 이 나타나게 되므로 아이에게 무리한 운동은 피하도록 합니다.

### 1) 운동은 지능을 발달시켜요

운동 기능을 발달시키기에 가장 좋은 시기는 유아기입니다. 이때는 뼈와 근육이 유연한 상태라서 다양한 동작과 기능을 표현할 수 있습니다. 운동을 하면 지적 능력도 발달시킬 수 있습니다. 뇌는 뇌세포의 신경 전달 물질인 마이얼린의 유도로 발달하는데, 이 물질은 활발한 신체 활동을 통한 다양한 자극에 의해 생겨나게 됩니다.

우리 인간은 만 6세 이전에 뇌의 95% 가량이 발달하게 됩니다. 따라서 이 시기에 다양한 놀이 활동을 통해 뇌세포를 자극해야 합니다. 놀이 활동은 자아형성에도 중요한 역할을 합니다. 어린이는 이 놀이 활동을 통해 창의력과 문제 해결력을 키우고 심미감을 발달시킵니다.

### 2) 간단한 근력 운동을 시켜 줍니다

❶ 신생아 때는 영양 섭취와 함께 간단한 운동을 시켜 신체의 협응성이나 근력 증진에도 신경을 써야 합니다. 아기를 베개 위에 가슴이 걸치도록 엎드려 놓고 양팔을 펴게 하면 순간적으로 머리를 들어 올리게 되는데, 하루에 두세 번씩 이런 자세를 취하게 해주면 목을 가누는 능력이 생기게 됩니다.

❷ 또한 엎드린 자세에서 아기의 양팔을 머리 쪽을 향해 V자 형으로 천천히 들어 올려 주면 상체의 힘을 키울 수 있습니다.

### 3) 성장 단계에 맞는 운동을 시켜 줍니다

❶ 어린이는 계속 성장하기 때문에 운동도 성장 단계에 맞게 해야 합니다. 아기는 만 2세가 되면 완전하게 걸을 수 있게 되고 몸놀림이 부쩍 늘어나게 되는데, 이 시기에는 집 안보다는 공원이나 놀이터 등과 같은 바깥 놀이의 기회를 많이 갖게 해주는 것이 좋습니다.

❷ 그리고 만 3세가 되면 걷기, 달리기, 뛰기 등과 같은 기본적인 운동 능력이 갖춰지게 됩니다. 따라서 아이는 그네나 세발자전거 등과 같은 전신운동기구에 관심을 갖기 시작합니다.

❸ 그러다가 만 4세가 되면 발육의 전성기를 이룹니다. 이때는 신체적 정신적으로 능력이 두루 발달하는 시기로, 친구들과 함께 놀이를 하다가 경쟁의식으로 곧잘 싸움을 벌이기도 합니다.

❹ 유아기의 완성 단계는 5~6세 때입니다. 이때는 철봉놀이나 줄넘기, 수영 등을 하면 운동 능력 향상에 효과가 있습니다.

## 7. 우리 아기의 다리가 휘었어요!

휜 다리란 다리뼈 자체가 휘거나 뼈들의 정렬이 잘못돼 무릎을 사이에 두고 넓적다리뼈에서 정강이뼈로 이어지는 축이 일직선에서 벗어난 상태를 말합니다. 양다리를 모으고 똑바로 섰을 때 무릎은 붙고 발목 안쪽 복사뼈는 벌어지는 다리를 'X형 다리', 그리고 그와 반대로 발목의 양쪽 복사뼈를 붙인 상태에서 무릎 사이가 비정상적으로 벌어지는 경우를 'O형 다리'라고 합니다.

많은 어른들은 이런 휜 다리를 두고, "어릴 때는 다 그렇다, 그냥 놔두면 저절로 괜찮아진다"는 식으로 말하곤 하는데, 정상 범위 이상으로 심하게 휜 다리가 성인 이후까지 이어지게 될 경우 관절에 무리를 주게 되어 조기에 퇴행성관절염을 불러올 수 있으며, 다른 중요한 질환의 신호로 다리가 휘는 증상이 나타날 수도 있는 만큼 조기에 정확히 감별해 치료해야 합니다.

### 1) 생리적으로 휜 다리는 걱정 안 해도 돼요

첫 번째 원인으로 '생리적으로 휜 다리'가 있습니다. 태아는 임신 기간 동안 좁은 자궁 안에 웅크리고 있게 됩니다. 그러다 보니 이 기간에 태아의 뼈와 관절이 휘어지거나 뒤틀리게 되어 출생 직후에는 다리 모양이 O형인데, 이는 정상적인 과정으로 약 85% 정도에서는 치료를 받지 않아도 두 돌이 되기 전에 정상으로 돌아오게 됩니다.

그리고 이후 연령에 따라 점차 다리가 X자 형으로 변형되기 시작하면서 약 4세가 되면 가장 심해지고, 좀 더 성장하여 6~7세가 되면 성인과 유사한 정상적인 다리 모양을 갖추게 됩니다.

따라서 이와 같이 생리적으로 휜 다리는 정상적 발달 과정이기 때문에 걱정하지 않아도 됩니다.

### 2) 전신질환이 동반된 휜 다리는 전문적인 치료가 필요해요

두 번째로는 '전신질환이 동반된 휜 다리'가 있습니다. 드물게 '구루병' 등과 같은 뼈의 대사와 관련된 질환이나 성장판 질환의 경우에도 다리가 휠 수 있습니다. 그 증상으로, 양쪽 다리가 지나치다싶게 많이 휘었거나 비대칭적으로 휜 경우, 생후 2년이 지났는데도 전혀 좋아질 기미가 보이지 않고 점점 더 심해져 가는 경우, O자형 휜 다리와 더불어 자기 또래에 비해 키가 많이 작은 경우에는 병적인 원인으로 인한 휜 다리일 가능성이 높으므로 전문적인 치료가 필요합니다.

### 3) 생활 습관이나 자세가 원인일 수 있어요

세 번째는 '전신질환이 없는 일반적인 휜 다리'로서 대부분의 휜 다리가 이에 해당되는데, 생활 습관이나 자세에서 큰 영향을 받는 것으로 알려져 있습니다. 오랜 좌식 생활의 결과 고관절 앞쪽에 있는 장대퇴인대가 짧아지면서 고관절이 안쪽으로 돌아가게 되고, 무릎관절에서는 밖으로 향하는 힘이 작용하게 되어 결과적으로 O형 휜 다리가 되는 경우입니다.

혼자서도 충분히 걸어 다닐 수 있는 아이를 귀엽다며 업어서 키우는 것은 O형 휜 다리를 만드는 결과를 초래할 수 있으므로 아이가 칭얼대며 보챌 때마다 업어 주는 습관을 들이지 말아야 합니다. 또 너무 일찍부터 보행기를 태우는 경우에도 성장판에 비정상적인 부하를 주게 되어 심한 O형 다리를 초래할 수 있습니다. 그리고 아이에게 기저귀를 채울 때 한쪽으로 치우침이 없이 정중앙에 채워 주는 것도 중요합니다. 또한 아직 걸을 수 없는 아이에게 무리할 정도로 심하게 걸음마 연습을 시키는 것도 다리를 휘게 하는 원인이 될 수 있으므로 주의하도록 합니다.

고관절의 문제로 뼈의 정렬이 잘못된 경우에는 수술이 필요하지 않으며, 재활 도수치료, 초음파 치료, 전기자극 치료, 공기압 치료와 운동요법이 필요합니다. 드물지만 뼈가 심하게 휘어서 통증까지 동반된 경우라면 수술을 고려할 수 있습니다.

## 보행기는 유아발달을 저해한다?

아기가 스스로 밀면서 걸어갈 수 있도록 제작된 보행기가 아이들의 정신적, 육체적 발달을 더디게 할 수 있다는 연구 결과가 나왔습니다.

뉴욕주립대의 로저 버튼 교수는 『발달 행동 소아과학저널』에서, "보행기를 쓰는 아기들은 대체적으로 앉거나 기거나 걷는 것을 배우는 데 느리고, 정신 및 육체 발달 테스트에서도 낮은 점수를 받는 경향이 있다"고 지적했습니다. 케이스 웨스턴 리저브대와 공동연구로 발표된 이 논문은, "보행기에 의존하여 걸음을 걷는 아이의 경우, 보행기에 가려 자신의 발을 제대로 볼 수 없기 때문에 자신이 무엇에 의해 앞으로 나아가게 되는지를 이해하지 못한다"고 결론지었습니다.

연구진은, "특히 둘레가 넓은 보행기의 경우, 아이가 손을 뻗쳐 주위의 것들을 마음대로 만질 수 없기 때문에 정신 및 육체 발달의 지연을 초래한다"고 설명했습니다.

## 8. 아기의 대소변 가리기

'대소변 빨리 가리기'와 '아이들의 지능 발달 정도'가 관련이 있다는 연구 결과는 아직 없습니다. 대소변을 늦게 가린 아이들도 때가 되면 거의 대부분이 저절로 가리게 됩니다.

남자아이보다는 여자아이가 좀 더 빠른 경향이 있지만, 유아들의 대소변 가리기는 빠르면 생후 18개월에서부터 가능하며 36개월경이 되면 대부분의 아이들이 가릴 수 있게 됩니다. 유아들은 먼저 대변부터 가리고 난 다음에 소변을 가릴 수 있게 되는데, 이때 대소변 가리기 훈련은 유아 전기에 달성해야 하는 중요한 과업 중의 하나입니다.

대소변 가리기 초기에는 아기가 이미 대소변을 기저귀에 보고 난 뒤에 부모에게 알려주곤 합니다. 이때 부모는 아기에게 야단치지 말고, 이렇게 나중에라도 알려준 사실에 대해 칭찬해 줄 필요가 있습니다. 그러면 그 칭찬의 힘으로 아이는 머지않아 대소변을 보기 전에 미리 엄마에게 알려주게 될 것입니다. 유아들은 대소변을 가릴 수 있게 되면서부터 독립심과 자립심이 크게 자라고, 그러한 과정에서 실수를 자주 하다 보면 수치심이나 자신의 능력에 대한 좌절감 같은 것들이 생기게 됩니다.

이때 부모가 아이에게 지나친 압력이나 통제, 명령 등을 사용하게 되면 대소변을 가리는 문제가 유아 전기에 달성되지 못하고 유아 후기나 초등학교 시기까지의 문제로 남게 될 가능성도 있습니다.

따라서 아이가 초등학교 시기까지 대소변 가리기에 문제가 있다면 병원을 찾아가 문제의 원인이 정신적인 문제인지 아니면 기능적인 문제인지를 밝힌 후 전문가에게 치료를 받거나 조언을 구해야 합니다.

## 9. 아이의 건강을 해치는 '배부른 간식'

간식은 말 그대로 '간식(間食)' 이어야 합니다. 간식이 식사를 대신할 만큼 양이나 열량이 많아서는 안 됩니다. 간식으로 자주 먹게 되는 튀김 종류나 햄버거 · 피자 · 치킨 · 핫도그 등은 지방 함량이 매우 높을 뿐만 아니라 위에 머물러 있는 시간이 길어서 다음 식사에도 영향을 미치게 됩니다.

따라서 이런 음식들은 간식으로 부적합합니다. 한창 성장기에 있는 아이들이 이런 기름진 음식들에 길들여져 식사를 소홀히 하게 될 경우 매우 심각한 영향 불균형을 초래할 수 있습니다.

또한 아이에게 간식을 줄 때 조심해야 할 점은 양을 너무 많이 준다거나 너무 자주 주어서는 안 된다는 것입니다. 인간의 소화 흡수 능력에는 한계가 있기 때문입니다. 아이들의 경우 식사하고 나서 적어도 1시간 30분에서 2시간 정도가 지나야만 성장호르몬이 분비되는데, 그 시간 안에 다른 음식물이 또 들어가면 소화시키는 일 때문에 성장호르몬 분비가 방해를 받을 수 있습니다.

그렇다면 아이의 간식으로는 무엇이 좋을까요?

아이의 간식으로는 신선한 제철 재료를 사용하는 것이 좋습니다. 아이에게 부족하기 쉬운 영양소가 함유된 식품을 고르는 것도 중요합니다. 영양소 중에서도 수분과 무기질, 비타민이 함유된 음식이 무엇보다 중요합니다.

조금 귀찮고 번거롭더라도 간식은 엄마가 직접 준비해 주는 것이 좋습니다. 이것이야말로 아이들의 건강에 좋지 않은 식품첨가물 등으로부터 아이들을 보호할 수 있는 첫걸음입니다. 삶은 고구마나 감자·옥수수·밤·제철 과일 등을 간식으로 주면 좋을 것입니다. 이 음식들은 수분과 무기질이 풍부할 뿐만 아니라 엄마가 간편하게 준비할 수 있어서 좋습니다. 또 오미자차、미숫가루、땅콩、잣、호두 등을 미리 준비해 두었다가 간식거리로 활용하거나, 유기농 곡류로 만든 과자나 뻥튀기 등도 미리 준비해 두었다가 사용하면 좋을 것입니다.

평소에 아이가 식사를 잘 하지 않는다면, 아이를 탓하기 전에 먼저 엄마가 아이의 간식을 어떻게 챙기는지를 돌아봐야 옳습니다.

Point

### 신장결석 아이들 늘고 있다

식습관이 바뀌면서 아이들의 신장결석 발생률이 높아지고 있습니다.

미국 존스홉킨스대학 의과대학 아동병원 신장결석 클리닉의 앨리시아 뉴 박사는, "최근 신장결석 아이들이 부쩍 증가하고 있으며, 이는 짠 음식을 많이 먹고 물을 적게 마시는 식습관 때문으로 생각된다"며 다음과 같이 말했습니다.

"아이들에게 신장결석이 많아지고 있다는 것은 다소 뜻밖이기는 하지만, 식습관 변화와 함께 아이들에게 고혈압이나 당뇨병, 비만환자가 늘고 있다는 사실을 생각하면 그리 놀랄 만한 일도 아닙니다. 아이들의 신장결석을 막거나 그 진행을 지연시킬 수 있는 최선의 방법은 염분 섭취량을 줄이고 물을 많이 마시게 하는 것입니다."

그러면서 뉴 박사는 다음과 같은 구체적인 방안을 제시했습니다.

1. 나트륨 섭취량은 하루 2.4g(소금: 6g) 이하로 제한한다.
2. 감자 칩 등과 같이 많은 염분이 함유된 간식은 피한다.
3. 훈제 육류와 같은 가공식품이나 탄산음료, 통조림 등은 염분 함유량이 가장 높으므로 주의한다.
4. 홍차·커피·다크 초콜릿·시금치·견과류 등은 신장결석의 위험을 높일 수 있으므로 주의한다.
5. 아이들은 하루에 2ℓ 분량의 물을 마셔야 한다.(아이들이 필요한 만큼 물을 마시고 있는지 여부를 알려면 최소한 3시간에 한 번씩 소변을 보는지 확인하면 된다.)
6. 가당 주스와 탄산음료는 적절한 수분 공급원이 못 된다.

## 10. 잠 안 자는 우리 아이 어떻게 해요?

아이들의 취침 습관이 형성되는 것은 보통 3세 전후입니다. 이때 올바른 취침 습관을 기르지 못하면 고집이 세지는 5~6세에 접어들어 아이가 밤늦도록 잠자기를 거부하면서 부모를 불안하게 만듭니다.

밤늦게까지 잠을 안 잔다 해도 아이들은 부족한 수면을 아침과 낮 수면을 통해 보충하므로 큰 문제는 없습니다. 그러나 적정한 시간에 자고 일어나는 습관을 기르는 것은 유치원이나 정규학교 수업을 받기 위해서 반드시 필요합니다.

아이에게 '이제는 자야 할 시간'이라는 메시지를 받아들이게 만들려면 '잠들기 의식'이 필요합니다. 이 의식이 끝나고 나면 이제 잠을 자야 한다는 일종의 '조건반사 키우기 요령' 몇 가지를 소개합니다.

### 1) 목욕을 시킵니다

따뜻한 물에 10여 분 동안 아이를 담가 놓고 목욕을 시키면 몸과 마음을 편안하게 하고 혈액순환을 촉진시켜 잠이 잘 옵니다. 목욕을 시키고 나서 수분 보충을 위해 따뜻한 물을 조금 마시게 하면 더욱 좋습니다.

### 2) 잠들기 의식을 합니다

날마다 잠자리에 들기 전, "엄마아빠, 안녕히 주무세요." 등의 잠자리 인사를 시키거나, 잠에 관한 내용이 담긴 그림책을 읽어 주는 등의 의식을 만들어 줍니다.

### 3) 은은한 조명을 준비합니다

아이들 중에는 깜깜한 곳을 무서워하는 아이도 많습니다. 그러므로 이런 때는 아이가 잠드는 동안 은은한 조명을 밝혀 주도록 합니다. 또 달이나 별 모양의 예쁜 조명들은 아이가 잠자리에 드는 것을 즐거워하게 만들 수 있습니다.

### 4) 잠옷을 입힙니다

낮에 입었던 옷을 그대로 입고 잠자리에 들면 일상생활과 잠자는 시간의 구분이 모호해집니다. 따라서 밤에 잠잘 땐 아이가 좋아하는 잠옷으로 갈아입히는 것이 좋습니다.

### 5) 잠자리 친구를 만들어 줍니다

아이가 좋아하는 인형이나 잠자리용 쿠션 등을 아이의 잠자리에 함께 뉘어 줍니다. 그러면 아이는 누군가 곁에서 자신을 지켜주고 있다는 생각에 안심하고 잠들게 됩니다.

## 11. 장거리 여행과 건강관리

장거리 여행!

어른들은 모두 들뜬 마음으로 떠나지만 아기에게는 고생길이 될 수 있습니다. 특히 해외여행을 떠나게 될 경우 그 고생은 더욱 심합니다. 비행기를 탔을 때 기압차로 인해 귀가 아프거나 멀미를 하는가 하면 배탈이 나기도 하는데, 이런 예기치 않은 상황에 부딪치면 부모는 당혹스럽지 않을 수 없습니다. 아기와 함께 하는 부모들이 장기여행을 할 때 꼭 알아둬야 할 사항 두 가지만 소개합니다.

### 1) 비행기 안에서 아이가 이유도 없이 마구 울어대요

비행기 안은 해발 1,200~2,500m 되는 산악지대와 비슷한 기압을 보이며 공기압이 떨어집니다.

비행기가 이착륙할 때나 고도를 변경할 때 귀가 먹먹하고 아픈 것은 바로 그 때문입니다.

어린이들에게는 그런 증상이 더욱 심합니다. 그래서 아이들은 그렇게 울어대는 것입니다.

이럴 땐 아이에게 젖이나 우유 또는 물을 마시게 하면 도움이 됩니다. 또 엄지와 검지로 아이의 코를 손으로 잡고 입을 다물게 한 채 숨을 코 쪽으로 내쉬어 고막이 바깥쪽으로 밀려나게 하는 방법을 쓴다거나 코를 막은 채 여러 번 침을 삼키기, 껌을 씹거나 하품하기, 아래턱을 좌우로 움직이기 등도 하나의 방법입니다.

또 비행기 안은 습도가 건조하고 기압이 낮아 코와 눈, 목의 점막을 자극합니다. 게다가 좁은 비행기 안에만 오래 있다 보니 가슴이 답답하면서 숨이 찹니다. 그러다 보니 소화도 잘 안 되고 두통이나 변비 증세가 생길 수도 있습니다.

이런 때도 아이에게 자주 물을 조금씩 마시게 합니다. 그러나 콜라나 녹차는 카페인 성분으로 인해 오히려 소변 양을 늘려 탈수를 조장하므로 피하는 것이 좋습니다.

### 2) 비행기나 차를 타면 멀미가 심해요.

평소 멀미를 했던 아이라면 출발 30분 전에 어린이용 멀미약을 먹이고, 출발 직전에는 아이에게 음식을 먹이지 않는 것이 좋습니다. 그리고 좌석을 뒤로 눕혀서 편안한 자세를 취하게 하고 가급적 머리를 움직이지 않게 하는 것이 좋습니다. 그렇게 했는데도 아이가 멀미를 하면 승무원에게 알려 비행기 내에 비치된 비상약을 먹입니다.

장거리 여행 시 차 안에서도 마찬가지입니다. 출발 30분 전에 멀미약을 미리 먹이고 자주 창문을 열고 환기를 시켜야 합니다. 차 안에서 아이가 자꾸 하품을 해대거나 깊은 한숨을 내쉬곤 하면 체내에 이산화탄소가 축적되었다는 증거입니다.

또 어린이와 여행할 때는 차 안에서 에어컨은 너무 강하게 틀지 말고, 식사도 여행 출발 12시간 전부터는 가볍게 먹이도록 합니다. 육류나 튀김 음식 등과 같은 기름기 많은 음식은 피하고 생선이나 빵 등으로 가볍게 하는 것이 좋습니다. 그리고 중요한 것은 여행지를 선택할 때는 아이의 체력에 무리하지 않은 곳을 선택하고, 만약 아이의 체력에 좀 무리를 주었다 싶으면 숙박지에서 충분한 휴식을 취해야 합니다.

## 12. 우리 아이가 '야경증'에 걸렸어요

'어린아이가 밤에 잠을 자다가 부스스 일어나 앉아서는 겁에 질린 목소리로 무섭다고 소리를 지르는가 하면 어떤 때는 두 손을 싹싹 빌면서 잘못했다고 용서를 빌기도 합니다. 그러다가 10~20분 정도 지나면 언제 그랬

냐는 듯이 아무 데나 픽 쓰러지면서 스르르 다시 잠이 듭니다.'

이러한 수면 중의 행동을 '야경증'이라고 하는데, 이는 정상적인 발달 과정에서 나타날 수 있는 흔한 현상이므로 크게 걱정하지 않아도 됩니다. 이러한 야경증은 여행 등에서 오는 불규칙한 생활이나 신체적으로 몹시 피곤한 날, 부모님에게 야단을 맞는 등 정신적인 스트레스가 심했던 날에 일어나기 쉽습니다.

부모는 평소에 안 하던 아이의 이런 행동을 보고는 몹시 당황한 나머지 물을 먹이기도 하고 몸을 흔들어 잠을 깨우기도 하는데, 그렇게 하지 말고 아이가 다시 조용히 잠들 수 있도록 내버려두고, 다시 일어났다가 아무 데서나 픽 쓰러질 경우에 대비해 주위에 위험한 물건이 있으면 안전한 곳으로 치우도록 합니다.

또 다음날 아이에게 그 일에 대해 꼬치꼬치 묻는 것도 좋지 않습니다. 아이는 전혀 지난밤의 기억을 떠올릴 수도 없을 뿐더러 잠자는 것 자체를 불안하게 여길 수도 있기 때문입니다. 그러나 이러한 수면장애가 지속될 때는 그 시기에 발육할 수 있는 부분에 문제가 생길 수 있으므로 정도가 심할 경우에는 전문가의 도움을 받는 것이 좋습니다.

## 13. '왼손잡이', 억지로 고치지 마세요

왼손잡이 아이를 둔 부모들이 병원을 찾아와 문의하는 경우가 많습니다. 과거에 비해 많이 개선되긴 했지만 아직도 왼손잡이에 대한 사회적 편견이 많기 때문입니다.

왼손잡이에 대한 선천성 여부가 아직도 논란의 여지로 남겨져 있지만, 왼손잡이를 오른손잡이로 고치려고 하는 데 대한 전문가들의 의견은 다음과 같습니다.

1. 사회가 다양해져 왼손잡이의 유용성이 커지고 있는 만큼 억지로 고칠 필요까지는 없다.
2. 왼손잡이나 오른손잡이는 유전적으로 결정되는 경향이 많은 만큼 아이로 하여금 능력을 최대한 발휘하게 하기 위해서는 본인의 취향에 맞게 내버려두는 것이 좋다.
3. 억지로 고치려고 할 경우 성격이 소극적으로 변하고 우울증에 걸릴 수 있으며, 여자아이의 경우 대중음식점을 회피하는 등 극단적 행동을 보일 수 있다. 이 밖에도 왼손잡이 아이에게 오른손을 강요할 경우 말더듬이 증세, 이유 없는 반항, 단식 등의 부작용이 올 수 있다.
4. 오른손잡이가 왼쪽 뇌를 다치면 왼손잡이로 변하는 경우가 있는데, 이로 미루어 볼 때 왼손잡이는 뇌의 기능에 따른 유전적 소인이 강하다. 따라서 우리나라도 외국처럼 왼손잡이를 터부시하는 풍토가 하루빨리 사라져야 하며, 만일 양손을 모두 사용할 수 있다면 가장 바람직하다.

현재 우리나라의 왼손잡이 비율은 5~10%로 추정되고 있는데, 오른손잡이는 90% 이상이 좌뇌가 발달해 있는 반면 왼손잡이는 대부분 우뇌가 발달해 있는 것으로 전문가들은 보고 있습니다.

일반적으로 왼손잡이의 특성은 우뇌의 사고, 즉 시각·감성·상징·공간·형태적 사고가 요구되는 음악·미술·기하·무용·체육·과학 등에서 뛰어난 적응력을 보여 주며, 오른손잡이는 좌뇌의 기능, 즉 언어·논리·분석적 사고가 요구되는 국어·수학·사회·역사 등에서 상대적 적응력이 높은 것으로 알려져 있습니다.

## IQ, 부모 요인이 커요

아이들의 지능지수(IQ)는 일반적으로 알려진 '출생 시 저체중' 보다는 부모의 영향이 훨씬 큰 것으로 밝혀졌습니다.

노르웨이 베르겐대학의 K. 소머펠트 박사는 미국의 의학전문지 『아동질환』에 발표한 연구보고서에서, "만기 출산되었지만 체중이 표준에 미달했던 338명과 정상 체중으로 태어난 335명을 대상으로 5세 때 각종 IQ검사를 실시한 결과, 저체중 그룹이 정상 체중 그룹에 비해 IQ가 3~4점밖에 떨어지지 않은 것으로 나타났다"고 밝혔습니다.

그러나 부모의 요인들은 아이의 IQ에 상당한 영향을 미치는 것으로 밝혀졌습니다. 예를 들어, 임신 후에 어머니가 담배를 피운 경우는 출생 시의 체중에 관계없이 IQ가 낮았는데, 저체중아를 낳은 어머니 가운데서 담배를 피운 경우는 58%, 정상 체중아를 출산한 어머니는 34%가 담배를 피운 것으로 밝혀졌습니다.

또한 어머니의 문제 해결 능력이나 부모가 아이를 어떻게 기르느냐에 따라 아이의 IQ에 미치는 영향은 20~30%로 나타났습니다.

박사는 "아이의 출산 시 저체중이 IQ에 미치는 영향은 1~2%에 불과했다"고 말했습니다.

## 14. 가정의 생활 습관이 우리 아이의 병을 키워요

아이들은 무의식중에 가정의 '생활 습관'을 학습하면서 자라게 됩니다. 각 가정마다 음식의 취향이나 조리법, 생활 리듬 등은 모두 다르지만, 같은 집안에서 함께 생활하는 부모와 자녀는 이러한 것들이 거의 비슷합니다.

따라서 자녀가 부모와 동일한 질병에 걸리기 쉬운 것은 유전적 요인이 아니라, 그 질병의 원인이 되는 생활 습관을 그대로 이어받은 결과입니다.

유기농 식품과 같은 좋은 식재료를 선택하고, 오염되지 않은 깨끗한 물을 마시고, 규칙적인 운동과 생활 습관을 들이고, 되도록 약을 먹지 않는 등 건강에 좋은 습관을 유지하면 누구나 건강한 삶을 살 수 있지만, 반대로 오염되고 상한 식품을 아무 생각 없이 먹고, 몸이 조금만 안 좋아도 즉시 약에 의존하고, 음주나 흡연을 많이 하고, 불규칙한 생활을 하는 등 몸에 나쁜 습관을 이어받으면 건강은 당연히 나빠질 수밖에 없습니다.

'좋은 습관'과 '나쁜 습관'은 반드시 다음 세대로 이어지게 됩니다. 지금 귀댁은 어떤 생활 습관을 가지고 있습니까? 부모들은 그것이 좋은 습관인지 나쁜 습관인지를 제대로 파악한 후 좋은 습관을 다음 세대에 넘겨줄 책임이 있습니다.

Point

### TV 많이 보는 아이 고혈압 위험 높아요!

아이들이 TV를 많이 시청할 경우 비만뿐만 아니라 고혈압의 위험성도 높아진다는 연구 결과가 나왔습니다. 연구를 주도한 캘리포니아대학의 제프리 쉬머 박사는 TV 시청 시간과 비만 및 비만 아동의 고혈압 간에는 각기 상당한 연관성이 있다고 말했습니다.

연구팀은 과체중 치료를 받는 아이 546명을 대상으로 2003년부터 2005년까지 'TV 시청과 비만 및 고혈압의 관련성'을 관찰했습니다. 이 결과 하루에 TV를 2~4시간 시청하는 아이들은 2시간 미만 시청하는 아이들에 비해 고혈압의 가능성이 2.5배 높았으며, 또 4시간 이상 시청하는 아이들은 2시간 미만 시청하는 아이보다 고혈압의 가능성이 3.3배나 높았습니다.

## 15. 초등학교 입학 전 아이 건강 체크하기

취학아동에게는 무엇보다도 건강 체크가 중요합니다. 수학능력에 필수적인 시력 및 청력, 치아검사, 성장발육 등의 신체적 건강검진과 지능발달 상태, 행동장애 여부 등을 종합적으로 검사해야 합니다. 각 과별로 취학 전 아이의 건강 체크에 대해 알아봅니다.

### 1) 소아과

홍역 2차 예방접종 시기에 접종을 하지 않을 경우 전염병과 함께 폐렴이나 뇌염과 같은 치명적인 합병증이 발생할 수 있습니다.

### 2) 치과

하루에 세 번 칫솔질하는 습관을 들이도록 합니다. 충치와 치주병은 아동기에 시작되어 평생을 두고 계속되기 때문에 어렸을 때 예방해야 합니다. 충치와 치주병 모두 치태가 원인으로, 올바른 칫솔질로 치태를 제거함으로써 예방이 가능합니다.

### 3) 안과

현재 아이의 시력은 어느 정도이며 색깔을 구별하는 데 지장은 없는지 사전에 검사하도록 합니다. 어린이의 경우 3~4세가 되면 시력검사가 가능하므로 가능한 한 일찍부터 시력검사를 하여 이상이 발견되면 교정안경을 착용시켜야 합니다. 그래야만 교정시력을 계속 발달 · 유지시킬 수 있습니다. 무엇보다 약시를 방지하기 위해서라도 시력검사의 조기 시행 및 조기 교정은 매우 중요합니다.

### 4) 이비인후과

축농증이 있거나 유난히 코피를 자주 흘리지는 않는지, 그리고 소리를 듣고 구별하는 데 이상은 없는지 검사하도록 합니다. 목의 통증과 발열, 연하통(음식물을 삼킬 때 목이 아픔), 편도선염과 중이염, 축농증 등의 여부를 검사합니다.

### 5) 대소변 보기

학기 초에 대소변을 혼자서 볼 수 없는 아이들이 선생님께 말하기가 부끄러워 그냥 옷에다 실수하는 경우가 있습니다. 이럴 경우 아이에게 오래토록 상처로 남게 되기 때문에 가능한 한 등교하기 전 아침에 집에서 용변을 보는 버릇을 들이도록 합니다. 혼자 대소변 보는 법을 부모가 지도하고, 혼자 대소변 보는 데 편리하도록 가능한 한 간편한 복장을 입히도록 합니다.

Point

#### 아이들이 부모로부터 듣고 싶은 말은 무엇일까요?

얼마 전 한 조사기관이 100명의 초등학생을 대상으로 '자녀가 생각하는 부모'에 대한 설문조사를 벌인 결과, 어린이들이 가장 좋아하는 말은 "참 잘한다"(40%), "사랑한다, 우리 아들 딸 최고!"(22%), "마음껏 놀아라"(15%), "예쁘다, 잘생겼다"(12%), "똑똑하다"(5%) 등과 같은 '칭찬의 말'로 나타났습니다. 이에 비해 가장 듣기 싫어하는 말들로는, "그만 놀고 공부해라"(51%), "그것도 못해!"(6%), "TV 보지 마라"(5%) 등과 같은 '금지의 말'과, "누구는 어떻더라"(19%), "왜 이리 못생겼니?"(7%) 식의 비교하는 말이었습니다.

아이가 부모를 좋게 느낄 때는 "칭찬해 줄 때"(27%)와 "잘 놀아 줄 때"(25%)로 나타나, 부모의 격려와 대화가 어린이들에게 많은 힘이 되는 것으로 조사됐습니다. 그러나 "야단칠 때"(35%)와 "부모가 다툴 때"(17%)는 가장 싫다고 응답했습니다.

또 IMF 시대에 아버지가 자랑스럽게 느껴질 때는 "직장에서 승진하거나 포상을 받았을 때"(25%)였고, 불쌍해 보일 때는 "늦게 퇴근해 힘들어 보일 때"(37%)와 "술 마시고 못 일어날 때"(18%)였다고 아이들은 대답했습니다.

## 16. 포경수술은 13세 전후가 적당해요

겨울철 실내 생활로 땀이 많이 날 때 어린아이가 '고추' 끝이 꽈리처럼 부풀거나 빨갛게 돼 가려워하고 통증을 호소하는 것을 볼 수 있습니다.

바로 포피가 뒤로 젖혀지지 않는 포경 때문입니다. 그렇다면 포경수술은 언제 하는 것이 적기일까요? 신생아 때의 수술은 합병증이나 정서적인 손상을 가져오는 경우가 많습니다. 그렇다고 무턱대고 그대로 두면 심한 통증과 함께 소변장애 현상까지 일으킵니다. 그래서 요즘에는 소변을 보기가 힘든 장애가 나타나거나 귀두 포피염이 반복적으로 발생할 경우에는 나이에 관계없이 포경수술을 추천하는 사례가 일반적입니다.

하지만 특별한 증상이 없다면 13세 전후가 적당합니다. 너무 어리면 전신마취를 해야 하는 부담이 따르기 때문입니다. 합병증의 빈도는 약 0.2%로, 피부를 과도하게 제거했을 때 나타나는 피부 분리를 비롯한 출혈 · 요도피부누공 · 잔존포피존재 등이 초래될 수 있으므로, 수술 전 담장의사와 충분한 상담을 하는 것이 좋습니다. 포경수술은 성기를 청결히 하고, 포피 내의 병원균 번식으로 오는 귀두포피염 · 귀두포피유착 · 상행성 요로감염 · 음경암 등의 발생을 예방하는 효과가 있습니다.

## 17. 실내 환경이 아이의 건강을 좌우해요

주거가 점차 아파트 형태로 변해 가면서 그 안에서 자라나는 아이들의 건강에도 신경을 쓰지 않을 수 없게 되었습니다. 적정 온도를 유지하기 위해 공간이 밀폐되어 있고, 바닥에 카펫을 깔거나 애완동물을 기르는 경우도 많아 피부병이나 호흡기 질환에 걸릴 위험이 높습니다. 또 방 안에서 컴퓨터 게임에 빠진 아이들은 밖에 나가서 뛰노는 것을 싫어하여 운동 부족이 되기 쉽습니다. 그러다 보니 아이들이 감기나 소아비만에 걸릴 확률도 그만큼 높습니다.

아파트 주거 형태에서 아이들의 건강을 위해 지켜야 할 사항 몇 가지를 들어 보겠습니다.

1. 하루에 3~4회 정도씩 충분한 실내 환기를 한다.
2. 적정 온도(18~20℃)와 습도(50~60%)를 유지한다.
3. 침구세트를 정기적으로 햇볕에 말려 소독한다.
4. 외출 후에는 반드시 손발을 깨끗이 씻는다.
5. 되도록 실내에 카펫을 깔지 말고, 사용 시엔 청소를 자주 한다.
6. 규칙적으로 운동을 하여 체력을 기른다.
7. 편식을 하지 말고 균형 잡힌 식사를 하도록 한다.
8. 털 인형과 애완동물은 피한다(아토피 영향).
9. 청소 후에 먼지가 날리지 않도록 물걸레로 마무리를 한다.
10. 유행병을 차단하기 위해 예방 접종을 철저히 한다.

# 47 어린이 안전사고

우리나라의 경우 어린이 안전사고 사망률이 OECD(경제협력개발기구) 회원국 중에서 여전히 높은 것으로 나타나 각종 안전사고에 대한 대책 마련이 시급한 상태입니다.

주위에 응급환자가 발생하면 재빠르게 대처해야 합니다. 이때 중요한 것은 '침착성'과 '냉정'을 잃어서는 안 됩니다. 머리는 재빠르게 움직이되 행동은 침착하게 차근차근 순서대로 행하여야 합니다. 다음은 응급환자가 발생했을 시에 필요한 행동지침입니다.

1. 응급환자가 발생하면 신속하게 도움을 청해야 합니다. 우선 주위 사람들에게 도움을 청하고, 그것이 여의치 않다면 '119'나 '1339'에 재빨리 연락을 취하고 응급조치를 수행합니다.
2. 응급처치를 수행하기 위해 평소에 응급처치법을 익히되, 위급한 상황에서도 능수능란하게 대처할 수 있도록 반복적이고 지속적으로 익히도록 합니다.
3. 위급한 상황에 사용할 수 있도록 집안이나 차 안, 그리고 직장에 응급처치함을 준비해 두도록 합니다.(한 번 쓰고 나서 모자라는 부분은 반드시

보충해 놓습니다.)

4. 의사의 지시 없이 약을 함부로 써서는 안 됩니다.
5. 응급 심폐소생술에 전문가가 됩니다.(심폐소생술은 몇 번의 수강으로 전문가가 될 수 있습니다.)

**응급처치에 대한 교육**

만일의 사태를 위해 미리 응급처치법을 완벽하게 배워 두는 것이 좋습니다. 미숙한 응급처치법으로는 부상자를 더욱 악화시킬 수 있기 때문입니다. 응급처치법은 가까운 소방서나 중앙소방학교, 지방소방학교(서울, 부산, 광주, 경기, 충청, 경북)에서 교육 받을 수 있습니다.)

## 1. 어린이 상처

한창 자라나는 어린이들은 어른에 비해 피부가 얇고 약해서 작은 외부의 충격에도 쉽게 상처를 입게 됩니다. 찰과상과 같은 가벼운 상처는 처치 요령만 잘 알면 집에서도 흉터 없이 잘 낫게 할 수 있습니다.

하지만 심하게 찢어지거나 화상을 입었다면 문제는 다릅니다. 우선 응급처치가 중요합니다. 응급처치는 흉터를 비롯해 향후 치료 결과에 결정적 영향을 줍니다. 그렇기 때문에 응급상황의 처치 요령은 어린이를 돌보는 부모로서 전문가 수준이 되어야 합니다. 아기가 몸에 상처를 입었을 때의 응급처치 요령에 대해 알아봅니다.

### 1) 상처가 나면 우선 물로 깨끗이 씻어내야 해요

어떤 상처이든 간에 처음 상처가 생겼을 때 가장 먼저 해야 할 일은 상처 난 곳을 물로 깨끗이 닦아내는 작업입니다. 상처에 묻어 있는 오물이나 죽은 조직을 씻어내기 위해 물살이 센 샤워기를 이용하면 좋습니다. 화상을 입었을 때는 차가운 물을 이용하고, 그 밖의 상처는 미지근한 물로 조심조심 닦아냅니다. 화상에 의해 물집이 생겼다면 절대로 그 물집을 터뜨려서는 안 됩니다.

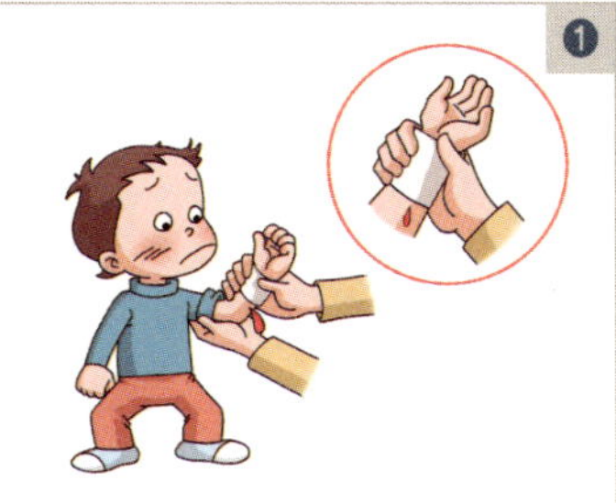

❶ 출혈이 있으면 우선적으로 지혈을 합니다.

❷ 지혈이 되면 상처를 비누와 물로 깨끗이 씻어서 먼지나 이물질을 없앱니다. 씻을 때는 상처를 조심스럽게 다루어 다시 출혈하는 일이 없도록 합니다.

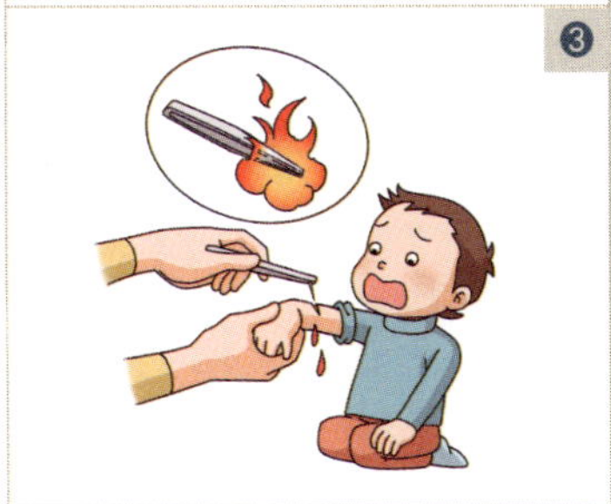

❸ 이물질을 제거할 때는 핀셋을 이용할 수 있으나, 이는 반드시 물로 끓이거나 불에 달구어 소독한 것을 사용해야 합니다.

### 2) 상처 드레싱은 이렇게 해요

상처를 물로 닦아냈으면 고운 면수건으로 그 위를 조심조심 눌러 가며 물기를 닦아냅니다. 상처를 보호하고 상층 피부가 다시 돋아날 수 있도록 상처 부위를 촉촉한 상태로 유지해야 합니다.

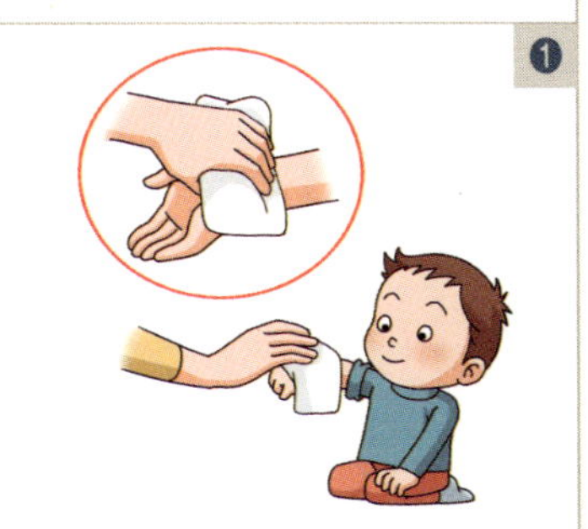

❶ 소독된 마른 거즈나 천으로 물기를 닦아냅니다.

이때 사용하는 것이 항생제 연고나 각종 드레싱 제품인데, 그 대표적인 것이 거품 형 폼(foam) 드레싱입니다. 상처에 항생제 연고를 바르고 그 위를 거즈로 덮어 줍니다. 그러고 나서 하루나 이틀 정도 간격으로 거즈를 갈아 주어도 되지만, 상처에서 진물이 많이 흐른다면 하루에 두 차례 이상 갈아 줍니다.

❷ 상처에 연고를 바르고 나서 멸균된 거즈로 덮어 줍니다.

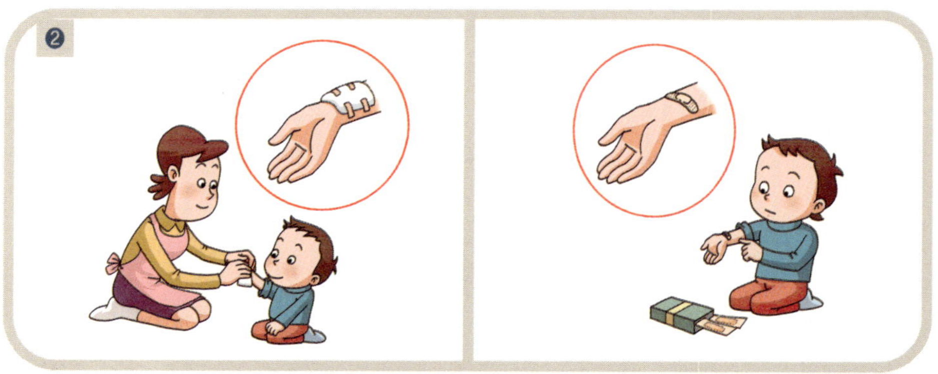

만약 찢어진 부위가 벌어지면 상처를 당겨서 1회용 반창고를 부착하여 상처를 붙여 줍니다.

### 3) 상처가 치료되는 과정을 알면 흉터를 줄일 수 있어요

❶ 위와 같이 치료하고 나서 2~3일이 지나면 상처 부위가 붓고 벌겋게 됩니다. 그러나 이는 상처 치유의 정상적인 과정입니다. 상처를 아무리 물로 깨끗이 씻어내고 소독했다 하더라도 아직 균이나 죽은 조직이 일부 남아 있게 되는데, 우리 몸은 이를 제거하기 위해 많은 세포를 상처 부위로 보내는 신체반응을 하는 것입니다.

❷ 4~5일째가 되면 부기가 가라앉고 상처 가장자리에서 새로운 표피가 돋아나기 시작합니다.

❸ 다음 과정은 증식 단계로, 5~7일에 시작하여 2~3주간 지속됩니다. 이 기간 동안 '육아조직(붉은 살)' 이라는 새로운 살로 상처를 채웁니다.

❹ 다음은 성숙 단계로, 약 보름쯤 뒤부터 시작하여 심한 상처의 경우 약 1년 동안 지속됩니다.

### 4) 처음보다 흉터가 더 커졌어요

상처의 표피와 속 진피의 일부분이 벗겨지는 찰과상이나 2도 화상인 경우, 약 10일에서 2주쯤 지나면 새로운 상피로 완전히 덮이게 됩니다. 그러나 진피의 깊은 곳까지 입은 상처라면 약 3~4주의 치료 기간이 더 필요합니다.

이렇게 해서 완전히 새로운 피부가 돋아나 완전히 상처를 덮으면 전혀 흉터가 남을 것 같지 않지만, 좀 깊은 상처의 경우 2개월째 접어들면서 성숙 단계가 활발히 진행되어 상처 자리가 점차 붉게 솟아오르게 됩니다.

그러다가 6개월쯤 되면 흉터가 얇아지면서 붉은 색깔도 점차 연해집니다. 딱딱한 상처 자리가 다른 살갗처럼 부드러워지려면 약 1년은 지나야 합니다.

### 5) 흉터가 솟아올랐어요

상처가 치료되는 데 2주 이상 걸리는 비교적 깊은 상처는 2주 이후부터 흉터 방지용 연고를 바른 다음 그곳을 '실리콘젤 시트' 같은 것으로 덮고 압박합니다. 이렇게 하면 흉터가 솟아오르는 것을 다소 방지할 수 있습니다. 또한 새살은 자외선을 받게 되면 검게 변하므로 상처 자리에 약 2시간 간격으로 자외선 차단 크림을 발라 주면 효과가 있습니다.

### 6) 성형수술을 하면 흉터가 완전히 사라지나요?

온갖 노력을 기울였음에도 불구하고 흉터가 남았다면 일단 딱딱하게 굳은 흉터가 다시 부드러워질 때까지 1년을 기다려야 합니다. 아주 어린 신생아나 연세가 짙은 노인을 제외하고는 어린이와 어른의 흉터 성형수술의 결과는 별다른 차이가 없습니다. 다만, 자라나는 어린이의 경우 성장에 따른 신체 변화를 고려하지 않으면 안 됩니다. 흉터가 얼굴에 있어 성장함에 따라 변형을 가져오거나 너무 흉하여 성격 발달에 지장을 줄 수 있다고 판단되면 즉시 흉터 성형수술을 해주는 것이 좋습니다. 하지만 미리 알아둬야 할 것은 흉터 성형수술을 한다 해도 흉터가 감쪽같이 사라지는 것은 아닙니다.

## 할퀸 상처의 처치

할퀸 상처는 우리가 일상에서 흔히 경험하게 되는 외상으로 경증일 경우에는 가정에서도 충분히 처치가 가능합니다.

할퀸 상처가 나면 다음의 두 가지 점에 따라 처치를 달리 해야 합니다.

### 1) 상처의 정도

가볍게 표피만 손상된 경우(피를 닦고 보면 그 밑에 흰 속살이 보일 정도)라면 잘 소독하고 청결한 거즈를 대고 붕대를 감아 두면 1주일 정도 후에 딱지 밑에 표피가 나옵니다. 그러나 깊게 할퀴어 상처가 심하면 출혈도 많고 상처 밑에 노란 피하지방이 보이는데, 이는 할퀸 상처라기보다는 칼에 베인 상처에 가까우므로 병원에 가서 의사의 치료를 받는 것이 좋습니다.

### 2) 상처의 오염 정도

어린아이들의 더러운 손톱, 오염된 헌 못, 개나 고양이의 동물 발톱 등은 모두 감염 위험이 높습니다. 이 가운데서도 특히 헌 못이나 동물의 발톱 등에는 가정에서 소독할 수 없는 감염원을 가지고 있을 수 있으므로 병원에 가서 의사의 진찰을 받는 편이 좋습니다.

## 찰과상을 입었을 때

표피만 벗겨진 정도의 가벼운 찰과상은 아래의 순서에 따라 가정 치료만으로도 충분합니다.

### [응급처치법]

1. 환자의 상처 부위를 만지기 전에 손을 비누로 깨끗이 씻습니다.
2. 상처 부위에 오물 등이 묻어 있을 때는 비누로 가볍게 씻고 물로 헹구어 냅니다.
3. 옥시풀 등으로 소독을 합니다.
4. 상처가 가벼우면 그냥 노출시켜도 되지만, 상처가 큰 경우에는 멸균된 거즈 등으로 덮고 반창고로 고정합니다.

하지만 다음과 같은 경우에는 처음부터 가정에서의 치료를 단념하고 응급처치가 끝나는 동시에 곧바로 병원에 가서 의사의 진찰을 받는 것이 좋습니다.

❶ 찰과상의 하부조직이 많이 부어서 통증이 심하고 타박 · 피하출혈 · 골절 등의 합병증이 염려스러울 때.

❷ 논밭 같은 더러운 곳에서 흙투성이가 된 채 상처를 입었을 때.

- 이런 경우에는 파상풍에 감염되어 목숨을 잃는 경우도 있습니다. 따라서 의사의 진찰을 받고 파상풍 예방주사나 항혈청 주사를 맞히는 것이 좋습니다. 파상풍 예방주사는 1회만으로는 거의 효과가 없고 2회째부터 효과가 나타납니다. 그리고 3회를 맞으면 반영구적인 효과를 기대할 수 있습니다.

❸ 길거리 등에서 얼굴 등에 상처를 입어 진피 속에 흙이나 모래가 들어갔을 때.

- 이렇게 상처에 흙이나 모래 알갱이가 들어가면 그것들이 그대로 진피 속에 남게 되어 치료가 어려워지므로 성형외과 의사의 진찰을 받아야 합니다.

### 칼에 손가락을 베었을 때

손가락을 칼에 베었다면 당황하지 말고 우선 병원에 가야 할지의 여부를 판단하는 게 중요합니다. 거즈나 손수건 등으로 한참 누르고 있으면 피가 멎고 상처가 곧 아물 것 같으면 가정에서 치료해도 되겠지만, 좀처럼 출혈이 멈추지 않는 깊은 상처라면 병원 치료가 필요합니다.

**[응급처치법]**

1. 우선 치료에 임하는 사람은 양손을 비누로 깨끗이 잘 씻습니다.
2. 상처 부위가 오물로 더러워져 있을 때는 흐르는 물로 잘 씻어냅니다.
3. 옥시풀 등의 소독액으로 잘 소독하고 나서 그 위에 청결한 거즈를 대고 붕대로 지혈이 될 만큼 좀 세게 감아 줍니다.

### 손가락이나 발가락이 싹둑 잘려나갔을 때

손가락이나 발가락이 잘려나갔을 경우에는 상처의 치료도 중요하지만 잘려나간 손가락을 챙기는 일도 잊어서는 안 됩니다. 잘 드는 칼로 손가락이 싹둑 잘려나간 경우, 병원에 가서 치료하면 원상대로 붙일 수가 있기 때문입니다.

**[응급처치법]**

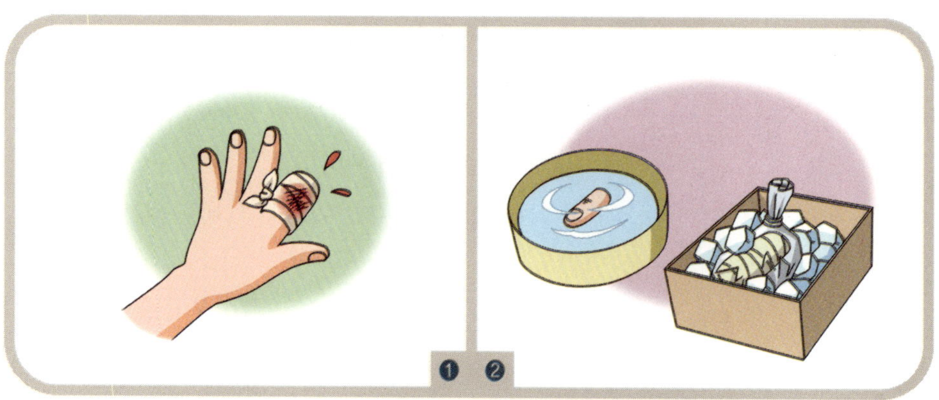


1. 손가락이 잘리면 출혈이 심하므로 우선 지혈에 힘써야 합니다. 상처에 거즈 등의 깨끗한 천을 두툼하게 대고 강하게 압박해 줍니다.
2. 절단된 손가락은 잘 씻어 청결한 천에 싼 다음, 젖지 않도록 비닐 주머니에 넣어 얼음에 재워서 운반하십시오.

– 손가락 절단 시 일반병원에서는 접합수술이 불가능하므로 재빨리 '119'에 연락하는 것이 좋습니다.

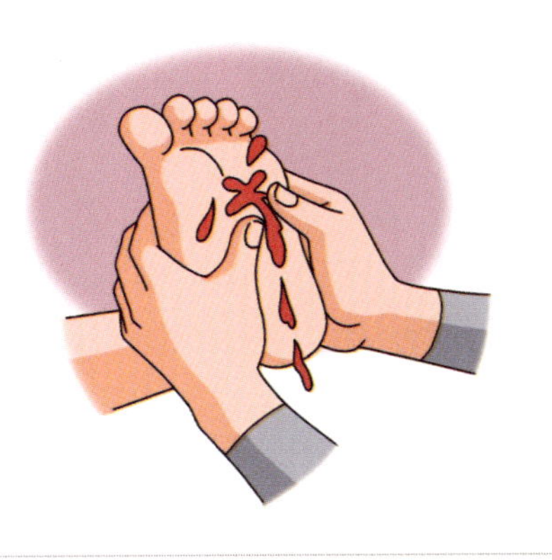

### 못에 찔렸을 때

보통 못이나 바늘 등에 찔리면 상처가 깊지만 좁으므로 칼로 베인 상처에 비해 출혈이 적습니다. 따라서 세균이 피에 씻겨 밖으로 나올 확률이 그만큼 적어지게 되므로 염증이 발생할 확률이 높습니다. 특히 파상풍균의 경우 산소가 부족한 깊은 상처에서 잘 자라므로 감염의 확률이 높습니다. 따라서 일단 못에 찔려 깊은 상처를 입게 되면 우선 의사에게 보이는 것이 원칙입니다.

**[응급처치법]**

1. 일반적인 처치방법 및 주의사항은 열상(裂傷, 피부가 찢어진 상처)의 경우와 동일합니다.
2. 못에 찔리면 우선 상처 부위를 압박하여 피와 함께 세균이 밀려 나오도록 해야 합니다.

깊은 자상(刺傷, 못 따위의 기물에 찔린 상처)은 겉으로 보기엔 상처가 작아도 세균 감염으로 인한 패혈증이나 파상풍으로 생명에 위험을 미치는 경우도 있으므로 조속히 의사의 진단을 받아야 합니다. 특히 헌 못에 찔렸을 때는 더더욱 그렇습니다.

### 칼이나 유리, 금속 파편 등에 찔렸을 때

칼이나 유리, 금속 파편 등에 의해 찔렸을 때는 절대로 그 파편을 뽑으려 하지 말고 응급조치 후에 병원에 가는 것이 좋습니다. 그것을 뽑으려다가 파편의 일부분이 몸 안에 남게 되거나 내장 및 혈관 등을 더욱 상하게 할 수 있기 때문입니다. 우선 환자를 눕혀 안정을 취하게 하고 타월 등으로 찔린 곳을 고정시킨 다음 구급차를 부릅니다.

만일 깊게 박혔던 칼 등이 이미 뽑힌 상태라면 먼저 상처 부위를 힘껏 압박해서 지혈부터 해야 합니다. 그래도 지혈이 되지 않으면, 손발의 경우 지혈대를 이용하면 효과적입니다. 지혈대를 감은 경우라면 늦어도 2시간 안에는 의사의 진찰을 받아야 합니다.

Point

### 가시에 찔렸을 때

가시에 찔렸을 때는 황급히 손톱 같은 것으로 뽑으면 세균이 들어가서 불결합니다. 손을 잘 씻고서 소독한 핀셋으로 뽑도록 합니다.

### 낚싯바늘에 찔렸을 때

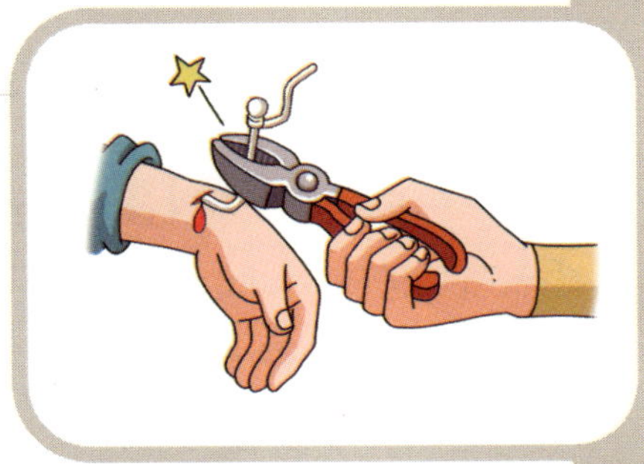

낚싯바늘에 찔렸을 때 무리하게 뽑으려 하면 끝 부분이 걸려서 좀처럼 뽑히지 않습니다. 우선 낚싯바늘을 뿌리 쪽으로 밀어내어 뿌리 부분을 노출시킨 다음 뺀치 같은 것으로 잘라 내고 나서 뽑으면 됩니다.

### 책상 모서리에 찍혀서 눈가가 찢어졌을 때

아이가 얼굴 부위를 다쳐 상처를 입게 되면 흉터가 생길까 봐 부모로서 여간 걱정스러운 일이 아닙니다. 이때는 상처 주위를 식염수나 생수 등으로 깨끗하게 씻은 다음 항생제연고 종류를 바르고 거즈가 부착된 밴드를 붙이면 됩니다. 상처가 깊어 피가 많이 나고 피부가 갈라져서 내부의 조직들이 훤히 보인다면 병원에 가서 24시간 안에 봉합을 해야 합니다.

### 넘어져서 얼굴을 땅바닥에 긁혔을 때

아이들이 운동을 하다가 넘어져서 얼굴에 상처를 입게 되는 경우가 적지 않습니다. 상처가 가볍다면 우선 과산화수소수나 비눗물로 상처 부위를 깨끗이 씻어 이물질을 제거한 다음 피부에 달라붙지 않는 거즈나 스펀지 형 밴드를 붙이고 반창고로 고정합니다.

상처 자리를 깨끗이 처리하지 않으면 감염으로 인해 상처가 더욱 깊어질 수 있고, 심한 경우에는 피부 속으로 들어간 미세한 모래나 유리조각 같은 미세한 이물질들로 인해 문신처럼 영구히 몸에 흉터로 남을 수도 있습니다.

## 2. 어린이 화상

어린이 화상은 주로 정수기의 뜨거운 물이 나오는 곳에 손을 대거나 목욕탕에 뜨거운 물을 담아 놓고 찬물을 타지 않은 채 어린이를 목욕시키는 경우, 압력밥솥을 주방 바닥에 내려놓았다가 증기에 화상을 입는 경우, 전기 콘센트에 혓바닥을 갖다 대거나 젓가락 등을 끼워 생기는 전기 화상 등, 대부분이 부모들의 부주의에 의한 것들입니다. 따라서 어린이 화상을 예방하는 최상의 길은 무엇보다도 부모들의 각별한 주의가 아닐 수 없습니다.

화상은 치료 과정이 어려울 뿐만 아니라 치료 후 남은 흉터로 사회생활에 지장을 줄 수 있습니다. 특히 어린이의 경우 화상 발생 빈도가 높고 화상 부위가 넓을 땐 화상 자체가 성장과 발육에 큰 문제를 일으키기도 하므로 주의가 필요합니다. 다음은 각종 화상 시에 취해야 할 응급처치 요령입니다.

## 화재에 의한 화상

화상은 어린이들이 흔히 당하는 사고로, 우리나라 전체 화상 환자의 3분의 1이 어린이들입니다. 인지능력과 감각능력이 부족한 어린이들이 화상 피해를 많이 입는다는 이야기입니다.

아기들은 가벼운 화상이라도 피부가 약하므로 화상을 입으면 곧바로 병원에 가는 것이 안전합니다. 화상 사고 발생 2주 이내에 적절한 치료가 이뤄지면 흉터를 없애고 원래의 피부를 되찾을 수 있습니다.

### [응급처치법]

1. 입고 있는 옷에 불이 붙으면 일단 바닥에 누워 데굴데굴 구르면서 끄도록 합니다. 이때 만일 이불 같은 것이 곁에 있다면 그 속으로 기어 들어가서 공기를 차단시키는 것도 좋은 방법입니다.
2. 즉시 화상 부위를 흐르는 물에 대고 약 10분 정도 식혀 줍니다. 가벼운 것은 수분 간, 중증인 것은 30분 이상 식힙니다. 이는 화상 면의 확대와 염증을 억제하고 통증을 줄여 줍니다.
   - 옷을 착용한 상태에서 화상을 입었다면 옷을 그대로 둔 채 옷 위로 물을 흘려서 씻어내야 합니다. 옷을 벗기다 보면 피부에 더 많은 손상이 가고 화상의 깊이도 심해지는 경우가 있습니다.

- 얼음을 직접 부상 부위에 대는 것은 통증을 일부 완화시키기는 하지만 화상 부위 손상을 가중시킬 수 있기 때문에 피해야 합니다.
- 반지나 손목시계, 벨트 등은 화상 유발물질에서 전달된 열을 오랜 시간 저장할 수 있기 때문에, 화상 위의 상처가 부풀어 오르기 전에 조심스레 제거해 놓아야 합니다.
- 민간요법으로 사용하는 치약이나 감자, 소주 등은 화상 초기치료에 도움이 되지 않습니다.

③ 화상 부위에 바셀린이나 붕산연고를 거즈에 발라 덮어 주고 붕대를 가볍게 감아 줍니다.

- 화상 부위가 오랜 시간 공기에 노출되면 후에 흉터가 남게 되므로 붕대를 감아 공기를 차단하는 것이 좋습니다.

④ 환부의 물집은 터뜨리지 말고 그대로 두어야 합니다. 물집을 터뜨렸다가 세균감염이 될 경우 흉한 화상 자국을 남기게 되므로 저절로 쪼그라들어 속에서 새살이 나와 물집 껍데기가 자연히 벗겨지게 합니다.

- 만약 잘못하여 물집이 터졌다면, 가위나 핀셋을 끓는 물에 10분 정도 담갔다가 터진 물집을 잘라 냅니다.

⑤ 몸의 30% 이상 화상을 입게 될 경우 쇼크를 일으키게 되어 생명이 위태로울 수 있습니다. 따라서 신체의 상당한 부분에 화상을 입었을 때는 한 시라도 빨리 구명 구급센터 또는 각 과의 의사가 모두 모여 있는 큰 병원으로 옮겨야 합니다.

- 병원으로 옮길 때는, 깨끗이 빤 큰 타월 등에 2%의 중조수나 물을 적셔 몸 전체를 감싸 주는 것이 좋습니다.

### 1, 2, 3도 화상

1도 화상이란 피부가 붉어지는 정도의 약한 화상을 말하며, 2도 화상이란 물집까지 생기는 화상을 말하는데, 화상 시에 생긴 물집은 터뜨리지 말고 크림이나 연고를 바르지 않도록 합니다.

그리고 3도 화상이란 피부의 전 층이 손상된 경우를 말하는데, 2도 화상 시에 화상 부위가 크거나 3도 화상을 입었을 때, 또는 얼굴 · 손 · 발 · 생식기 등에 화상을 입었을 때는 곧바로 응급 구조를 요청해야 합니다.

Point

### 화상의 구분

화상은 1~4도 화상으로 구분합니다. 1도 화상은 햇볕에 그을렸을 때도 나타날 수 있습니다. 그리고 가장 흔한 2도 화상의 특징은 물집이며 심한 통증도 느끼지만, 3도 화상의 경우에는 말초신경까지 다쳐 오히려 통증을 느끼지 못합니다. 그리고 4도 화상은 전기에 의한 화상처럼 뼈까지 손상을 당한 경우를 말합니다.

화상으로 인해 피부 면적의 25% 이상이 손상되었을 때 이를 중화상으로 분류하는데, 어린이의 경우는 20% 이상입니다.

특히 어린이 화상에서는 얼굴과 손이 중요합니다. 얼굴은 사회생활, 손은 기능적인 측면에서 평생 화상의 후유증을 겪을 수 있기 때문입니다.

## 화학물질에 의한 화상

산이나 알칼리 등의 화학물질에 의해서 생깁니다. 피부 점막에 대한 장애 작용은 농도와 양, 접촉 시간, 온도 등에 의해 결정되고, 정도가 클수록 장애도 커집니다.

**[응급처치법]**

1. 약품이 작용하고 있는 한 조직 장해가 계속되므로 화학물질이 닿은 부위를 흐르는 찬물에 최소한 20분 간 씻어내어 더 이상의 화상을 방지합니다. 단, 불화수소산 · 인 · 이소시아네트 · 마그네슘 나트륨 · 칼륨 합금에 의한 경우는 물로 인해서 반응열을 발생하는 경우가 있으므로 주의해야 합니다.
2. 119에 즉시 구조를 요청합니다.

- 화학물질에 따라 처치가 다를 수 있으므로 어떤 화학물질에 의한 화상인지 정확히 알아 두는 것이 중요합니다.

③ 눈의 화학 손상은 실명의 위험이 있으므로 즉시 대량의 물로 씻어낸 다음, 서둘러 안과의사의 진찰을 받아야 합니다.

### 햇볕에 의한 화상

약한 정도의 화상이라면 얼음주머니나 찬 물수건으로 화상 부위를 5분 정도 대어서 식혀 줍니다. 그러나 화상이 심해 물집이 생길 정도라면(이때 물집을 터트리면 안 됩니다) 마찬가지 방법으로 열을 식혀 준 다음 병원에 가서 의사의 진찰을 받아야 합니다.

### 화상은 초기 치료가 중요해요

특히 어린이의 경우 화상은 초기 치료가 중요합니다. 대개 화상의 흉터는 2주 이내에 적절한 치료가 이뤄지면 원상회복이 가능합니다. 그러나 화상을 입고 나서 2주가 지나도록 흉터 치료를 제대로 하지 않을 땐 피부이식 등을 통해 흉터를 제거할 수밖에 없습니다.

흉터와 더불어 매우 흔한 화상 후유증은 '반흔구축' 입니다. 반흔구축이란, 손가락 부위의 흉터가 두꺼워 손가락이 제대로 굽혀지지 않는 것처럼 화상으로 신체의 기능에 문제가 생기는 것을 말합니다.

그리고 또 화상으로 인한 가장 무서운 후유증은 2차 감염에 의한 사망입니다. 젊은 이들에 비해 어린이나 노약자들은 2차 감염으로 인한 폐렴이나 신부전증 등의 합병증으로 사망할 가능성이 높습니다.

## 3. 동물에 물렸을 때

어떤 동물이든 간에 일단 동물에 물리면 물린 곳을 비눗물로 깨끗이 씻어 준 다음 붕대를 감아 주고, 상처가 깊을 경우 파상풍의 위험이 있으므로 의사와 상의하는 것이 바람직합니다.

물은 동물이 개나 고양일 경우에는 우선적으로 광견병 예방접종 여부를 확인해 보고, 그 사실을 알 수 없을 경우에는 그 동물을 일정 기간(약 10일쯤) 관찰하도록 합니다. 그래서 다행히 그 동물에게 별다른 증세가 보이지 않으면 상처 치료 외에 광견병 치료는 필요 없지만, 만일 이 기간 동안 그 동물이 광견병 증세를 보인다면 반드시 광견병 치료를 받아야 합니다.

### 뱀에 물렸을 때

뱀에 물린 경우, 우선 그 뱀이 독사인지 아닌지를 먼저 감별하여야 합니다. 그래서 만일 그 뱀이 독사라면 물린 지 15분 이내인 경우에만 다음의 응급처치를 실시합니다.

**[응급처치법]**

1. 물린 부위에서 10cm쯤 위쪽(심장에 가까운 쪽)을 폭 2cm 이상의 넓은 끈이나 천으로 묶습니다. 이때 너무 심하게 묶어 혈액의 이동을 완전히 차단하지 않도록 주의하는 것이 매우 중요합니다.
2. 병원까지 가는 데 1시간 이상이 걸릴 경우에는 진공흡입기나 입으로 독을 빨아내 줍니다.

– 입 안에 상처가 있다거나 치아가 결손난 사람은

절대 입으로 독을 빨아내서는 안 됩니다.

③ 독을 빨아낸 다음, 물린 상처를 비누와 물로 깨끗이 씻어 줍니다. 비누는 독소를 불활성화 시킬 수 있기 때문입니다.

④ 물린 팔 또는 다리를 심장보다 낮게 위치시키고 가능한 한 빨리 119 또는 1339로 전화하여 도움을 청합니다.

⑤ 어지럼증을 호소할 경우 환자를 반듯이 눕히고, 구토가 일어나면 몸을 옆으로 기울여 줍니다.

**주의사항**

① 물린 상처를 칼로 절개하지 않도록 합니다.
- 칼로 절개할 경우 혈관이나 신경 등의 구조물을 손상할 뿐 아니라 파상풍과 같은 2차 감염이 있을 수 있습니다.

② 물린 상처에 담뱃재나 된장 등을 바르지 마세요.

③ 뱀을 잡으려고 시도하지 말고, 그 시간을 환자 돌보는 데 사용하도록 합니다.

④ 물린 상처에 직접 얼음찜질을 하지 않도록 합니다.
- 냉찜질은 어느 정도 통증을 완화할 수 있으나 독의 흡수를 지연시키지는 못하며, 오히려 상처 부위의 손상을 가중시킬 수 있습니다.

⑤ 입을 통해 물이나 음식을 주지 않도록 합니다.

### 벌레에 물리거나 쏘였을 때

아기와 함께 들이나 산에 갔다가 벌에 쏘이는 경우가 종종 있는데, 그런 때에는 다음과 같이 조치합니다.

❶ 벌에 쏘이면 일단 환자를 벌이 없는 안전한 곳으로 옮긴 다음, 벌에 쏘인 자리를 잘 관찰하여 벌이 쏘고 간 독침을 뽑아냅니다.

❷ 독침 제거 후에는 2차 감염을 방지하기 위해서 비눗물로 깨끗이 씻도록 합니다.

❸ 벌이나 일반 벌레의 독은 산성이므로 암모니아수를 발라 중화시킵니다. 쏘이거나 물린 부위가 나중에 빨갛게 붓는다든지 물집이 생기는 경우에는 항히스타민제 성분이 들어 있는 연고를 발라 줍니다.

❹ 통증이 심하면 상처 난 곳에 얼음주머니를 대 줍니다. 이때 피부에 얼음이 직접 닿지 않도록 합니다.

❺ 피부에 알레르기 반응이 나타나면 신속하게 119 또는 1339에 연락하여 병원으로 이송해야 합니다.

❻ 구급차가 도착하기 전까지는 환자를 반듯하게 눕히고, 입을 통해 아무것도 섭취시키지 말아야 합니다.

## 4. 눈의 사고

### 화학물질이 눈에 들어갔을 때

화학물질이 눈에 들어갔을 때는 재빨리 흐르는 물로 화학물질을 계속 씻어내야 합니다. 어린이의 머리는 코를 아래쪽으로 하게 하여 약간 옆으로 기울여 화학물질이 들어간 쪽의 눈만 15~20분 간 흐르는 물에 씻어야 합니다. 그런 다음 안대나 깨끗한 손수건으로 덮어 반창고로 고정시킨 다음, 눈을 감게 한 상태에서 병원으로 옮깁니다.

## 눈에 이물질이 들어갔을 때

눈은 아주 신경이 예민한 곳이라서 작은 티만 들어가도 거북하기가 이루 말할 수 없습니다. 그럴 때 마구 비벼대면 점막으로 덮여 있는 각막에 상처가 생길 수 있고, 그곳에 세균이 들어가 염증이라도 생기면 시력장애를 일으킬 수도 있습니다.

### [응급처치법]

1. 이물감이 있더라도 눈을 절대로 비비지 않도록 하고, 엄마는 아이의 눈을 만지기 전에 손을 깨끗이 씻습니다.
2. 아래쪽 눈꺼풀을 아래쪽으로 젖혀서 눈꺼풀 안쪽에 티가 있는지 확인합니다. 티를 발견했으면 면봉에 물을 묻혀서 빼냅니다. 위 눈꺼풀 안쪽의 티도 윗 눈꺼풀을 젖혀서 같은 방법으로 빼냅니다.

   그리고 물을 사용하여 빼내는 방법도 있습니다. 우선 세숫대야에 깨끗한 물을 채워 넣고 물속에 눈이 잠기도록 한 다음 눈을 깜박거리면 씻겨 나옵니다.

3. 티가 잘 빠지지 않거나 눈이 빨개지고 아프며 눈물이 많이 나면 곧바로 병원을 찾도록 합니다. 만일 유리가루나 쇳가루 등과 같은 이물질이 들어갔다면 처음부터 아예 집에서 빼내려 하지 말고 병원에 가는 것이 안전합니다.

### 눈동자, 눈자위를 다쳤을 때

어린이가 눈동자나 눈자위를 다쳐서 통증을 느끼거나 빛을 보면 아픈 증상, 혹은 잘 보이지 않는 경우도 있는데, 이럴 때는 곧바로 어린이를 진료기관으로 데려가는 것이 중요합니다.

### 눈을 심하게 얻어맞았을 때

이때는 절대로 눈을 비비거나 안구를 누르는 등 일체의 행위를 하지 말고 곧바로 안과를 찾아야 합니다. 사고 당시에는 별다른 문제가 없어 보여도 나중에 후유증이 생길 가능성이 많기 때문입니다.

특히 물체가 뿌옇게 보이거나 붉게 보이고 여러 개로 보이는 경우에는 반드시 안과에 가서 진료를 받아야 합니다.

### 눈에 관통상을 입었을 때

눈에 관통상을 입은 경우에는 별다른 증상이 없더라도 즉시 안과에 가서 검사를 받아야 합니다. 이때 역시 눈에 압력을 가해서는 절대로 안 됩니다. 수건 등으로 눈을 감싸거나 눌러서도 안 됩니다.

### 갑자기 눈이 안 보일 때

아무런 외상이 없는데도 여러 가지 원인으로 인해 눈이 갑자기 안 보이는 경우가 있습니다. 치료를 빨리 시작할수록 시력 회복에 도움이 되는 경우가 많으므로 이런 때는 즉시 안과를 찾아가서 검사를 받는 것이 좋습니다.

## 5. 몸 안에 이물질이 들어갔을 때

### 귀에 이물질이 들어갔을 때

귀에 벌레나 물, 기타 이물들이 들어갔을 때는 경우에 따라 방법을 달리

해야 합니다.

### 1) 물이 들어갔을 때

물이 들어간 쪽의 귀가 밑으로 가도록 눕고 따뜻한 돌을 귀에 대고 있으면 물이 나옵니다. 또는 물이 들어간 쪽의 귀를 밑으로 하여 면봉으로 가볍게 수분을 흡수시키도록 합니다.

### 2) 벌레가 들어갔을 때

귀를 밝은 쪽으로 향하게 하거나 손전등을 귀 가운데에 비추어 빛을 따라 나오도록 유도합니다. 다른 방법으로는 귀에 담배 연기를 뿜어 넣어도 좋습니다. 그래도 나오지 않으면 식용유나 알코올을 한 방울 귀 속에 떨어뜨려서 벌레를 죽게 한 후 꺼냅니다.

### 3) 기타 이물이 들어갔을 때

귀에 작은 콩이나 돌 같은 이물질이 들어갔을 때는 귀의 내벽에 귀이개를 바짝 붙여 넣어 이물의 뒤쪽에 대고 꺼냅니다. 그러나 깊이 들어간 경우에는 무리하게 꺼내려 하지 말고 병원 이비인후과에 가는 것이 좋습니다.

## 코에 이물질이 들어갔을 때

콩이나 유리구슬 등의 이물질이 콧구멍에 들어가서 잘 나오지 않을 때가 있습니다. 이런 때 무리하게 그것을 빼내려다 보면 오히려 더욱 깊이 들어가게 되어 코의 점막을 손상시킬 수 있으므로 주의해야 합니다.

**[응급처치법]**

1. 코의 한쪽을 누르고 코를 풀 듯이 힘껏 공기를 내뿜으면 웬만한 이물질은 거의가 나옵니다.

② 만일 이물질이 기관에 들어갔다면 아이를 진정시켜 움직이지 않도록 하고 병원으로 데려가도록 합니다. 그렇지 않고 당황하여 아이를 거꾸로 세워 놓고 등을 두드린다든지 하면 오히려 나쁜 결과를 초래할 수도 있으므로 주의해야 합니다.

## 이물질을 삼켰을 때

아이가 동전을 삼킨 경우 식도와 위를 지나 소장과 대장을 통과하게 되는데, 약 90% 정도가 대변으로 배설됩니다. 하지만 삼킨 이물질이 길거나 날카로운 모양을 갖고 있는 경우에는 문제가 다릅니다. 이런 날카로운 물질이 식도에 계속 걸려 있을 경우 구토와 통증, 호흡곤란 등이 생기고 점막의 궤양이나 출혈, 천공 등이 있을 수 있으므로 재빨리 병원에 가서 내시경을 통해 이물질을 꺼내야 합니다.

그리고 그 물질이 위에까지 도착했다면 약 2~3주까지는 지켜봐도 됩니다. 단 그로 인한 합병증 증세가 있다거나 납이나 수은 성분이 들어가 있는 경우에는 제거해 주어야 합니다. 식사는 평소대로 하고 대변으로 이물질이 배출되는지를 살펴보아야 합니다

Point

### 우리 아이가 담뱃가루를 먹었어요!

아이가 담뱃가루를 먹었다면 거의 저절로 토하게 되는데, 간혹 30분쯤 지나서 구역질 · 구토 · 흥분 · 불면 등의 증상이 생길 수도 있습니다. 4시간이 지나도 이런 증상이 없다면 일단 안심해도 됩니다.

## 이물질이 목에 걸렸을 때

아기가 구토를 할 때 그 찌꺼기가 숨구멍으로 들어갔을 때, 또는 단추나 땅콩, 동전 같은 이물질을 입에 넣어 목에 걸리게 되면 눈동자가 풀어지고 괴로워하며, 기관지가 막히게 되면 호흡곤란과 함께 격심한 기침을 하면서 순식간에 얼굴빛이 변합니다. 이물질의 양이 적을 때는 흔히 말하는 '사래들었다' 라는 경우로서 이때는 환자 자신의 심한 기침에 의해 이물질이 제거될 수 있으나, 들어간 이물질의 양이 많거나 크기가 클 때는 숨구멍을 완전히 막게 되어 아주 위험한 상황에 놓이게 됩니다. 이때는 신속한 응급처치로 이물질을 제거해 주어야만 생명을 건질 수 있습니다.

### [응급처치법]

1. 유아를 한쪽 팔 위에 엎드리게 하고 거꾸로 세웁니다.
2. 손목 부위를 이용하여 유아나 어린이의 등(양쪽 견갑골 사이)을 빠르고 세게 여러 번 두드려 줍니다.
3. 아기의 얼굴을 옆으로 돌려 손가락을 입 안에 넣고 토해 내도록 합니다.
4. 그래도 기도가 뚫리지 않으면 환자를 세우고 뒤로부터 갈비뼈 밑에 양팔을 두르고 두 손을 환자의 배꼽 위 부위에 잡고서 안쪽으로 세게 당겨 주기를 몇 차례 실시합니다.
5. 이물질이 제거될 때까지 위의 방법들을 번갈아 실시합니다.

## 6. 기타

### 일사병, 열사병에 걸렸을 때

일사병은 밖에서 직사광선을 오랫동안 받았을 때, 그리고 열사병은 고열 속에서 오랫동안 있을 때 일어납니다. 이들 모두 뜨거운 열로 인해 체온조절 중추에 이상이 생겨 갑자기 혼미한 상태가 되고 얼굴이 빨갛게 되며 고열이 납니다.

**[응급처치법]**

1. 환자를 통풍이 잘되는 그늘진 곳으로 옮겨 눕히고 옷을 풀어헤친 다음 찬 물수건으로 머리를 식혀 줍니다.
2. 의식이 회복되면 냉수를 조금씩 자주 주고 안정을 취하도록 합니다.
3. 그래도 의식이 돌아오지 않고 고열이 계속된다면 곧바로 병원으로 데리고 갑니다.

   중증의 경우에는 경련을 일으키고 땀도 흘리지 않으며, 드물게는 목숨을 잃을 수도 있으므로 주의해야 합니다.

## 물에 빠졌을 때

아기들이 당하는 물에 의한 사고는 설마하고 생각할 정도의 아주 적은 물에서도 일어납니다. 조금 남겨진 욕조물이나 대야 물, 세탁기에 담겨진 물, 집 안의 작은 연못에서 일어나기 쉬우며, 물에 의한 사고는 때때로 호흡정지 상태가 되기도 합니다.

### [응급처치법]

환자가 물 밖으로 구조되면 폐와 위에 들어 있는 물을 제거하는 것이 필요합니다. 우선 환자를 엎어 놓고 뒤에서 환자의 배를 두 손으로 잡아들어 올려 상하로 흔들어 줍니다. 이때 주의할 것은, 물을 빼는 일에 너무 많은 시간을 허비해서는 안 됩니다. 만일 호흡이 중단되었다든지 가냘프게만 호흡을 하고 있다면 한시바삐 인공호흡을 하여 숨을 쉬게 하여야 합니다.

주의사항

❶ 환자가 물에 빠질 당시에 척추나 등에 손상을 받았다면, 꺼내기 전에 널빤지 등으로 환자를 고정하여 더 이상의 손상이 없도록 해야 합니다.

❷ 찬물에 빠진 경우는 사고 발생 후 1시간 후까지도 뇌의 기능이 살아 있을 수 있으니 더욱 희망을 갖고 심폐소생술을 실시해야 합니다.
(심폐소생술 방법은 501쪽 참조.)

## 인공호흡법

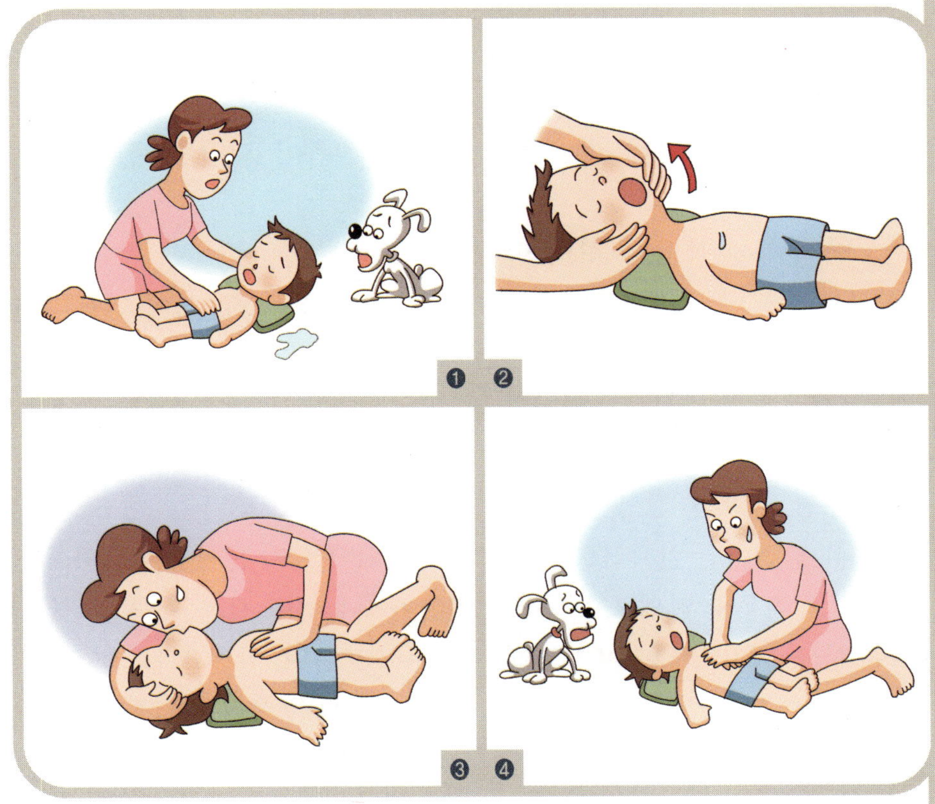

❶ 아기를 위를 향해 눕힌 다음 목 밑에 베개를 댑니다.

❷ 아래턱을 위로 치켜 올려 기도를 확보해 줍니다.

❸ 크게 숨을 들이쉰 다음, 아기의 입에 엄마의 입을 대고 들이쉰 공기를 불어 넣습니다.

❹ 입을 떼고 배와 가슴을 눌러 불어넣은 공기를 뺍니다.

– 인공호흡은 도중에 쉬지 말고 일정한 속도로 계속적으로 해주는 것이 중요합니다. 그래서 아기가 스스로 호흡할 수 있게 되면 곧바로 멈추고 상태를 관찰합니다.

### 생손톱이 벗겨졌을 때

생손톱이 벗겨졌을 때는 나머지 손톱을 억지로 떼어내서는 안 됩니다. 상처를 넓혀 출혈을 더하는 일이 있기 때문입니다. 소독하고 충분히 열을 식힌 후에 손톱을 원래대로 되돌려 놓고 붕대를 감아 두면 저절로 손톱이 붙거나, 아니면 벗겨지더라도 나중에 새로운 손톱이 돋아나게 됩니다.

### 문틈에 손가락이 끼여 다쳤을 때

환부를 충분히 냉각시켜도 통증이 심하고 보라색으로 부어 있을 때는 골절을 의심해 볼 수 있습니다. 이런 때는 골판지나 소독저 등으로 환부를 고정시키고 의사의 진찰을 받아야 합니다.

### 감전 사고를 당했을 때

전기에 감전되면 일시적으로 신체가 마비되어 빨려 들어가는 듯하며 심장이 멎는 경우도 있으므로 특히 어린아이에게 있어 감전은 매우 위험합니다. 설사, 환자의 의식이 분명하고 건전해 보여도, 감전은 몸의 안쪽 깊숙이까지 화상을 입고 있는 경우가 있으므로 빨리 응급병원에서 진찰을 받을 필요가 있습니다.

**[응급처치법]**

❶ 전기감전이 되었을 때는 먼저 전원을 끊어야 합니다.

– 옥외 같은 곳이어서 좀처럼 전원을 끊을 수 없을 경우에는 잘 마른 막대 등 전류가 통하지 않는 것을 사용하여 전기로부터 어린이를 떼어놓아야 합니다.

❷ 즉시 응급 구조 요청을 하고 호흡과 맥박을 확인하고 숨이 약

하거나 멈췄을 때는 기도를 열어 주되, 수초 후에도 호흡을 하지 않을 때에는 즉시 인공호흡을 실시하고, 맥박까지 멎어 있으면 인공호흡과 병행하여 심장마사지를 실시해야 합니다.

그리고 의식이 있는 경우에는 본인이 가장 편한 자세로 안정케 합니다. 감전 후 대부분의 환자가 전신 피로감을 호소하게 됩니다. 아이가 흥분하거나 떨고 있는 경우에는 말을 걸어 안정을 시켜 줍니다.

③ 구조대가 올 때까지 어린이의 몸을 담요 등으로 덮어 따뜻하고 편안하게 눕혀 놓습니다.

Point

## 전기화상의 특징

1. 조직 손상은 외견상 관찰되는 피부의 화상보다 훨씬 심합니다.
2. 피부 손상에 비해 심부조직의 손상이 더욱 큽니다.
3. 전기가 몸으로 들어가는 곳과 나가는 곳에 화상이 생깁니다.
4. 입구의 상처는 작지만 출구의 상처는 깊고 심합니다.
5. 고전압에 감전된 경우 심부조직의 파괴가 매우 심해 사지를 절단해야 하는 경우도 있습니다.
6. 전기에너지에 의해 부정맥을 유발함으로써 심정지가 발생할 수 있습니다.
7. 심한 근육수축을 유발하여 골절이나 탈구를 유발할 수 있습니다.

## 외상에 의한 쇼크 증상 처치

쇼크는 신체조직에 산소 공급이 제대로 이루어지지 않음으로써 생기는 것으로 과다 출혈, 호흡 중지, 신경계통의 장애 발생, 심한 염증이나 심장병이 있을 시에 나타날 수 있고, 인슐린 과용이나 벌에 심하게 쏘인 경우 등 그 원인과 종류가 많지만 여기서는 외상 시에 나타나는 쇼크의 증상과 처치에 대해서만 다루기로 하겠습니다.

### [쇼크 증상]

❶ 피부가 창백하고 차가워지면서 식은땀이 납니다.

❷ 전신의 힘이 빠지고 맥박이 빠르며(1분에 100회 이상) 미약합니다.

❸ 호흡이 빨라지고 환자가 안절부절 못하며 불안감을 나타냅니다.

❹ 갈증이 생기며 토하기도 합니다.
❺ 신체에 자극을 가해도 아무런 반응이 없고, 심하면 의식을 잃게 됩니다.

### [응급처치법]

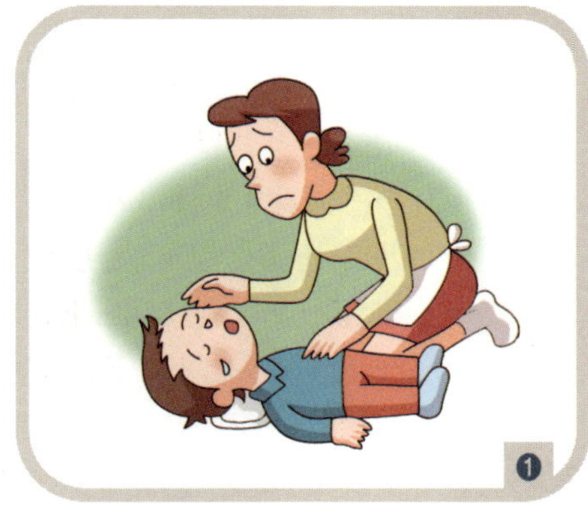

❶ 목 뒤에 조그만 베개를 받쳐 목이 뒤로 젖혀지게 하고 호흡 여부를 확인합니다.
❷ 쇼크의 원인을 찾아 치료해 줍니다. 외상으로 인해 통증이 심하면 진통제를 투여하고, 출혈이 있으면 지혈을 해주고, 호흡곤란이 오면 호흡기를 달아 주고, 심한 경우에는 인공호흡을 실시해 줍니다.
❸ 환자를 담요 등으로 싸서 체온이 떨어지지 않도록 합니다.
❹ 얼굴이 창백하거나, 출혈이 있거나, 피부가 눅눅하게 젖어 있거나, 구토할 때 피가 섞여 나오면 인체 내부나 외부에 출혈이 있다는 증거이므로 환자의 다리를 30cm 정도 위로 올려 주는 것이 좋습니다.

❺ 얼굴이 붓고 흉통이 있으며 숨쉬기를 불편해 하면, 환자의 상체가 약간 위로 향하도록 눕혀

서 호흡이 쉽도록 도와줍니다.

❶ 만약 위의 ④와 ⑤에서 행한 처치 후 상태가 더 욱 나빠지면 다시 편한 자세로 바꿔 줍니다.

❷ 환자가 물을 요구할 때는 신중히 행동하여야 합니다. 만약 병원까지 가는 데 여러 시간이 걸린다면 환자에게 물이나 주스를 주되, 1세에서 12세까지의 어린이에게는 60cc 정도, 유아에게는 약 30cc의 양을 적어도 15분 이상에 걸쳐 조금씩 천천히 주는 것이 좋습니다.

❸ 그러나 환자가 의식이 없을 때나 경기를 할 때, 수술이 필요할 것 같을 때, 머리를 다쳤을 때, 위나 장에 손상을 입어 구토를 하거나 항문으로 피가 나올 때는 절대로 물을 줘서는 안 됩니다.

## 두부 손상 시 응급조치 요령

❶ 머리를 부딪쳤을 때는 수평으로 반듯이 눕히고 머리를 약간 높여 줍니다.

❷ 구토가 있을 때는 토한 것 때문에 질식하는 경우가 있으므로 옆으로 눕힌 '혼수 체위'로 합니다.

③ 원칙적으로 마실 것은 주지 않아야 하며, 줄 필요가 있을 경우라도 한꺼번에 많은 양을 마시게 해서는 안 됩니다.

④ 머리에 찌그러진 부분이 있다든지 심하게 부푼 부분이 있거나 의식을 잃었을 때, 구토 증상, 호흡 이상, 어지럽고, 동공 크기의 변화 및 언어 · 인지의 변화, 머리나 눈, 코에서 피가 날 때는 곧바로 병원을 찾아야 합니다.

Point

## 어린이 안전사고 예방법

OECD 국가 중 '어린이 안전사고 사망률 최상위', '어린이 교통사고 사망률 1위(2001년)'라는 불명예스러운 성적표는 현재 대한민국 어린이 안전 시스템의 현주소를 보여 주는 대표적인 지표입니다.

어린이 안전사고의 특징은 주된 활동공간인 가정이나 공원, 놀이시설, 공공시설, 서비스 지역 순으로 발생하며, 예상과 달리 주로 보호자와 같이 있던 장소에서 발생합니다.

안전사고의 유형들과 그 예방책에 대해 알아보기로 하겠습니다.

### ■ 어린이 안전사고의 유형

❶ 영아 질식 사고

아이는 백 일이 지나야만 목을 가눌 수 있게 되고 4~5개월 정도가 되어야만 뒤집기를 할 수 있습니다. 따라서 그 전에 푹신한 담요에서 재우면 위험합니다. 자다가 뒤집을 때 한쪽 팔이 빠지지 않아 담요에 코를 박아 질식할 수 있으므로 담요는 딱딱한 것으로, 이불도 너무 푹신하거나 두껍지 않은 것으로 덮어 주는 것이 좋습니다.

❷ 낙상사고

백 일이 지나 아이가 몸을 뒤집기 시작하면 침대나 소파, 테이블과 같은 높은 곳에 잠시라도 혼자 눕혀 놓으면 위험합니다. 엄마가 잠시 다른 일을 하는 동안 순식간에 몸을 뒤집으면서 떨어져 다칠 수 있으므로 반드시 바닥에 눕히도록 합니다.

❸ 이물질을 삼키는 사고
아기가 기기 시작하면 집안 여기저기를 기어 다니면서 작은 물건들에 관심이 많아집니다. 쓰레기통을 엎어 놓고 그 안에 있는 온갖 더러운 것들을 꺼내어 입에 집어넣는가 하면, 바둑알 · 단추 · 동전 · 반지 · 재떨이의 담배꽁초 등도 거침없이 입에다 집어넣습니다. 더러는 약병의 약을 한꺼번에 먹어치우기도 합니다. 특히 입에 건전지를 넣고 삼키게 되면 위장점막을 부식시키므로 아이의 손에 닿지 않는 곳에 두도록 합니다.

❹ 근 · 골격 계통의 손상
벌어진 문틈 사이, 젖은 욕실 바닥으로 인해 발생하는 근 · 골격 계통의 손상이 많습니다. 문을 열고 닫을 때 손가락이나 발가락이 틈에 끼어서 골절 혹은 절단되는 사고가 생기기 쉬우며, 미끄러운 바닥에서 넘어지면서 발생하는 두피의 열상이나 사지의 골절이 발생하는 경우도 많습니다.

❺ 끓는 물이나 증기, 전기 감전에 의한 사고
뜨거운 물이나 증기, 화염, 그리고 전기 감전에 의해 화상이 발생하기도 합니다. 화상은 주로 뜨거운 커피물이나 국물 · 욕조물 · 압력증기 등에 의해 발생하는데, 전기 콘센트에 젓가락 등을 넣어서 일어난 전기 감전에 의한 손상은 자칫 심각한 경우로 번지기도 합니다.

❻ 장난감에 의한 사고
총기류 등을 포함한 완구에 의한 손상으로, 특히 장난감 총탄에 의한 안구 손상은 영구적인 시력 소실까지도 초래할 수 있습니다. 또한 최근에는 스포츠 용품이나 레저용품에 의한 손상도 발생 빈도가 점차 높아지는 추세입니다.

❼ 기타
그 외에 공휴일에 자주 발생하는 교통사고와 추락, 익수사고 등도 무시할 수 없으며, 그 결과는 앞서 언급된 손상 유형보다 훨씬 치명적입니다.

### ■ 어린이 안전사고 예방책

어린이 안전사고는 자아통제와 방어적 행동의 미성숙, 탐험에 대한 충동, 상상적 행동에 대한 다양한 놀이 행태 등에 의해 예상치 못하게 발생합니다. 따라서 어린이의 눈높이에 맞춘 안전교육 프로그램을 개발하고 안전한 환경 및 시설의 정비, 그리고 적절한 안전법규 및 규제의 마련과 같이 조금만 노력한다면 어린이들이 위험에 빠지는 것을 획기적으로 줄일 수 있습니다. 실생활에서 손쉽게 실천할 수 있는 안전사고 예방 요령을 정리하면 다음과 같습니다.

❶ 전기 콘센트를 젓가락이나 못 등으로 쑤셔 감전될 수 있으므로 콘센트 보호대를 해줍니다.

❷ 냉장고 문을 열고 그 속에 들어가서 갇힐 수 있으므로 냉장고 문에 고정 장치를 설치합니다. 또한 세탁기 통 속에 빠지는 사고도 종종 일어납니다. 따라서 세탁기 옆에 디디고 올라갈 수 있는 물건들을 치워 줍니다.

❸ 아이가 TV에 매달리다가 TV에 깔리는 사고가 일어날 수 있으므로 단단히 고정해 놓거나 바닥에 내려놓도록 합니다.

❹ 욕실의 미끄러운 바닥에서 넘어지면 치명적인 상처를 입을 수 있으므로 바닥에 미끄럼을 방지하는 깔판을 설치해 둡니다.

❺ 욕조에 받아 놓은 물속에 빠져 사고를 당할 수도 있으므로 욕조에는 물을 받아놓지 않도록 합니다.

❻ 온수를 틀어 화상을 입을 수 있으므로 욕실 문은 항상 닫아 놓는 습관을 들이도록 합니다.

❼ 문틈에 손가락이 끼면 골절상까지도 당할 수 있으므로 방문에는 고정 장치를 하여 '쾅' 하고 세게 닫히지 않게 해줍니다.

❽ 엘리베이터 및 에스컬레이터의 안전 사용에 대해 교육합니다.

❾ 창문이나 난간 가까이에 있는 침대는 안전한 곳으로 옮겨 놓습니다.

❿ 낙상 사고를 예방하기 위해 아파트 창문 곁에는 아이가 밟고 올라갈 수 있는 의자 등의 가구를 놓지 말아야 합니다. 또한 창문에는 반드시 안전장치를 설치합니다.

⓫ 의약품 · 살충제 · 성냥 · 담배 · 못 · 바늘 등의 위해 물품은 아이의 손에 닿지 않는 곳에 둡니다.

⓬ 날카로운 면이 있는 가구 등의 모서리에는 보호대를 붙여 둡니다.

⓭ 횡단보도 보행법에 대해서 철저히 교육합니다.

⓮ 자동차 사고를 예방하기 위해 반드시 어린이용 안전 카시트에 태우고 안전벨트를 해주며

앞좌석에는 앉히지 않도록 합니다.

⑮ 울 때 달랜다고 아이의 입에 사탕 같은 걸 넣어 주면 울다가 흡입하여 기관지로 들어갈 수 있으므로 위험천만입니다.

⑯ 놀이기구의 안전한 사용법에 대해 설명해 줍니다.

안전사고는 순간의 방심으로 인해 일어납니다. 어린이가 알아서 스스로 조심하리라 기대해서는 안 되며, 어린이의 눈높이에서 바라보아 사고를 미리 예방하는 것이 무엇보다도 중요합니다.

## 뼈의 골절

한창 성장기에 있는 어린이의 뼈는 가벼운 충격에도 부러지기가 쉽습니다. 특히 뼈의 골절로 인해 성장판이 손상될 경우 상태가 심각해집니다. 아이들의 경우 골절 부위는 주로 손목과 발목이지만, 놀다 보면 어깨나 다리, 손가락 등의 뼈가 빠지는 '탈구' 증상도 올 수 있습니다. 이런 때는 얼음찜질 등으로 냉각시킨 뒤 붕대와 삼각건(삼각건법은 494쪽 참조)으로 고정한 다음 병원을 찾는 것이 좋습니다.

골절상을 당하게 되면 대개 신체의 다른 부위에도 손상을 받는 경우가 많습니다. 따라서 아이가 골절상을 당했을 때는 먼저 환자의 호흡과 맥박을 점검해 봐야 합니다. 그래서 이상이 있으면 우선적으로 심폐소생술(501쪽 참조)부터 실시해야 합니다. 그리고 출혈이 있을 때는 지혈을 해주고, 출혈과 통증에 의한 쇼크의 발생을 방지해 주는 것도 중요합니다. 그런 다음 즉시 의료기관에 연락하여 구조 요청을 받아야 합니다.

거리나 교통 문제 등으로 인해 구급차가 곧바로 도착할 수 없는 상황이라면 우선 부목법을 이용하여 골절된 부위를 고정시킴으로써 더 이상의 신체 손상을 막고 통증을 덜어 주며 환자가 쇼크에 빠지는 것을 막을 수 있습니다. 부목으로는 나무판 · 신문지 · 잡지 · 베개 등을 이용할 수 있으며, 이 부목과 골절 부위 사이에 수건이나 옷, 담요 등과 같은 폭신한 천을 대고 그 위에 천이나 수건으로 매어 줍니다.

## 골절 부위별 부목법

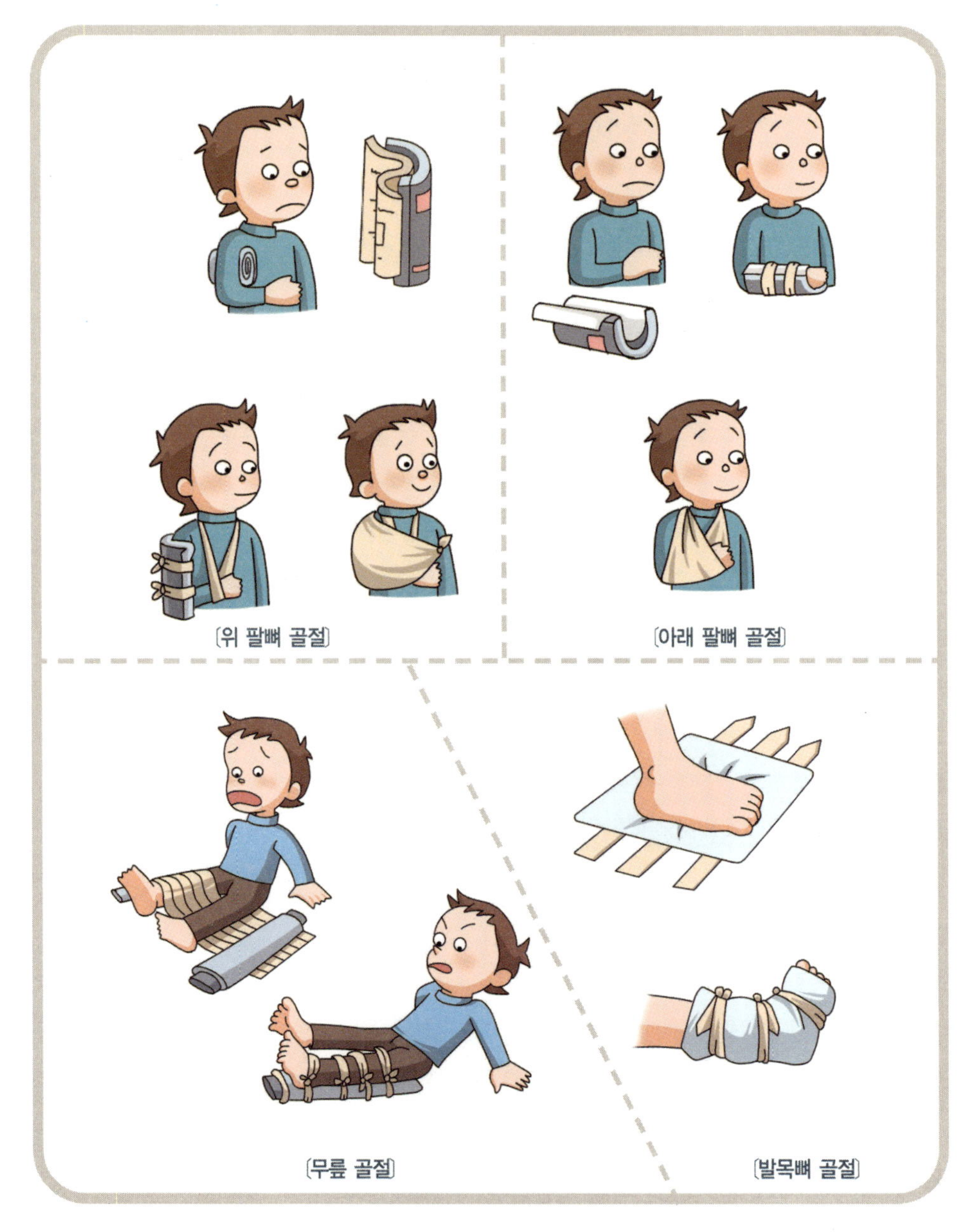

① 머리나 목, 척추에 손상을 입은 경우에는 전문 의료진이 현장에 도착할 때까지 절대로 움직이게 해서는 안 됩니다. 만일 움직여서 등골에 손상을 받게 되면 사지 마비나 하반신 마비 등과 같은 후유증을 초래하게 되므로 특히 주의해야 합니다.

② 팔다리의 골절 시에도 골절 부위를 움직여서는 안 됩니다.

③ 골절상을 입은 대부분의 환자는 수술이 필요하므로 환자에게 먹을 것이나 마실 것을 주어서는 안 됩니다.

### 아이가 성장판을 다치면 어떻게 되나요?

아이들이 주로 다치는 부위는 넘어지는 순간 짚게 되는 손목 주위와 팔꿈치, 발목 주위 등입니다. 이 뼈들의 양끝에는 성장판이란 것이 있는데, 이 성장판을 다치게 될 경우에는 아이가 자라면서 심각한 성장장애를 일으키거나 기형으로 발전할 수 있으므로 각별한 주의가 필요합니다.

비록 성장판 골절을 입었더라도 치료 경과가 좋으면 정상적인 성장이 가능하지만, 성장판 안에 뼈 성장을 담당하는 성장 세포 조직이 심각한 손상을 입었다면 골절치료 후에도 성장장애를 불러 올 수 있습니다. 만일 그렇게 되면 해당 뼈가 성장을 멈추게 되어 건강한 쪽보다 그렇지 않은 쪽의 신체 길이가 짧아지거나 기형으로 자라게 되어 휠 수도 있습니다.

아이들 뼈는 골막이 잘 발달해 있고 혈액 공급이 활발해 어른보다 더 빨리 잘 붙는 장점이 있으므로, 대개 성장판에 손상을 입힐 우려가 있는 수술 쪽보다는 석고 고정 등을 택해 치료하는 것이 일반적입니다.

### 코뼈가 부러졌을 때

이런 경우 집에서 치료하기란 거의 불가능합니다. 따라서 코언저리가 심하게 붓는 등 코뼈에 문제가 생겼다는 판단이 서면 섣불리 손으로 매만져 상태를 더욱 악화시키지 말고 곧바로 전문의를 찾아가는 게 바람직합니다.

## 외상(外傷)으로 인해 생긴 피부의 멍

피부에 생긴 멍은 외상으로 인해 가장 흔하게 나타나는 증상입니다. 멍이 들면 피부가 시퍼렇게 변색이 되고 붓게 되는데, 때로는 피부 밑 조직에 핏덩이가 고이기도 합니다.

### [응급처치법]

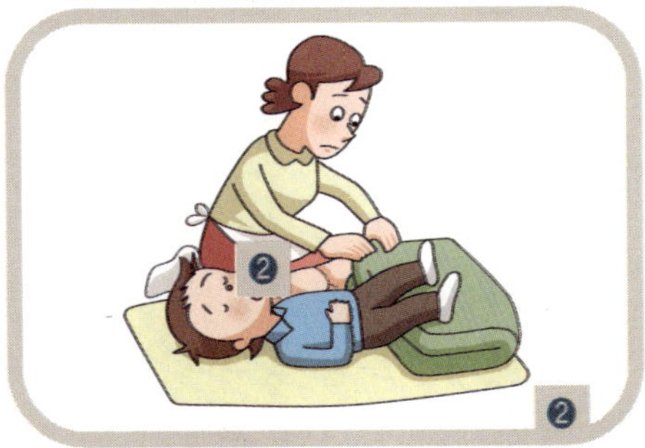

① 멍이 들면 되도록 빨리 찬물이나 얼음으로 찜질을 해야 합니다.(이는 출혈이나 붓는 것을 막아 주는 역할을 합니다.)

② 만약 멍든 부위가 팔이나 다리일 경우, 그 부위를 심장의 위치보다 높게 해서 부기가 빨리 빠지도록 합니다.

③ 24시간이 지난 뒤에는 더운물 찜질을 하여 치유를 촉진시킵니다.

④ 멍이 심하게 들었다거나 통증이 심할 때는 의사의 진찰을 받고 혹시 그곳에 골절 또는 다른 손상이 있는지 여부를 확인해 보아야 합니다.

## 약물(독물) 중독 및 과용 시 응급조치

아기들은 약품 · 식초 · 샴푸 · 세제 · 화장품 · 휘발유 · 농약 등 닥치는 대로 입으로 가져가게 됩니다. 따라서 어린이들에게 유해한 물건들은 어린이의 손에 닿지 않도록 두어야 합니다. 아기가 이런 독성물질을 삼켰거나 삼켰을지도 모른다는 의심이 들 땐 실제로 삼켰다고 생각하고 구조를 요청해야 합니다.

### [응급처치법]

1. 어린이의 입 주위에 화상을 입은 자국이 있는지 살펴봅니다. 화상이 있으면 독물을 삼켰다는 증거이므로 이에 대응하는 처치를 해야 합니다.
2. 어린이가 삼켰다고 생각되는 물질과 포장 용기를 찾아내어 병원에 갈 때 가져가서 의사에게 보여 줍니다.
3. 만약 독물이 조직을 부식시키는 물질인 산이나 휘발유, 독한 세척제 등이면 토하게 하지 말고 대량의 물이나 우유를 먹입니다. 알칼리의 경우는 우유나 식초, 또는 대량의 물을 마셔서 토하게 합니다.
4. 아기가 의식이 없으면 곧바로 119에 응급 구조를 요청하는 동시에 숨을 쉬는지 확인해 봅니다. 만일 아기가 숨을 쉬지 않으면 머리를 뒤로 젖히고 코에다 인공호흡을 하고(입에 하면 위험하므로 반드시 코에 해야 합니다), 또한 어린이를 자극해서는 안 됩니다.
5. 어린이가 토할 경우에는 몸을 옆으로 뉘어서 토물로 인한 질식 사고를 방지해야 합니다.

#### 토하게 해야 하는 경우

대부분의 독극물은 먹은 즉시 곧바로 토하게 하는 것이 좋은데, 최토제를 먹인 다음 물을 많이 마시게 하면 보통 15분 안에 토하게 됩니다.

#### 토하게 해서는 안 되는 경우

가솔린이나 유류, 강한 산 등을 마셨을 때는 절대로 토하게 해서는 안 됩니다. 만일 토하게 할 경우 부식성이 강하므로 더욱 나쁜 결과를 초래하게 됩니다. 따라서 아이가 이런 물질을 마셨다면 곧바로 병원에 가서 위세척을 받아야 합니다.

# 48 부모가 꼭 알아야 할 응급처치법

## 1. 지혈법

출혈의 형태는 피부나 점막이 상하여 피가 몸 밖으로 흘러나오는 '외출혈', 혈관이나 모세혈관에 의한 출혈이 체내 또는 피하에서 일어나는 '내출혈'로 나눌 수 있습니다.

여기서는 간단하게 팔다리 외의 신체 외부의 출혈, 즉 외출혈이 있을 때의 지혈에 대한 몇 가지 응급처치를 살펴보기로 하겠습니다.

### 1) 직접 압박법

1. 멸균된 거즈나 깨끗한 천 등을 두툼하게 접어 상처 부위 전체를 덮고 손바닥으로 지속적으로 세게 압박합니다.
2. 만약 피가 거즈나 천 밖으로 스며나면 거즈나 천을 다시 교체하려 하지 말고 그 위에 새로운 거즈나 천을 처음보다 넓게 겹쳐 대고 더욱 세게 압박해 줍니다.

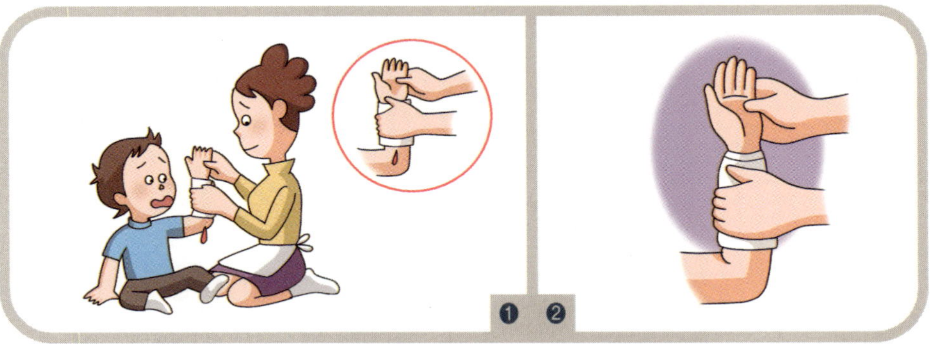


3. 팔다리 출혈 시엔 출혈 부위를 환자의 심장보다 높게 합니다.
4. 출혈이 멎으면 그 위를 붕대로 감아서 상처 부위를 누르고 있는 거즈나 천을 고정시킵니다. 이때 너무 세게 묶으면 피가 통하지 않으므로 주의해야 합니다.

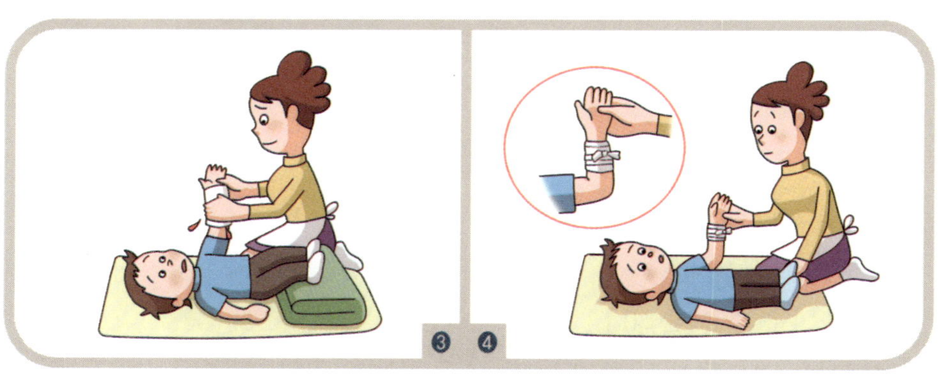


## 2) 지혈점 압박법

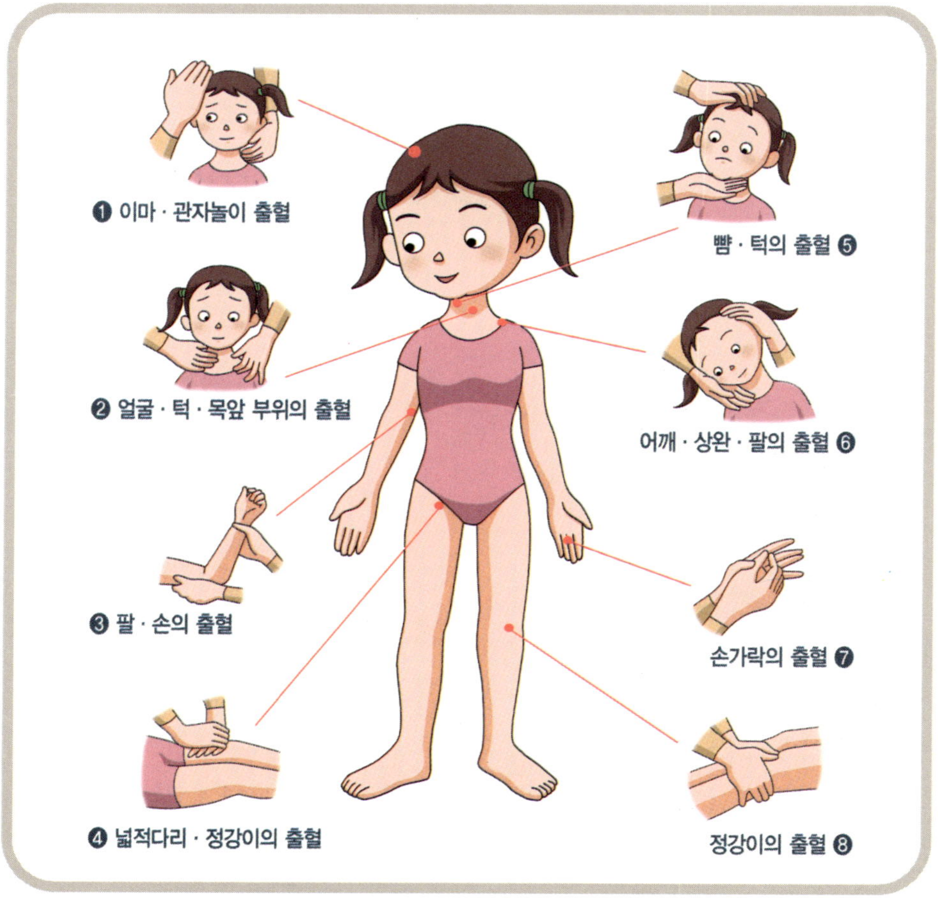

❶ 이마 · 관자놀이 출혈

❷ 얼굴 · 턱 · 목앞 부위의 출혈

❸ 팔 · 손의 출혈

❹ 넓적다리 · 정강이의 출혈

빰 · 턱의 출혈 ❺

어깨 · 상완 · 팔의 출혈 ❻

손가락의 출혈 ❼

정강이의 출혈 ❽

이 방법은 출혈 부위를 직접 압박하지 않고 그 출혈 부위에 피를 공급하는 동맥을 압박하여 출혈을 멈추게 하는 방법으로, 거즈나 붕대가 준비될 때까지 일시적으로 '상처로부터 심장에 가까운 동맥 위'를 압박하는 방법입니다. 이 압박 부의를 '지혈점'이라고 하는데, 직접 압박법으로 피가 멎지 않을 경우에도 사용합니다.

각 신체 부위별 지혈점은 앞의 그림과 같습니다.

### 3) 지혈대 사용법

출혈이 심해 압박법으로는 도저히 지혈이 안 될 때 사용합니다. 지혈대는 최소 폭이 5cm 이상, 길이는 팔 또는 다리를 두 바퀴 이상 감을 수 있어야 합니다. 지혈대의 폭이 좁으면 신경 등을 상하기 쉽습니다. 재료로는 천으로 된 띠나 혁대, 스카프 등을 사용할 수 있습니다.

지혈대는 출혈을 멈추게 하는 데는 효과가 크지만 부작용도 만만치 않습니다. 만약 장시간 착용할 경우 지혈대 하부조직이 죽게 되어 손이나 다리를 절단해야 하는 지경에 이를 수도 있습니다. 따라서 출혈이 몹시 심해 이 방법 외에는 특별히 다른 지혈법이 없는 위급한 상황이 아니라면 이 방법을 사용하지 않는 것이 바람직합니다. 만일 어쩔 수 없는 상황에서 이 방법을 사용했다면 병원으로 이송하는 대로 즉시 다른 조치를 강구하는 것이 가장 이상적입니다.

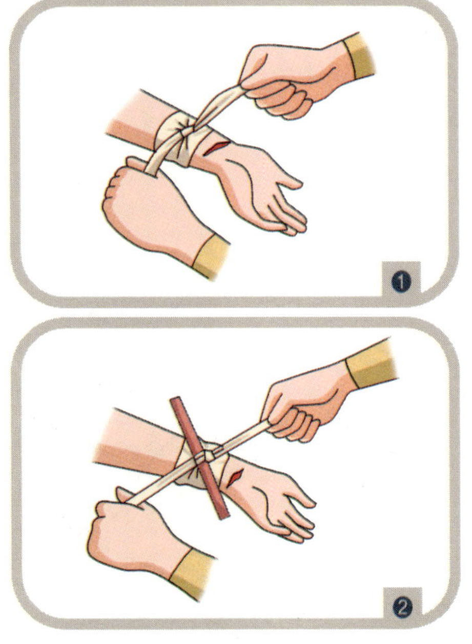

❶ 상처 바로 윗부분에 지혈대를 대고 2바퀴 감습니다.

❷ 한 번 묶고 그 위에 막대기나 기타

튼튼한 물건을 놓고서 다시 두 번 단단히 묶습니다.

③ 피가 멈출 때까지 묶인 막대기를 비틀어서 조입니다.

④ 조인 막대기가 다시 풀리지 않도록 새로운 천을 이용하여 고정하고, 지혈대를 부착한 시간과 장소 등을 적어서 지혈대 위에나 환자의 옷에 부착한 다음 즉시 인근 병원으로 환자를 옮깁니다.

## 2. 삼각건 및 붕대 감는 법

붕대는 상처 위에 덮은 거즈를 고정하고 압박해서 출혈을 멎게 하며 상처를 안정시켜 주는 역할을 합니다. 붕대를 감을 때는 다음 사항에 유의해야 합니다.

① 상처에 직접 붕대를 감지 않도록 합니다.

– 상처 부위는 소독된 드레싱을 한 후 붕대를 감도록 합니다.

② 붕대를 너무 조여 매지 않도록 합니다.

– 붕대를 너무 조여 매면 혈액순환에 장애가 있으므로 주의하도록 합니다. 사지의

맥박을 확인하고 맥박이 느껴지지 않으면 붕대를 좀 더 느슨하게 맵니다. 그렇다고 해서 상처에 댄 드레싱이 떨어질 정도로 느슨하게 매면 안 됩니다.

③ 상처에는 탄력붕대를 사용하지 않습니다.

– 상처에 탄력붕대를 사용하여 단단히 조여지면 혈액순환이 안 되어 좋지 않기 때문입니다.

④ 목 주위에는 붕대를 하지 않습니다.

– 목 졸림의 위험이 있기 때문입니다.

⑤ 붕대를 감을 때는 상처 부위의 아래쪽에서 위쪽으로 감아 올라갑니다.

Point

**붕대를 너무 꽉 조이면 이런 현상이 나타나요**

① 손톱이나 발톱에 푸른 기가 감돕니다.

② 피부가 파래지거나 창백해집니다.

③ 감각이 없어지거나 저립니다.

④ 팔다리가 차가워집니다.

### 1) 삼각건을 활용한 '머리의 붕대'

① 머리를 다쳤을 때 붕대로 처치하는 것은 어려운 일이므로 삼각건이나 레테러타이(스타킹 네트)를 사용하도록 합니다.

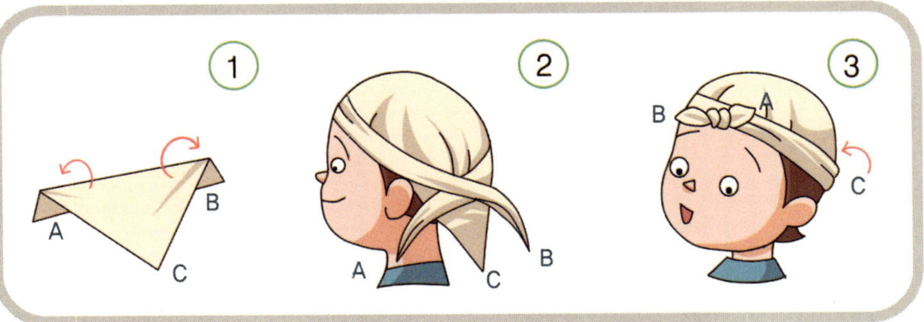


② 레테러타이는 신축성이 있으므로 머리나 귀에 덮은 거즈를 고정시키는 데 편리합니다. 머리 꼭대기에서 코끝까지의 길이로 잘라 한쪽 끝을

테이프로 고정하고 다른 한쪽 끝에서 2~3㎝ 되는 곳의 그물코를 몇 개 끊어 양손으로 벌려 덮어씌웁니다.

### 삼각건

삼각건은 약국에서 살 수도 있고 직접 만들 수도 있습니다. 사방 1m쯤 되는 무명천을 대각선으로 자르면 두 개의 삼각건을 만들 수 있습니다. 가장 긴 변을 '밑변'이라 하고 마주 보이는 각을 '꼭지점' 그리고 나머지 두 점을 '끝점'이라고 하는데, 삼각건의 사용 용도는 다음과 같습니다.

❶ 접지 않고 완전히 펼친 형태는 다친 팔을 어깨에 매는 용도로 적합하며, 상처에 필요한 압력을 주지 못하므로 드레싱을 고정시킬 때에는 사용하지 않습니다.

❷ 접은 넥타이 모양의 붕대를 만들 때는 꼭지점을 밑변의 중앙에 오도록 접고 다시 한 번 반으로 접어 넥타이 모양을 만듭니다. 부목을 고정하는 데 사용하고, 드레싱 위에 골고루 압력을 줄 때도 사용하며, 부상자의 다친 팔을 팔걸이에 건 후 이를 몸 주위에 고정시키는 데에도 사용합니다.

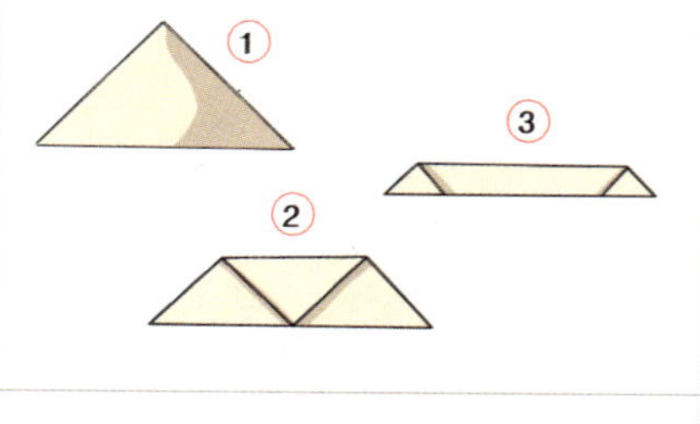

#### 2) 삼각건을 활용한 '눈의 붕대'

❶ 몇 번씩 접어서 띠 모양으로 합니다.

- 꼭지점을 밑변의 중심에 가져다 놓고 쓰기에 알맞은 너비가 되기까지 몇 번 더 접으면 됩니다.

❷ 한쪽 눈만 다쳤더라도 양쪽 눈을 모두 붕대로 감습니다. 눈을 너무 압박하지 않도록 합니다.

### 3) 삼각건을 활용한 '귀의 붕대'

1. 귀를 다쳤을 때는 반대쪽에서 +자로 교차시킵니다.
2. 환부의 귀를 완전히 덮을 수 있습니다.

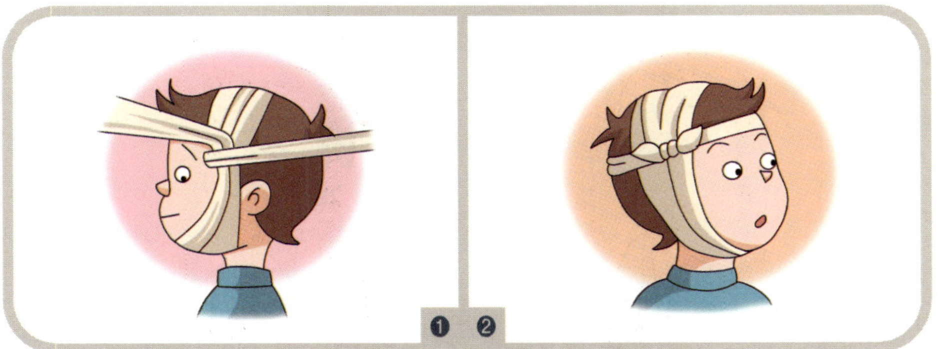


### 4) 삼각건을 활용한 '어깨의 붕대'

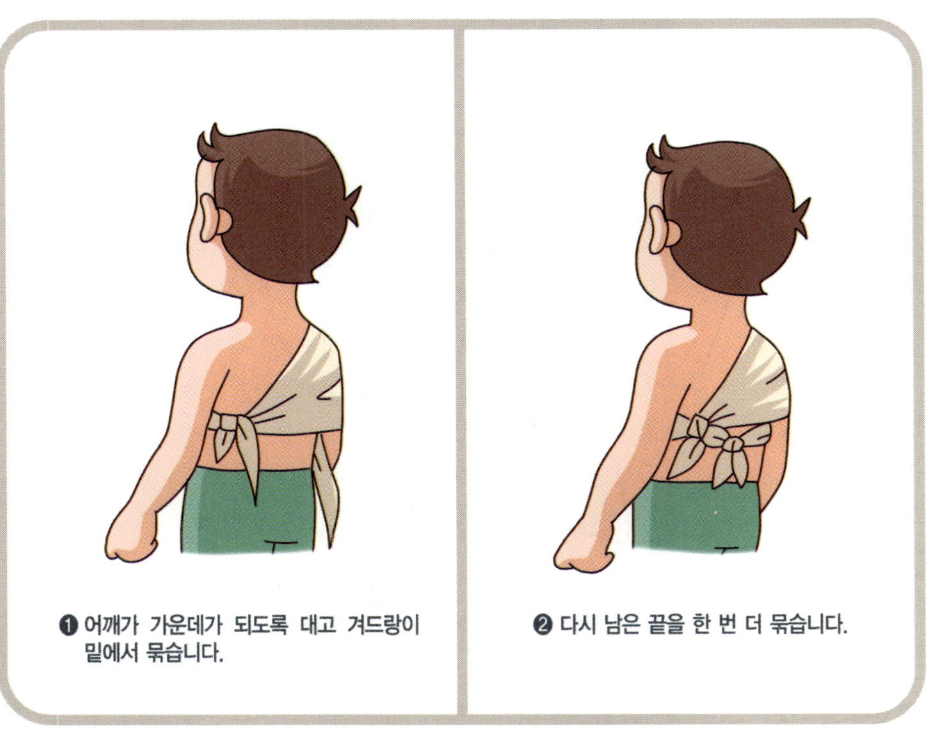

❶ 어깨가 가운데가 되도록 대고 겨드랑이 밑에서 묶습니다.

❷ 다시 남은 끝을 한 번 더 묶습니다.

### 5) 삼각건을 활용한 '팔의 붕대'

❶ 걸치려고 하는 팔꿈치 쪽에 삼각건의 정점을 가져갑니다.

❷ 정점은 핀으로 꽂거나 묶어 둡니다.

### 6) 삼각건을 활용한 '발 싸매는 방법'

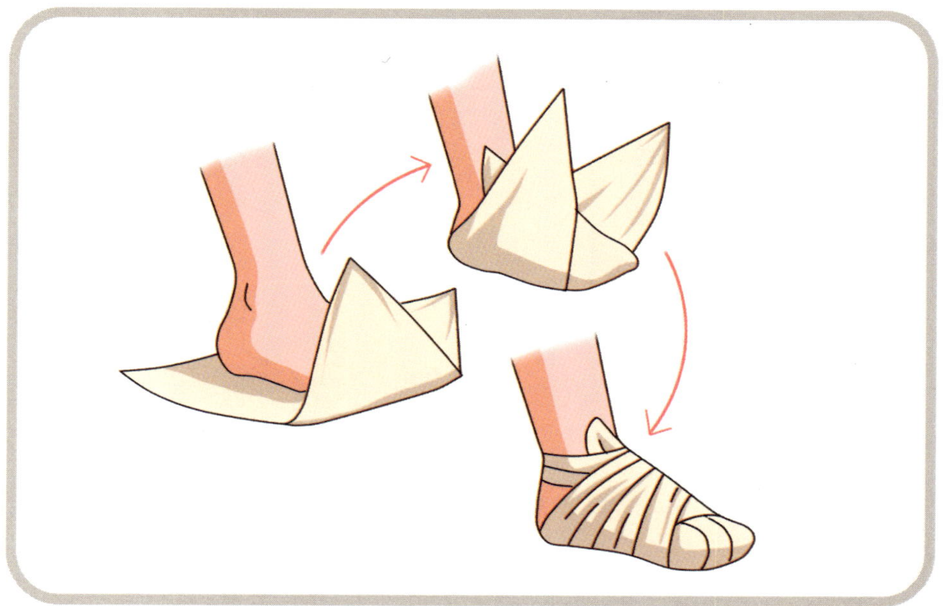

## 7) 손바닥과 손목 감기

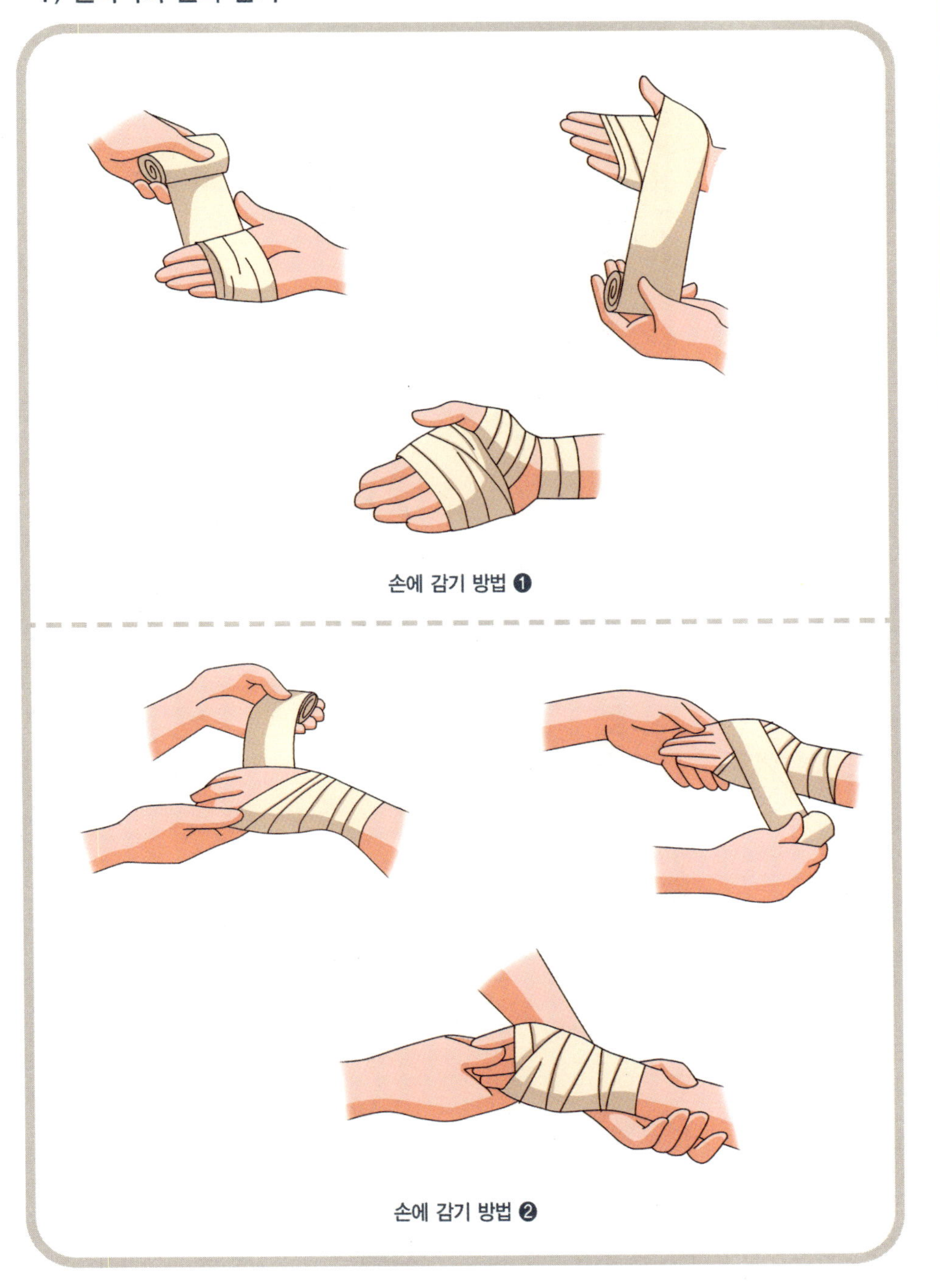

손에 감기 방법 ❶

손에 감기 방법 ❷

### 8) 팔꿈치(무릎), 발목에 붕대 감기

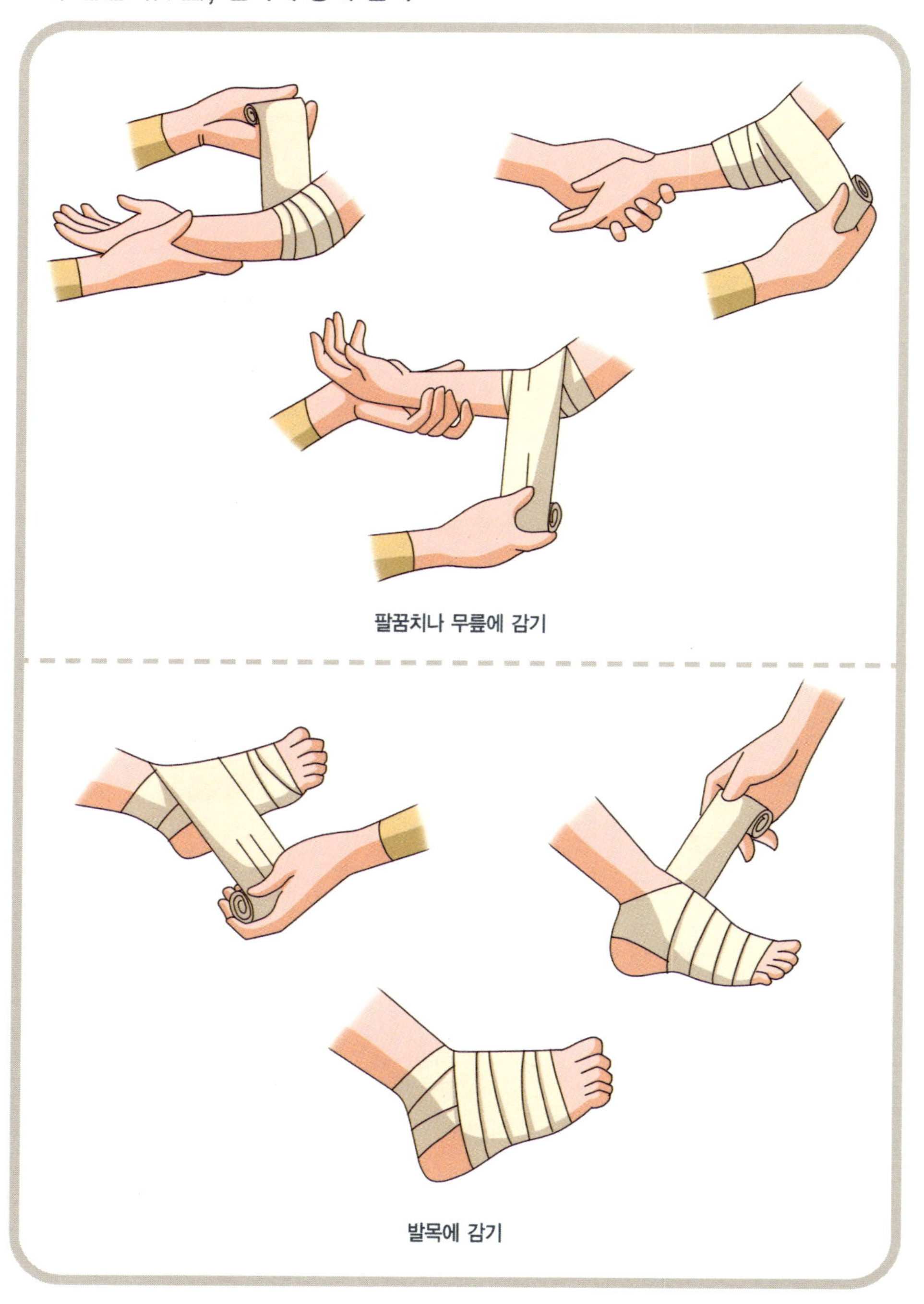

팔꿈치나 무릎에 감기

발목에 감기

## 3. 4분의 기적 '심폐소생술'

심폐소생술은 갑작스런 심장마비나 사고 등으로 인해 폐와 심장의 활동이 멈추게 될 때 기본적인 생명 연장을 위해 꼭 필요한 기술입니다. 심장마비가 일어난 후에도 우리 몸속의 폐와 혈관 내에는 약 6분까지는 생명을 유지시킬 수 있는 산소가 남아 있습니다. 그러나 심장이 멈추게 되면 폐와 혈관 속에 남아 있는 산소가 더 이상 순환될 수 없게 되어 결국 죽음에 이를 수밖에 없게 됩니다.

심장과 폐가 멎은 후에도 즉시 4분 이내에 심폐소생술이 시행되면 죽어가는 생명을 살릴 수도 있지만, 혈액순환이 안 되는 채로 4~6분 동안 방치할 경우 뇌에 손상이 올 가능성이 큽니다. 그리고 이런 상태에서 6분 이상 방치하게 되면 뇌의 기능이 완전히 정지되어 결국 생명을 잃게 됩니다.

이러한 이유에서 유사시에는 무엇보다도 중요한 것이 바로 이 심폐소생술입니다. 환자의 상태를 확인하고, 필요하다고 판단되면 즉시 올바른 심폐소생술을 실시하여 환자를 소생시키거나, 혹은 전문 의료진이 현장에 도착할 때까지 생명을 연장시켜야 합니다.

### 1) 심폐소생술의 기본 3요소

심폐소생술을 함에 있어 무엇보다도 중요한 것은 심폐소생술의 기본적인 3요소, 즉 '기도의 확보 → 호흡 → 순환'에 대해 아는 것입니다.

#### ❶ 기도의 확보

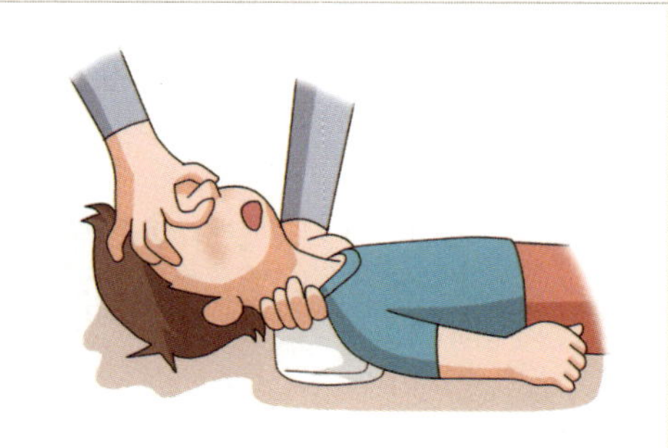

기도(氣道)란 입과 코로부터 기관을 거쳐 폐까지의 공기 통로입니다. 이 기도가 막히게 되면 사람은 질식해 버립니다. 또 인공호흡을 해도 공기가 들어가지 않습니다. 기도를 확보해 주면 호흡이 멎은 환자라도 스스로 호흡할 수 있게 되는 경우가 있습니다. 따라서 기도 확보는 구명처치 중에서 가장 중요하고도 기본적인 처치법입니다.

우선 환자를 단단하고 평평한 곳에 바로 눕힌 다음, 한 손은 환자의 목을 받치고 다른 한 손으로 이마를 짚고 아래로 눌러서 머리를 젖히면 기도가 열립니다.

– 어깨 밑에 베개나 타월을 깔고 머리를 뒤로 젖히는 방법도 있습니다.

환자가 목을 다쳤다는 생각이 들면 절대로 목을 움직여서는 안 됩니다.

### 이런 때 기도의 확보가 필요해요

❶ 의식이 없을 때.

❷ 호흡이 멎었을 때.

❸ 호흡은 해도 코고는 듯한 소리가 들리고, 코와 입으로부터의 공기 출입이 충분하지 않을 때.

❹ 인공호흡을 해도 저항 때문에 공기를 폐로 잘 들여보내지 못하고 가슴의 움직임이 충분하지 못할 때.

### 기도가 막히는 원인

의식이 없는 사람의 경우 아래턱·목·혀 등의 힘이 빠져서 혀뿌리 부분이 인두 쪽으로 처지게 되어 기도를 막아 버립니다. 또 인두부에 이물이 걸려서 기도를 막는 경우도 있는데, 이런 때는 입을 벌리고 목구멍 깊숙이 손가락을 집어넣어 이물질을 제거해 주어야 합니다.

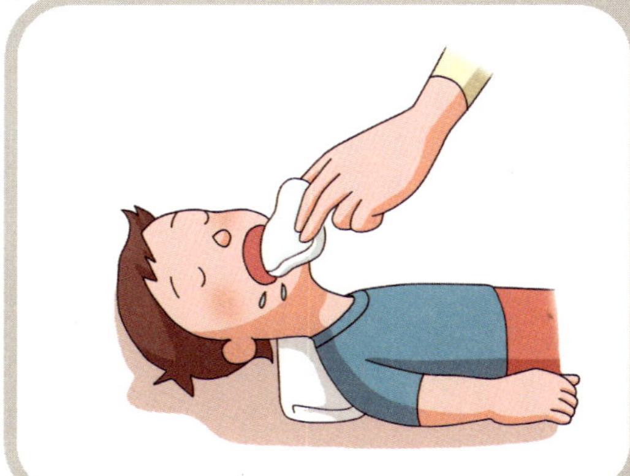

❷ 호흡

위의 방법으로 인해 기도가 유지된다 해도 호흡이 멎으면 장기에 필요한 산소가 부족 내지는 없어지게 됩니다. 이런 때 인공호흡은 환자의 폐에 산소를 공급하는 기본이 됩니다. 따라서 전문 의료진이 도착할 때까지 인공호흡을 실시하여 호흡을 유지시켜 주도록 합니다.

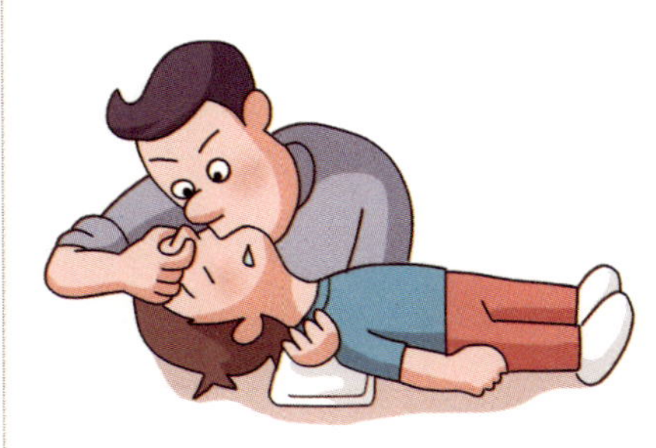

❸ 순환

심장박동이 멎은 경우, 가슴을 압박하여 다시 심장박동을 소생케 하려는 시도로, 이를 통해 혈액을 뇌와 다른 기본 장기에 공급하게 됩니다. 인공호흡과 함께 실시해야 효과가 있습니다.

### 2) 심폐소생술을 시행하기 전에 해야 할 일

또한 심폐소생술을 시행하기에 앞서 환자의 상태를 파악하는 것이 가장 우선이라 하겠습니다. 초기 관찰 단계를 약술하면 다음과 같습니다.

❶ 의식 상태를 확인합니다.

환자 파악에서 첫째로 알아볼 것은 환자의 의식 상태입니다. 따라서 "아가야, 괜찮니?" 하고 부드럽게 흔들며 묻도록 합니다. 1세 미만의 영아일 경우에는 발바닥을 가볍게 두드리면서 아기가 의식이 있는지 움직임을 확인합니다. 이때

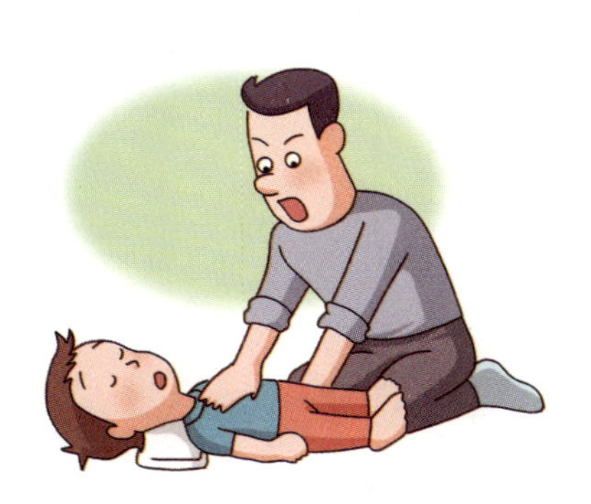

주의해야 할 것은, 목이나 머리에 외상을 받은 사람일 경우 이처럼 흔들면 치명적인 손상을 받을 수 있으므로 주의해야 합니다. 반응이 없으면 의식이 없는 것으로 간주할 수 있습니다.

만일 반응이 없으면 호흡 및 심장박동 여부를 확인해 봐야 합니다. 환자가 숨은 쉬고 있는지, 심장은 박동하고 있는지 여부를 최대한 빠른 시간 내에(10초 이내) 확인 절차를 끝내도록 합니다.

### 환자의 의식 상태는 이렇게 확인해요

❶ 환자의 코와 입 가까이에 귀를 대고 호흡 여부를 확인합니다.

❷ 환자의 가슴이 상하로 움직이고 있는지 확인합니다.

❸ 영아의 경우에는 팔꿈치 안쪽 부분의 상완동맥이 가장 잘 느껴지므로 이 부분을 5~10초 간 확인합니다. 이때 만일 심장박동이 없거나 호흡이 없으면 곧바로 심폐소생술을 시행하여 전문 의료진이 현장에 도착할 때까지 생명을 연장시켜야 합니다.

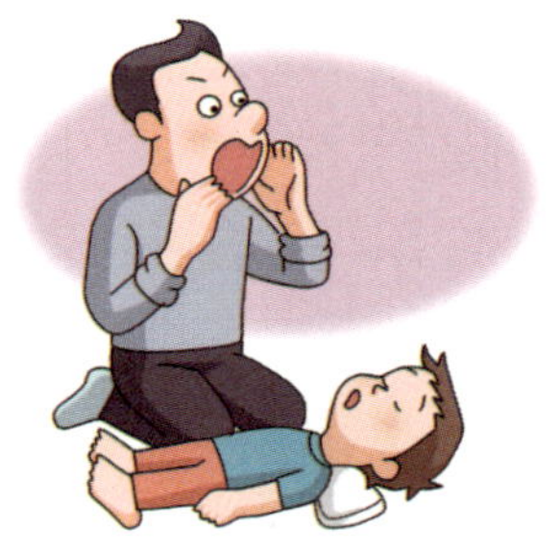

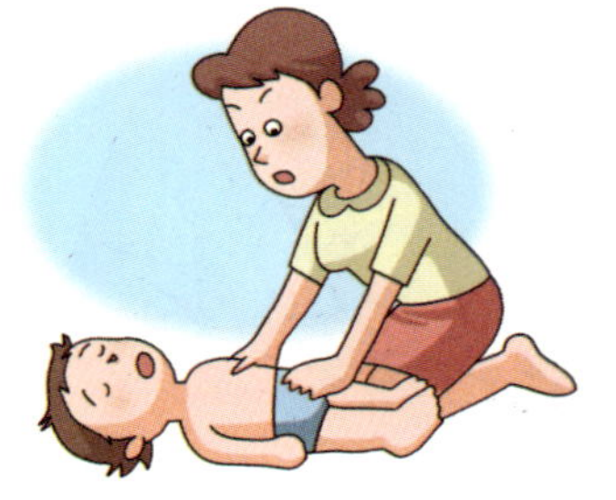

❷ 주위에 도움을 청합니다.

환자가 발생했을 때는 모든 것을 혼자 처리하려 하지 말고 큰 소리로 도움을 요청하여 재빨리 주위 사람들의 도움을 받도록 합니다. 만일 주위에 아무도 없을 경우 재빨리 119 또는 1339에 신고를 합니다.

❸ 환자의 위치를 바르게 해줍니다.

심폐소생술을 효과 있게 하려면 환자를 딱딱하고 평평한 곳에 수평으로 눕혀야 합니다. 환자의 누운 자세가 올바르지 못하면 아무리 심폐소생술을 잘 한다 해도 혈액이 뇌에까지 이르지 못하기 때문입니다.

'기도의 유지' 나 '인공호흡' 또한 바로 누워야만 더욱 효과적입니다. 일단 바로 눕혔으면 환자의 팔다리 또한 바르게 정렬한 다음, 다음 단계로 심폐소생술을 실시합니다.

### 3) 아이의 심폐소생술은 이렇게 해요

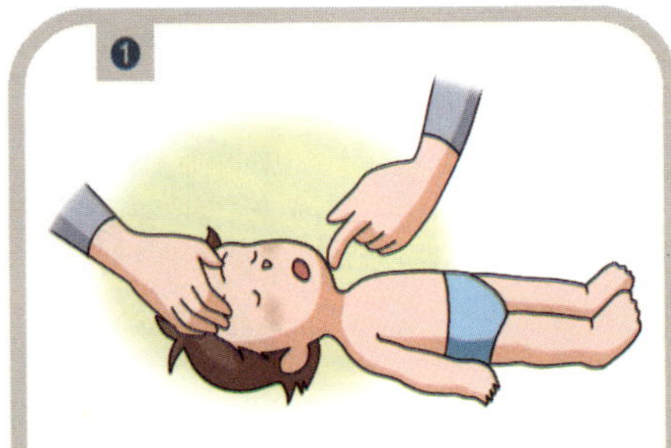

❶ 먼저 아이의 기도를 확보하기 위해 한쪽 손으로는 이마를 잡고 머리를 뒤로 젖힌 다음, 다른 한쪽 손으로는 턱을 살짝 들어 올립니다.

– 이때 유아나 영아는 어른의 경우보다 고개를 덜 젖혀야 합니다.

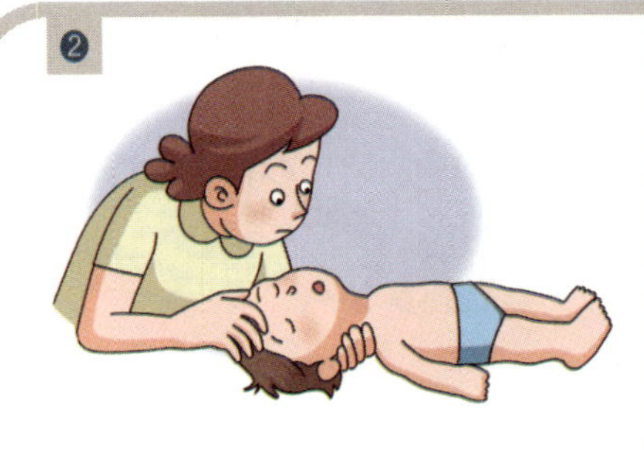

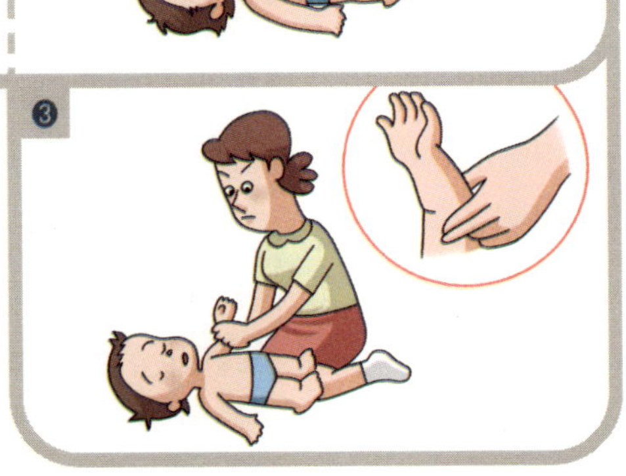

❷ 아이의 호흡을 10초 간 확인합니다.

– 기도를 확보한 채 그대로 확인합니다.

이때 환자의 가슴이 상하로 움직이고 있는지도 확인합니다.

❸ 아이의 맥박을 확인합니다.

– 영아의 경우 팔꿈치 안쪽 부분의 상완동맥이 가장 잘 느껴지므로 이 부분을 5~10초 간

확인합니다.

4 만일 호흡이 멈추었다면 턱을 약간 들어 주면서 시술자의 입으로 아이의 코와 입을 덮고 처음에는 계속하여 2회(한 번에 1~1.5초가량의 시간으로 크게 천천히) 불어넣으면서 가슴이 부풀어 오르는지 확인합니다. 공기가 나가는 것도 확인해야 합니다. 숨을 불어 넣은 후에는 아이의 입에서 시술자의 입을 뗍니다. 큰 어린이라면 어른같이 코를 막고 입에만 숨을 불어 넣습니다.

* 구조 호흡은 총 2회 실시합니다.
* 너무 빠르거나 강한 압력의 호흡을 피합니다.
* 어린이들은 어른보다 적은 양의 공기가 필요하므로 어른보다 약하게 살살 불어넣어야 합니다.

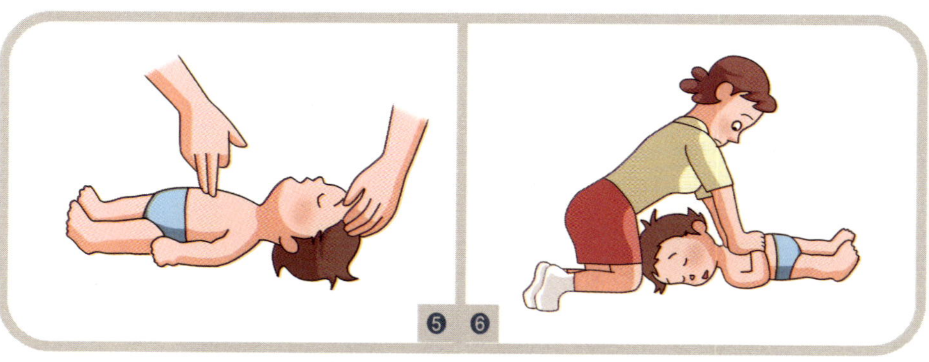


5 맥박이 느껴지지 않거나 매우 느리다면 즉시 심폐소생술을 시행합니다. 유두와 유두를 이은 선의 중간 바로 아래를 손가락 두세 개를 이용하여 약 1.5~2cm 정도 압박되도록 20~30회(1분 당 80~100회의 속도) 정도 눌러 주고 다시 시술자의 입으로 아기의 코와 입을 덮고 인공호흡을 2회 실시하는 것을 반복합니다.

- 정확한 지점을 압박해야 합니다. 만일 아래 부분인 명치를 압박할 경우에 간과 장, 위 등의 파열이 발생하고, 옆쪽을 누르면 갈비뼈 골절이나 폐 좌상 등의 합병증이 발생할 수 있기 때문입니다.

⑥ 심폐소생술은 5회 반복하고 다시 맥박 확인을 한 다음 맥박이 없으면 계속 심폐소생술을 시행합니다.

- 어린이의 경우도 1회 호흡 당 5회의 심장 압박이 필요합니다. 손바닥 끝 부위(손목 부분)로 흉골 위를 압박하며 1분당 80~100회 압박합니다. 역시 1분 간 압박 후 맥박이 돌아왔는지 확인하고 계속합니다.

## 4. 인공호흡법

기도를 확보한 후에도 호흡이 멎어 있거나 호흡의 양이 극히 적을 때는 인공호흡을 시작해야 합니다.

인공호흡법에는 입과 입으로 하는 '입 대 입 인공호흡법' 과 입과 코로 하는 '입 대 코 인공호흡법' 이 있습니다.

### 1) 입 대 입의 인공호흡법

① 머리를 뒤로 젖히고 턱을 잡아당겨 기도를 확보한 다음, 엄지와 검지를 이용하여 환자의 코를 잡아 콧구멍을 막습니다.

② 시술자는 숨을 깊이 들이마신 다음, 입을 크게 벌려 환자의 입 둘레에 덮어씌우고 환자의 가슴이 약간 불룩해질 때까지 숨을 불어 넣습니다.

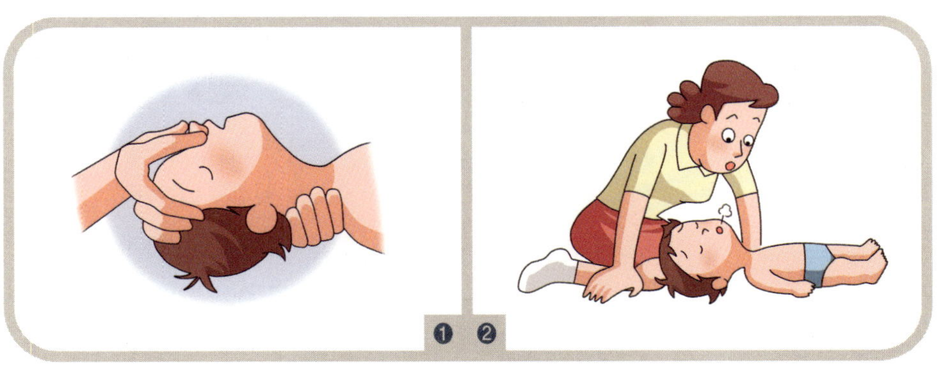

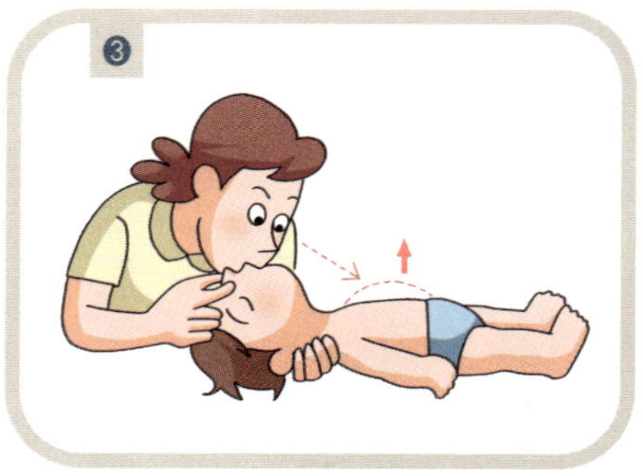

❸ 그런 다음 입을 떼고 환자의 가슴을 보면 저절로 공기를 토해 내는 것을 알 수 있습니다. 이때 시술자가 입 가까이에 귀를 대어 보면 토해 내는 공기의 흐름이나 소리를 느껴 인공호흡의 효과를 확인할 수 있습니다. 동시에 시술자는 신선한 공기를 들이마셔서 다음 차례의 인공호흡에 대비합니다.

❹ 입 대 입 인공호흡법은 환자 스스로 정상적으로 숨을 쉴 때까지, 혹은 전문 의료진이 현장에 도착할 때까지 계속되어야 합니다.

Point

## 인공호흡 시의 주의사항

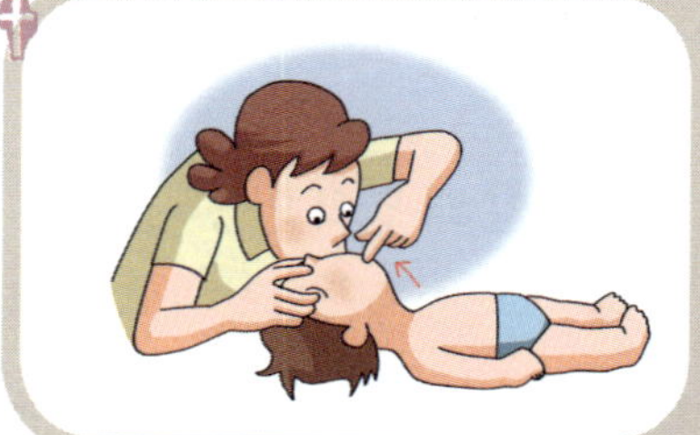

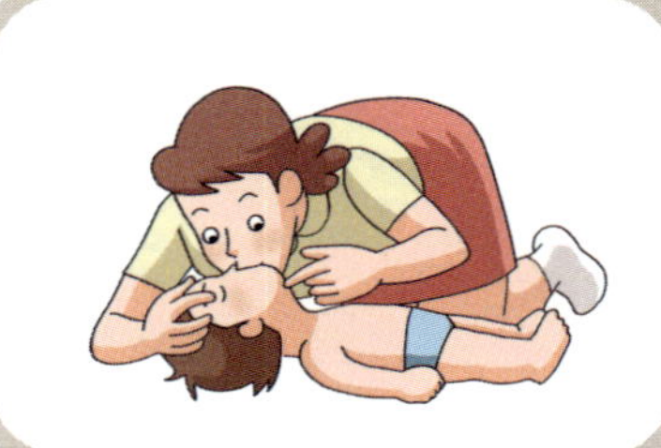

❶ 기도의 개통 상태를 확인하기 위해 처음에는 조용히 불어넣고, 다음의 세 번은 빨리 강하게 계속합니다. 그 다음에는 성인의 경우 5초에 1회, 유아나 어린아이의 경우는 3초에 1회 간격으로 되풀이합니다.

❷ 숨을 불어넣는 중에는 가슴이 부풀어 올라야 정상인데, 그렇지 않을 경우 기도가 막혀 있다는 증거입니다. 이때는 환자의 아래턱을 앞으로 당겨서 다시 시도해야 합니다.

❸ 유아나 영아인 경우에는 머리를 어른에서와 같이 심하게 뒤로 젖히지 말아야 하며, 환자의 코와 입을 동시에 사용해서 1분에 20회 정도의 속도로 공기를 불어넣어 줍니다. 불어넣는 강도는 가슴의 상하운동을 보면서 조절하고, 너무 힘을 주어 불어넣지 않도록 합니다.

### 2) 입 대 코의 인공호흡법

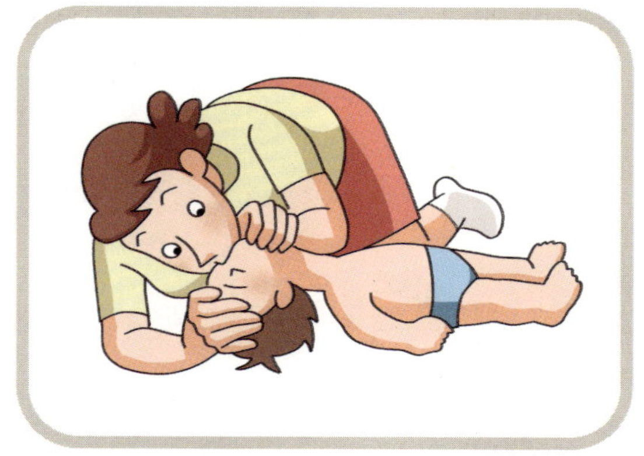

환자가 입을 다쳐서 입을 통한 인공호흡이 어려운 경우에는 코를 통해 인공호흡을 할 수 있습니다.

숨통 확보를 위해 밑에서 목을 받치고 있던 시술자의 손을 아래턱으로 옮겨 환자의 입을 막고, 숨을 깊이 들이마신 다음 자기 입술로 환자의 코를 덮어 싸듯이 대고 숨을 불어 넣어 줍니다. 그런 다음 입을 막았던 손을 떼어서 공기가 밖으로 나오도록 합니다.

이 동작을 1분에 12회 정도 반복합니다.

- 환자의 폐로 공기가 들어갈 때의 느낌, 공기가 나갈 때의 가슴과 복벽의 움직임, 소리의 느낌 등은 입과 입의 경우와 같습니다.

## 5. 경기(발작) 시 응급조치 요령

만약 아이가 경기를 일으킬 수 있는 병, 즉 간질 등의 질환이 있다면 학교 선생님이나 주위의 어른들에게 이를 미리 알리는 것이 좋습니다. 경기하기 전에 아이가 어떤 특이 증상을 보이는지, 발작은 보통 몇 분 동안이나 지속되는지, 발작 시엔 어떻게 해주어야 하는지 등에 관해 알려주어야 합니다. 그리고 만약 발작이 생전 처음 일어난 것이라면 반드시 병원에 가서 진료를 받아야 합니다.

1. 우선 발작 중에는 주위 사람들이 침착해야 합니다. 적절한 조치를 취하면 적어도 발작 중의 사고는 방지할 수 있습니다.

② 만약 어린이가 발작 전조 증상을 보이면 일단 눕혀야 합니다. 그리고 머리 뒷부분에 얇은 베개를 받쳐 주어 딱딱한 바닥에 머리가 부딪치지 않도록 합니다.

- 발작하는 어린이의 움직임을 억지로 막지 말아야 합니다.

③ 목과 허리 부분의 옷매무새를 헐렁하게 만듭니다.

④ 어린이를 옆으로 뉘어 혹시 액체가 기도로 들어갈지도 모르는 상황을 예방해야 합니다. 이때 입에 재갈을 물리거나 혀를 잡아당기는 행동은 절대 금해야 합니다.

⑤ 발작이 끝날 때까지 기다립니다.

- 발작이 2~3분 내에 끝났다면 어린이를 조용한 곳에 눕혀서 충분한 휴식을 취하도록 합니다. 그러나 만일 발작이 3~5분 이상 지속된다거나 피부색이 파래지고 호흡곤란이 동반되면 곧바로 구급차를 불러야 합니다.

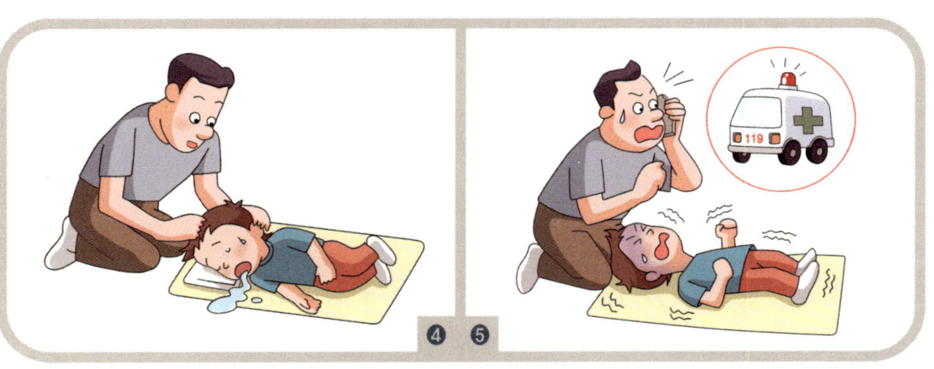

에스오에스 119 소아과

• 발행일 2009년 3월 20일 초판 1쇄 발행 | 2010년 4월 25일 초판 2쇄 발행
• 감수 전용준 • 책임주간 이선종 • 그림 유대철 • 디자인 김영숙
• 펴낸이 박효완 • 펴낸곳 아이템북스 • 주소 서울특별시 마포구 서교동 444-15
• 등록일자 2001년 8월 7일 • 등록번호 제 2-3387호
• 전화 02-332-4337 • 팩스 02-3141-4347



※ 책값은 표지 뒷면에 있습니다